De cursus

Van Elvin Post verscheen eveneens bij Ambo|Anthos *uitgevers*

Groene vrijdag
Vals beeld
Het 17de
Geboren verliezers
Roomservice
Dame Blanche
Arizona Blues

Elvin Post

De cursus

Ambo|Anthos
Amsterdam

Dit is een roman. Personages, ondernemingen, instellingen en organisaties in deze roman zijn ontsproten aan de fantasie van de auteur, of worden – als ze werkelijk bestaan – op een fictieve manier gebruikt. De auteur heeft niet de intentie hun werkelijke gedrag te beschrijven.

MIX
Papier van verantwoorde herkomst
FSC® C014496
FSC www.fsc.org

ISBN 978 90 414 1969 9

Omslagontwerp Riesenkind
Omslagillustratie © Omerali Senakayli/EyeEm/Getty Images
Foto auteur © Jan de Groen

Verspreiding voor België:
Veen Bosch & Keuning uitgevers nv, Antwerpen

Voor Niek en Tineke

I'm on an Island
And I've got nowhere to run

– The Kinks, 'I'm on an Island'

De aanleiding

I

Carol

Het was Christy die haar vertelde over de cursus. Dat gebeurde tijdens de laatste avond van hun vierdaagse vakantie op Miami Beach. Tot dan toe had iedereen het onderwerp 'boeken' zorgvuldig vermeden, maar Carols schuldgevoel was met de dag gegroeid en twee dagen voordat ze vertrokken had ze tegen Mark gezegd: 'Dit kan zo niet langer. Ik moet iets doen.'

Ze lagen in bed, het was halftwaalf, maar ondanks het feit dat Mark al bijna sliep wist hij meteen waarover ze het had.

'Iets doen?' zei hij, terwijl hij zich naar haar toe draaide. 'Waarom?'

'Omdat het niet goed voelt,' zei Carol. 'Ze hebben ons hier uitgenodigd en verwennen ons enorm. Ik wil haar mijn excuses aanbieden. Het is het minste wat ik kan doen.'

Mark zuchtte. 'Lieverd, we hebben het hierover gehad. Ik zie niet in wat er in de tussentijd is veranderd.'

'Veel,' zei Carol. 'Zie je dat niet? Echt, ik heb het gevoel dat Christy eroverheen is. Het feit dat Dave er niet tegen jou over is begonnen toen jullie gisteren zijn gaan tennissen zegt toch genoeg?'

Mark schudde zijn hoofd. 'Dave is een slimme kerel. Die weet wel beter dan voor zijn beurt te praten. Maar los daarvan: wat zou je tegen haar willen zeggen? Dat je het mis had een jaar geleden? Dat je er nog eens over hebt nagedacht en het bij nader inzien toch wel een heel goed boek vindt?'

'Bijvoorbeeld,' zei Carol. 'Dat of iets anders aardigs.'

'Maar het ís geen goed boek. Het is een "aaneenschakeling van clichés". Je eigen woorden.'

Carol staarde naar het plafond. 'Natuurlijk is het geen goed boek,' zei ze op fluistertoon. 'Maar het gaat om het idee. Zij is over haar trots heen gestapt door ons hier uit te nodigen en nu doe ik iets terug door er alsnog iets aardigs over te zeggen. Een compliment zal haar goed doen.'

'Volgens mij is dat helemaal niet het geval,' zei Mark. 'Het is fijn dat jullie elkaar voor het eerst in lange tijd weer zien, maar wat haar boek betreft: het heeft destijds een paar aardige besprekingen gehad, maar vooral ook een heleboel slechte. Het verkocht totaal niet. Ik denk dat ze met terugwerkende kracht beseft dat het inderdáád geen best boek is, en dat je destijds dus gewoon gelijk had. Volgens mij heeft ze je daarom uitgenodigd. Als een manier om vrede te sluiten en te zeggen: *oké, je had gelijk, bedankt dat je eerlijk tegen me bent geweest.*'

'Ik ben het niet met je eens,' zei Carol.

Mark gaf haar een zoen. 'Dat mag. Maar toch denk ik dat ik gelijk heb.'

Misschien was ze naïef en had Mark inderdaad gelijk. Maar ze kon geen weerstand bieden aan haar gevoelens en de volgende avond, terwijl ze met een onbetaalbaar uitzicht op de Atlantische Oceaan aan de koffie zaten, was ze erover begonnen. Dave had net zijn enthousiasme geuit over hun uitstapje naar de Florida Keys van die dag, toen Carol Christy's hand pakte en zei: 'Dank je wel voor deze paar dagen, lieve schat. Ik heb er enorm van genoten. Het was fijn je weer te zien, en sorry voor wat ik vorig jaar heb gezegd over je boek. Het was mijn mening, maar... nou ja, ik had het wat anders kunnen verwoorden. Ik snap dat je er een tijdje geen behoefte aan had om me te zien.'

Christy keek haar met een uitdrukkingsloos gezicht aan en heel even dacht Carol dat ze een grote fout had gemaakt. Maar toen zag ze tranen verschijnen in de ogen van haar vriendin. Christy legde haar vrije hand op die van Carol en kneep erin. 'Ik ben ook blij dat ik je weer zie,' zei ze. 'En het is niet nodig om je excuses aan te bieden, want je had zoals altijd gewoon gelijk. Het ís een slecht boek. De reden dat ik zo boos werd, is dat de eerste twee recensies goed waren en ik totaal met mijn hoofd in de wolken liep. Ik kon niet wachten om jouw reactie te horen en toen die... nou ja, toen je die had gegeven, kon ik het gewoon niet geloven. Mijn goede gevoel was in één klap weg. Ik geloof dat ik, toen ik er diezelfde dag twee vreselijke recensies overheen kreeg, jou daarvan de schuld heb gegeven. Tot dan toe was alles positief geweest en ik zei tegen mezelf dat jij de flow eruit had gehaald met je zure commentaar. Ik geloof dat ik zelfs heb gedacht dat je jaloers op me was – is het niet verschrikkelijk?'

Carol schudde haar hoofd. 'Welnee. Zoals ik al zei, het is–'

'Het is wél verschrikkelijk,' zei Christy. 'Want dat hele verhaal over dat goede begin was gelul. Er volgden *alleen maar* dramatische kritieken en later hoorde ik via via dat de twee recensenten die positieve stukken hadden geschreven vriendinnen waren van mijn redacteur. Kortom, er wás helemaal geen flow geweest. Alleen maar een slecht boek dat gedoemd was te mislukken. Jij was eerlijk tegen me en als beloning daarvoor bande ik je uit mijn leven. Nee, Carol, als er iemand is die excuses moet aanbieden, dan ben ik het.'

Carol keek naar Mark, die bemoedigend naar haar knikte. Vervolgens wendde ze zich weer tot Christy en zei: 'Je hoeft helemaal niets. Je bent mijn vriendin en ik hou van je. Ik ben blij met dit gesprek en er is niets gelogen van wat ik daarnet zei: we hebben enorm genoten van de afgelopen dagen. De volgende keer komen jullie naar New York. Het is er minder lekker weer dan hier, maar ik weet zeker dat we het naar ons zin zullen hebben. Afgesproken?'

'Afgesproken,' zei Dave, terwijl hij Mark bij wijze van bezegeling een boks gaf.

'Schrijf jíj eigenlijk nog?' vroeg Christy. Ze waren nu met zijn tweeën en liepen met hun schoenen in de hand over het strand. Mark had het moment aangevoeld en Dave voor een afzakkertje meegenomen naar een van de nabijgelegen Cubaanse jazzclubs.

'Ik werk nog steeds fulltime voor *Spirit*,' zei Carol. 'Dus ja: ik schrijf heel veel artikelen. Maar dat bedoel je natuurlijk niet. Je doelt op een boek...' Ze aarzelde. 'Ik zet nog weleens iets op papier. Maar het is een beetje zoals vroeger. Ik begin eraan en maak het niet af. Dat heb ik trouwens óók tegen je gezegd, hè? Dat ik trots op je was dat je het voor elkaar hebt gekregen. Ik denk dat dat stiekem ook een klein verwijt was naar mezelf toe. Ik, de eeuwige twijfelaar, die nooit iets afmaakt.'

Christy keek naar een surfer, hoog en alleen op een golf in het licht van de ondergaande zon. Ze kneep haar oogleden samen tot spleetjes en zei: 'Dat weet ik nog, dat je dat zei. En dat ben ik ook, hoor, trots dat ik het heb gedaan. Ik ben een minstens even grote twijfelaar.'

'Dat heb ik je eigenlijk nooit gevraagd,' zei Carol. 'Hoe heb je het uiteindelijk van de grond gekregen? Hoe ben je erin geslaagd je twijfels opzij te zetten en het gewoon te dóén? Ik weet dat je Dave net had leren kennen. Gaf hij je dat extra beetje vertrouwen?'

Christy schoot in de lach. 'Dave had er zeker mee te maken,' zei ze. 'Ik had hem inderdaad net ontmoet en' – ze giechelde – 'nou ja, we brachten veel tijd samen door. Ik denk dat ik mede daardoor meer zelfvertrouwen had. Maar Dave is misschien twintig procent van het verhaal. De andere tachtig procent is de cursus geweest.'

'De cursus?'

'Heb ik je dat niet verteld?'

Carol schudde haar hoofd. 'Ik weet niets van een cursus,' zei ze, terwijl in de verte de surfer van zijn board viel en kopje-onder ging.

Christy wreef over het kuiltje in haar kin. 'Jeetje. Blijkbaar heb ik je in de periode vóór mijn boek uitkwam ook al verwaarloosd. Laten we dat maar op het conto van Dave schrijven, oké?'

'Prima,' zei Carol. 'Maar vertel: over wat voor cursus heb je het?'

2

'Een schrijfcursus? Maar je zei altijd dat...'

'Je hebt gelijk,' zei Christy. 'Ik was inderdaad degene die altijd zei: "Aan zo'n schrijfcursus heb je niets." En eigenlijk denk ik er nog steeds zo over. De meeste cursussen worden nu eenmaal gegeven door schrijvers die niet genoeg verdienen aan hun boeken en daarom op een andere manier aan de kost moeten komen. Niet door succesvolle auteurs die het puur vanuit hun hart doen om wanhopige dromers zoals ik een kans te bieden.'

'Maar?'

'Maar het is de uitzondering die de regel bevestigt.'

Ze hadden cocktails besteld bij een strandtent die The Breeze heette en zaten in comfortabele rieten stoelen met pastelkleurige kussens. Een paar jongens met rastahaar dansten op de reggaemuziek die uit de speakers boven de bar kwam.

'Je maakt me nu wel heel nieuwsgierig,' zei Carol. 'Van wie heb je een cursus gehad?'

Christy glimlachte. 'Van Victor Aster.'

'Dat meen je niet.'

'Jawel, echt waar. Ik hoorde erover van een oud-studiegenootje. Ze is net zo'n ploeteraar als ik en heeft nog steeds geen uitgever gevonden voor haar boek, maar zij had de cursus het jaar daarvoor gedaan en was laaiend enthousiast.'

Carol kon het nauwelijks geloven. Victor Aster die schrijfcursussen gaf? Oké, hij was misschien niet precíés net zo beroemd als John Grisham of Dan Brown, maar veel scheelde het niet. Aster domineerde al jarenlang de bestsellerlijsten met zijn thrillers over ex-politieman annex privédetective Jake Banner en werd ook in literaire kring geprezen om zijn doorwrochte plots en meeslepende proza. Carol had niet al zijn boeken gelezen, maar wel de meeste ervan, en ze vond ze bijna allemaal erg goed.

'Hoe dan ook,' zei Christy. 'Mijn theorie staat nog steeds overeind. Ik ben van mening dat er geen cursus bestaat waarmee je kunt leren hoe je een goed boek moet schrijven. Maar dat neemt niet weg dat ik een geweldige tijd heb gehad, én dat ik echt dingen heb geleerd. Niet zozeer over schrijven misschien, maar wel over het stellen van doelen. En er vervolgens voor zorgen dat je die doelen ook haalt.' Ze lachte schamper en nipte van haar cocktail, een lichtblauw goedje gedecoreerd met muntblaadjes. 'Ik bedoel, wie had ooit gedacht dat er op een dag een boek van mij zou worden uitgegeven?'

Carol glimlachte, keek een paar seconden naar de dansende rastajongens en zei: 'Het is geweldig dat je het hebt gedaan. Maar Victor Aster... ik had geen idee dat hij cursussen gaf. Wanneer is zijn laatste boek verschenen?'

'Bijna anderhalf jaar geleden,' zei Christy. '*Moord op bestelling*. Hij had het net ingeleverd bij zijn uitgever in de periode dat ik de cursus deed. God, wat is dat een eng boek. Ik heb er dagen niet van kunnen slapen. Heb je het gelezen?'

'Nee, nog niet. Maar anderhalf jaar geleden? Is er in de tussentijd niets nieuws van hem verschenen? Ik dacht dat hij zo'n productieve schrijver was.'

'Dat klopt,' zei Christy. 'Zijn lezers kunnen normaal gesproken rekenen op één boek per jaar. Maar er wordt gefluisterd dat hij momenteel bezig is aan iets groots en indrukwekkends. Een soort Stephen Kings *22-11-1963*, maar dan anders. O, en trouwens: het is geen "cursussen", maar cursus. Hij doet er maar één per jaar.'

'Maar één?'

Christy knikte. 'Ik heb hem ernaar gevraagd toen ik op het eiland was. Hij zei dat hij het leuk vindt om zijn kennis te delen, maar ook dat hij in de eerste plaats schrijver is. Hij noemde het schrijven van boeken zijn roeping. Die cursus was een idee van zijn assistent, zei hij, en hoewel hij er plezier in heeft, wil hij er niet te veel tijd aan kwijt zijn.'

'Dat snap ik,' zei Carol. 'Maar wacht: vindt die cursus plaats op een eiland?'

'Victor Aster wóónt op een eiland. In Canada. Wist je dat niet?'

'Ik had geen idee,' zei Carol, terwijl ze een slok nam van haar Bacardi-cola. Ze was geen cocktailmens, en dit was het enige op het menu geweest dat ze herkende. 'Dat moet een bijzondere ervaring zijn geweest. Een dagje schrijfles op een eiland van zo'n beroemdheid.'

'Niet één dag,' zei Christy. 'De cursus duurt een hele week. En ik was er natuurlijk niet alleen, maar met acht anderen. Het is echt heel intensief. Een soort mentale bootcamp. We stonden om acht uur op, ontbeten samen en wandelden een uur met zijn allen. Vervolgens gaf Victor van elf tot vijf les, uiteraard met een korte lunchpauze tussendoor. Hij, eh... o, oeps... hoor mij nou. Sorry, ik heb al te veel gezegd.'

'Wat?'

Christy schudde haar hoofd. 'Wat ben ik toch ook een flapuit. Ik zou je zomaar alles vertellen. Maar dat mag niet. Alle cursisten moeten na afloop een overeenkomst tekenen waarin ze beloven niets over de cursus te zullen onthullen aan derden. Je bent natuurlijk mijn vriendin maar eh, nou ja... een contract is een contract.'

'Dat klinkt behoorlijk geheimzinnig.'

'Ja, dat klopt,' zei Christy. 'Maar dat is het niet hoor. Niet echt. Ik geloof dat hij het vooral zo afspreekt omdat hij niet wil dat mensen hem na afloop verkeerd citeren. Maar hé, waarom ga je er zelf niet naartoe? Ik zweer het, Carol, het zou echt iets voor jou zijn. Jij bent altijd de betere schrijfster van ons tweeën geweest.'

'Welnee. Ik schrijf... ánders. Het is–'

'O, kom op. Je weet dat ik gelijk heb. Ik heb op school niet één keer een hoger cijfer voor een opstel gehaald dan jij. Jij kunt het ook, Carol, dat boek van de grond krijgen. Ik weet het zeker. Volhouden. Daar gaat het om. Eraan beginnen en volhouden.'

Carol schudde haar hoofd. 'Ik vrees dat het een beetje te laat is voor een carrière in de literatuur. Ik heb het druk met mijn baan bij *Spirit*. Mark wil kinderen. Ik ben er nog niet aan toe – niet helemaal, althans – maar het schrijven van een boek... nee, daar is dit echt het moment niet voor. Bovendien, ik neem aan dat die cursus voor de komende jaren vol zit.'

'Dat betwijfel ik. De volgende is pas in januari en het kost een aardige smak geld.'

'Een aardige smak?' zei Carol. 'Over welk bedrag hebben we het dan?'

'Twintigduizend dollar.'

'Jezus, dat is inderdaad veel.'

'Heel veel,' zei Christy. 'Maar je hebt het. Hoeveel zei je nou dat je hebt geërfd van je moeder?'

'Twee ton en een beetje. Maar Mark en ik willen dat geld gebruiken om een huis op het platteland te kopen. We–'

'Ach, hou op, dat is tien procent ervan. Het is het waard, Carol. Echt waar. En al het cursusgeld gaat naar een goed doel. Victor doneert het aan Sea Shepherd. Hij steunt hen sinds hij over hun werk en missie schreef in *Vijf voor twaalf.*'

'Victor?' Carol trok een wenkbrauw op.

'Ja, ja,' zei Christy. 'Ik weet het. Dat was een van de eerste dingen die hij zei bij de kennismaking. Dat we hem gewoon bij zijn voornaam moesten noemen. Hij wilde niet worden behandeld als een beroemdheid, maar als een normaal mens. Natuurlijk bleef iedereen gewoon meneer Aster zeggen – haha – maar het is echt een aardige man. En trouwens, overwoog jij niet zo'n stilteretraite te gaan doen? Een week in de natuur zonder te praten?'

'Daar heb ik inderdaad over gedacht, maar–'

'Nou, dat krijg je er gratis bij. Min of meer dan. Er zijn natuurlijk je medecursisten met wie je af en toe contact hebt, maar verder is het echt heel basic allemaal. Er is geen wifi op het eiland. Mobieltjes en laptops zijn niet toegestaan. Het is echt jij, je pen en het papier.'

'Geen mobieltjes?' zei Carol. Ze glimlachte. 'Dus je hebt geen selfie met hem kunnen maken?'

Christy schudde haar hoofd. 'Ik heb het moeten doen met een handtekening, maar dat is meer dan genoeg. En Victor heeft gelijk wat mobieltjes en internet betreft. Het leidt alleen maar af, zeker als je net begint aan een boek en nog zoekende bent. Je weet toch dat Victor deels *Native American* is, hè? Zijn overgrootouders van moeders kant waren Tlingit-indianen. Dat verklaart zijn aversie tegen moderne techniek, al gebruikt hij tegenwoordig wel een computer om zijn boeken te schrijven.'

Dat wist Carol niet, maar ze was niet verbaasd. Ze had altijd gevonden dat Victor Aster leek op Daniel Day-Lewis in *The Last of the Mohicans*, alleen dan met kort haar.

'Geloof het of niet,' zei Christy. 'Een week zonder mobiel beviel me zo goed dat ik sindsdien thuis ook af en toe een telefoonloze periode inlas. Geen week misschien, maar een dag, soms anderhalf. Het geeft een heerlijk gevoel en maakt me bewuster van mijn omgeving. Er was een tijd waarin ik echt dwangmatig mijn berichten checkte, gewoon om maar iets te doen te hebben.'

'Ik ben blij voor je,' zei Carol. Ze dacht aan een artikel dat ze kortgeleden had geschreven voor *Spirit*, waarbij ze mensen had geïnterviewd die via meditatie van hun telefoonverslaving waren afgekomen. Een aantal van hen had gezegd dat ze op het dieptepunt zelfs tijdens een bioscoopbezoek minimaal tien keer op Facebook keken. Toen bedacht ze iets, fronste haar wenkbrauwen en zei: 'Maar wacht even: je mocht toch niets zeggen over de inhoud van de cursus?'

'Dat klopt,' zei Christy. 'Maar dat over die telefoons en laptops staat ook op Victors website.' Ze glimlachte. 'Je moet het natuurlijk helemaal zelf weten, maar ik zou er echt even naar kijken zodra jullie terug zijn in New York.'

Carol tuurde naar de oceaan. Twintigduizend dollar was veel geld. Maar het was waar: ze had de erfenis van haar moeder en ze kon niet ontkennen dat dit gesprek met Christy de avonturier in haar deed ontwaken. Misschien was dat wat haar tegenhield bij haar beslissing over het wel of niet nemen van een kind. Misschien sluimerde diep vanbinnen nog altijd die langgekoesterde wens om ooit dat boek te schrijven.

Ze keek haar vriendin aan. 'Oké. Ik zal erover nadenken.'

'Zo mag ik het horen,' zei Christy. 'Maar denk erom: als je besluit het te doen en over een paar jaar net zo beroemd bent als Victor Aster, dan wil ik wel mijn aandeel van de royalty's.'

'Twintigduizend dollar? Jeetje, dat is niet niks.' Mark keek haar aan, licht fronsend, alsof hij erachter wilde komen of ze serieus was of niet. Het was eind augustus, twee weken nadat ze waren teruggekomen uit Florida.

'Ik weet dat het veel is,' zei Carol. 'Maar Christy bleef maar zeggen dat ik het moest doen. Eerst wilde ik er niet aan, vanwege mijn werk en – ik weet het niet – ik denk omdat ik bang ben om al dat geld uit te geven en dan alsnog geen stap verder te komen. Snap je?'

Mark knikte. 'Ik snap het. Maar?'

'Maar ik probeer het nu al twee weken zonder succes te vergeten. Gisteren werd ik zo moe van mezelf dat ik naar zijn website ben gegaan om te kijken of de cursus voor deze winter al volgeboekt is. Ik dacht: als ik dat weet, dan kan ik het loslaten. Maar natuurlijk wasie niet volgeboekt. Er zijn nog drie plaatsen vrij.'

Mark keek uit het raam van hun driekamerflat in de East Village en zweeg. Op straat was het druk, taxi's toeterden en in de verte klonk een sirene. 'Tja,' zei hij. 'Als het iets is waar je hart naar uitgaat, dan moet je het doen.'

'Dat denk ik ook steeds. Maar aan de andere kant: mijn moeders erfenis... we hadden afgesproken het in een nieuw huis te stoppen.'

'Vraag je me nu om toestemming?'

'Ik weet het niet,' zei Carol. En toen: 'Ja, ik geloof het wel.'

Mark liep naar haar toe en sloeg zijn armen om haar heen. 'Lieverd, je hebt geen twintigduizend dollar geërfd, maar twee tón. Als je graag die cursus wilt doen, doe het dan gewoon. Wat ik ervan vind, doet er niet toe, maar als je mijn mening wilt: ik denk dat je ook zonder een cursus goed genoeg bent om een boek te kunnen schrijven. Wat dat huis betreft: dat komt er toch wel. We hebben geen haast en met honderdtachtigduizend kunnen we nog steeds een riante aanbetaling doen. Bovendien hebben we ook nog mijn spaargeld.'

'Ja, dat is waar.'

'Dus?'

'Hoe bedoel je "dus"?'

'Dus waar wacht je op? Volg je hart en ga snel boeken, voordat je te laat bent en die laatste drie plekken zijn vergeven.'

De cursus

Dag 1

3

Ze had het vliegtuig genomen naar Vancouver, vervolgens een metro, een bus en een pont naar Vancouver Island, en nu zat ze opnieuw in de bus, op weg naar de veerpont die haar naar Big Rock Island zou brengen. Het eiland waarop Victor Aster woonde, was een van de eilanden die tussen Vancouver Island en de Stille Oceaan lagen. Het was veruit het kleinste eiland in de omgeving – op sommige kaarten was het niet eens afgebeeld – maar het mat nog altijd zo'n vijf bij vijf kilometer en had zijn naam te danken aan een imposante rotsformatie in het midden ervan. Victor Aster, zo had ze op internet gelezen, had het eiland tien jaar geleden gekocht en woonde in een huis dat was gebouwd op het hoogste punt.

Terwijl de bus door een uitgestrekt bos met douglassparren reed, dacht Carol aan het gesprek dat ze eergisteravond met Mark had gehad, in bed met het raam open, de straatgeluiden van de East Village op de achtergrond. Samen hadden ze gefantaseerd over hun droomhuis op het platteland. Een rieten dak, een grote veranda, misschien zelfs een paar schapen en een varken op den duur... o, wat zou het heerlijk zijn om de stad te verlaten.

Toen, vanuit het niets, was Mark over babynamen begonnen. Even had Carol de drang gevoeld het onderwerp af te kappen, maar Mark had een hand op haar schouder gelegd en gezegd dat het alleen maar namen waren en dat hij niet bedoelde dat ze er vanavond aan moesten beginnen. Al snel waren ze het eens geworden over Maisy of Lynn voor een meisje. Een jongensnaam verzinnen bleek moeilijker. Mark had Charlie geopperd, maar daarbij moest Carol te veel aan Charles Manson denken. Donald vonden ze allebei een leuke naam, maar dat voelde in deze periode in de Amerikaanse geschiedenis evenmin als een optie. Uiteindelijk kwam Mark met Max op de proppen. Carol had gezegd dat ze het geen slechte naam vond, maar hem even moest laten bezinken.

Ze hadden een paar minuten zwijgend in het donker naast elkaar gelegen en Carol had het gevoel gehad dat ze iets moet zeggen, iets in de trant van: 'Maak je geen zorgen, het duurt echt niet lang meer voordat ik er klaar voor ben. Ik wil het net zo graag als jij.' Of gewoon: 'Heb vertrouwen in me.' Maar ze kon de juiste woorden niet vinden en was opgelucht geweest toen Mark van onderwerp veranderde en had gevraagd of ze zin had in de cursus.

'Ja, ik heb er zin in,' had ze gezegd. 'Maar ik ben ook een tikkeltje nerveus.' Dat laatste was een understatement.

'Waarom heet het eigenlijk *Kill Your Darlings*?' vroeg Mark.

'Het is een uitdrukking,' zei Carol. 'Het betekent dat je als schrijver moet leren om bereid te zijn de passages waaraan je het meest bent gehecht te schrappen als ze niet in dienst staan van het verhaal dat je wilt vertellen.'

Mark fronste zijn wenkbrauwen. 'Dat is een nogal morbide benaming voor zoiets praktisch.'

'Misschien wel,' zei Carol. 'Maar tegelijkertijd is hij goed gekozen, vind je ook niet? Het doet pijn om dingen waarvan je houdt af te stoten, zelfs als je weet dat het een hoger doelt dient.'

'Over pijn gesproken,' zei Mark, met een knipoog. 'Ik zal je missen deze week. Het is bizar, maar ik realiseerde me dat we nooit langer dan twee dagen van elkaar gescheiden zijn geweest. Het is jammer dat je je mobiel niet mee mag nemen. Het zou fijn zijn om af en toe even contact te hebben.'

Carol knikte. 'Christy zegt dat Victor Aster van mening is dat je geen enkele afleiding mag hebben wanneer je aan het schrijven bent.'

'Dat snap ik,' zei Mark. 'Als ik ontwerpen schets voor een huis zet ik ook mijn telefoon uit – concentratie is de sleutel als je tot iets goeds wilt komen – maar helemáál geen telefoon? Stel dat je ziek wordt? Dan zit je daar op dat eiland en kun je niemand bellen.'

'Maak je geen zorgen, schat. Victor Aster mag dan zonder telefoon door het leven gaan; zijn assistent heeft er wél eentje. De cursisten mogen er in noodgevallen gebruik van maken. En in de brief die ik na inschrijving kreeg, staat een e-mailadres – ook van die assistent – dat regelmatig wordt gecheckt en waarnaar je kunt mailen als er híér rampen gebeuren. Ik heb hem op je bureau gelegd.'

'Dank je,' zei Mark. 'Begrijp me niet verkeerd, hè? Ik maak me geen zorgen, maar ik ben wel blij dat we elkaar indien nodig kunnen bereiken en dat je niet een week lang volledig bent afgesneden van de rest van de wereld.'

Nee, dacht Carol, terwijl ze uit het busraam keek naar de majestueuze sparren langs de kant van de weg; qua techniek zou ze niet afgesneden zijn van de wereld, maar qua gevoel wel. Ze merkte het nu al: het groen en de rust om haar heen bezorgden haar een innerlijke kalmte die ze alleen van vakanties kende.

Het enige minpuntje? De kou. Ze had het gevoeld toen ze uit het vliegtuig stapte, en daarna – opnieuw – toen ze naar het busstation liep. Op een temperatuurmeter had ze gezien dat het één graad onder nul was, volgens de website die ze voor vertrek had gecheckt ruimschoots kouder dan gebruikelijk voor de tijd van het jaar. Maar een kniesoor die daarom maalde. Iedere dag zou beginnen met een ochtendwandeling, maar verder was de cursus binnen. Voor de wandeling had ze voldoende warme kleding bij zich en als haar North Face-jack niet voldeed, kon ze er altijd een extra trui onder aantrekken.

Het was tien over halfeen. Als haar gegevens klopten, zou ze over zo'n tien minuten bij de pont zijn. De halte daar was tevens het eindpunt van de bus, die inmiddels zo goed als leeg was. Er zaten – los van haarzelf en de chauffeur – nog maar twee mensen in. Een oudere vrouw met grijze krullen, helemaal voorin, en een jongen van een jaar of vijfentwintig die schuin naast haar zat aan de andere kant van het gangpad. De vrouw kon ze niet zien. De jongen, die een blauwe regenjas en een petje van de Denver Nuggets droeg, had een knap gezicht en bewoog met zijn hoofd mee op de muziek die uit zijn iPod kwam. Carol vroeg zich af of het tweetal ook naar de cursus ging of dat er bij het eindpunt van de bus nog iets anders was – een dorp misschien, of een of andere weinig populaire toeristische attractie.

Alsof de jongen haar gedachte had opgevangen, keek hij plotseling haar kant op. Zijn gezicht was nog steeds knap, maar nu ze zijn ogen op die van haar gericht voelde, ging er ook iets licht intimiderends van hem uit. Ze knikte neutraal en stond op het punt haar blik af te wenden toen de jongen zijn oortjes uitdeed en zei: 'We zijn er bijna, hè?'

Carol fronste haar wenkbrauwen. Ze aarzelde even en zei toen: 'Waar?'

De jongen glimlachte. '*Kill Your Darlings* natuurlijk. De cursus. Daar ga jij ook naartoe, toch?'

'Eh, ja,' zei Carol. 'Maar hoe wist je dat?'

De jongen verwijderde een denkbeeldig stofje van zijn regenjas en haalde zijn schouders op. 'Tja, daar ben ik nu eenmaal goed in, mensen inschatten. Ik had het al gezien toen je instapte: daar hebben we de nieuwe Gillian Flynn.' Hij grijnsde. 'Of hou je meer van Karin Slaughter?'

Nu was het Carol die glimlachte. 'Gillian Flynn? Was het maar waar. En je hebt gelijk: ik ga inderdaad naar de cursus van Victor Aster.'

'Same here,' zei de jongen. Hij schoof van zijn plek bij het raam naar de stoel grenzend aan het gangpad en stak zijn hand naar haar uit. 'Mijn naam is Dex. Dex Carson. En laat je niet voor de gek houden: ik kom uit Los Angeles, niet uit Denver. Dit petje heb ik alleen maar gekocht omdat ik de kleuren mooi vind.'

Carol schudde hem de hand. 'Carol Arrington. Aangenaam.' Ze keek naar het bagagerek boven het hoofd van de jongen, waar behalve een bescheiden reiskoffer ook een forse, langwerpige tas lag. 'Wat heb je allemaal bij je? Ben je van plan te gaan kamperen in plaats van in een van de bungalows te slapen?'

De jongen schoot in de lach. 'Welnee. In die reiskoffer zitten mijn kleren. In die andere tas zit een anderhalve meter lange gouden koker met daarin 's wereld grootste kroontjespen. Je weet toch dat laptops niet zijn toegestaan op het eiland en we met de hand moeten schrijven?'

'Ja, dat weet ik, maar–'

'Sorry,' zei de jongen lachend. 'Dat was flauw. Ik heb een telescoop bij me. Ik heb hem ooit gekocht in LA, maar met al die smog daar zie je niet zoveel. Ik heb de cursus twee jaar geleden al eens gedaan en toen ik 's avonds een blik op de hemel wierp... nou ja, ik wist niet wat ik zag. Het was werkelijk schitterend.'

'Je doet de cursus voor de tweede keer?'

'Klopt,' zei de jongen. 'Maar niet vanwege die mooie sterrenhemel hoor. Ik wil gewoon mijn geheugen een beetje opfrissen. Ik kwam hier twee jaar geleden met zoveel inspiratie vandaan – het was echt ongelofelijk. Binnen een paar maanden had ik mijn eerste boek geschreven én aan een uitgever verkocht. Helaas is het geen succes geworden, maar ik ben niet het type dat snel opgeeft. Ik dacht: ik ga gewoon nog een keer terug om alles in me op te zuigen. Misschien heb ik de vorige keer iets belangrijks gemist en schrijf ik straks een nog beter boek.'

Carol glimlachte. 'Dat is nog eens toewijding,' zei ze. 'Ik moet zeggen dat ik steeds nieuwsgieriger begin te worden. Ik ben hier op aanraden van een vriendin die ook haar eerste boek publiceerde na het volgen van de cursus. Dat was ook twee jaar geleden, dus misschien ken je haar wel. Christy, heet ze. Christy Bright.'

De ogen van de jongen lichtten op. 'Christy Bright met de *Bright Eyes*. Natuurlijk herinner ik me haar. Bruin haar, groene ogen...'

'Yep. Dat is ze.'

'Wat geweldig,' zei de jongen. 'Dus jij bent haar vriendin. Man, wat is de wereld toch klein. Ik heb heel wat afgelachen met Christy. De eerste dag was ze erg verlegen en deed ze nauwelijks haar mond open, maar toen ze eenmaal loskwam, was er geen houden aan. Jammer eigenlijk dat we geen contact hebben gehouden. Ik mocht haar erg graag. Dus het is haar ook gelukt, een boek gepubliceerd krijgen? Helemaal te gek. Wat is de titel?'

'*Duistere zielen*,' zei Carol. 'Het gaat over een seriemoordenaar die huishoudt in Baltimore. Maar eh, nou ja, net als jouw boek is het niet echt een succes geworden.'

Even verscheen er een gepijnigde blik in de ogen van de jongen. Toen lachte hij en zei: 'Ach, *who cares*. Fuck de commercie. Waar het om gaat, is dat we het naar ons zin hebben. Toch?'

'Zo is het,' zei Carol. 'Maar hé, als je het leuk vindt om contact met haar op te nemen – met Christy, bedoel ik – schrijf dan even je telefoonnummer op. Ik heb mijn mobiel hier niet, dus ik kan je haar nummer niet geven, maar als je me het jouwe geeft, geef ik het haar zodra ik thuis ben en kan ze je bellen. Ze vindt het vast grappig om te horen dat we elkaar hier in de bus zijn tegengekomen.'

'Dat klinkt als een goed idee,' zei de jongen. Hij keek langs Carol heen uit het raam en glimlachte. 'Ik zal het je geven zodra we de overtocht naar het eiland hebben gemaakt, oké? Kijk, we zijn er.'

4

De bus koerste af op een open plek die grensde aan de zee. Wanneer de bus rechtdoor zou rijden, reed hij zo het water in, een beetje zoals bij de stranden op de Florida Keys die ze met Mark, Christy en Dave had bezocht. Het was hier wel een stuk desolater. Deze plek gaf je het gevoel dat je bij het eind van de wereld was aangekomen.

De bus minderde vaart en stopte naast een laag gebouwtje met stoffig uitziende ramen. De goten van het gebouwtje zagen er verroest uit en de verf op de muren was op veel plaatsen afgebladderd. Carol fronste haar wenkbrauwen. Ze wist niet precies wat ze had verwacht, maar dit strookte niet met de aantrekkelijke beelden op Victor Asters website.

'Ik weet wat je denkt,' zei Dex. 'Maar maak je geen zorgen: dit is alleen maar de plek waarvandaan de veerpont vertrekt. Op het eiland ziet alles er pico bello uit.'

De bus reed een paar meter achteruit en kwam vervolgens piepend en krakend tot stilstand. Carol zag een oude Coca-Cola-machine, een hanglamp met een dromenvanger eraan en daarachter een houten steiger die zo'n dertig meter het water in liep, met aan het eind ervan de veerpont, die er gelukkig beter onderhouden uitzag dan het gebouwtje waarnaast ze waren gestopt.

Ze pakte haar tas. 'O, sorry… eh ja, ik dacht inderdaad even: wat een ouwe meuk allemaal. Maar de veerpont ziet er gelukkig betrouwbaar uit.'

'Zeker weten,' zei Dex. 'Wacht maar tot we aan boord gaan en richting het eiland varen. Het uitzicht is geweldig.'

Ze stapten uit, de kou in. Carol trok de kraag van haar jas wat hoger op en keek om zich heen. De vrouw met de grijze krullen tuurde met haar handen boven haar ogen naar de veerpont. Carol deed een stap in haar richting en zei: 'Bent u hier ook voor de cursus?'

De vrouw keek om. 'Ja,' zei ze. 'Maar ik weet niet zeker of dit de goede plek is. Het ziet er zo...'

'Verlaten uit?' zei Dex. 'Geen paniek, mevrouw. Dit is de goede plek.'

Carol glimlachte naar de vrouw en knikte naar Dex. 'Hij is hier al eens eerder geweest. Vandaar dat hij het weet.'

De vrouw fronste haar wenkbrauwen. 'Maar waar zijn de andere cursisten dan? We zijn maar tien minuten te vroeg.'

Dex gebaarde naar een smal pad dat naar de andere kant van het gebouwtje leidde. 'Waarschijnlijk zitten ze om de hoek,' zei hij. 'Er is daar een parkeerplaats en een plek waar je kunt zitten. Als er tenminste niets is veranderd sinds de vorige keer.'

Ze liepen om het gebouwtje heen. Dex voorop, Carol daarachter en vervolgens de vrouw met het grijze haar, die vertelde dat ze Mary Jo Turner heette en bij een bibliotheek in Santa Fe, New Mexico, werkte. Ze had de cursus cadeau gekregen van haar twee dochters, die wisten van haar langgekoesterde droom om schrijfster te worden. 'Is het niet ongelofelijk?' zei ze. 'Zo'n groot bedrag. Ik ben er nog altijd stil van.'

Carol glimlachte. 'Dat is zeker aardig van ze. U mag u gelukkig prijzen met zulke gulle kinderen.'

'Dat doe ik,' zei Mary Jo Turner. 'Dat doe ik elke dag.' Ze blies in haar handen. 'Potverdorie, het is behoorlijk koud hier. Ik ben blij dat ik voldoende warme kleren heb meegenomen.'

'Het is zeker fris,' zei Carol. 'Gelukkig zitten we straks de meeste tijd binnen.'

Dex had gelijk: aan de andere kant van het gebouwtje bevond zich een parkeerplaats. Er stonden vijf auto's. Vier ervan waren nieuw en blonken alsof ze net waren gewassen. De vijfde was een wat ouder exemplaar dat eruitzag alsof hij bij het gebouwtje hoorde.

Een stem zei: 'Kijk, daar zul je ze hebben.'

Carol keek naar rechts en zag een atletisch uitziende man met zwart haar op hen afkomen. Achter hem, verdeeld over twee grote picknicktafels, zaten drie andere mannen en een jonge vrouw. De man met het zwarte haar stak zijn hand uit en zei: 'John Harris, aangenaam. Ik neem aan dat jullie hier zijn voor de cursus?'

Ze knikten, schudden hem de hand en stelden zich voor. Vervolgens liepen ze achter hem aan naar de picknicktafels, zetten hun spullen in het gras en begroetten de andere cursisten.

De eerstvolgende die Carol de hand schudde was een man van een jaar of vijfenveertig die Luther Green heette. Hij had heldere blauwe ogen en droeg een zilveren kruisje om zijn nek. Naast hem zat de enige vrouw in het gezelschap. Ze leek jong, een meisje bijna, droeg naaldhakken en had een mobiele telefoon in haar hand. Ze keek op, zei vluchtig glimlachend dat ze Riley Weeks heette en richtte zich toen weer op het schermpje van haar mobiel. Carol stond op het punt te vragen of ze wist dat er geen telefoons toegestaan waren op het eiland, maar besloot toen dat het haar zaken niet waren en richtte zich op de volgende persoon aan de tafel – een nors kijkende man in een groene bodywarmer die zich voorstelde als Nick Buchanan. De laatste cursist die Carol begroette zat aan de tafel waaraan ook John Harris had gezeten. Hij was klein en pezig, droeg een duur pak met daarover een kasjmieren overjas en zei dat zijn naam Samuel Murphy was, alvorens ietwat uit de hoogte zijn blik af te wenden.

Carol liep terug naar de eerste tafel en ging zitten naast het meisje met de mobiel. Dex nam plaats tegenover haar, naast Nick Buchanan. Mary Jo bleef handenwrijvend naast de tafel staan waaraan Samuel Murphy zat.

'Heel goed,' zei John Harris. 'Dan zijn we dus compleet. Hebben jullie er een beetje zin in?'

Mary Jo knikte. 'Ik kan niet wachten. Maar compleet zijn we volgens mij nog niet. Er zouden toch negen deelnemers zijn?'

'Verdomd, je hebt gelijk,' zei Harris. 'We missen er nog eentje.' Hij glimlachte. 'Nou ja. We hebben nog een kleine tien minuten en voorlopig is die schipper er ook nog niet. Dat geeft ons mooi tijd om elkaar alvast een beetje te leren kennen.'

'Hoelang zitten jullie hier al?' vroeg Dex.

'Een minuut of twintig,' zei Harris. 'Tenminste: Nick, Luther en ik. Riley is er al een halfuur en Samuel nog ietsje langer.'

'Hebben jullie het niet koud gekregen van het wachten?'

'Welnee,' zei Harris. 'Heb jíj het niet koud in die regenjas?'

Dex schudde glimlachend zijn hoofd. 'Maak je geen zorgen, ik heb een warme trui aan.'

Luther Green keek naar de veerpont. 'Ik hoop dat we snel compleet zijn en kunnen vertrekken. Ik sterf van de kou.'

'Vertel me wie je favoriete schrijvers zijn,' zei Dex. 'Daarvan krijg je het vast warm.'

Harris zei dat hij Dennis Lehane geweldig vond. 'Man, wat kan die kerel schrijven. Heb je *De infiltrant* gelezen?'

Dex knikte en keek naar Green, die zijn schouders ophaalde en liet weten dat hij een heleboel schrijvers goed vond – te veel om op te noemen.

'Ik hou van Bret Easton Ellis,' zei Dex. 'Ik geloof dat ik *American Psycho* wel vijf keer heb gelezen. En van Victor Aster natuurlijk.' Hij knipoogde. 'Anders kom ik straks het eiland niet op.'

Terwijl Harris begon te vertellen dat hij ook van de boeken van William Goldman en Ira Levin hield, keek Carol vanuit haar ooghoek naar Dex. Het gemak waarmee hij een gesprek aanknoopte maakte haar bewust van haar eigen onvermogen daartoe. Ze was niet verlegen – niet echt tenminste – maar het duurde altijd een tijdje voordat ze haar draai vond in een groep onbekenden. Daarnet in de bus was het geen probleem geweest. Ze was alleen geweest met Dex en hij was het gesprek begonnen. Nu voelde ze zich op een vreemde manier niet op haar gemak, al wist ze dat ze er uiteindelijk wel doorheen zou komen. Zo ging het ook altijd op verjaardagen. Volgens Mark was ze gewoon verstandig en keek ze in grote gezelschappen liever even de kat uit de boom.

'Stomme eikel,' zei Riley Weeks. 'Jezus christus...'

Carol wierp een blik opzij en zag dat de jonge vrouw het tegen haar telefoon had. Nu keek ze op en voegde eraan toe: 'Sorry, het is mijn ex. Hij stuurt me steeds berichten. Ik word er knettergek van.'

'Je kunt dat ding ook wegdoen,' zei Dex. 'Op het eiland mag je hem toch niet meenemen. Dan ben je meteen van zijn berichten af.'

'Ik weet het,' zei Riley. 'Maar ik heb ook contact met mensen die ik wél aardig vind. En als jullie denken: o, god, een telefoonverslaafde. Ja, ik geef het toe. Het is zo. Ik wil deze cursus heel graag doen, maar ik heb wel honderd keer overwogen om af te zeggen omdat ik niet weet of ik het kan, een week zonder mijn mobiel.'

Naast haar fronste Luther Green zijn wenkbrauwen. Hij beroerde het kruisje om zijn nek en zei: 'Je weet niet of je het kan? Je zal wel moeten, meid. We zitten daar straks een week en ik neem aan dat je geen twintigduizend dollar hebt betaald om na een dag al te besluiten dat je toch maar liever terug naar huis gaat.'

Riley wierp een nerveuze blik op de veerpont, schudde toen haar hoofd en zei: 'Nee, ik ga niet naar huis. Ik móét dit doen. Mijn psycholoog zegt dat ik het kan.' Ze keek naar de sparren om hen heen, alsof ze van hen een bevestiging verwachtte, richtte zich toen weer op haar telefoon en ging verder met in een razend tempo whatsappjes beantwoorden.

Vijf minuten later arriveerde ook de laatste cursist. Het was een gezette vrouw van een jaar of veertig met een Latijns-Amerikaans uiterlijk die Doris Espinosa heette. John Harris verwelkomde haar net zoals hij even daarvoor had gedaan toen Carol, Dex en Mary Jo waren aangekomen. Harris leidde de nieuwkomer langs de andere cursisten, bijna alsof hij zelf de cursus gaf, maar hij deed het op een prettige manier, zonder arrogantie of zelfgenoegzaamheid.

Doris Espinosa nam plaats aan de tafel van Samuel Murphy, keek om zich heen en zei: 'Zo, dat was op het nippertje. Ik stond in de file en was bang dat ik te laat zou komen. Is de schipper er nog niet?'

'Nee,' zei Harris. 'Maar het is één uur geweest. Ik neem dus aan dat hij er ieder moment kan zijn.'

Doris Espinosa knikte, haalde een zak met winegums uit haar tas en zei: 'Iemand?'

Er werd beleefd 'nee, dank je' gemompeld door de andere cursisten, maar de aanblik van de zak snoep deed Carol beseffen dat ze honger begon te krijgen. Voordat ze in de bus stapte had ze bij een Stop & Shop een kalkoensandwich gekocht. Ze wist niet of er bij aankomst op het eiland geluncht zou worden – er had niets over in het programma gestaan – en ze overwoog de sandwich uit haar tas te halen. Wat haar tegenhield, was dat ze niet als asociaal wilde overkomen door als enige te gaan zitten eten. Aan de andere kant: het was inmiddels vijf minuten over een. De schipper was te laat en wie kon zeggen hoelang ze hier nog in de kou moesten wachten? Het laatste wat ze wilde, was vermoeid op het eiland aankomen en zonder optimale concentratie aan de eerste sessie met Victor Aster beginnen.

Ze stond op en liep naar haar tas. Haalde de sandwich eruit, scheurde de plastic verpakking eraf en legde die naast haar op de houten bank. Dex, Mary Jo en Harris waren alweer in gesprek over boeken en Carol zette haar tanden in de sandwich. Zo, dat luchtte op.

Na een paar happen zag ze dat de verpakking op de grond was gewaaid. Er was zo te zien geen prullenbak in de buurt en ze prentte zich in het plastic zo dadelijk op te rapen en in haar tas te stoppen.

Half luisterend naar het gesprek van Dex, Mary Jo en Harris keek ze naar het water. Ze probeerde Big Rock Island te vinden, maar slaagde er niet in. Dat was niet heel gek. Volgens de kaart waarop ze gisteren had gekeken, moest de veerpont een flauwe bocht naar links maken om in de buurt van het eiland te komen en was het zo'n tweeënhalve kilometer varen.

Ze wendde zich weer tot de andere mensen aan tafel en kreeg een licht ongemakkelijk gevoel toen ze zag dat Nick Buchanan naar haar staarde. Dex, Mary Jo en Harris waren nog altijd in gesprek, maar Buchanan leek niet te luisteren. Hij bleef haar aankijken, net zo lang totdat Carol haar blik afwendde.

Keek hij *boos*?

Ze voelde dat ze een kleur kreeg en probeerde na te gaan of ze iets verkeerds had gezegd. Nee, dat had ze niet. Sterker nog, ze had – los van het noemen van haar naam tijdens het voorstelrondje – haar mond nog niet opengedaan.

Ze nam een volgende hap, wachtte een paar seconden en keek toen op. Hij staarde nog altijd naar haar en nu wist ze het zeker: hij keek boos. En niet zo'n klein beetje ook. Snel wendde ze haar blik weer af. Het moest haar sandwich zijn. Ze kon niets anders bedenken. 'Het spijt me dat ik even wat eet, mensen. Maar ik heb vanochtend niet ontbeten en voelde me een beetje licht in mijn hoofd worden.'

Tegenover haar staakte Dex het gesprek dat hij met Mary Jo en Harris had, en zei: 'Gelijk heb je. Ik ben zelf vergeten eten mee te nemen, maar het is zo'n beetje lunchtijd. Geneer je vooral niet.'

'Dank je,' zei Carol, terwijl ze haar best deed om niet opnieuw naar Buchanan te kijken. Wat er ook in het hoofd van die kerel omging: als hij zich stoorde aan het feit dat ze at, was dat zijn probleem, niet het hare. Ze was niet van plan zich door de eerste de beste eikel te laten intimideren.

Carol at verder en hoorde Mary Jo zeggen dat ze vooral hield van de thrillers van R.J. Ellory en Scott Turow. Harris zei dat hij Turow ook geniaal vond en dat het eigenlijk onbegonnen werk was om een volledig lijstje van favorieten te geven; er waren eenvoudigweg te veel goede schrijvers om te onthouden.

Carol slikte een volgende hap weg, keek op in de richting van Buchanan en zag dat hij eindelijk zijn blik had afgewend. Harris had inmiddels een volgend onderwerp aangesneden: een eerdere schrijfcursus die hij had gevolgd in Boston.

'Ik heb nooit eerder een cursus gedaan,' zei Mary Jo. 'Maar ik doe wel veel aan zelfstudie. Ken je *Story* van Robert McKee? Ik weet het, het is bedoeld voor scenarioschrijvers, maar god: ik heb er zoveel van geleerd.'

'Uiteraard,' zei Harris. 'Iedereen zou McKee moeten lezen. Je kunt er altijd op terugvallen als je vastloopt.'

Robert McKee? Carol had nog nooit van hem gehoord. Ze zag de zelfverzekerde uitdrukking op het gezicht van Harris en ineens wist ze het zeker: ze hoorde hier niet. Ze had nooit moeten gaan. De mensen om haar heen hadden oneindig veel meer potentieel. Ze kon het afleiden uit hun gesprekken.

Ze keek naar het gebouwtje en dacht aan de bushalte erachter. Zou ze haar inschrijfgeld nog terug kunnen krijgen als ze nu rechtsomkeert maakte? Vast wel...

Ze schrok op uit haar overpeinzingen toen ze het aanzwellende geluid van een automotor hoorde en ze Dex hoorde zeggen: 'Kijk, kijk, daar zul je hem hebben.'

'Wie?' zei Riley, opkijkend van haar mobiel.

'De schipper,' zei Dex. 'Verstuur dus maar gauw je laatste berichten. We gaan vertrekken.'

Carol zag een flits van paniek in Rileys ogen. Ze leek even naar adem te happen, richtte zich toen weer op haar mobiel en typte verder, nog sneller dan even daarvoor. In de verte naderde een oude Ford pick-up.

De pick-up minderde vaart, draaide de parkeerplaats op en kwam een paar meter voor de picknicktafels tot stilstand. Achter het stuur zat een breedgeschouderde man in een rafelige legerjas. Hij droeg een zonnebril met donkere glazen en had een sigaret tussen zijn lippen, die hij nadat hij de motor had afgezet uit zijn mond haalde en uitmaakte. Vervolgens boog hij voorover om iets in het dashboardkastje te stoppen, stapte uit en kwam naar hen toe. Carol zag nu dat hij een lang litteken had dat over de gehele linkerkant van zijn gezicht liep.

Eenmaal bij de picknicktafels bleef hij staan, grijnsde en zei: 'Mijn naam is Roy, mensen. Het spijt me dat ik wat later ben. Zijn jullie er klaar voor? Zo niet, dan is dit het moment om terug te gaan.'

'Reken maar dat we er klaar voor zijn,' zei Harris. Hij stond op en schudde de schipper de hand. 'Mijn naam is John Harris.'

De schipper snoof, gebaarde met zijn hoofd in de richting van de veerpont en zei: 'Heel goed, John. Deze kant op alsjeblieft.'

Zonder op een reactie te wachten, draaide hij zich om en slenterde in de richting van de steiger.

'Nou,' zei Riley. 'Ook aangenaam.' Ze stond op en typte driftig door terwijl ze in de richting van haar auto liep.

Ook de anderen stonden nu op. Mary Jo, Dex, Harris en Samuel Murphy pakten hun spullen, gevolgd door Doris Espinosa, Luther Green en Nick Buchanan, die in het voorbijgaan opnieuw een nijdige blik op Carol wierp.

Carol voelde een rilling door haar lichaam gaan en keek weer naar het gebouwtje. Ze aarzelde.

Het enige dat ze hoefde te doen, was opstaan, haar spullen pakken en naar de bushalte lopen. Ze was niemand uitleg verschuldigd. Binnen een paar uur zou ze terug zijn op het vliegveld, ver weg van de mogelijkheid om definitief te falen als fictieschrijver en onherstelbaar teleurgesteld in zichzelf te raken.

Ze stond op, raapte de verpakking van haar sandwich op en stopte die in haar tas. Vervolgens deed ze een onzekere stap in de richting van het gebouwtje, haalde diep adem en wilde net doorlopen toen ze een hand op haar schouder voelde. Ze draaide zich om en keek recht in het vragende gezicht van Riley. 'Kom op, Carol, opschieten. Straks vertrekken ze nog zonder ons.'

Carol zette haar tas op de grond. 'Luister, Riley. Ik weet niet of ik–'

'Plankenkoorts,' zei Riley, terwijl ze met haar ogen rolde. 'Ik snap het hoor, ik ben zelf ook bloednerveus. Maar kom op, als ík een week zonder telefoon kan, dan kan jij het zeker.'

Eén week, dacht Carol.

Wat kon haar gebeuren behalve een flinke deuk in haar ego?

Ze keek naar de veerpont en zag dat de andere cursisten bijna de steiger hadden bereikt. Het gevoel dat ze niet moest gaan was er nog altijd, maar ze wist dat het haar stomme onzekerheid was die haar parten speelde. Ging ze zich daardoor laten tegenhouden?

Nee, besloot ze. Dat ging ze niet.

En dus pakte ze haar tas op, negeerde haar slechte voorgevoel en liep samen met Riley achter de anderen aan naar de veerpont.

5

Vanaf het achterdek keek Carol toe hoe de veerpont zich langzaam van de steiger verwijderde. Ze zag het gammele gebouwtje en de auto's op de parkeerplaats kleiner en kleiner worden, net als de bushalte en de mogelijkheid om binnen een paar uur terug te zijn op het vliegveld.

Toen het gebouwtje niet groter meer was dan een Playmobil-huisje, draaide ze zich om en keek naar de andere cursisten, die een meter of twee bij haar vandaan in twee groepjes stonden te praten. Het ene groepje bestond uit Dex, Harris en Riley. Het andere uit Luther Green, Doris Espinosa en Nick Buchanan. De enigen die zich hadden afgezonderd waren Mary Jo en Samuel Murphy. Mary Jo tuurde vanaf het voordek over het water, haar grijze krullen wapperden in de wind. Murphy was bezig foto's van de omgeving te maken met een duur uitziende Nikon-camera.

Riley hield haar hand voor het gezicht van Harris en zei: 'Goed, hè? Ik ben al tien minuten zonder mijn telefoon en kijk: ik tril nog niet.'

Harris glimlachte. 'Het zou me niets verbazen als je, wanneer je hier straks een week bent geweest, dat ding helemaal niet meer terug wilt. Het is veel leuker om je bezig te houden met échte dingen.'

'Denk je dat werkelijk?' zei Riley. 'Nou meneer, dan ken je me nog niet.' Ze schoot in de lach en schudde haar hoofd. 'Maar ik vind het wel een goeie: "echte dingen". Die ga ik onthouden.'

Carol dacht aan het verhaal over telefoonverslaving dat ze voor *Spirit* had geschreven. Ze stond op het punt naar het groepje rond

Dex toe te lopen, maar net toen ze in beweging wilde komen zag ze dat Nick Buchanan met een uitdrukkingsloos gezicht op haar afkwam. Ze dacht aan zijn vijandige blikken van even daarvoor en sloeg haar armen over elkaar.

Buchanan knikte haar toe, ging naast haar staan en zei: 'Spannend hè, allemaal?'

'Ja,' zei Carol. 'Ja, dat is het zeker.'

Buchanan zweeg een paar seconden en schraapte toen zijn keel: 'Luister, ik geloof dat ik je mijn verontschuldigingen moet aanbieden.'

'Waarvoor?'

'Voor daarnet,' zei Buchanan. 'Volgens mij heb ik je verkeerd ingeschat.'

Carol keek hem aan. De vijandige blik van eerder was vervangen door een vriendelijk-aarzelende. 'Eh, ik geloof niet dat ik je helemaal begrijp.'

'Ik heb het over daarnet. Ik zag dat je dat plastic niet opraapte en ik dacht: daar heb je weer zo'n achteloos stadsmeisje. Zo'n type dat haar troep overal laat slingeren zonder erbij stil te staan dat Moeder Aarde maar zoveel kan hebben.'

Carol schudde haar hoofd. 'Ik heb het in mijn tas gestopt voor we naar de pont liepen.'

'Dat zag ik,' zei Buchanan. 'Vandaar mijn excuses. Ik oordeel soms te snel over mensen. Een familiekwaaltje. Het spijt me oprecht.'

Carol ontspande. Ze zei: 'Ik begon me inderdaad een beetje ongemakkelijk te voelen. Maar wat het milieu betreft kan ik je geruststellen. Ik scheid mijn afval, heb een bamboe tandenborstel en probeer zoveel mogelijk te hergebruiken. Excuses zijn dus niet nodig. Ik begrijp wel dat je dat dacht en erger me zelf ook groen en geel als mensen hun rommel op straat gooien.'

'Dat is fijn om te horen,' zei Buchanan. 'Hoe meer mensen het goede voorbeeld geven, hoe meer kans dat het toch nog goed komt met onze planeet, vind je ook niet?'

'Zo is het,' zei Carol. 'We kunnen op kleine schaal meer veranderen dan we denken.' Ze keek op en zag Dex naar haar knipogen. Blijkbaar had hij hun gesprek gevolgd. Nu kwam hij samen met Riley en Harris hun kant oplopen.

Carol wees naar een groene landtong in de verte en zei: 'Moeten we daaromheen om het eiland te kunnen zien?'

Dex knikte. 'Dat klopt. Het is grappig. Ik herinnerde me niet dat het zo ver was.'

'Tweeënhalve kilometer,' zei Doris Espinosa. 'Althans, volgens Victor Asters website. Zeg, ligt het trouwens aan mij of krijgen jullie ook slechte vibes van die schipper? Hij ziet eruit alsof hij is weggelopen uit de eerste de beste griezelfilm.'

Carol volgde Doris' blik naar de plek waar de schipper stond, kaarsrecht en bewegingloos in het zwakke zonnetje, met de kraag van zijn legerjas zo hoog opgetrokken dat hij er bijna in verdween.

'Hij is inderdaad een beetje creepy,' zei Riley. 'Maar Victor Aster heeft vast niet een of andere crimineel ingehuurd om ons naar dat eiland te vervoeren.'

'Jawel,' zei Dex.

Carol fronste haar wenkbrauwen. 'Wat?'

'Dat heeft hij wel gedaan,' zei Dex. 'Een crimineel ingehuurd. Althans: een *ex*-crimineel.'

Riley bracht een hand naar haar mond. 'Is hij echt een crimineel? Nee, je maakt een grapje. Toch?'

Dex schudde zijn hoofd. 'Ik maak geen grapje.'

'Maar...' zei Riley. 'Wat heeft hij dan gedaan?'

Dex aarzelde. 'Daar mag ik eigenlijk niet over praten. Het contract, weet je nog? Maar aangezien het niet gaat over iets wat met de cursus zelf te maken heeft, denk ik dat Victor het me wel zal vergeven.'

'O, shit,' zei Riley. 'Je gaat me toch niet vertellen dat hij iemand heeft vermóórd?'

Dex glimlachte. 'Nee, maak je geen zorgen. Zijn naam is Roy Geddes en hij was een drugsrunner. Hij was negentien jaar toen hij werd gepakt en kreeg veertien jaar in San Quentin. Daar heeft Victor hem ontmoet. Victor hield een lezing in de gevangenis en sprak na afloop met een aantal gevangenen. Hij hoorde Geddes' verhaal, werd erdoor geraakt en vroeg hem of hij voor hem wilde komen werken zodra hij vrijkwam. Geddes ging akkoord. Sinds een jaar of vijf, zes regelt hij de boodschappen en andere zaken waarvoor Victor niet zelf de overtocht wil maken.'

Riley haalde opgelucht adem. 'Gelukkig maar. Ik dacht even... nou ja, dat het echt iets heel ergs was of zo.'

'Veertien jaar brommen,' zei Harris. 'Shit, dat is een hele poos.'

Dex knikte en er viel een stilte.

Na enkele seconden zei Riley: 'Even iets anders, maar wat heb jij in godsnaam allemaal bij je?' Ze keek naar Buchanan en wees op een langwerpige tas die naast de koffers en tassen op het dek stond, ongeveer even groot als de tas van Dex, maar iets minder lang.

'Ik?' zei Buchanan. 'Dat is niet van mij.' Hij wees naar Luther Green, die juist hun kant op kwam. 'Volgens mij zag ik hem ermee lopen.'

'Jullie hebben het over mij,' zei Green. 'En? Was het positief of hebben jullie nu al genoeg van me?' Hij glimlachte. 'Nee hoor, dat was flauw. Ik hoorde het wel. In die tas zitten mijn visspullen. Ik denk niet dat ik hier fulltime ga zitten schrijven. Dat hou ik niet vol. Vissen is mijn hobby. Ik word er rustig van en krijg vaak goeie ideeën als ik het doe. Win-win dus.'

'En jij?' zei Riley, knikkend naar de langwerpige tas van Dex. 'Ben jij ook een visser?'

Carol keek naar Dex. Ze verwachtte half dat hij weer de grap over de kroontjespen zou maken, maar dat deed hij niet. In plaats daarvan schudde hij zijn hoofd en zei droogjes dat hij een broertje dood had aan vissen en dat er in de tas een telescoop zat.

'Echt waar?' zei Riley. 'En doet hij het?'

'Uiteraard. Anders had ik hem niet meegenomen.'

Riley keek verlangend naar de tas. 'De sterren van dichtbij zien,' zei ze. 'Dat heb ik altijd al een keer gewild. Ga je vanavond kijken?'

'Ik was het wel van plan,' zei Dex. 'Maar het hangt een beetje van het weer af. Het weerbericht is niet erg goed. Veel bewolking en mist. Al weet je het natuurlijk nooit. Hoe dan ook: als het vanavond niets wordt, dan zal er vast nog wel een geschikt moment komen in de rest van de week.'

Riley knikte. 'Ik wil heel graag ook een keer kijken. Dat lijkt me echt heel gaaf.'

'Prima,' zei Dex. 'Als ik vanavond een poging waag, geef ik je een seintje.'

Riley keek Carol aan. 'Ga je ook mee?'

Carol wilde net zeggen dat het haar erg leuk leek, maar op dat moment slaakte Mary Jo Turner vanaf het voordek een gil.

'O, mijn god,' riep ze, terwijl ze naar de anderen gebaarde haar kant op te komen. 'Kijk nou toch. Dit is ongelofelijk...'

Met John Harris voorop verplaatste het hele gezelschap, inclusief Samuel Murphy, zich naar het voordek. Carol keek naar de plek in het water die Mary Jo aanwees, rechts van de boeg. Ze knipperde met haar ogen en sloeg een hand voor haar mond. Daar, op nog geen vijftien meter bij haar vandaan, gleden drie orka's door het water, majestueus glimmend, hun rugvinnen omhoogwijzend naar de bewolkte ochtendhemel.

'Allemachtig,' zei Green. 'Dat is inderdaad schitterend.'

Carol had nog nooit een orka in het wild gezien. Ze voelde zich tegelijkertijd onder de indruk en licht geïntimideerd.

Riley wierp een jaloerse blik op Samuel Murphy, die een paar meter bij hen vandaan stond en bezig was een en ander vast te leggen met zijn camera. 'Verdomme,' zei ze. 'Zoiets schitterends en ik kan er geen foto van maken omdat ik mijn telefoon niet bij me heb. Ik wist wel dat het geen goed idee was hem in mijn auto achter te laten.'

Mary Jo legde een hand op Rileys schouder. 'Geniet er gewoon van, jongedame. Het gevoel dat je hebt als je zoiets prachtigs van dichtbij ziet, krijg je niet terug via een foto. Neem dat maar aan van iemand die al wat langer op deze aarde rondloopt dan jij.'

Riley bleef sip kijken, maar Carol wist dat Mary Jo gelijk had. Ze dacht terug aan een bezoek dat ze ooit aan de Grand Canyon had gebracht, een paar jaar voordat ze Mark leerde kennen. Urenlang had ze op een van de uitkijkpunten gestaan, sprakeloos en betoverd door de onschatbare diepte van alles om haar heen en de prachtige kleuren die ze zag. Ze had een zee aan foto's genomen – meer dan honderd – maar toen ze die 's avonds in haar hotel in Flagstaff bekeek, hadden ze haar totaal onberoerd gelaten. Ze waren scherp geweest en alles had erop gestaan, maar het waren tweedimensionale plaatjes – aardig om te zien maar niet meer dan dat. Het had haar geleerd dat er dingen waren die je eenvoudigweg moest ervaren in het moment, dingen die niet waren te vangen of vast te leggen, behalve misschien via een gevoel dat je bewaarde in je hart.

Ze keek naar de orka's, die nu parallel aan de veerpont zwommen. Het was een adembenemend gezicht, zo mooi dat ze er een beetje licht van werd in haar hoofd.

'Nou,' zei Green. 'Mocht de cursus tegenvallen en we besluiten onze tijd op een andere manier te doden dan met schrijven, dan is een uurtje zwemmen alvast geen optie. Ik heb een keer een documentaire gezien over hoe die beesten op zeehonden en pinguïns jagen. Sindsdien begrijp ik dat ze als bijnaam *killer whale* hebben.'

'Ze eten geen mensen,' zei Roy Geddes achter hen. De schipper grijnsde en wendde zich tot Green. 'Ze zijn er alleen rond deze tijd en volgen de voedselketen. Maar wat uw opmerking betreft: hier zwemmen is om een andere reden geen goed plan. Het water is ijskoud, u bent binnen enkele minuten gevoelloos. Als u met alle geweld sportief wilt zijn tijdens uw verblijf hier, dan kunt u beter een stukje gaan hardlopen. Tenzij u een doodswens hebt natuurlijk, maar dat lijkt me niet erg waarschijnlijk. Jullie zien er allemaal nog fris en vol levenslust uit.' De grijns op Geddes' gezicht werd breder en veranderde in een lach, waardoor Carol zijn gelige tanden kon zien. Opnieuw bekroop haar het onheilspellende gevoel dat ze had gehad vlak voordat ze aan boord ging. Het gevoel dat ze een fout had gemaakt en hier helemaal niet zou moeten zijn.

Maar toen hield Roy Geddes op met lachen en was het – op het zachte geronk van de motor van de pont en het ritmisch klotsende geluid van de orka's na – weer stil.

'Wow,' zei Riley, de dieren nakijkend. 'Ik heb orka's gezien. Dit is echt geweldig.'

Luther Green beroerde het kruisje om zijn nek, glimlachte en zei: 'Amen.'

'Dat is allemaal leuk en aardig,' zei Dex, wijzend naar een plek in de verte. 'Maar laten we vooral niet vergeten waarom we hier zijn, dames en heren.'

Carol maakte haar blik los van de orka's en keek in de richting waarin Dex wees. Zonder dat ze er erg in had gehad, waren ze de landtong gepasseerd en afgebogen naar links, zodat nu in de verte een even prachtig als geïsoleerd eiland zichtbaar was, een groene bult aan de horizon met eromheen niets dan oceaan.

Ze zei: 'Is dat...'

'Ja,' zei Dex. 'Dat is het. Dat is Big Rock Island.'

6

Hoe dichter de boot bij het eiland kwam, hoe mooier het werd. De soms wel vijftig meter hoge sparren die Carol onderweg vanuit de bus had gezien, waren ook op het eiland in groten getale aanwezig. Sterker nog: van een afstand leek het één groot bos. Langs bijna de gehele rechterkant van het eiland liep een klif van ruim veertig meter hoogte en op het hoogste punt in het midden was de rotsformatie zichtbaar waaraan het eiland zijn naam dankte.

'Ik dacht dat Victor Asters huis zich op het hoogste punt bevond,' zei Carol tegen Dex. 'Is er een punt dat hoger is en dat vanaf hier niet zichtbaar is?'

Dex schudde zijn hoofd. 'Nee, dat daar is het hoogste punt. Victors huis bevindt zich er vlak achter. Het ligt vrijwel op dezelfde hoogte, maar je kunt het vanaf hier niet zien. Helemaal aan de andere kant van het eiland, daar achter al die bomen, is trouwens nog een hoge rotsformatie.'

'En de cursus?' zei Riley. 'Geeft hij die vanuit zijn huis?'

'Nee. De cursus wordt op een andere plek gegeven, een paar honderd meter lager in het bos en dichter bij onze slaapplekken.'

Tijdens het laatste deel van de tocht was het harder gaan waaien. Carol had het behoorlijk koud gekregen en was opgelucht toen de veerpont uiteindelijk het eiland bereikte en ze van boord konden. Ze keek toe hoe Roy Geddes de lange houten steiger opstapte en het meertouw om de dukdalf legde. Toen hij klaar was, draaide hij zich om en zei: 'Oké, mensen. Tijd om afscheid te nemen. Ik wens u een prettig verblijf en hoop dat Victor u niet te hard aanpakt. En mocht hij dat wel doen, raak dan niet in paniek. U kunt altijd nog terugkeren naar uw oude baan.' Hij grijnsde, wachtte tot iedereen met bagage en al van boord was gestapt en wees toen naar een heuvel en een smal pad dat rechts tussen de sparren omhoogliep. 'Als u dat pad volgt, komt u binnen een kwartier bij de bungalows waarin u deze week zult overnachten. Als alles goed is, wordt u daar opgewacht door Lawrence Montgomery, Victors assistent. Lukt het verder allemaal zo?'

Iedereen keek naar Mary Jo, met afstand de oudste van het gezelschap.

'Ik kan uw koffer wel dragen, mevrouw,' zei Harris. 'Die heuvel ziet er behoorlijk steil uit.'

Mary Jo wierp hem een blik toe. 'Als je dat maar laat, jongeman. Ik mag dan op leeftijd zijn, ik werk nog altijd fulltime in de bibliotheek en ga drie ochtenden in de week naar gymnastiek. Ik ben zo fris als een hoentje.'

Harris lachte. 'Het spijt me, mevrouw. Het was niet mijn bedoeling u te beledigen.'

'Dat hebt u ook niet gedaan,' zei Mary Jo. 'Ik ben alleen graag duidelijk. Maar als u de handen uit de mouwen wilt steken,' – ze wees naar Riley – 'zij kan uw hulp misschien wel gebruiken. Dat pad op lopen op die naaldhakken lijkt me een nagenoeg onmogelijke opgave.'

'Geen zorgen,' zei Riley. 'Ik had vlak voor vertrek nog een afspraak, maar ik heb andere schoenen meegenomen.' Zonder op een reactie te wachten, ging ze op de steiger zitten en begon in haar koffer te rommelen. Ze haalde er een paar Adidas-gympen uit en zei: 'Kijk maar, ik ben op alles voorbereid.'

Roy Geddes tikte een denkbeeldige pet aan. 'Heel goed, dan ga ik er weer vandoor. Nogmaals: ik wens u een fijne tijd toe.'

Terwijl Riley haar schoenen verwisselde en Geddes de motor van de veerpont startte en aan de terugtocht naar het vasteland begon, keek Carol naar de mensen om haar heen. Uiteraard kende ze geen van hen nog echt goed, maar iedereen leek vriendelijk genoeg. De enige van wie ze geen hoogte kreeg, was Samuel Murphy. Hij had zich zowel tijdens het wachten op de pont als aan boord met niemand bemoeid en stond ook nu op een paar meter van de rest van de groep. Hij had zijn Nikon teruggestopt in een bruinleren cameratas en tuurde in de richting van het heuvelpad waarop Roy Geddes hun had gewezen. Aan weerskanten was de heuvel dichtbegroeid met anderhalve meter hoog struikgewas. Het leek erop dat iemand een deel ervan had weggesnoeid om een pad naar boven te creëren.

Toen Riley klaar was met het verwisselen van haar schoenen begonnen ze te lopen. Al snel waren ze het struikgewas voorbij en bevonden ze zich boven op de heuvel tussen de sparren. Het was hier nog steeds koud, maar door de beschutting drong er nauwelijks wind door, iets waar Carol maar wat blij mee was.

Green, Mary Jo en Buchanan liepen voorop. Een paar meter daarachter volgde Murphy. Carol, Riley, Dex, Harris en Doris sloten de rij.

'Het is grappig,' zei Harris, knikkend naar Dex' telescooptas. 'Ik had ooit een vriendinnetje dat me dumpte omdat ik te weinig sterrenbeelden kende. Ze kon er niet tegen dat ik wel wist wie de quarterback was van de Cincinnati Bengals, maar niet de Grote Beer kon aanwijzen. Nu ik erover nadenk: misschien kun je me deze week een spoedcursus geven. Ik geloof niet dat mijn huidige vriendin in de sterren is geïnteresseerd, maar je kunt nooit weten.'

Dex glimlachte. 'Dat is goed. Maar nogmaals: alleen als het weer het toelaat. Voorlopig is het te bewolkt om iets te zien.'

Na zo'n tien minuten lopen, zag Carol in de verte tussen de bomen een houten huisje opdoemen. Heel even dacht ze dat ze op de plaats van bestemming waren aangekomen en dat dit een van de slaapplekken voor de cursisten was, maar toen ze dichterbij kwamen, zag ze dat er geen pad naar het huisje toe liep. De ramen waren dichtgetimmerd met houten planken en er hing een eindeloze hoeveelheid spinrag aan de dakgoten.

'Nee, dit is het niet,' zei Dex, die haar blik had gevolgd. 'Ik dacht twee jaar geleden precies hetzelfde. Maar als ik het me goed herinner zijn we er bijna.'

Harris floot voor zich uit. 'Ik heb respect voor je doorzettingsvermogen. Om de cursus nog eens te doen. En dat zeg ik zonder enig cynisme, hè? Het is precies wat ik de jongens in mijn waterpoloteam altijd voorhoud wanneer het niet helemaal lekker loopt in een wedstrijd: nooit opgeven en hard blijven werken. Als je dat doet, boek je vroeg of laat succes.'

'Het boek dat ik schreef nadat ik de cursus voor de eerste keer had gedaan, is uitgegeven,' zei Dex. 'Een soort van succes heb ik dus al gehad. Maar ditmaal is het mijn doel een boek te schrijven dat ook verkoopt.'

'Voor mijn vriendin geldt hetzelfde,' zei Carol. 'Haar boek is ook uitgegeven, maar het werd evenmin een commercieel succes.'

Riley schudde haar hoofd. 'Nou, jullie voeren de druk lekker op. Als iedereen die hier een week is geweest een uitgever vindt voor zijn boek, voel ik me straks extra dom als het mij niet lukt.' Ze keek Dex aan. 'Maar jeetje, waar haal je het geld vandaan om hier zomaar nog een keer naartoe te gaan? Heb je een of andere superbaan of zo?'

'Dat valt wel mee,' zei Dex. 'Ik werk bij een bank in Los Angeles en verdien oké. De reden dat ik nog een keer kan gaan, is dat ik jaren geleden een erfenis kreeg. Mijn ouders zijn omgekomen bij een brand in mijn ouderlijk huis. Ze spoorden me altijd aan om te doen wat ik leuk vind. Dat is schrijven. Ik denk dat ik dit dus ook een beetje voor hen doe. Ik zie mezelf niet mijn hele leven bij een bank werken. Schrijver worden is altijd mijn grote droom geweest.'

'Het spijt me van je ouders,' zei Doris. 'Maar mooi dat je doorzet voor hen. En fijn dat je het geld hebt. Ik heb er jaren voor moeten sparen om hiernaartoe te kunnen. Wat de uitgave van je boek betreft: gefeliciteerd. Dat moet een geweldig gevoel zijn geweest.'

'Zeker weten,' zei Dex. 'Het moment dat ik hoorde dat het goed genoeg was bevonden was een van de gelukkigste dagen van mijn leven.'

Ze liepen verder. Carol overwoog door te vragen naar het trieste verhaal over Dex' ouders, maar aan de toon waarop hij erover vertelde, leidde ze af dat het een afgesloten hoofdstuk voor hem was en dus besloot ze haar mond te houden. Het pad was inmiddels afgevlakt en liep niet langer omhoog. Links van hen was het bos erg dicht, rechts iets minder. Tussen de sparren wemelde het van de grillige rotsformaties.

'Volgens mij zijn we er bijna,' zei Dex nadat ze een enorm rotsblok met een rood kruis erop waren gepasseerd. 'Ja, deze plek herken ik. Als het goed is, maakt het pad straks een scherpe bocht naar links en zijn we dan op de plek waar de bungalows staan.'

Enkele seconden later bleek dat Dex' geheugen hem niet in de steek had gelaten. Het pad maakte een bocht en voor hen lag een open plek ter grootte van een voetbalveld. Aan de ene kant van de open plek stonden vijf bungalows, geflankeerd door tropisch uitziende planten in reusachtige terracotta potten. Aan de andere kant bevond zich een rotsachtige heuvel met aan de voet ervan een stenen fontein in de vorm van een zittende herdershond.

Carol, Dex, Riley en Doris liepen naar de fontein, terwijl de rest van de cursisten in de richting van de bungalows liep. Iedere bungalow had twee gescheiden vertrekken, waarmee iedereen zijn eigen ruimte had en er zelfs nog een plek over was voor een eventuele tiende cursist.

'Zou je dit kunnen drinken?' zei Riley, wijzend op het zwakke stroompje water dat uit de bek van de herdershond naar beneden kletterde.

'Ik heb het de vorige keer gedaan,' zei Dex. 'En zoals je ziet: ik ben er nog.'

Riley maakte een kommetje van haar handen, boog zich voorover en dronk.

Carol sloot haar ogen, haalde diep adem en vroeg zich af waarom ze een halfuur geleden in hemelsnaam bijna rechtsomkeert had gemaakt. Deze plek was het paradijs. De rust die er heerste, de gezonde lucht... ze voelde het in haar lichaam. Een ontspanning die ze lange tijd niet meer had ervaren. Door het wandelen had ze het ook warmer gekregen.

Ze opende haar ogen weer, precies op het moment dat John Harris de stilte verbrak. Hij stond voor de rechterdeur van de middelste bungalow en riep: 'Hé, kijk. Alle slaapvertrekken hebben namen. Deze hier heet Rusty Sabich. En die daar verderop Thomas Babington Levy.'

'Rusty Sabich,' zei Carol. 'Dat is de hoofdpersoon uit *De aanklager* van Scott Turow. Toch?'

'Dat klopt,' zei Dex. 'Alle slaapvertrekken hebben namen van personages uit Victors favoriete boeken.'

Doris fronste haar wenkbrauwen. 'Dan heb ik nog wat leeswerk te doen. Ik dacht dat ik aardig op de hoogte was, maar Thomas Babington Levy? Die ken ik niet.'

'Vast wel,' zei Dex. 'Het is de hoofdpersoon uit *Marathon Man* van William Goldman. Je weet wel, dat boek met die legendarisch-enge tandartsscène. Alleen wordt hij in dat boek vrijwel de hele tijd Levy of Babe genoemd.'

'O ja,' zei Doris. 'Gadverdamme. Ik moet eerlijk zeggen dat ik het boek nooit heb gelezen, maar ik heb wel de film gezien. Ik geloof dat ik drie nachten slecht heb geslapen van die tandartsscène. De ogen van die kerel. En dat zinnetje dat hij de hele tijd herhaalt...'

Dex boog zich naar haar toe, glimlachte en fluisterde: '*Is it safe?*'

'Ja, dat,' zei Doris. 'Afschuwelijk, wat een griezel.'

Vijf minuten later had iedereen zich rondom de fontein verzameld. De namen van de verschillende personages op de deuren van de slaapvertrekken werden doorgenomen. Naast Rusty Sabich en Thomas Babington Levy waren onder anderen Michael Connelly's Mickey Haller en Mario Puzo's Vito Corleone vertegenwoordigd. Stephen King was de enige schrijver van wie twee personages het tot op de deur van een slaapvertrek hadden geschopt: Jake Epping uit *22-11-1963* en Johnny Smith uit *Dodelijk dilemma*.

Riley, die al een tijdje niets meer had gezegd, beroerde met haar vingertoppen de neus van de stenen herdershond en zei: 'Van al die boeken waar jullie het over hebben, ken ik er hooguit een paar. Maar deze lieverd ken ik gelukkig wel. Dit is Christopher uit *Vuur in Portland*.'

Samuel Murphy zei: 'Wie?'

Een moment lang was iedereen stil. De verbazing en het lichte ongemak over het feit dat Murphy voor het eerst iets anders dan zijn naam had gezegd, was voelbaar.

Uiteindelijk zei Riley: 'Christopher? De herdershond van Jake Banners vriendin Mary? Je weet wel, Christopher redt Jake en Mary door hen wakker te maken wanneer twee criminelen Mary's huis binnendringen om haar en Jake te vermoorden.'

Murphy keek een moment lang fronsend voor zich uit en schudde toen zijn hoofd. 'Het spijt me. Ik heb *Vuur in Portland* niet gelezen.'

Riley trok een wenkbrauw op. 'Nou, zeg dat straks maar niet tegen Victor. Wie weet wat er gebeurt als hij erachter komt dat je zijn boeken niet hebt gelezen. Misschien krijg je wel billenkoek.'

Murphy keek Riley geringschattend aan. 'Hij zal me vast wel vergeven dat ik niet al zijn boeken heb gelezen. Het zijn er nogal wat. En billenkoek zal hij me zeker niet geven. Ik ben tenslotte zijn gast en niet zijn ex-vrouw.'

'"Ik ben zijn gast en niet zijn ex-vrouw?"' zei Buchanan. 'Wat bedoel je daar in hemelsnaam mee?'

'Ik bedoel het zoals ik het zeg,' zei Murphy. 'Hij zal me er niet van langs geven want ik ben niet een of andere sloerie die hem heeft bedrogen met een ander. Ik ben zijn gast en heb twintigduizend dollar neergeteld om hier te zijn. Net als jullie.'

Harris schudde zijn hoofd. 'Ho-ho. Een beetje respect voor onze gastheer alsjeblieft. Dat verhaal over die vermeende mishandeling heeft alleen de roddelpers gehaald. Het is meer dan duidelijk dat zijn ex-vrouw na hun scheiding alleen maar uit was op zijn geld en daarom dat verhaal heeft verzonnen. Godzijdank heeft ze niet gekregen wat ze wilde.'

'De zaak loopt nog,' zei Green. 'Het laatste dat ik heb gelezen, is dat zijn vrouw in hoger beroep is gegaan tegen de uitspraak van de rechter.'

Carol zei: 'Wacht even. Scheiding? Rechtszaak? Ik weet nergens van. Kan iemand me misschien even bijpraten?'

'Ik wist hier ook niets van,' zei Buchanan. 'Mishandeling? Wat zou hij zijn vrouw dan precies hebben aangedaan?'

'Ze beweert dat Victor haar van de trap heeft geduwd,' zei Harris. 'Het zou zijn gebeurd nadat hij erachter was gekomen dat ze hem bedroog met hun accountant. Maar nogmaals: ik weet zeker dat ze alles uit haar duim heeft gezogen. Iemand die zulke empathische karakters tot leven wekt op papier, kan onmogelijk in het echte leven zijn vrouw mishandelen. Om nog maar niet te spreken over hoe hij verder in het leven staat. Zijn donaties aan Sea Shepherd, bijvoorbeeld, of hoe begaan hij is met iemand als Roy Geddes. Victor Aster is een altruïst pur sang. Daarvan ben ik overtuigd.'

Mary Jo knikte. 'Ik ben het met je eens. Ik hoorde het verhaal van een collega in de bibliotheek, maar ik kan het ook niet geloven. Ik ben een oude vrouw en hoewel ik in mijn jonge jaren de nodige domme dingen heb gedaan, kan ik inmiddels aardig vertrouwen op mijn intuïtie. Zowel in *Koortsdroom* als in *Schaakmat* schrijft Victor over kerels die hun vrouw slaan. Met beide heren loopt het bepaald niet goed af. Het is dus meer dan duidelijk waar hij staat als het op dit onderwerp aankomt. Los daarvan: ik heb de afgelopen jaren veel interviews met hem gezien op televisie en op YouTube. Je kunt gewoon zíén dat hij een goed mens is.'

Samuel Murphy schudde schamper zijn hoofd. 'Je weet dat hij een goed mens is omdat je een paar interviews met hem hebt gezien?' zei hij. 'Dat meen je toch niet serieus? Neem maar van mij aan dat iemand van Victor Asters status precies weet hoe hij moet overkomen op televisie. Het kan net zo goed slimme pr zijn.'

Harris deed een stap naar Murphy toe, wees dreigend met een vinger in zijn richting en zei: 'Als je daarvan overtuigd bent, waarom ben je hier dan?'

'Als ik wáárvan overtuigd ben?' zei Murphy, ogenschijnlijk niet onder de indruk van Harris' woorden. 'Zei ik dat ik denk dat Victor Aster niet deugt? Nee toch? Ik zeg alleen maar dat het een feit is dat zijn ex-vrouw die beschuldigingen heeft geuit en dat interviews op televisie niet heel veel zeggen over iemands karakter. Geloof me: ik ben al jarenlang directeur van een van de grootste adviesbureaus ter wereld en ik heb vaak genoeg beroemdheden over de vloer gehad. In vrijwel alle gevallen gedroeg de beroemdheid in kwestie zich heel anders wanneer er camera's in de buurt waren dan wanneer we in alle anonimiteit koffie zaten te drinken op ons kantoor. De reden dat ik hier ben, is dat ik Victor Aster een geniale schrijver vind en van hem wil leren. Of hij in zijn vrije tijd vrouwen mishandelt, dat weet ik net zomin als jullie. Dat is alles wat ik zeg.'

Buchanan schudde zijn hoofd. 'Je zei: "Hij zal me er niet van langs geven want ik ben niet een of andere sloerie die hem heeft bedrogen met een ander." Dat suggereert wel degelijk dat je er een mening over hebt.'

Murphy trok een gezicht. 'Ik maakte een grapje, oké? Jezus christus.'

'Luister, maat,' zei Harris, die rood was aangelopen. 'Ik vind het heel stoer dat je directeur van een groot adviesbureau bent en koffie-drinkt met beroemdheden, maar Victor Aster is onschuldig. Hij–'

'Eh, John...' zei Riley.

Harris hield abrupt zijn mond en Carol volgde Rileys blik. Ze schrok toen ze bij de eerste bungalow een grote man in een oranje jack zag staan. Hij had een bleek gezicht en diepliggende bruine ogen waarmee hij hen een voor een peilde. Hoe kon die man daar zomaar ineens zijn – als een spookverschijning – zonder dat ze hem hadden horen aankomen? dacht Carol. Aan de andere kant: ze waren druk in gesprek geweest. Misschien was het dus niet zo gek dat hij hen ongemerkt had kunnen naderen.

De man glimlachte, overbrugde de laatste meters die hem van de groep cursisten scheidde en zei: 'Goedemiddag, dames en heren. Mijn naam is Lawrence Montgomery. Ik ben Victors assistent. Het spijt me dat ik een paar minuten te laat ben, maar niettemin: van harte welkom op Big Rock Island. Ik ben blij dat jullie er allemaal zijn.'

7

Carol slikte.

Hoelang had Victor Asters assistent naar hen staan luisteren? Vanaf het begin van hun gesprek? Of was hij pas net aangekomen?

Ze voelde schaamte opkomen en gaf zichzelf vervolgens in stilte een vermaning. Waar zou ze zich in hemelsnaam voor moeten schamen? Het was Samuel Murphy die zich laatdunkend over Victor Aster had uitgelaten, niet zíj. Sterker nog: ze had tot enkele minuten geleden niet eens geweten dat Aster gescheiden was, laat staan dat zijn vrouw hem had beschuldigd van mishandeling. Wat Lawrence Montgomery ook had meegekregen van het gesprek, er was niets waarover zíj zich schuldig hoefde te voelen.

Ze keek naar Murphy. De onverschillige blik waarmee hij Victor Asters assistent opnam, verraadde dat het hem niet bijster veel kon schelen of de man had gehoord wat hij zojuist over zijn werkgever had gezegd.

Als hij inderdaad iets van Murphy's weinig vleiende woorden had meegekregen, dan wist Lawrence Montgomery dat uitstekend te verbergen. Hij glimlachte hoffelijk en zei: 'Ik zal het zo kort mogelijk houden, want het programma voor deze week hebt u allemaal via de mail gehad. Ik ga u zo dadelijk de sleutel voor uw slaapvertrek geven. Uw eerste college is van halfdrie tot vijf en begint over drie kwartier. U hebt dus alle tijd om uw koffer uit te pakken en u op te frissen. Zijn er mensen die nog niet hebben geluncht?

Iedereen behalve Carol en Green stak zijn hand op.

'Maakt u zich geen zorgen: er staan broodjes voor u klaar in de cursusruimte. Zorg gewoon dat u er iets eerder bent. Er is ook koffie en thee. Daarnaast vindt u in uw slaapvertrek een koelkastje met melk, vruchtensap en diverse hartige snacks. Ik garandeer u: niemand zal hier omkomen van de honger. Vergeet ik nog iets? Eens even kijken… o ja: geen van u heeft een laptop of mobiel bij zich?'

Alle cursisten schudden hun hoofd.

'Ook dat stond natuurlijk uitgebreid op Victors website en in de mail die u hebt gekregen,' zei Montgomery, 'maar Victor hecht eraan dat ik het ter plekke nog eens vraag. Uw tassen erop controleren ga ik niet – het is tenslotte uw eigen geld dat u aan deze hele onderneming besteedt – maar Victor is er heilig van overtuigd dat u met tweemaal zoveel zelfvertrouwen en kans op succes huiswaarts zult keren wanneer u deze week niet wordt afgeleid door zaken die zich buiten dit eiland afspelen. Mocht u toch met bijvoorbeeld het thuisfront willen communiceren, dan kan dat te allen tijde via mij. Ik sta vierentwintig uur per dag tot uw beschikking. Heeft er iemand op dit moment vragen? Nee? Heel goed. Dan ga ik u uw sleutels geven.'

Carol kon het bijna niet geloven. Zo dadelijk ging het echt beginnen en zou ze Victor Aster in levenden lijve ontmoeten.

'Oké,' zei Montgomery. 'Zoals u wellicht hebt gezien, draagt ieder slaapvertrek de naam van een bekend boekpersonage. Ik zeg zo dadelijk uw naam en de naam van het personage behorende bij het slaapvertrek waarin u deze week zult verblijven. Maakt u zich geen zorgen als u toevallig de schrijver die bij het betreffende personage hoort niet goed vindt. De naam staat alleen maar op de deur omdat Victor het een aardig alternatief vond voor nummers. U komt niet in een themakamer terecht of iets dergelijks. Het is hier tenslotte geen Disney World.'

Er werd gelachen.

'Goed,' zei Montgomery. 'Mevrouw Riley Weeks. Waar bent u?'

Riley stak haar hand op.

'U hebt Vito Corleone. Tweede bungalow van links. Rechterdeur.'

Riley tilde haar koffer op, nam haar sleutel aan en liep in de richting van haar bungalow.

'John Harris,' vervolgde Montgomery. 'Rusty Sabich. Middelste bungalow. Rechterdeur…'

Ze hadden zich weer verzameld bij de fontein. Het was vijf voor twee en iedereen was er, behalve Mary Jo en Samuel Murphy.

'Clarice Starling,' zei Carol, verwijzend naar de naam van de bungalow die ze toegewezen had gekregen. 'De meest onverschrokken vrouwelijke held uit de vaderlandse literatuurgeschiedenis. Het is te grappig voor woorden dat uitgerekend die naam bij mij op de deur staat. Ik ben wereldkampioen twijfelen.'

'Misschien is die naam een voorteken,' zei Harris. 'En onderga je deze week de metamorfose van je leven.'

'Ik ga mijn best doen. Dat is een ding dat zeker is.'

'Vito Corleone...' zei Riley. 'Ik durf het nauwelijks te zeggen, maar ik heb alleen de film gezien.'

Harris zei: 'Film? *Films* zul je bedoelen. Schaam je, jongedame. *The Godfather II* is een regelrechte klassieker.'

'Ik heb Danny Coughlin,' zei Doris. 'Ik ben er blij mee want ik hou van Dennis Lehane, maar het liefst had ik Jake Epping gehad. *22-11-1963* is een van mijn favoriete boeken aller tijden.'

Buchanan glimlachte. 'Als je wilt, kunnen we ruilen. Ik hou ook van Stephen King, maar een bed is een bed. Mij is het om het even.'

'Nee, bedankt,' zei Doris. 'Ik heb net mijn kledingkast ingeruimd en je hebt gelijk: wat er op de deur staat, doet er natuurlijk niet toe.'

Carol wendde zich tot Dex en vroeg waar de cursusruimte was.

'Hier de heuvel op en dan een minuut of tien door het bos,' zei Dex. Hij knipoogde. 'Dat moet een makkie zijn voor Clarice Starling. Rent ze in de eerste scène uit de filmversie van *The Silence of the Lambs* niet door een bos?'

Carol lachte. 'Ja, ik geloof het wel. Maar ik hou het denk ik maar gewoon bij lopen.'

Vijf minuten later hadden ook Murphy en Mary Jo zich bij hen gevoegd. Lawrence Montgomery, die in de meest rechter bungalow sliep, kwam naar buiten en glimlachte naar Dex. 'Meneer Carson, aangezien u hier al eens eerder bent geweest: zou u het een probleem vinden uw medecursisten naar de cursusruimte te begeleiden? Of weet u de weg niet meer?'

'Zeker wel,' zei Dex. 'En natuurlijk: dat doe ik graag.'

Montgomery knikte. 'Dat is heel vriendelijk van u. Zoals gezegd:

broodjes, koffie en thee staan klaar. Ik wens u allen heel veel plezier en inspiratie.'

Ze liepen de heuvel op en het bos in. Mary Jo vroeg of Dex voorop wilde gaan, maar hij schudde zijn hoofd en liet weten dat de cursusruimte niet te missen was. Ze hoefden alleen maar het pad te volgen. Harris, Mary Jo, Green en Buchanan namen de leiding, met daarachter Samuel Murphy, en daar weer achter Carol, Dex en Riley. Doris liep achteraan, het was duidelijk dat zij de minst fitte was van het gezelschap.

'En?' zei Riley tegen Carol. 'Ben je tevreden met je kamer?'

Carol knikte. 'Het ziet er allemaal goed uit. Een fijn bed, een ligbad. En ik ben heel blij met het gesigneerde exemplaar van Victors laatste boek *Moord op bestelling* dat op het nachtkastje lag. Ik heb het nog niet gelezen.'

'Ik wel,' zei Riley. 'Het is supercreepy.'

'Ik hoorde het al van mijn vriendin Christy. Ik ben benieuwd.'

'Je zult ervan genieten,' zei Riley. 'En ik ben het met je eens wat de kamer betreft. Het ziet er heel wat beter uit dan zo'n morsig zolderkamertje waar ze het altijd over hebben als het over schrijvers gaat.'

Dex lachte. 'Het zou slechte reclame voor Victors cursus zijn als hij ons in een zolderkamertje met een lekkend dak zou onderbrengen, denk je ook niet?'

'Natuurlijk,' zei Riley. 'Ik bedoelde bij wijze van spreken.'

Carol ontweek een wortel en keek naar het groepje vooraan. Ze had Harris al een paar keer een knorrige blik over zijn schouder zien werpen in de richting van Samuel Murphy. Als één ding duidelijk was, dan was het dat die twee deze week geen vrienden zouden worden.

Het pad liep omlaag en vervolgens weer omhoog. Na een paar scherpe bochten zei Riley: 'Kijk! Ik denk dat we er bijna zijn.'

Carol volgde haar blik. Daar, tussen de bomen en naast een enorme rots, was een groot raam zichtbaar, met ervoor een balkon en een brede houten wand.

Dex schudde zijn hoofd. 'Dat is niet de cursusruimte. Het is Victors huis. Achter dat raam is zijn werkkamer. Althans, dat was het twee jaar geleden volgens zijn assistent. Als je goed kijkt, zie je de contouren van een bureau en daarachter een boekenkast.'

Carol zag dat Dex gelijk had.

'Krijgen we ook een rondleiding in zijn huis?' vroeg Riley.

'Nee,' zei Dex. 'Twee jaar geleden vroeg iemand dat ook, maar dat is helaas niet part of the deal.'

Na een volgende bocht splitste het pad zich. Een pad liep rechts tussen de bomen omhoog. Een ander pad leidde naar een lagergelegen gedeelte van het eiland links van hen.

In de eerste groep draaide Mary Jo zich om. Ze keek Dex aan en wees naar het pad dat naar beneden leidde. 'Die kant op?'

'Yep,' zei Dex.

Een paar meter achter hen hoorde Carol Doris puffen. 'Zijn we er bijna?' vroeg ze.

'Maak je geen zorgen,' zei Dex. 'Hooguit twee minuten.'

Dex' inschatting bleek juist. Na de volgende bocht zag Carol tussen de bomen een schoorsteen waaruit rook omhoogkringelde. De schoorsteen hoorde bij een bungalow die er vrijwel hetzelfde uitzag als de bungalows waarin ze sliepen, alleen was dit exemplaar vele malen groter en aan beide kanten voorzien van een riante uitbouw. De ingang werd net als hun slaapvertrekken geflankeerd door twee terracotta potten met exotisch uitziende planten erin. Onwillekeurig vroeg Carol zich af wat voor planten het waren en hoe ze overleefden bij deze lage temperaturen.

Ze was blij dat ze er waren, want ze had het alweer behoorlijk koud gekregen, ondanks het welkome halfuurtje in haar verwarmde slaapvertrek.

Ze gingen naar binnen en Dex ging hun voor naar een steriele ruimte links van de ingang. In de ruimte stonden negen ouderwets ogende schoolbanken met een schrijfblok en een pen erop. Achter de banken stond een lange tafel met broodjes, koffie, thee en koekjes. Ervoor bevond zich een bureau met een laptop. Aan de muur achter het bureau hing een groot scherm waarop in donkerrode letters stond:

KILL YOUR DARLINGS

Om de tekst heen waren bloedspetters zichtbaar, die net als de naam van de cursus fel contrasteerden met het verder witte scherm.

Riley liep naar het bureau toe, bleef staan en keek omhoog naar het scherm. 'Brrrr. Ik krijg er een beetje de kriebels van.'

'Wen er maar aan, jongedame,' zei Green. 'Je hebt er zelf voor gekozen en je hebt gehoord wat die schipper daarnet zei: we zitten hier een week vast. Een weg terug is er niet.'

8

Een paar jaar geleden was Carol op uitnodiging van haar hoofdredacteur Sandra Stone meegegaan naar een filmpremière in TriBeCa. Het was geen première geweest van een grote Hollywoodfilm met sterren erin die ze kende, maar toch had ze vooraf even de trailer van de film bekeken om een indruk van het verhaal te krijgen. Wat haar het meest van de première was bijgebleven was hoe klein de acteurs in werkelijkheid waren in vergelijking met hoe ze eruitzagen in de trailer en in de film zelf. Bij de borrel na afloop had ze er enigszins beschroomd een opmerking over gemaakt tegen haar hoofdredacteur. Sandra had haar glimlachend uitgelegd dat dit normaal was: acteurs en actrices leken op het witte doek altíjd groter dan ze in werkelijkheid waren. Het was om die reden dat Carol een tikkeltje verbaasd was toen Victor Aster om klokslag half drie zijn entree maakte in de cursusruimte.

Toegegeven, tijdens negen van de tien interviews die ze op televisie had gezien, had hij gezeten in plaats van gestaan, en misschien werkte het met televisie en YouTube anders dan met een bioscoopscherm, maar toch: hij was een stuk groter dan ze had verwacht. En meer uit de kluiten gewassen, dat ook. Aan de omvang van zijn bovenarmen te zien, zat hij niet alleen urenlang achter zijn toetsenbord te broeden op mooie verhalen, maar maakte hij ook regelmatig een uurtje vrij voor een stevige work-out. Daniel Day-Lewis in *The Last of the Mohicans*? Nee, dat ook weer niet, al was het maar door de keurige blazer die hij droeg en de lichtblauwe stropdas die over zijn witte overhemd was gedrapeerd.

'Goedemiddag,' zei hij, nadat hij regelrecht naar het bureau met de laptop was gelopen. 'En welkom bij *Kill Your Darlings*. Ik zie dat u de broodjes hebt gevonden. Heel goed. Hebt u er een beetje zin in?'

Het bleef even stil. Toen stond Riley op. Ze liep op Aster af, stak haar hand uit en zei: 'Jazeker, meneer Aster. Mijn naam is Riley. Riley Weeks. Ik hou van uw boeken, maar dat hoort u natuurlijk iedere dag van lezers, dus dat had ik net zo goed niet kunnen zeggen. Ik ben ook degene die uw assistent heel vaak heeft gemaild met de vraag of ik alstublieft toch mijn telefoon mocht meenemen. Maar het antwoord was steeds "nee". Ik ben trots op mezelf dat ik toch ben gegaan en kan niet wachten om te beginnen met de cursus.'

'Dat is geweldig, mevrouw Weeks,' zei Aster, terwijl hij Rileys hand schudde. 'Ik hoop dat ik u deze week het een en ander kan leren. En wat uw opmerking betreft: verontschuldig u alstublieft niet voor het maken van complimenten over mijn boeken. Daar ben ik altijd blij mee.'

Riley glimlachte nerveus en ging weer zitten.

Victor Aster drukte een paar toetsen in op de laptop, knikte toen en zei: 'Heel goed. U hebt vast en zeker onderweg hiernaartoe al een beetje kennis met elkaar gemaakt. Omdat ik zelf ook graag een idee wil krijgen van wie u bent en waar u vandaan komt, stel ik voor om voordat we aan de slag gaan een kort voorstelrondje te doen. Akkoord?'

Er werd geknikt.

Aster glimlachte en wees naar Mary Jo. 'Mooi. Zou u het spits willen afbijten, mevrouw?'

'Heel graag,' zei Mary Jo, terwijl ze haar schouders rechtte. 'Mijn naam is Mary Jo Turner. Ik ben negenenzestig jaar en werk in een bibliotheek in Santa Fe, New Mexico. Ik hou van lezen, hiken, tuinieren en koken, en het is mijn droom om, voordat ik straks mijn laatste adem uitblaas, een boek te schrijven. Daarom ben ik hier.'

'Dat is een mooie droom, mevrouw,' zei Aster. 'Ik ga mijn best doen u te helpen die te realiseren. En negenenzestig is zo oud niet. U ziet er kerngezond uit en hebt dus nog wel even de tijd.'

Mary Jo wees naar de laptop. 'Niet om het een of ander hoor, maar ik dacht dat het alleen pen en papier zou zijn tijdens de cursus.'

Aster knikte. 'Daar hebt u helemaal gelijk in, mevrouw. Ik leen deze altijd even van mijn assistent Lawrence voor de introductie op de eerste dag. Morgen zult u hem niet meer zien, dat beloof ik u.'

John Harris was de tweede die zich voorstelde. Hij zei dat hij achtendertig was en werkzaam als waterpolocoach. Sporten en schrijven waren zijn grote passies. Tot nu toe in zijn leven had hij vooral veel tijd gestoken in het eerste en hij hoopte dat hier door het volgen van de cursus verandering in zou komen. Ten slotte keek hij geïrriteerd naar Samuel Murphy en zei: 'O, ja, en het spijt me zeer van uw scheiding. Ik heb het zelf ook meegemaakt een paar jaar geleden. En… nou ja, ik weet hoe het is.'

'Dank u wel voor uw medeleven, meneer Harris. Helaas laat het leven zich niet altijd regisseren. Maar hoe moeilijk een situatie ook is: zolang we maar doorgaan en positief blijven, komen we er wel. Iets wat trouwens ook van toepassing is op het schrijven van een boek. Maar daarover later meer.'

'Dat is precies wat ik altijd fout doe volgens mijn psycholoog,' zei Riley. 'Hij zegt dat ik te veel omkijk naar negatieve dingen uit het verleden en daarom vastloop. Hihi, ik had niet gedacht dat ik hier zelfs op dat vlak zou worden bijgeschoold.'

Victor Aster glimlachte. 'Uw psycholoog heeft gelijk, mevrouw Weeks. Ophouden met omkijken en volle kracht vooruit.'

Luther Green was de volgende. Hij beroerde het kruisje om zijn nek en zei dat hij samen met zijn vrouw Molly in Little Rock, Arkansas, een kruidenierswinkel runde. 'Een halfjaar geleden wonnen we honderdduizend dollar in de loterij – een geschenk uit de hemel. Voor de helft ervan hebben we onze schuur verbouwd tot een bed and breakfast. De andere vijftigduizend hebben we eerlijk gedeeld. Molly weet nog niet wat ze wil met haar deel. Ik heb hiervoor gekozen. Als ik eerlijk ben, betwijfel ik of ik op mijn zesenveertigste nog schrijver zal worden, maar Gods wegen zijn ondoorgrondelijk. Je weet dus maar nooit.'

Aster knikte, keek het vertrek rond en liet zijn blik op Carol rusten. 'En u, mevrouw? Wat heeft u hiernaartoe gebracht?'

Carol deed ietwat nerveus haar verhaal, en noemde Christy.

'Christy Bright,' zei Aster. 'Ja, natuurlijk herinner ik me haar. Ik ben heel blij dat het haar is gelukt een boek te schrijven en er een uitgever voor te vinden. En Christy is niet de enige van die lichting die succes had, is het niet, meneer Carson?'

Dex glimlachte. 'Nou ja, succes… ik heb inderdaad ook een boek geschreven dat werd uitgegeven, maar om nou te zeggen dat het publiek ermee wegliep? Niet echt. Er waren nauwelijks recensies en iemand die ik heel hoog heb zitten, schreef me dat hij op pagina 25 al wist wie de dader was. Tja, dat is natuurlijk niet iets om blij van te worden.'

'Maar u bent teruggekomen,' zei Aster.

'Jazeker,' zei Dex. 'Opgeven ligt nu eenmaal niet in mijn aard.' Hij keek de cursusruimte rond. 'Voor de mensen die het nog niet hadden meegekregen: ik ben Dex. Ik werk bij een bank in Los Angeles, hou van schrijven en van kijken naar de sterren. Dat laatste is gelukkig gratis en dankzij een erfenis – net als Carol dus – kan ik blijven werken aan mijn droom om een boek te schrijven dat wél succes heeft.'

Na Dex was het de beurt aan Nick Buchanan. Hij vertelde dat hij taxichauffeur was in Philadelphia en de cursus had betaald van zijn spaargeld. 'Ik denk niet dat ik ooit zal stoppen met in een taxi rijden,' zei hij. 'Ik hou er niet van om te lang op één plaats te zijn. Maar mijn werk heeft ervoor gezorgd dat ik met een krankzinnige hoeveelheid verhalen in mijn hoofd rondloop. Sommige van die verhalen wil ik graag toevertrouwen aan het papier. Ik heb alleen geen idee hoe ik moet beginnen. Ik hoop dat deze cursus me daarbij kan helpen.'

In gedachten stelde Carol zich de openingsscène van de debuutthriller van Nick Buchanan voor. Een vrouw laat een stuk plastic slingeren op de achterbank van een taxi en wordt op brute wijze vermoord. Ze glimlachte voor zich uit en zag dat Victor Aster zich intussen tot Samuel Murphy had gewend.

Murphy schraapte zijn keel en zei dat hij directeur was van een wereldwijd opererend adviesbureau. Hij liet weten dat het zeker niet zijn bedoeling was zijn bedrijf de rug toe te keren, maar dat hij er al sinds zijn vroege jeugd van droomde ooit een boek te schrijven. Zijn voorkeur ging uit naar iets in de stijl van John Grisham, maar waar Grisham rechtbankthrillers schreef, wilde Murphy zijn boek situeren in de adviesbranche, die volgens hem minstens zo interessant was. Hij besloot zijn verhaal met de mededeling dat hij eenenvijftig jaar was en naar Big Rock Island was gekomen omdat hij Victor Aster een van de beste schrijvers ter wereld vond, een toevoeging die hem opnieuw een geërgerde blik van Harris opleverde.

De laatste die zich mocht voorstellen was Doris Espinosa. Ze zei dat ze tweeënveertig jaar was en twintig jaar voor hetzelfde IT-bedrijf had gewerkt. Nadat haar relatie was uitgegaan, had ze besloten het roer om te gooien. Ze had ontslag genomen, al haar spaargeld van de bank gehaald en zichzelf anderhalf jaar de tijd gegeven om haar droom waar te maken en een boek te schrijven. Ze zei dat ze blij was dat Victor Aster het inschrijfgeld voor de cursus ter beschikking stelde aan Sea Shepherd. 'Dat betekent dat u niet alleen een goede schrijver bent, maar ook een goed mens. Het betekent ook dat als ik faal, ik in ieder geval weet dat ik heb geholpen de wereld een stukje beter te maken. Dat vind ik een geruststellende gedachte.'

Aster vouwde zijn handen ineen en glimlachte. 'Dank u, mevrouw Espinosa. Ik vertel mezelf altijd dat het belangrijker is een goed mens te zijn dan een goede schrijver. Ik ben zelfkritisch genoeg om te weten dat er dagen zijn waarop ik beter kan op een of beide vlakken, maar ik doe mijn best.' Hij deed een stap naar achteren en keek de cursisten een voor een aan. 'Dank voor uw introducties. Ik ga er alles aan doen u deze week op het spoor van uw droom te zetten en wil graag beginnen met een quote van een van mijn eigen grote favorieten.'

Carol keek toe hoe Aster zich over de laptop boog en een toets indrukte, waarop de bloederige Kill Your Darlings-tekst verdween en werd vervangen door een weelderig berglandschap met daarover in het wit een tekst die tussen aanhalingstekens stond:

> 'DIT IS EEN KORT BOEK, OMDAT DE MEESTE BOEKEN OVER SCHRIJVEN BOL STAAN VAN DE ONZIN. ROMANSCHRIJVERS, IKZELF NIET UITGEZONDERD, BEGRIJPEN NIET ERG VEEL VAN WAT ZE DOEN – NIET WAAROM HET WERKT ALS HET GOED IS, NIET WAAROM HET NIET WERKT ALS HET SLECHT IS. IK DACHT: HOE KORTER HET BOEK, HOE MINDER ONZIN.'

Carol fronste haar wenkbrauwen.

'Weet iemand van wie deze quote afkomstig is?' vroeg Victor Aster.

Niemand reageerde.

Aster glimlachte, keek Dex aan en zei: 'Meneer Carson, u weet het natuurlijk nog van de vorige keer...'

'Dat klopt,' zei Dex. 'Het is afkomstig uit het boek *Over leven en schrijven* van Stephen King.'

'Precies,' zei Aster. 'Een van de beste boeken over schrijven die er zijn.'

Nick Buchanan schudde zijn hoofd. 'Maar eh, gelooft u dit? Begrijpen schrijvers echt zo weinig van wat ze doen?'

'Ik geloof het niet alleen,' zei Aster. 'Ik weet dat het zo is.'

John Harris stak zijn hand op. 'Maar als dat werkelijk waar is, waarom is dit dan een cursus van een week en niet eentje van vijf minuten?'

Victor Aster schoot in de lach. 'Heel scherp, meneer Harris. Heel scherp. Maakt u zich alstublieft geen zorgen. Als ik u helemaal niets te vertellen zou hebben, had ik u wel gevraagd thuis te blijven en uw geld zelf aan Sea Shepherd over te maken. Het enige dat Stephen King hiermee wil zeggen, is dat er geen recept of magische formule is voor het schrijven van een boek. Met andere woorden: het meeste zal van uzelf moeten komen.'

'Dat klinkt zowel geruststellend als beangstigend,' zei Mary Jo.

Victor Aster knikte. 'Schrijven kán ook beangstigend zijn, mevrouw Turner. Sterker nog: het kan een ware hel zijn op momenten dat het niet wil lukken, zeker in de beginfase van een nieuw boek. Maar er zijn natuurlijk wel handvatten. Dingen die kunnen helpen. En dat is waar we het de komende week over gaan hebben.'

Aster glimlachte en drukte opnieuw een paar toetsen in op de laptop.

Carol keek met ingehouden adem toe en dacht: o, Mark, ik doe het. Ik ben gegaan en ik doe het.

Dank je wel voor je liefde en steun.

Ik ben er en het is nu echt begonnen...

9

Mark

Mark Foster staarde naar het blikje Dr. Pepper in zijn hand en vroeg zich voor de zoveelste keer af waar het onrustige gevoel in zijn binnenste vandaan kwam. Had het te maken met het interieurontwerp dat voor hem op de eettafel lag?

Nee, dat had het niet. Hij had het ontwerp gemaakt voor Sean Griffin en hij wist dat het – ook al was het een prima ontwerp – zo goed als zeker zou worden afgekeurd. Hij had in de afgelopen jaren drie keer eerder een ontwerp voor zijn oude studievriend gemaakt en hoewel Sean altijd benadrukte dat hij zich volledig vrij moest voelen en moest doen wat hij zelf het beste vond, kwam het er uiteindelijk altijd op neer dat Sean na bestudering van het ontwerp iets zei in de trant van: 'Tja, dit ziet er leuk uit, makker. Maar ik ben bang dat er toch wat dingen zijn die ik graag anders zou zien.'

Wat er vervolgens gebeurde, was dat Sean alles alsnog helemaal zelf ontwierp. Of zijn vrouw Emily. Dat kon ook. Soms vermoedde Mark dat Sean alleen maar het woord mocht doen en aan het eind van het verhaal zijn creditcard moest trekken, maar dat het Emily was die achter de schermen de show runde en alle beslissingen nam.

Hoe dan ook: het onrustige gevoel kon onmogelijk met zijn werk te maken hebben. Hij wist hoe het ging, Sean betaalde altijd keurig voor alle afgekeurde ontwerpen en geld was geld.

Maar wat was er dan wél aan de hand?

Had zijn gevoel te maken met Carol en dat hij geen idee had of ze goed was aangekomen op Big Rock Island?

Nee, dacht hij. Ze was aangekomen in Vancouver, dat had hij op de website van de luchtvaartmaatschappij kunnen zien, en vanaf daar was het maar een klein stukje naar de metro en vervolgens de bus. Ze hadden het gistermiddag samen uitgezocht op de computer.

Carol had geopperd dat ze hem vanaf een vaste lijn zou kunnen bellen zodra ze de bushalte had gevonden, maar hij had gezegd dat dat niet hoefde. Het kon niet anders of ze had al haar aansluitingen gehaald en was inmiddels veilig en wel op het eiland aangekomen. En dus was er geen enkele reden om zich druk te maken.

Hij richtte zich weer op het ontwerp, maar merkte dat hij aan Carol bleef denken. Hij zag haar voor zich, de avond ervoor, terwijl ze bezig was haar tas in te pakken, stiknerveus maar tegelijkertijd vastbesloten. 'Denk je dat ik een extra trui moet meenemen in verband met het weer? Zou drie broeken genoeg zijn? Misschien is het daar wel heel modderig.' God, wat hield hij van haar.

Nee, zijn onrustige gevoel kon onmogelijk met Carols reisje te maken hebben. Ze mocht dan soms onzeker zijn, naïef was ze allerminst, en zelfs al bevond de plek waarvandaan die veerpont vertrok zich in de middle of nowhere, Canada was een beschaafd land. Heel wat beschaafder dan Amerika. De kans dat ze onderweg naar het eiland een of andere gek tegen zou komen, was zo goed als nihil.

Zo goed als.

Hij zuchtte, nam een slok Dr. Pepper en zette het blikje op tafel.

Oké, misschien kon hij het maar beter toegeven. Hij maakte zich wél zorgen. Het was volstrekt irrationeel en sloeg nergens op, maar het was een feit.

Zolang ik maar weet dat ze veilig is aangekomen, dacht hij. Dan kan ik het loslaten. Maar hoe–

De mail met contactgegevens van Victor Asters assistent.

Natuurlijk.

Het enige dat hij hoefde te doen, was een mailtje sturen en vragen of de man even wilde bevestigen dat Carol samen met de andere cursisten op het eiland was gearriveerd. Hij sloeg zichzelf in gedachten voor de kop omdat hij hier niet meteen aan had gedacht en liep naar de computer.

Hij vond het printje met de mail met de gegevens van Asters assistent, opende zijn mailprogramma en begon te typen.

Aan: lawrencemontgom@hotmail.com
Onderwerp: Carol Arrington

Beste heer Montgomery,

Mijn naam is Mark Foster. Zoals u weet volgt mijn vriendin Carol deze week een schrijfcursus bij Victor Aster. Vanwege de voorschriften heeft ze geen mobiele telefoon bij zich, wat betekent dat ik niet weet of ze goed en wel op de plaats van bestemming is gearriveerd. Zou u zo vriendelijk willen zijn me een mailtje te stu–

Hij aarzelde.

Las wat hij had getypt nog eens na en zag Carol voor zich, in opperste concentratie bezig aan een schrijfopdracht tijdens de cursus, om vervolgens op haar schouder te worden getikt door Lawrence Montgomery. 'Gaat het goed, mevrouw Arrington? Mooi zo. Ik wilde u alleen even laten weten dat uw vriend Mark me een mailtje heeft gestuurd met de vraag of u goed bent aangekomen. Ik ga hem zo dadelijk antwoorden en vroeg me af of er nog iets is dat ik aan hem kan doorgeven...'

Nee, dacht hij. Dit was belachelijk.

Ineens schoot hem iets te binnen wat dr. Richard Kauffman, hun relatietherapeut, drie jaar geleden tegen Carol had gezegd. 'Jij moet niet zoveel twijfelen, jongedame. Je moet beseffen dat je niemand nodig hebt om het leven aan te kunnen en belangrijker nog: dat je eerst van jezelf moet leren houden voordat je er helemaal voor iemand anders kan zijn.' Vervolgens dacht hij aan wat Carol tegen hem had gezegd bij hun afscheid vanochtend vroeg op JFK. 'Ja, Mark, ik vind het spannend. Heel spannend. Ik ben bang om mezelf teleur te stellen. Maar ik ben nog banger om hier te blijven en mezelf niet eens de káns te geven op mijn bek te gaan. Ik wil vóélen dat ik dit kan. Snap je?'

Hij snapte het heel goed.

Wat hij moest doen, was haar met rust laten. De computer uitzetten en vanavond iets leuks voor zichzelf gaan doen. Een filmpje pakken misschien, of een biertje drinken met een vriend.

Hij knikte, verwijderde het conceptmailtje dat hij zojuist had geschreven en liep terug naar de woonkamer. Misschien zou hij Sebastian bellen. Die was niet zo lang geleden gescheiden en ze hadden nog altijd geen moment gevonden om bij te praten.

Of toch een filmpje?

Hij zou er nog even over nadenken.

10

Carol

Het was een tikkeltje surrealistisch, dacht Carol. Surrealistisch en opwindend tegelijk, om hier in deze intieme setting te zitten en te luisteren naar een van Amerika's succesvolste schrijvers van de afgelopen twee decennia. Hoeveel uren van haar leven had ze inmiddels genoten van zijn Jake Banner-boeken? En nu stond hij hier, op nog geen vier meter bij haar vandaan.

Victor Aster praatte zoals hij schreef. Beeldend en vol overtuiging. Gedurende de afgelopen tweeënhalf uur had hij een eindeloze hoeveelheid anekdotes met hen gedeeld met betrekking tot zijn eigen aanpak bij het schrijven van een boek en die van een aantal bekende en mindere bekende collega's. Nu vertelde hij een verhaal over een van zijn persoonlijke idolen, wijlen Elmore Leonard. 'Iemand als Leonard schreef heel erg vanuit zijn intuïtie,' zei hij, wijzend naar het scherm aan de muur waarop een plaatje verscheen van een man die in het zonnetje tegen een boom leunde en ontspannen naar een heldere blauwe lucht staarde. 'Hij vertelde een keer dat hij zijn personages als het ware auditie liet doen. Gingen ze praten in zijn hoofd, dan mochten ze blijven. Hielden ze hun mond of hadden ze niets interessants te zeggen, dan schrapte hij ze of liet ze in de eerste honderd pagina's van zijn boek vermoorden. Die aanpak heeft hem geen windeieren gelegd, want hij groeide uit tot een van de meest verfilmde schrijvers van de Verenigde Staten. En het houdt het schrijven leuk: door niet van tevoren alles over je eigen boek te weten, blijft het spannend en verras je ook jezelf nog eens. Stephen King werkt doorgaans ook op deze manier. Er is een mooi verhaal over zijn boek *Dr. Sleep* – het vervolg op *The Shining* – dat dit illustreert. Op een bepaald moment in het boek ontmoet Dan Torrance – het jongetje op de driewieler uit *The Shining* dat inmiddels volwassen is geworden – de moeder van Abra Stone, een ander hoofdpersonage. De moeder – Lucy – zegt tegen Dan: "Wie bent u en wat doet u hier?" Dan neemt hij haar mee naar een spiegel en laat haar erin kijken. Ze zien de gelijkenis en hij zegt: "Jij bent mijn halfzus. We hebben dezelfde vader." Naar aanleiding van deze scène schreef een recensent: *Op driekwart van het boek is er een grote verrassing. Ik zag het totaal niet aankomen.*' Victor Aster glimlachte. 'De reden dat de recensent het niet aan zag komen, is dat Stephen King het zelf niet aan zag komen. Hij gaf aan het boek niet te zijn begonnen met dat gegeven in zijn hoofd. Ik werk op dezelfde manier. Als ik alles van tevoren al zou weten, zou ik me doodvervelen en waarschijnlijk heel snel op zoek gaan naar ander werk. Tegelijkertijd: ik weet dat dezelfde Stephen King zowel *Misery* als *The Shining* vanaf het begin helemaal in zijn hoofd had. En iemand als James Ellroy heeft geweldige boeken geschreven die óók volledig voorafgaand aan het schrijfproces zijn bedacht. Iemand zei ooit – ik neem aan dat dit enigszins gechargeerd is – dat hij voor een boek van zeshonderd pagina's een synopsis van vierhonderd bladzijden maakt. Om nog maar eens te herhalen wat ik aan het begin van dit verhaal zei: een kant-en-klaar recept of magische formule is er niet. Het is helemaal aan u om te bepalen wat úw manier wordt.'

Naast Carol stak Riley aarzelend haar hand op. 'U had het net over handvatten? Dingen die kunnen helpen om het allemaal wat minder abstract te maken...'

'Dat klopt, mevrouw Weeks. Maakt u zich geen zorgen, we hebben een hele week de tijd, maar een paar dingen kan ik – voordat ik u een kleine opdracht ga geven – alvast wel zeggen. Om te beginnen: als u straks weer thuis bent, zorg dan dat u een fijne plek hebt om te schrijven. Het hoeft niet luxe te zijn – zelfs geen eigen kamer – maar het moet wel een plek zijn waar u zich op uw gemak voelt en waarvan u weet dat u er een x-aantal uur per dag ongestoord kunt werken. Zeker in het begin, wanneer u onzeker bent en alles zult aangrijpen om uzelf te vertellen dat u het niet kunt en maar beter kunt stoppen, wilt u niet dat u wordt gestoord door telefoontjes of uw partner die binnenkomt en vraagt of u misschien zin hebt om een spelletje te doen of samen naar die geweldige nieuwe serie op Netflix te kijken. Zodra u die plek hebt, komt stap twee. Zorg dat u er elke dag heen gaat en dat u schrijft. Hoelang per dag maakt niet uit. Twee uur is een mogelijkheid. Vier of vijf kan ook. Wat u prettig vindt. Maar wat het ook wordt, zorg dat u een plan hebt en u daaraan houdt. Zelf werk ik met een minimaal aantal woorden per dag, tweeduizend om precies te zijn. Als ik dat heb gehaald, mag ik stoppen. Het komt voor dat ik mijn dag niet heb en om vijf uur alles weggooi, maar toch hou ik me altijd aan dat quotum. Waarom? Dat heeft met discipline te maken. Ik voorkom ermee dat ik gemakzuchtig word en tegen mezelf zeg: "Vandaag lukt het niet, ouwe jongen. Ga maar lekker wat anders doen, morgen weer een dag." Als ik alle dagen dat ik dat denk om tien uur 's ochtends het bijltje erbij neer zou gooien, zou ik misschien een derde hebben gepubliceerd van wat nu het geval is. Voorts: als u een idee hebt, geloof er dan in en werk hard. Dat laatste kan ik niet genoeg benadrukken. Het is mijn overtuiging dat vrijwel iedereen enige mate van talent heeft. Maar niet iedereen doet er iets mee. Talent is één ding. Hard werken is een tweede. Er was op mijn universiteit een quarterback op wie iedereen jaloers was. Alles wat hij op het veld deed, leek vanzelf te gaan, en dat ging het waarschijnlijk ook. Maar heeft hij het uiteindelijk gemaakt bij de professionals? Nee. Waarom niet? Omdat hij weigerde zich voor de volle honderd procent in te zetten. Toen er serieuze concurrentie kwam, werd hij bokkig en arrogant. In plaats van wat extra uren in training te investeren, maakte hij ruzie met de coach en zorgde ervoor dat zijn teamgenoten hem uitkotsten.'

'Zulke jongens heb ik als waterpolocoach ook gehad,' zei Harris. 'Het breekt je hart. Zoveel talent, maar er niets voor willen doen.'

'Over hard werken gesproken,' zei Mary Jo. 'Ik las ergens dat u momenteel bezig bent aan iets heel omvangrijks en indrukwekkends. Klopt dat?'

Victor Aster keek Mary Jo een paar seconden zwijgend aan. Carol meende een licht gepijnigde blik in zijn ogen te zien, maar misschien vergiste ze zich, want nu glimlachte hij en zei: 'Het klopt dat ik bezig ben aan een boek dat waarschijnlijk wat meer pagina's zal

hebben dan de circa driehonderd die mijn lezers gewend zijn. Maar meer wil ik daar op dit moment niet over zeggen. Niet in de laatste plaats omdat het van uw kostbare tijd zou afgaan. Deze week is voor u, dames en heren, en het is de hoogste tijd om over te gaan naar...'
Aster zweeg en boog zich weer over de laptop, waarna op het scherm een afbeelding verscheen van Rodins *De Denker* met daaroverheen in felgroene letters de tekst:

DE OPDRACHT

'O, god,' zei Riley. 'Waar is de nooduitgang?'

Aster glimlachte. 'Die is er niet, mevrouw Weeks. Maar mij houdt u niet voor de gek. Ik zie aan uw gezicht dat u maar een grapje maakt en heel gemotiveerd bent om het maximale uit uw tijd hier te halen. Dat is goed nieuws, want zoals ik net al zei: motivatie en inzet zijn minstens zo belangrijk als natuurlijke aanleg.'

Riley rolde met haar ogen.

'Goed,' zei Aster. 'Ik zal proberen het zo kort mogelijk te houden. Wat ik de komende dagen samen met u wil bewerkstelligen is dat u aan het eind van de week naar huis gaat met een ijzersterk eerste hoofdstuk voor een boek. Ik weet niet hoeveel van u al zijn begonnen aan een boek of rondlopen met een min of meer vastomlijnd idee, maar als dat het geval is, dan bespreek ik het graag met u en zal ik mijn best doen samen met u tot een eerste hoofdstuk te komen dat een potentiële lezer tot doorlezen zal aanzetten. Eén hoofdstuk? zult u misschien denken. Is dat niet een beetje weinig? Mijn antwoord op die vraag luidt: "Nee." U zult dat hoofdstuk namelijk kunnen gebruiken als graadmeter voor de rest van het boek, dat uiteraard minstens zo goed zal moeten zijn. Het zal tijdens het schrijfproces dienen als anker. Los daarvan: het eerste hoofdstuk is het allerbelangrijkste van een boek, om de eenvoudige reden dat als de lezer het niet pruimt, hij niet verder zal lezen, laat staan dat hij zijn vrienden erover zal vertellen tijdens het eerstvolgende verjaardagsfeestje waar hij naartoe gaat. Het is dus van het grootste belang dat u hem meteen bij de lurven grijpt. Er zijn manieren om dat te bewerkstelligen, manieren die uiteraard samenhangen met het verhaal dat u wilt vertellen.'

‘Wacht even,’ zei Buchanan. ‘Ik dacht dat ik hier vooral zou leren schrijven. Een duidelijk idee voor een boek heb ik nog helemaal niet. Zoals ik al zei bij de introductie: ik heb heel veel losse verhalen in mijn hoofd, maar hoe ik die moet verwerken in een boek? Ik heb geen idee.’

Riley knikte. ‘Voor mij geldt hetzelfde. Mijn hoofd zit vol met allerlei dingen, maar van enige samenhang is geen sprake. Wat als het me niet lukt om snel iets te bedenken?’

‘Geen paniek, mensen,’ zei Victor Aster. ‘Meneer Buchanan, u zult deze week zéker dingen leren over schrijven. En uiteraard heb ik er rekening mee gehouden dat niet iedereen al precies weet welke richting hij op wil met zijn boek. Voor diegenen heb ik een globale verhaallijn om als houvast te gebruiken bij de opdracht. Of beter gezegd: een aantal verhaal*ingrediënten*. Ik garandeer u dat we er met die ingrediënten zeker in zullen slagen een pakkend eerste hoofdstuk op papier te krijgen en in de tussentijd heel veel te leren over het belang van goede personages, dialogen, et cetera.’ Aster drukte opnieuw een toets in op de laptop en er verscheen een beeld van een berg met op de flanken een oude trekkershut. ‘We hebben een hut, boven op een hoge berg. Hier gaan we een zestal personages heen sturen voor een gezellig weekend. Alleen wordt het weekend niet zo gezellig, want ze zijn er nog geen dag of het noodweer slaat toe en ze sneeuwen in. Vervolgens gaat een van hen dood. Eerst lijkt er sprake van een ongeluk, maar dan blijkt het om moord te gaan en vanaf dat moment staat de spanning er vol op. Niemand vertrouwt elkaar nog, iedereen is op zijn hoede. Ze kunnen niemand bellen want door het noodweer hebben hun mobieltjes geen bereik. Nou, daar kunt u alle kanten mee op toch?’

‘Dat klinkt behoorlijk eng,’ zei Riley.

Aster grijnsde. ‘Dat is het helemaal niet. Nog niet, tenminste. Het wordt pas eng als u het eng máákt.’

‘Maar hoe kun je in hemelsnaam een eerste hoofdstuk schrijven wat spannend is als ze er eerst heen moeten gaan, naar die hut?’ zei Doris. ‘Dan ben je toch al een heleboel bladzijden kwijt met het beschrijven van de reis ernaartoe?’

Aster glimlachte. ‘Kijk, we zijn begonnen. Daar mag u de rest van de dag en vanavond over gaan nadenken, over hoe u het toch meteen spannend kunt maken. Eén manier zou zijn om een proloog te schrijven waarin u een situatie in de toekomst beschrijft waarbij uw hoofdpersoon bijvoorbeeld voor zijn of haar leven vecht. Om vervolgens terug te schakelen via een kopje TWEE WEKEN EERDER. Maar er zijn meer manieren om vanaf het begin een sfeer van naderend onheil te creëren.'

'Zoals een eerste hoofdstuk vanuit het perspectief van de moordenaar,' zei Carol. 'Maar dan zonder dat je de lezer laat weten wie het is.'

'Heel goed, mevrouw Arrington. Dat is een prima methode.' Aster keek op zijn horloge. Het was twee minuten voor vijf. 'Goed. De tijd zit er bijna op. Zijn er op dit moment vragen?'

Samuel Murphy stak zijn hand op. 'Krijgen we naast het hoofdstuk dat we gaan schrijven ook nog theorieles?'

'Ja en nee,' zei Aster. 'Om even terug te komen op de quote van Stephen King waar ik mee opende: schrijvers weten lang niet altijd precies wat ze doen. Ik ben dus nogal huiverig om u allerlei regeltjes te gaan geven die toevallig voor míj werken. Wat ik liever doe, is u helpen met suggesties en tips voor het hoofdstuk dat u gaat schrijven. Dat maakt het allemaal wat minder abstract. Dat gezegd hebbende: u zult te allen tijde degene zijn die bepaalt of u iets met mijn adviezen en suggesties doet of niet. Wie weet lapt u alles wat ik zeg aan uw laars en voert uw debuut over een jaar *The New York Times*-bestsellerlijst aan. Ik zou het u van harte gunnen. Nog meer vragen?'

'Eh, ja,' zei Riley. 'Nog even over de mensen in die hut: ze kunnen daar dus geen van allen weg?'

Aster schudde zijn hoofd. 'Ze zitten er vast. De wegen zijn onbegaanbaar en hun mobieltjes hebben geen bereik. Alles speelt zich af in en rondom die hut.'

'Brrr,' zei Riley. En toen: 'Nou, het zal in ieder geval niet moeilijk zijn om te bedenken hoe het voelt om je mobieltje niet te kunnen gebruiken. Dat kunnen wijzelf deze week ook niet.'

'Precies,' zei Victor Aster. 'Zo ziet u maar: ik heb er alles aan gedaan om het u makkelijk te maken.'

II

Mark

'Het is niet waar,' zei Sebastian Quinn. 'Je bent alweer bezig Seans huis te verbouwen? Ik dacht dat je daar net mee klaar was?'

Mark schudde zijn hoofd. 'Dat was twee jaar geleden. En ik ben niets aan het verbouwen. Ik ben bezig met een interieurontwerp. De verbouwing zal nog wel even op zich laten wachten. Sean moet eerst alles nog goedkeuren.'

'Maar dat gaat hij natuurlijk nooit doen,' zei Sebastian. 'Of beter: dat gaat *Emily* niet doen. Er is er maar eentje die daar de scepter zwaait.'

Ze zaten aan de bar bij Drexler's, een eetcafé aan Avenue A. Mark had een biertje voor zijn neus staan, Sebastian een gin-tonic. Tussen hun drankjes in stond een schaaltje olijven en een bordje met gemarineerde artisjokken.

Mark was blij dat hij Sebastian had gebeld in plaats van naar de film te gaan. Ze kenden elkaar al twintig jaar en hadden samen veel meegemaakt. Alleen al door zijn vriend te zien waren zijn zorgen om Carol naar de achtergrond gedrongen. Terwijl hij naar het houtsnijwerk achter de bar staarde, merkte hij dat hij zich voor het eerst die dag helemaal kon ontspannen. 'Je hebt waarschijnlijk gelijk,' zei hij. 'Maar voor spijt is het nu te laat. Ik heb de opdracht aangenomen en hoe je het ook wendt of keert: ik krijg ervoor betaald. Los daarvan: ik ben blij om te horen dat het goed met je gaat en het spijt me dat ik je niet eerder heb gebeld. Ik was echt geschokt toen ik hoorde dat jij en Kate uit elkaar zijn.'

Sebastian glimlachte. 'Voel je vooral niet schuldig. Als ik met iemand had willen praten, had ik je wel gebeld. Maar dat was niet zo. Sterker nog: ik had juist grote behoefte om alleen te zijn en een paar dingen op een rijtje te zetten. Dat heb ik gedaan en mijn conclusie is dat het beter is zo. De waarheid is dat we al maanden nauwelijks meer met elkaar communiceerden. Het was gewoon op. Het verbaasde me in zekere zin ook niet toen ze zei dat ze een ander had. Maar genoeg over mij. Hoe is het met jou? Je klonk een beetje down aan de telefoon. Had dat met je ontwerp voor Sean te maken of met iets anders?'

Mark haalde zijn schouders op. 'Vooral met mijn ontwerp.'

'En verder?' zei Sebastian. Hij stopte een olijf in zijn mond, spoelde hem weg met een slok gin-tonic en keek Mark onderzoekend aan.

'Verder niets,' zei Mark. 'Het is gewoon vervelend om iets te ontwerpen in de wetenschap dat het sowieso niet zal worden goedgekeurd. Het werkt niet echt motiverend. Ik weet het niet. Ik had gewoon mijn dag niet en had even behoefte aan gezelschap.'

'Is Carol er niet?'

'Nee. Die is in Canada voor een schrijfcursus.'

'Ze is weer aan het schrijven? Wat goed om te horen. Maar Canada? Zijn er geen schrijfcursussen dichter bij huis?'

'Vast wel,' zei Mark. 'Maar geen schrijfcursussen die worden gegeven door Victor Aster.'

'Krijgt ze schrijfles van Victor Aster? Meen je dat serieus?'

Mark knikte en vertelde Sebastian over hun trip naar Dave en Christy in Miami en alles wat daaruit was voortgekomen.

'Victor Aster,' zei Sebastian, toen Mark klaar was met zijn verhaal. 'Tja, daar wil je wel een paar extra kilometers voor reizen. Ik bedoel: ik heb nul talent voor schrijven, maar als ik het wel had, zou ik haar zo achternagaan. Ik ben een groot fan van zijn boeken.'

'Ja, hij is een fantastische schrijver. Carol had er heel veel zin in. En ik ben blij dat ze gegaan is...' Hij zweeg en nam een slok van zijn bier.

'Maar?'

Mark zuchtte. 'Beloof je me dat je me niet uitlacht?'

'Zie je wel. Ik kon zien dat je iets dwarszat. Vertel op. Ik beloof je dat ik niet zal lachen. Sterker nog: ik denk dat ik wel zo'n vermoeden heb waar je je zorgen om maakt.'

'Hoezo? Weet je iets van die cursus?'

Sebastian schudde zijn hoofd. 'Nee, ik weet van niets. En sorry: ik wil geen dingen voor je invullen. Doe gewoon je verhaal.'

'Oké,' zei Mark. 'Het is zo... die cursus... die is anders dan andere cursussen. Hij is op een eiland en niemand mag zijn mobiel bij zich hebben. Op die manier blijft iedereen gefocust op het schrijven.'

'Dat klinkt logisch.'

'Ja, natuurlijk. Het punt is alleen dat ik haar dus niet kan bereiken.' Hij schudde zijn hoofd. 'Shit, we zijn er tegenwoordig zo aan gewend voortdurend met elkaar in contact te staan, snap je? Ik ging me gewoon ineens zorgen maken. Sterker nog: ik stond daarnet op het punt om Asters assistent een mail te sturen en te vragen of ze goed is aangekomen. Gelukkig heb ik mezelf ervan kunnen weerhouden.'

Sebastian nam een artisjok, kauwde er een tijdje op en zei toen: 'Zo gek is dat toch niet? Een mailtje sturen om even te checken of alles goed is gegaan?'

'Nee, misschien niet. Maar je kent Carol. Dat ze dit in haar eentje onderneemt is best bijzonder. Ik wil haar niet het gevoel geven dat ik haar op een afstandje met bonzend hart in de gaten hou.'

Sebastian schoot in de lach. 'Sorry, ik had beloofd je niet uit te lachen, en dat doe ik ook niet, maar waar gaat dit nu helemaal over? Hoe bedoel je "haar in de gaten houden"? Je hebt het over een mailtje sturen om te vragen of ze goed is aangekomen, dat is toch alleen maar lief en zorgzaam?'

'Denk je?'

'Ik weet het wel zeker. Volgens mij maak je van een mug een olifant, vriend. Kom op, bestel nog een biertje. Ik geloof dat het goed is dat jij er even uit bent.' Zonder op Marks reactie te wachten stak Sebastian twee vingers op in de richting van de barkeeper en wees naar hun bijna lege glazen. Vervolgens glimlachte hij en zei: 'Ze is goed aangekomen. Ik weet het zeker. En vanavond stuur je die assistent een mailtje zodat *jij* het morgenochtend ook weet. Zaak gesloten.'

'Oké,' zei Mark. 'Bedankt. En je hebt natuurlijk gelijk. Ik denk gewoon... ik weet het niet. Carol is soms zo onzeker. Misschien dat ik me daarom wat te veel zorgen maak.'

'Daar kun je wel mee ophouden,' zei Sebastian. 'Als ze niet nerveus was om daarheen te gaan na al dat gedoe rond de scheiding van die kerel en die aanklacht van zijn ex-vrouw, dan valt het met haar onzekerheid wel mee.'

'Scheiding? Aanklacht? Waar heb je het over?' Mark keek Sebastian gealarmeerd aan.

'Wist je dat niet?' zei Sebastian. 'Shit, ik dacht dat dát je dwarszat.'

'Ik weet nergens van,' zei Mark. 'En Carol volgens mij ook niet. Wat is er precies gebeurd?'

Sebastian schudde zijn hoofd. 'Mark... Je hebt me gebeld om je beter te voelen, niet slechter. Vergeet gewoon wat ik heb gezegd. Alles wat ik erover heb gehoord, weet ik van de secretaresse van onze firma. Ze is een lieve schat, maar ze brengt iets te veel tijd door met het lezen van roddelblaadjes. De serieuze media hebben er volgens mij nauwelijks aandacht aan besteed. Dat zegt voldoende, lijkt me. Stuur gewoon vanavond die mail en ga lekker aan het werk. Ik weet zeker dat Carol daar de tijd van haar leven heeft.'

'Dat denk ik ook,' zei Mark. 'Maar ik wil toch graag weten waar je het precies over hebt. Een aanklacht van zijn ex-vrouw?'

De barkeeper zette hun drankjes voor hen neer. Sebastian bedankte hem met een knikje, richtte zich toen weer tot Mark en zei: 'Alles wat ik weet, is dat Victor Aster een klein jaar geleden is gescheiden, naar eigen zeggen nadat hij erachter was gekomen dat zijn vrouw het had aangelegd met zijn accountant. En ja: niet lang daarna klaagde zijn vrouw hem aan vanwege mishandeling. Ze kon dat echter niet hardmaken en werd in de rechtszaal in het ongelijk gesteld. Ik geloof dat ze vervolgens beroep heeft aangetekend.'

'Ze beschuldigde hem van *mishandeling*?'

Sebastian zuchtte. 'Ja, dat deed ze. Maar nogmaals: ze kreeg geen gelijk. En het feit dat de belangrijke media het links lieten liggen, zegt alles. Victor Aster heeft een vlekkeloze reputatie. Collega-schrijvers en ex-vriendinnen namen het voor hem op in de rechtszaal. Volgens Mandy probeert die vrouw gewoon op slinkse wijze een graantje mee te pikken van die hele MeToo-beweging.'

'Volgens Mandy?'

'Sorry. De secretaresse over wie ik het net had. Die van de roddelblaadjes.'

'Wat was het precies? Waar zijn vrouw hem van beschuldigde? Dat hij haar had geslagen?'

'Nee,' zei Sebastian. 'Ze beweert dat hij haar van de trap heeft geduwd.'

Mark wendde zijn blik af. Heel even had hij spijt dat hij niet tóch in zijn eentje naar de film was gegaan om zijn zinnen te verzetten.

'Kijk nou niet zo moeilijk,' zei Sebastian. 'Kom op. Laat het los en heb een beetje vertrouwen in een oude vriend. Carol is goed aangekomen op dat eiland. Dat weet ik zeker. En wat die rechtszaak betreft: als er van het hele verhaal van die vrouw ook maar een fractie waar zou zijn, dan hadden we iedere dag op televisie de laatste smerige details kunnen horen. Echt: zo werken die dingen. En om je helemaal gerust te stellen: zelfs áls het waar is, en er zit op de een of andere manier een steekje los bij die kerel, dan nog loopt Carol geen enkel gevaar. Ten eerste is zij niet degene die is vreemdgegaan met zijn accountant. En ten tweede… met hoeveel cursisten zei je nou dat ze daar op dat eiland zit?'

Mark haalde zijn schouders op. 'Ik geloof dat ze in totaal met zijn negenen zijn.'

'Dat bedoel ik,' zei Sebastian. 'Zelfs als die kerel een of andere totaal gestoorde kant heeft, dan nog is er niets aan de hand. Hij zal het echt niet in zijn hoofd halen jouw vriendin ook maar een haar te krenken in het bijzijn van acht getuigen. Zo. En nu houden we hierover op en gaan we bier drinken ter nagedachtenis aan mijn ter ziele gegane relatie.' Hij grijnsde. 'En dat, mijn vriend, is een bevel.'

12

Carol

Carol keek naar het schrijfblok op haar schoot en probeerde te beslissen waarover ze morgen zou gaan schrijven. Ja, ze had twee ideeën voor boeken, maar het waren vage ideeën, verre van uitgekristalliseerd, en bovendien voelde ze zich niet prettig bij het vooruitzicht ze met een groep collega-aspirant-schrijvers te delen. Een van haar favoriete schrijvers had ooit in een interview gezegd dat hij nooit over zijn ideeën praatte, onder geen enkele voorwaarde, omdat dat de enige manier was om de rust en concentratie te bewaren tijdens het schrijfproces. Het leek haar een even goede als logische strategie.

Ze besloot zich deze week te storten op de ingrediënten die Victor Aster hun had gegeven: de zes ingesneeuwde mensen in de trekkershut.

Ze geeuwde, keek op haar horloge en zag dat het tien uur was. Dat betekende dat ze hier al ruim twee uur met haar schrijfblok op bed zat. Misschien was het tijd om te stoppen, een paar bladzijden te lezen in *Moord op bestelling* en vervolgens te gaan slapen.

Ze legde het schrijfblok opzij, liep naar haar tas en viste haar reiswekker en haar pyjama eruit. Ze was net bezig het alarm in te stellen toen er op de deur van haar bungalow werd geklopt.

Ze liep naar de deur, opende hem en keek recht in het glimlachende gezicht van Riley.

'Hoi. Eh… sorry dat ik nog zo laat aanklop, maar ik zag licht branden en… nou ja, Dex beloofde me op de veerpont dat hij me door zijn telescoop zou laten kijken. Ik was net bij hem en hij is bang dat het te bewolkt is, maar hij wil het toch proberen. Ga je mee?'

Carol aarzelde. 'Waar gaan jullie heen? Ik stond eigenlijk op het punt om naar bed te gaan.'

'Gewoon op de heuvel hiertegenover,' zei Riley. 'Dex zegt dat dat een prima plek is. Als je wilt, kun je binnen een kwartiertje terug zijn.'

Carol keek naar de heuvel tegenover de bungalows. Ze had nog nooit de kans gehad door de lens van een telescoop te kijken en ze kon niet ontkennen dat ze nieuwsgierig was. Ze besloot dat een kwartiertje later naar bed geen verschil zou maken en dus knikte ze, trok haar jas aan en liep samen met Riley naar de bungalow van Dex. Op de deur prijkte de naam van Mickey Haller.

'Hij lijkt er wel een beetje op,' zei Riley, terwijl ze aanklopte. 'Op Mickey. Vind je ook niet? Net zo sexy.'

'Je bedoelt Dex?'

'Ja,' zei Riley. 'Wie anders?'

Carol haalde haar schouders op. Ze zei dat ze zich niet kon herinneren hoe zijn uiterlijk in de boeken werd beschreven.

'Ik heb het over Matthew McConaughey, gekkie. Hij speelt Mickey in de verfilming van *The Lincoln Lawyer*.'

Carol wilde net zeggen dat ze de film niet had gezien, maar Rileys vergelijking met de acteur wel begreep toen de deur openging. Dex glimlachte en vroeg of ze even binnen wilden komen terwijl hij zijn telescoop uit de tas haalde. Carol en Riley knikten, volgden hem de bungalow in en keken toe terwijl hij op de grond ging zitten en de langwerpige tas openritste. Uit de tas kwamen een zwarte koker en een metaalkleurig statief. Op de koker stond in grijze letters CELESTRON POWERSEEKER 70 EQ.

'Het is maar een goedkoop model, hoor,' zei Dex. 'Ik ben slechts een amateur. Maar op een heldere dag kun je Saturnus en Jupiter zien. Ik ben eerlijk gezegd bang dat het vanavond niets wordt, maar we gaan het proberen.'

Vijf minuten later liepen ze de heuvel tegenover de bungalows op. Dex voorop in zijn blauwe regenjas, de telescoop op zijn schouder, Carol en Riley een paar meter erachter. Riley wees op Dex' achterwerk, giechelde en fluisterde: 'Matthew McConaughey. Helemaal.'

Eenmaal boven op de heuvel vond Dex een plateau van een paar vierkante meter. Hij installeerde de telescoop, keek ruim een minuut door de lens en schudde toen zijn hoofd. 'Ik was er al bang voor,' zei hij. 'Er is niet voldoende zicht.'

Riley deed een stap in de richting van de telescoop. 'Mag ik het eens proberen?'

'Ga je gang,' zei Dex. 'Maar het enige dat je kunt zien zijn Venus en de maan. Voor meer is het te bewolkt.'

Riley keek door de telescoop, draaide hem een beetje en slaakte toen een gilletje. 'O, mijn god. Dat is prachtig.'

'Dat is Venus,' zei Dex. 'Die kun je vrijwel altijd zien. Ze is na de maan het helderste hemellichaam. Maar geloof me: je moet kijken op een onbewolkte dag. Dan is het pas echt de moeite waard.'

Carol keek ook. Ze vond Venus, en daarna de maan, maar erg onder de indruk was ze niet. Misschien kwam het door haar fascinatie met de website *Astronomy Picture of the Day*. Ze keek er bijna ieder weekend even naar en surfte dan langs de mooiste foto's van sterren en planeten. Ze herinnerde zich een foto van Jupiter van een paar maanden terug die zo mooi was dat het bijna een surrealistisch schilderij leek.

Ze bedankten Dex en begonnen de heuvel weer af te dalen, in de richting van de ouderwetse straatlantaarns die het pad naar de bungalows verlichtten.

'Hebben jullie al een idee waarover je gaat schrijven?' vroeg Carol, toen ze bijna beneden waren.

Riley blies in haar handen tegen de kou en schudde haar hoofd. 'Ik weet het echt niet. Ik denk dat ik maar gewoon aan de slag ga met Victors idee en hoop dat ik daar zoveel van leer dat ik straks thuis mijn eigen verhaal kan schrijven. En jij?'

'Ik denk dat ik hetzelfde doe,' zei Carol. En vervolgens, tegen Dex: 'Was de opdracht twee jaar geleden hetzelfde of is dit een nieuwe?'

Dex glimlachte. 'Ja en nee. Het is niet precies hetzelfde, maar het komt wel ongeveer op hetzelfde neer. Twee jaar geleden was het geen ingesneeuwde trekkershut op een berg, maar waren het zes mensen die na een zandstorm vast kwamen te zitten in een grot in de woestijn. Eveneens zonder dat ze met de buitenwereld konden communiceren en met een snel slinkende watervoorraad. Het is natuurlijk een thema waarop eindeloos te variëren valt.'

'En jij?' zei Riley tegen Dex. 'Weet jij het al? Waarover je gaat schrijven?'

Dex knikte. 'Ja, ik heb een idee voor een boek. Maar dat hou ik liever voor mezelf. *No offence*, maar op verschillende sites heb ik gelezen dat het delen van ideeën iets is wat je beter niet kunt doen. Tenzij je het niet erg vindt als iemand anders ermee aan de haal gaat.'

Ze waren nu beneden en liepen in de richting van de eerste bungalow – die van Samuel Murphy en Luther Green – waar de lichten al uit waren. De lantaarns zorgden ervoor dat hun langgerekte schaduwen hun voorgingen op het pad.

In de bungalow van Nick Buchanan brandde nog licht. Carol keek naar binnen en zag dat Buchanan en Harris aan het kleine bureau zaten te dobbelen met een fles drank tussen hen in. Buchanan zei iets waar Harris om moest lachen, en keek toen in de richting van het raam, alsof hij voelde dat er iemand langs liep. Snel wendde Carol haar blik af.

Riley fronste. 'Nou, dat lijkt me geen ideale voorbereiding op morgen.'

'Vergis je niet,' zei Dex. 'Er zijn briljante boeken geschreven door mensen die zwaar onder invloed waren.'

Carol lachte. 'Ach, misschien drinken ze gewoon één glaasje. Ze waren tijdens het avondeten ook met elkaar in gesprek en kunnen het kennelijk goed met elkaar vinden.'

'Ik vind alles best,' zei Riley. 'Zolang ze maar over een kwartiertje gaan pitten. Ik slaap hiernaast.' Ze liep naar haar voordeur en gaf Dex een knipoog. 'Nou, bedankt voor de poging. Ik hoop dat het de komende dagen beter weer wordt. Ik vond Venus en de maan al geweldig, maar het lijkt me schitterend om meer te kunnen zien.'

Dex beloofde dat ze het opnieuw zouden proberen zodra het wat minder bewolkt was en ze wensten Riley welterusten.

De volgende bungalow was die waar Dex sliep. Carol wenste hem goede nacht en wilde al doorlopen, maar Dex zei: 'Wacht even. Ik zou mijn nummer nog voor je opschrijven zodat je het kunt doorgeven aan Christy. Laat me binnen even een papiertje pakken. Ik zou het leuk vinden om te horen hoe het met haar gaat. Zoals ik al zei: we konden het goed met elkaar vinden.'

'Doe dat,' zei Carol. 'Maar schiet alsjeblieft wel op. Ik begin het aardig koud te krijgen.'

Dex schudde zijn hoofd. 'Natuurlijk, de kou. Kom anders gewoon even binnen. Dan sta je hier niet te bevriezen.'

Carol knikte en volgde Dex de bungalow in. Ze keek toe hoe hij de telescoop in de hoek zette, zijn regenjas uittrok en zich over zijn tas boog. Hij haalde er wat kleren uit en gooide ze opzij, net zolang tot hij een blocnote en een pen had gevonden.

Hij scheurde een blaadje van de blocnote, schreef zijn mobiele nummer op en overhandigde het aan Carol. 'Zo, dan kunnen we dat alvast niet meer vergeten.'

Carol knikte. 'Christy zal het vast leuk vinden om te horen hoe het met je gaat.'

'Dat is wederzijds,' zei Dex, terwijl hij op zijn horloge keek. 'Kan ik je nog iets aanbieden? Een kopje thee misschien? Of een biertje?'

'Nee, dank je. Het was een lange dag en ik ben best moe. Ik wil morgen graag fit zijn.' Ze wilde zich omdraaien, bedacht zich toen iets en zei: 'Weet je wat: doe toch maar een snelle kop thee. Ik ben wel benieuwd naar hoe alles de vorige keer ging.'

Dex glimlachte. 'De vorige keer... tja, daar mag ik eigenlijk niet over praten. Zoals ik al zei... het contract.'

'Natuurlijk,' zei Carol. 'Sorry, dat was ik even vergeten.' Ze draaide zich om en liep in de richting van de deur.

'Aan de andere kant,' zei Dex. 'Ik neem aan dat al die regels vooral zijn bedoeld om mensen die de cursus nooit zelf zullen gaan doen geen verkeerd beeld te geven. En aangezien jij er toch al bent...'

Carol schudde haar hoofd. 'Het hoeft echt niet. Zoals ik al zei: ik was het even vergeten. Het was niet mijn bedoeling je in verlegenheid te brengen.'

Dex schoot in de lach. 'Haha, me in verlegenheid brengen? Daar is echt meer voor nodig hoor.' Hij pakte de waterkoker en liep naar de badkamer. 'Kom op. Ga zitten en vertel me wat je precies wilt weten.'

13

Carol aarzelde, knikte toen en trok de houten bureaustoel naar zich toe. 'Oké, om te beginnen de sessie van morgen. Wat moet ik me erbij voorstellen? Wij gaan schrijven terwijl Victor rondloopt en over onze schouder meekijkt? Dat zou ik doodeng vinden.'

'Ik ook,' zei Dex. 'En nee: dat doet hij niet. Ik herinner me dat er twee jaar geleden ook een jongen was die daar bang voor was. Hij vroeg Victor ernaar tijdens de kennismaking. Victor begon te lachen en zei: "Als iemand dat bij mij zou doen, meekijken terwijl ik schrijf, dan had ik mezelf allang van kant gemaakt. Er is niets ergers dan iemand die meeleest terwijl je schrijft." Maak je dus geen zorgen. Je zult alle privacy hebben.'

'Gelukkig,' zei Carol. 'Maar hoe gaat het dan wel? Op welke manier geeft hij feedback?'

Dex zette de waterkoker terug op de houder en zei: 'Hij geeft feedback wanneer jij er klaar voor bent. Je kunt erom vragen wanneer je maar wilt. Na iedere alinea of nadat je de eerste versie van je concepthoofdstuk af hebt. Wat je zelf het prettigst vindt.'

'Oef, dat is een lastige,' zei Carol. 'Ik zou niet weten wat een goed moment is. Hoe heb jij dat destijds aangepakt?'

Dex lachte. 'Ik stond zo'n beetje na iedere tweehonderd woorden aan zijn bureau. Volgens mij werd hij tegen het eind van de week knettergek van me. Maar ik dacht: ik heb ervoor betaald, dus ik zal er alles uit halen ook.'

'En het wierp zijn vruchten af. Je boek werd uitgegeven.'

'Ja, maar daar is ook alles mee gezegd. Ik ben hier dankzij mijn erfenis, weet je nog? Niet dankzij de royalty's van *Alles of niets*.'

'*Alles of niets*?'

'Dat is de titel van mijn boek. Sorry, dat had ik nog niet verteld.'

Het water kookte. Dex pakte twee mokken, deed er theezakjes in en vulde ze met heet water.

'Toch zal het je vertrouwen hebben gegeven,' zei Carol, terwijl ze haar mok aanpakte. 'Ik bedoel: je naam op een boek. Dat is niet niks.'

Dex ging op de hoek van het bureau zitten, nipte van zijn thee en haalde zijn schouders op. 'Daar wen je sneller aan dan je denkt. Zodra je weet dat het zal worden uitgegeven, wil je maar één ding en dat is dat mensen het ook gaan lezen. Als dat niet gebeurt – of nauwelijks – dan is dat een pijnlijke ervaring. Maar goed: daarom ben ik teruggekomen.' Hij glimlachte een tikkeltje theatraal. 'De grote herkansing.'

'*That's the spirit*,' zei Carol. 'Als het je één keer is gelukt, dan lukt het je vast ook een tweede keer. En hoewel ik geloof wat je zegt, zou ik onmiddellijk tekenen voor een boek dat wordt uitgegeven. Zelfs als er maar tien exemplaren werden verkocht, zou ik apetrots zijn. Maar dat ben ik.' Ze nam een slok van haar thee. 'Was het trouwens precies hetzelfde, het verhaal dat Victor vanmiddag vertelde? Of zei hij nog nieuwe dingen ten opzichte van twee jaar geleden?'

'Dat verbaasde me,' zei Dex. 'Er zaten inderdaad behoorlijk wat nieuwe anekdotes tussen. Ik verwachtte dat het precies hetzelfde verhaal zou zijn, maar het lijkt erop dat hij echt zijn best heeft gedaan er een frisse draai aan te geven. Hoe dan ook: zelfs als het allemaal hetzelfde zou zijn geweest en ik weer een flutboek schrijf, dan nog ben ik nu al blij dat ik nog een keer ben gegaan. Als ik thuis was gebleven, had ik jou immers niet ontmoet. Dat was echt te toevallig, dat we zo'n beetje naast elkaar zaten in de bus. Bijna alsof het zo heeft moeten zijn.'

Carol knipperde met haar ogen. 'Eh, wat?'

'Nou, dat we in dezelfde bus zaten. En dat we allebei Christy kennen en het zo goed met elkaar kunnen vinden. Zo'n natuurlijke klik... nou ja, dat maak je niet iedere dag mee. Althans: ik niet.'

'Nee,' zei Carol. 'Het is inderdaad toevallig, dat van Christy en zo. En ik vond het ook een leuk gesprek.' Ze ging verzitten op haar stoel. 'Eh... ik geloof dat ik toch wel erg moe ben. Zullen we morgen tijdens de ochtendwandeling verder praten?'

Dex schoot in de lach. 'O, shit. Dat ben ik weer. Een beetje te direct, hè?'

'Te direct? Ik geloof niet dat ik begrijp wat je bedoelt. Ik–'

'Natuurlijk begrijp je dat wel. Je bent slim genoeg en ik zie het aan je gezicht.' Hij zuchtte. 'Maak je geen zorgen en drink gewoon je thee op. Ja, ik vind je leuk, maar ik ga je echt niet bespringen. Blijkbaar heb ik de signalen verkeerd geïnterpreteerd. Het zou niet de eerste keer zijn in mijn leven. Misschien vind je me niet leuk. Misschien heb je een vriend. Misschien is het een combinatie van die twee. Hoe het ook zit: het spijt me. Het was niet mijn bedoeling je in verlegenheid te brengen. En denk alsjeblieft niet dat ik je hier naar binnen heb gelokt alleen maar omdat ik, nou ja, je begrijpt wel... Dat is niet zo. Het lijkt me echt leuk om met Christy in contact te komen en ik vond het niet netjes om je buiten in de kou te laten staan.'

'Oké,' zei Carol. 'Ik schrok inderdaad een beetje. Maar ik ben ook echt moe. En je verontschuldigingen aanbieden is niet nodig. Ik vond het ook een leuk gesprek in de bus en ik vind je hartstikke aardig. Je bent trouwens goed in het inschatten van mensen, want je hebt gelijk: ik heb inderdaad een vriend.'

Dex glimlachte. 'Hoe kan het ook anders. Een vrouw als jij.' Hij bracht zijn theemok omhoog. 'Nou ja, op jullie dan maar. Op jou en...'

Carol aarzelde even. Toen bracht ze haar theemok omhoog, tikte ermee tegen die van Dex en zei: 'Mark.'

'Hoelang zijn jullie al samen?'

'Vier jaar,' zei Carol, weer op haar gemak nu de spanning uit de lucht was. 'Bijna vijf. We zijn op zoek naar een huis in upstate New York. Mark wil dolgraag kinderen en ons appartement in de East Village is niet heel groot.'

'En jij?' zei Dex.

'Wat?'

'Je zei: "Mark wil dolgraag kinderen." Het klonk alsof...' Hij schudde zijn hoofd. 'Nee, laat ook eigenlijk maar. Het zijn mijn zaken niet. Wat veel belangrijker is: maakt hij je aan het lachen?'

'Ja, dat doet hij.'

'Heel goed. Een partner die je aan het lachen maakt is belangrijk. Mijn ex-vriendin Mildred was een schatje, ze was echt heel erg lief, maar zo bloed- en bloedserieus. Er kon nooit een lachje af. En wat nog erger was: als ík een grapje maakte, dan snapte ze het vaak niet. Enfin, net toen ik dacht: ik trek het niet meer en moet het uitmaken, vertelde ze me dat ze verliefd was geworden op haar yogaleraar. Ik was oprecht blij voor haar. Die kerel lachte ook nooit. Het was een *match made in heaven*.'

Carol nam een slok van haar thee. 'Dat spijt me voor je, dat ze bij je wegging. Zelfs als het uiteindelijk beter was. Het is nooit leuk om van je partner te horen dat die verliefd is op een ander.'

'Je hebt gelijk,' zei Dex. 'Er was even zo'n moment van: verdomme, ben ik niet goed genoeg? Maar dat moment duurde maar heel kort.' Hij glimlachte. 'Alleen zijn is zo erg nog niet. En gewoon fijne gesprekken hebben zoals dit, dat telt ook. Ik vind het oprecht jammer dat je al een vriend hebt, maar ik kom er wel overheen. Ik weet zeker dat ik op een dag de ware tegen het lijf loop en voor dit moment: ik heb heel veel zin om de komende week van mijn verblijf hier te gaan genieten.'

'Ik heb er ook zin in. En wat die ware liefde betreft: die ga je vast nog tegenkomen. Er zijn genoeg leuke vrouwen die beschikbaar zijn en je bent nog jong. Geen reden tot paniek dus.' Ze geeuwde.

'Je bent echt moe, hè?' zei Dex. Hij zette zijn theemok op het bureau en kwam overeind. 'Ik zal je niet langer ophouden. Laten we maar gaan slapen, zodat we morgen topfit aan onze schrijfopdracht kunnen beginnen.'

Carol stond op. 'Ik denk dat dat een goed idee is,' zei ze, terwijl ze haar mok naast die van Dex op het bureau zette.

Dex opende de deur. 'Welterusten. En nogmaals sorry voor...'

Carol stapte naar buiten, draaide zich om en schudde haar hoofd. 'Het is oké. Echt waar. Ik voel me alleen maar gevleid.' Ze aarzelde, nam toen een besluit en zei: 'Je hebt dit niet van mij, maar ik heb sterk de indruk dat Riley je wel ziet zitten.'

Dex keek haar aan, maar zei niets.

'Ze vindt dat je op Matthew McConaughey lijkt.'

Nu glimlachte hij. 'En? Heeft ze gelijk?'

'Je hebt wel iets van hem weg. Afgezien van dat zuidelijke accent.'

'Dank je, dat beschouw ik als een compliment. Wat Riley betreft: dat had ik al gemerkt. Het is een lieverd, maar ze is helaas niet mijn type.'

Er viel een enigszins ongemakkelijke stilte. Carol keek naar de fontein in de verte. De kop van de herdershond werd spookachtig verlicht door de dichtstbijzijnde lantaarn.

'Kunnen we alsjeblieft doen alsof dit niet is gebeurd?' zei Dex. 'Ik schaam me dood. Ik ben hiernaartoe gekomen om te schrijven. Niet om vrouwen te ontmoeten. In dat geval had ik me wel aangemeld voor een lokale kookcursus met een iets lager inschrijftarief.'

Carol schoot in de lach, ze kon het niet helpen. 'Afgesproken,' zei ze. 'En mijn excuus: ik heb niet de indruk dat je zielig bent of hulp nodig hebt. Dat over Riley had ik voor me moeten houden. Ik wens je een goede nacht en zie je morgen bij het ontbijt.'

Zodra Dex de deur had gesloten, trok Carol de kraag van haar jas op en liep snel in de richting van haar bungalow. Misschien kwam het omdat ze moe was, maar ze merkte dat ze huiverde, al had dat misschien ook te maken met het feit dat het – op het vage schijnsel van de lantaarns na – pikkedonker was om haar heen.

Ze passeerde de immense plantenpot links van haar bungalow en zag dat bij Mary Jo, haar gelegenheidsbuurvrouw, het licht al uit was. Snel haalde ze haar sleutel tevoorschijn, overbrugde de laatste paar meters naar haar voordeur en stak hem in het slot. Ze opende de deur en wilde naar binnen gaan toen ze schrok van een geluid niet al te ver bij haar vandaan. Ze aarzelde, bleef staan in de deuropening en gluurde tussen de voorgevel van de bungalow en de plantenpot door in de richting van het geluid. Een moment lang zag ze niets, maar toen kwam er bij de achterste bungalow iemand naar buiten. Het was lastig te zien door de vertroebelende werking van het lantaarnlicht, maar ze wist tamelijk zeker dat het Luther Green was.

Ja, het was Green. Nu hij verder het licht in stapte, was er geen twijfel mogelijk. Ze zag hem even om zich heen kijken, alsof hij zich ervan wilde vergewissen dat er niemand op hem lette. Vervolgens reikte hij naar achteren, sloot de deur van zijn bungalow en liep in hoog tempo in de richting van het pad de heuvel op dat naar de cursusruimte en Victor Asters huis leidde.

Wat ging hij zo laat nog doen? Was hij iets vergeten in de cursusruimte of de eetzaal en ging hij dat halen? Ze schudde haar hoofd. Misschien was hij helemaal niets vergeten en ging hij gewoon een avondwandeling maken. Ze besloot dat het haar zaken niet waren, maar de manier waarop Green om zich heen had gekeken voordat hij begon te lopen had haar een licht unheimisch gevoel bezorgd en dus wachtte ze toch maar even met naar binnengaan tot hij de heuvel over was en in het donkere bos erachter verdween.

Pas toen stapte ze over de drempel en ging naar binnen.

Ze kleedde zich uit, trok haar pyjama aan en poetste haar tanden. Vervolgens liep ze naar het raam aan de achterkant van de bungalow en zette het op een kiertje. In New York sliep ze ook altijd met het raam open, tenzij het vijf graden onder nul was.

Terwijl ze in bed kroop, gingen haar gedachten terug naar het licht ongemakkelijke moment met Dex van zo-even. Het probleem was: ze vond Dex ook leuk, op een jongensachtige manier. Maar hoewel hij haar type was, piekerde ze er niet over op zijn avances in te gaan. In het begin van haar relatie met Mark waren ze samen in therapie gegaan vanwege haar wispelturigheid en wankele zelfbeeld. Maar die persoon was ze niet meer. Tegenwoordig wist ze veel beter wat ze wilde. Ze hield van Mark en ze was hier om te schrijven.

Ze draaide zich om, overwoog om nog een paar bladzijden te lezen in *Moord op bestelling*, maar besloot toen dat ze echt te moe was en knipte het licht uit.

Starend naar de contouren van het schaarse meubilair in de kamer, haalde ze zich Marks lieve gezicht voor de geest, de speciale blik in zijn ogen waarmee hij naar haar keek als ze een fijn gesprek hadden.

Ze sloot haar ogen en voelde een brok in haar keel. Ze kon niet wachten om dit voorjaar samen op huizenjacht te gaan in upstate New York. Ze zag het al helemaal voor zich, zij met zijn tweeën zoevend tussen de maïsvelden, de kap van de cabrio omlaag, hun haren wapperend in de wind.

Met dat laatste beeld op haar netvlies viel ze in slaap.

14

Lawrence Montgomery

Lawrence Montgomery kon het nog steeds niet helemaal geloven. Hier zat hij dan, in de woonkamer van het huis van zijn baas, te wachten tot hij klaar was met douchen en zich bij hem zou voegen voor de evaluatie van de eerste cursusdag.

Natuurlijk, het was inmiddels de tiende keer dat de cursus plaatsvond, maar hoe anders had het er negen maanden geleden uitgezien? Nee, het mocht met recht een wonder heten dat Victor zich uiteindelijk had herpakt en het toch allemaal was doorgegaan.

Had Lawrence zijn baas ooit eerder zo depressief gezien als in het afgelopen jaar? Nee, dat had hij niet. Natuurlijk, hij was weleens somber geweest, ook toen Patricia en hij nog bij elkaar waren, maar het waren altijd vlagen geweest, vergelijkbaar met de mindere stemmingen die Lawrence zelf weleens had, en niet meer dan logisch.

Maar wat hij met Victor had meegemaakt nadat Patricia haar afschuwelijke beschuldigingen had geuit, dat was echt buitensporig geweest. Natuurlijk, Victor was hard aangepakt, zowel door die ellendige roddelpers als door mensen die zich voorheen zijn fans hadden genoemd. Sommige lieden geloofden alles wat ze lazen en het feit dat Patricia zich na de scheiding meerdere malen had laten betalen om haar verhaal te doen aan allerhande riooljournalisten was koren op hun molen geweest.

Maar dan nog: in de twaalf jaar dat Lawrence nu voor Victor werkte, had hij hem leren kennen als een emotioneel onwankelbare man – hij beschouwde hem in vele opzichten als een voorbeeld, al had hij dat nooit tegen hem gezegd. Na het bedrog en de aanklacht van zijn vrouw had hij er rekening mee gehouden dat Victor een tijdje van slag zou zijn, maar tegelijkertijd was hij vol vertrouwen geweest dat hij op een zeker moment de schouders eronder zou zetten en weer zijn oude zelf zou worden.

Alleen was dat moment niet gekomen.

De eens zo sterke en veerkrachtige Victor Aster, bejubeld door lezers over de hele wereld, had zich vrijwel volledig teruggetrokken en sloot zich zo'n beetje 24/7 op in de bunker onder zijn huis. Hij kwam nauwelijks meer buiten, schreef niet meer en at steeds minder. Afgezien van zijn advocaat en Lawrence wilde hij niemand zien, zelfs zijn uitgever niet. Wanneer Roy Geddes de wekelijkse boodschappen bracht, ging Victor die niet langer zelf ophalen om een praatje met de schipper te maken. In plaats daarvan vroeg hij Lawrence het voor hem te doen.

Nadat Victor ruim twee maanden geen daglicht meer had gezien, besloot Lawrence dat hij niet langer kon blijven zwijgen. Tijdens hun dagelijks halfuurtje in Victors werkkamer, verzamelde hij al zijn moed en zei: 'Meneer, eh, ik werk nu bijna twaalf jaar voor u, en u weet… nou ja… u weet dat ik me nooit ergens mee bemoei…'

'Dat weet ik, Lawrence. En dat waardeer ik. Misschien laat ik het niet altijd merken, maar het is echt zo. Wat is er? Wil je opslag? Geen probleem, je bent een trouwe kracht en dat is zo geregeld.'

'Nee, meneer. U hebt me vorig jaar nog een salarisverhoging gegeven en ik ben meer dan tevreden met wat ik verdien. De reden dat, eh… Wat ik wil zeggen is: ik maak me grote zorgen, meneer.'

'Waarover?'

Lawrence slikte. 'Over u. Ik weet wat er is gebeurd en ik zie wat het met u doet, maar… u komt nauwelijks uw huis meer uit. U bent enorm afgevallen, u loopt niet meer hard… en uw nieuwe boek…' Hij zuchtte. 'Als het u op dit moment echt niet lukt iets op papier te krijgen, dan moeten we uw uitgever inlichten. Uw redacteur belt me iedere week. Een paar maanden geleden was hij nog een en al medeleven, meneer. Maar de laatste tijd klinkt hij steeds ongeduldiger. U hebt een contract, en–'

'Ik weet dat ik een contract heb,' zei Victor. 'En hebben we het hier niet al over gehad? Je zou hem toch zeggen dat ik aan iets heel omvangrijks bezig ben? Hij weet dat ik nooit iemand laat meelezen voordat ik klaar ben, dus als je dat tegen hem hebt gezegd, zou hij zich voorlopig koest moeten houden.'

'Dat weet ik, meneer. En dat heb ik ook tegen hem gezegd. Maar hij is niet gek, meneer. Normaal gesproken hebt u iedere maand minstens eenmaal persoonlijk contact. Maar als ik hem steeds moet blijven vertellen dat u daar op dit moment geen zin in hebt... nou ja, dan voelt hij natuurlijk nattigheid.'

'Dus? Ik heb de afgelopen jaren miljoenen voor hem verdiend. Je denkt toch niet dat ze me op straat zullen zetten? Er zijn legio uitgevers die me maar al te graag zouden inlijven.'

'Natuurlijk, meneer. Hij zal echt niet ineens gekke dingen gaan doen. Het is alleen... Het gaat niet goed met u. Dat kan ik zien. Het enige dat ik zeg, is dat het misschien beter is om ze de waarheid te zeggen. Dan kunnen ze daar rekening mee houden bij het maken van hun begroting en raken ze straks minder van de kook als blijkt dat u... nou ja... dat u nog helemaal niets op papier hebt.'

'Anders nog iets, Lawrence?'

De toon waarop Victor tegen hem had gesproken had Lawrence een paar centimeter naar achteren doen schuiven op zijn stoel, maar hij was niet van plan in te binden. 'Eh, ja, meneer. Ik dacht dat het misschien een goed idee zou zijn om een keer met een psychiater te praten.'

'Een psychiater? Meen je dat serieus?'

'Ja, meneer. Ik meen het. Gewoon, om te kunnen verwerken wat er is gebeurd. U zou er baat bij kunnen hebben.'

'Lawrence, ik heb een advocaat die ik zeshonderdvijftig dollar per uur betaal om me mijn leugenachtige ex-vrouw en haar nieuwe vriendje van het lijf te houden. Wil je dat ik er ook nog eens een smak bovenop doe om urenlang met een of andere zielenknijper te gaan zitten praten? Shit, waarschijnlijk werkt dat alleen maar averechts. Als ik zo'n overbetaalde hersendokter vertel over mijn vader die me sloeg, dan denkt hij binnen de kortste keren: o ja, een gevalletje van zoon zet disfunctioneel gedrag familie voort en smijt vrouw van de trap. Wat heb ik daaraan?'

'Ik heb het niet over uw jeugd, meneer. Ik heb het over het vreemdgaan en de aanklacht van Patricia. Over wat dat met u heeft gedaan.'

'Nee, Lawrence. Geen sprake van. Bedankt voor de suggestie, maar ik los al een leven lang mijn eigen problemen op en ik ben niet van plan daar op mijn negenenveertigste verandering in te brengen. Heb je geen brieven bij je vandaag?'

Lawrence zuchtte. 'Dat is nog iets waar ik het met u over wilde hebben, meneer. Ik weet dat ik het al een keer eerder heb gezegd en dat u er niets van wilde weten, maar gezien uw toestand lijkt het me echt beter dat u niet langer alles leest. Waarom laat u mij uw post niet filteren? Dan geef ik de reguliere fanmail aan u door en doe ik al die hatelijke onzin bij het oud papier. U neemt het allemaal veel te serieus. Veel mensen hebben eenvoudigweg niets te doen. Ze zoeken een pispaal, het liefst een beroemd iemand die negatief in de publiciteit is geweest, en blijven hun giftige pijlen daarop afschieten.'

'Het kan me niet schelen, Lawrence. Ik heb altijd alles gelezen wat me werd gestuurd, positief én negatief. Ik zie niet in waarom ik in slechte tijden mijn kop in het zand zou moeten steken. Ik ben geen watje.'

'Oké, meneer. Zoals u wilt. Ik zal uw post later vandaag brengen.'

Victors situatie bleef verslechteren. Hij begon meer te drinken en de spaarzame contactmomenten werden steeds korter en moeizamer. Wanneer Lawrence de snel in frequentie toenemende telefoontjes van Victors redacteur ter sprake bracht, kwam hem dat vaker en vaker op een tirade te staan. 'Zeg dat hij me met rust laat,' had Victor op een avond geschreeuwd. 'Kun je dat onthouden? LAAT-ME-MET-RUST. Dat boek komt er zodra ik er klaar voor ben. Niet eerder. Stelletje aasgieren.'

Lawrence was geschrokken van de woedeaanval van zijn baas. Deze kant van Victor had hij nog nooit gezien en voor het eerst had hij zich afgevraagd of er een kern van waarheid in de beweringen van Patricia zou kunnen zitten. Lawrence schaamde zich onmiddellijk voor zijn eigen gedachte, maar misschien had Victor intuïtief aangevoeld wat er door hem heen ging, want nog geen drie dagen later vroeg hij: 'Zeg eens eerlijk, Lawrence. Jij kent me al heel lang. Geloof jij haar?'

'Wie, meneer?' had Lawrence met licht versnelde hartslag geantwoord.

Victor was in de lach geschoten. 'Hou op, jongen. Zo ken ik je niet. Vertel me gewoon of je gelooft dat ik haar van de trap heb geduwd. Wat je antwoord ook is, ik beloof dat ik je niet zal ontslaan.'

Lawrence had nog nooit tegen zijn baas gelogen. En dat zou hij ook nu niet doen. Ja, de gedachte was door zijn hoofd gegaan. Maar het was slechts een gedachte geweest. Meer niet. 'Nee,' zei hij dus, zonder met zijn ogen te knipperen. 'Nee, meneer, dat geloof ik niet. Ik zal niet ontkennen dat ik altijd een goede band met Patricia heb gehad, maar ik geloof dat ze hierover liegt.'

'En waarom geloof je dat?'

'Dat geloof ik omdat ik u ken, meneer.'

'Iedereen heeft zijn duistere kanten, Lawrence. Hoe weet je dat ik niet altijd alleen maar aardig tegen mijn vrouw ben geweest als jij in de buurt was en haar verder als oud vuil behandelde?'

'Meneer?'

'Laat maar, Lawrence. Het doet er verder niet toe. Schenk me nog een whisky in – alsjeblieft – en ga dan terug naar je bungalow.'

'Misschien kunt u beter iets minder drinken, meneer. Het maakt u... *anders*.'

'Je hebt gelijk, Lawrence. Dat doet het inderdaad. Heb je er weleens bij stilgestaan dat het me momenteel goed doet om af en toe even iemand anders te zijn? Misschien was ik al die tijd wel veel te goed voor deze wereld. Ga nu maar, dan hoef je je niet schuldig te voelen. Ik schenk mezelf wel in.'

Lawrence gaf het op. Hij kon niet anders dan accepteren dat hij zijn baas niet kon helpen. Hij had gedaan wat hij kon en wie was hij om te oordelen over hoe Victor omging met deze afschuwelijke periode in zijn leven? Sommige brieven die hij kreeg waren dermate naar, dat je bijna niet anders kón dan er depressief van worden. Een vrouw, die zichzelf Miranda X noemde, stuurde iedere week een brief waarin ze haar gal spuwde. Ze noemde Victor 'een zwijn', 'een vrouwenmishandelend gedrocht' en 'de schrijvende Harvey Weinstein'. In een van haar brieven, altijd zonder afzender, beloofde ze Victors leven tot een ware hel te maken. Toen ze een paar weken later zelfs dreigde naar Big Rock Island te komen om Victor 'een koekje van eigen deeg' te geven, was voor Lawrence de maat vol geweest. Hij had de politie gebeld en gevraagd of er alsjeblieft ingegrepen kon worden. Waarschijnlijk was de vrouw gewoon gek, maar was er bij Stephen King niet ook ooit een gestoorde fan zijn huis binnengedrongen?

Victor lachte het weg. 'Doe wat je wilt, mijn beste Lawrence. Maar als ze me komen vermoorden, dan is het zo. Mijn grootouders geloofden dat voor ons allemaal bij de geboorte vaststaat wanneer we gaan sterven. Ik heb geen idee of het waar is, maar het is ergens wel een geruststellende gedachte, vind je niet? We zouden ons over heel wat zaken minder druk hoeven maken.'

Terwijl Victor steeds verder wegzakte in zijn zelfverkozen isolement, was er één ding waar Lawrence hoop uit putte: de brieven die Victor iedere week bleef schrijven aan zijn moeder in Portland. Hij typte ze op zijn computer en gaf ze op een USB-stick mee aan Lawrence, die ze vanuit zijn bungalow per mail naar de drieëntachtigjarige Mary Aster verstuurde. Meer dan eens was Lawrence in de verleiding gekomen de brieven te lezen, maar hij had het niet gedaan. Voor Victors scheiding had hij het nooit in zijn hoofd gehaald de brieven te lezen en het zou een grove schending van Victors vertrouwen en privacy zijn om het nu wel te doen. Lawrence besloot de continuïteit in de brieven simpelweg te beschouwen als een teken dat er nog een deel van Victor was dat bleef functioneren. Dat wilde leven en vastbesloten was op een dag op te staan en weer de gevierde schrijver te worden die hij ooit was geweest.

Intussen had de politie Lawrence laten weten dat ze de gestoorde brievenschrijfster – of schrijver, het was niet uit te sluiten dat het om een man ging, zo werd hem verteld – niet hadden kunnen traceren. De brieven waren allemaal vanuit de staat Texas verstuurd, maar steeds vanaf een andere plek. Het bericht bezorgde Lawrence buikpijn, maar de politieman die hem belde stelde hem gerust. 'Geloof me, meneer Montgomery. Ik doe dit werk nu twintig jaar en u hebt er geen idee van hoeveel gestoorde, maar tegelijkertijd volstrekt ongevaarlijke individuen er in dit prachtige land rondlopen. Ik raad u aan die brieven gewoon in de papierversnipperaar te gooien en uw energie te steken in zaken waar u vrolijker van wordt. Van deze kant blijven we een oogje in het zeil houden en mochten we beethebben, dan bent u de eerste die het hoort.'

Lawrence had er nog altijd geen goed gevoel bij, maar kon niet anders dan accepteren dat er geen directe oplossing was. En dus restte hem weinig anders dan zich te richten op Victor, en hun steeds moeizamere dagelijkse gesprekken.

Alleen zouden de gesprekken niet lang meer moeizaam zijn, want nog geen twee weken na het telefoontje van de politieman was het wonder geschied.

Een wonder? Ja, zo had het aangevoeld. Wat er in Victor was gevaren, kon Lawrence tot op de dag van vandaag niet zeggen, maar van de ene op de andere dag leek zijn baas ontwaakt uit zijn misère.

Toen hij die betreffende ochtend op weg was naar Victors huis, was Lawrence terneergeslagen geweest. Hij had slecht geslapen en zag op tegen alweer een deprimerend gesprek met een katerige werkgever die weigerde enige verantwoordelijkheid te nemen voor de toestand waarin hij verkeerde. Zelfs toen Victor de deur voor hem opendeed, geschoren, aangekleed en met een stralende glimlach van oor tot oor, was Lawrence nog op zijn hoede geweest. Het was lang geleden dat Victor er zo opgeruimd had uitgezien, maar misschien was het allemaal schijn. Was de glimlach een cynische vanwege een valse opmerking van een of andere brievenschrijver en was het feit dat hij er verzorgd uitzag in plaats van op sterven na dood niet meer dan een fata morgana-achtige momentopname.

Maar toen had Victor zijn mond opengedaan en was in rap tempo duidelijk geworden dat er werkelijk iets was veranderd. Met een vuur in zijn stem dat Lawrence lange tijd niet meer had gehoord, nodigde zijn baas hem binnen uit en vervolgens was hij een kwartier lang onafgebroken aan het woord geweest. Hij had het achter zich gelaten, zei hij, de hele ellende. Hij had ingezien dat hij een bevoorrecht mens was en dat hij zich niet langer moest richten op mensen die leefden met een constante woede in hun hart, zoals zijn ex-vrouw en sommigen van zijn voormalige fans, maar op de *goede* mensen, de mensen die positief waren en van hem hielden. Hij had die nacht een idee voor een nieuw boek gehad – nee, twéé nieuwe boeken zelfs – en hij kon niet wachten ermee aan de slag te gaan. Sterker nog: eigenlijk wilde hij er nu al mee aan de slag. 'Dus als je het niet erg vindt, houden we het vanochtend een beetje kort.'

Lawrence stond perplex.

De dag ervoor had hij hier gezeten met een depressief hoopje ellende dat zwelgde in zelfmedelijden. Wat was er in vierentwintig uur tijd veranderd? Niets wat betreft de zaak die Patricia tegen hem had aangespannen.

'O ja,' zei Victor. 'En de cursus. Daar wilde ik het ook nog even met je over hebben. Ik weet dat ik een paar maanden geleden zei dat ik er geen zin in had en dat je hem voor dit jaar van de agenda moest schrappen, maar ik wil dat je op de website zet dat hij toch doorgaat. Ik ben van plan het oude format een beetje op de schop te nemen en er een speciale editie van te maken.'

Lawrence knikte, nog altijd nauwelijks bekomen van de verbazing over de plotselinge ommekeer in de houding van zijn baas. 'Dat is geweldig, meneer. Ik zal het zo dadelijk meteen aanpassen. Maar als ik vragen mag... waarom bent u ineens zo... ik bedoel: wat heeft u van gedachten doen veranderen?'

Victor keek hem aan, aarzelde even en schudde toen zijn hoofd. 'Dat doet er niet toe, beste Lawrence. Waar het om gaat, is dat ik er weer zin in heb. In het schrijven én in de cursus. Vanaf vandaag ga ik me weer voor de volle honderd procent geven. De rest is bijzaak.'

Lawrence was vertrokken, opgelucht maar nog altijd een tikkeltje sceptisch. De dagen daarop hield hij Victor goed in de gaten, maar hoe meer tijd er verstreek, hoe meer hij begon te beseffen dat de verandering in Victors geestesgesteldheid permanent was. Hij lachte weer veelvuldig, zij het wat gereserveerder dan een jaar geleden, en wanneer Lawrence 's ochtends het huis naderde, zag hij Victor al achter zijn computer in zijn werkkamer zitten. Soms zwaaide hij door het raam naar Lawrence vanachter zijn bureau, vaker was zijn blik vastgelijmd aan het beeldscherm terwijl zijn vingers tekeergingen op het toetsenbord. Blijkbaar had hij werkelijk de knop omgezet. Hij at weer als vanouds, maakte zijn dagelijkse hardlooprondje over het eiland en had eindelijk met zijn redacteur gesproken. Zijn nieuwe boek, zo zei hij, vorderde gestaag. Lawrence had nog niets mogen lezen en wist ook niet waarover het ging, maar dat was niet vreemd. Victor had het nooit prettig gevonden delen van zijn manuscripten te laten lezen voordat hij helemaal klaar was.

Toeval of niet: parallel met Victors mentale herstel constateerde Lawrence een significante afname van hatemail. Er kwamen nog steeds brieven binnen, maar veel minder dan in de maanden daarvoor. Miranda X uit Texas liet zelfs helemaal niets meer van zich horen. Misschien had de politie haar (of hem) uiteindelijk weten te traceren en waren ze vergeten Lawrence op de hoogte te stellen. Misschien had de vrouw een ander doelwit gevonden om haar frustraties op bot te vieren. Misschien was ze onder een bus gelopen.

Het deed er niet toe. Waar het om ging, was dat de zon weer scheen op Big Rock Island. Victor was terug en Lawrence hoefde niet langer bang te zijn dat hij zijn baas op een ochtend dood zou aantreffen in zijn badkuip ten gevolge van een overdosis kalmeringsmiddelen.

Toch bleef Lawrence alert. Hij hield Victors humeur scherp in de gaten en toen bleek dat bij de eerste vijf aanmeldingen voor de cursus twee vrouwen zaten, was hij opgelucht om te zien dat ze uit New Mexico en Philadelphia kwamen, en niet uit Texas.

Victor moest lachen om Lawrence' opluchting. 'Wel scherp blijven, hè? Zelfs als je gelijk hebt en die vrouw werkelijk nog steeds ergens op een plannetje broedt om me te vermoorden: dan kan ze toch gewoon een motorboot huren, hierheen varen en me overhoopschieten? Waarom zou ze zich in hemelsnaam onder een valse naam inschrijven voor de cursus in de wetenschap dat dat haar twintigduizend dollar kost die ze nooit meer zal terugzien?'

Daar had Lawrence niet van terug.

En nu? Nu was het januari. De cursus was begonnen en Victors nieuwe boek, zo had hij Lawrence vorige week meegedeeld, was zo goed als af. Ja, dacht Lawrence: zijn baas had op het randje van de afgrond gebalanceerd, maar hij had het gered. Hij had zichzelf teruggevonden, of zoals hij zelf zei 'opnieuw uitgevonden', en leek begonnen aan het eerste hoofdstuk van zijn tweede leven.

Lawrence pakte het exemplaar van *The American Gardener* dat op tafel lag en bladerde erin. Boven klonken voetstappen en vijf minuten later kwam Victor de woonkamer binnen, zijn haar nog nat van het douchen. Lawrence wachtte tot zijn baas zichzelf een glas ijsthee had ingeschonken en was gaan zitten, en vroeg toen hoe de eerste sessie met de cursisten was geweest. Victor zei dat alles prima was gegaan. Ze praatten een paar minuten over de planning voor de komende dagen. Er waren weinig bijzonderheden – geen cursisten met lastige dieetwensen zoals vorig jaar, of met allergieën, zoals drie jaar geleden – alles zou zich vanzelf wel wijzen.

Lawrence wilde al opstaan toen hij zich iets herinnerde. 'Eh, het is dus prima gegaan, de eerste sessie. Dat is fijn om te horen. Betekent dit dat er, eh... geen persoonlijke onderwerpen aan bod zijn gekomen?'

'Hoe bedoel je?' zei Victor. 'Persoonlijke dingen van de cursisten?'

'Nee, ik bedoel van u, meneer. Uw scheiding. Het hoger beroep van uw vrouw...'

Victor schudde zijn hoofd. 'O, nee. Totaal niet. Of jawel, wacht: een van de cursisten – ik meen dat het meneer Harris was – zei dat het hem speet van mijn scheiding. Ik heb hem bedankt en ben er verder niet al te diep op ingegaan.'

'Dat lijkt me verstandig, meneer,' zei Lawrence. 'De reden dat ik het wilde weten, is dat enkele cursisten, onder wie meneer Harris, in een nogal verhit gesprek waren verwikkeld toen ik hen vanmiddag trof bij de bungalows. Het ging over uw scheiding. Ze hadden niet in de gaten dat ik er was en een van de heren liet zich nogal kil over u uit. Waar het op neerkomt, is dat hij niet zonder meer gelooft in uw onschuld. Meneer Harris werd erg boos op hem en daarom dacht ik: ik vraag u er nog even naar. Ik zou het vervelend vinden als dat gesprek zich zou hebben voortgezet waar u bij bent. Als u het wilt weten: degene die zich negatief over u uitliet, was meneer–'

'Vertel me dat maar niet,' zei Victor. 'Ik waardeer je openheid, maar iedereen heeft recht op een eigen mening en wat heb ik eraan om het te weten? Bovendien: alles is prima verlopen vanmiddag. Er is dus geen reden om je zorgen te maken.' Hij glimlachte. 'Ook niet over de eventuele in cognito-aanwezigheid van de verschrikkelijke Miranda X. De vier vrouwelijke deelnemers zijn uiterst beschaafd en vriendelijk, zoals je zelf ook hebt kunnen constateren.'

'Dat klopt, meneer. En datzelfde geldt voor meneer Carson. Ik weet dat u zich even zorgen maakte toen u zag dat hij zich opnieuw had aangemeld.'

'Zorgen is een groot woord. Ik was inderdaad verbaasd, maar na hem vanmiddag te hebben gezien, kan ik niet anders dan constateren dat hij alleen maar zeer gemotiveerd is om zijn talent de komende week nog wat verder aan te scherpen.'

Lawrence knikte. 'Ik moest er vanmiddag nog aan denken. Die lichting van twee jaar terug was enorm succesvol. Vier van de negen cursisten slaagden erin hun boek uitgegeven te krijgen.'

'Inderdaad,' zei Victor. 'Maar het is niet ieder jaar prijs, hè? Van de groep van drie en vier jaar geleden vond niemand een uitgever, en van de lichting van vorig jaar slechts eentje.'

Lawrence stond op. 'Dat is waar. Maar wat vorig jaar betreft: dat kan nog komen. Niet iedereen pent in een paar maanden een perfect debuut neer. Hoe dan ook: ik ga maar eens. Dan kunt u gaan slapen en bent u morgen weer uw beste zelf voor dag twee.'

'Dat lijkt me een goed idee,' zei Victor. Hij kwam overeind en ze liepen samen naar de voordeur.

'Welterusten, meneer. Tot morgen.'

'Tot morgen, Lawrence,' zei Victor. Hij aarzelde even, wreef met zijn wijsvinger langs zijn kin en zei toen: 'Weet je, vertel me bij nader inzien toch maar wie het is, dat heerschap dat twijfelt aan mijn onschuld.'

Lawrence draaide zich om. 'Het was de heer Murphy, meneer.'

'John Grisham,' zei Victor. 'Oké.'

Lawrence schudde zijn hoofd. 'Nee, meneer. Elmore Leonard. Meneer Murphy zit in de Chili Palmer-bungalow. Mevrouw Espinosa heeft John Grisham. Naast mij dus.'

'Dat weet ik, Lawrence. Ik heb het over het voorstelrondje van vanmiddag. Meneer Murphy is directeur van een groot adviesbureau. Hij wil thrillers schrijven in de stijl van John Grisham, maar dan gesitueerd in de advieswereld.'

'O, op die manier, meneer. Ik begrijp het.'

Victor staarde langs Lawrence heen het donker in. 'Meneer Murphy, hè? Heel goed. Dan is die morgenochtend als eerste aan de beurt.'

'Aan de beurt?' Lawrence fronste zijn wenkbrauwen. 'Hoe bedoelt u, meneer?'

Victor haalde zijn schouders op. 'O, het is niets bijzonders. Dag twee van de cursus begint altijd met een ideeënrondje onder de cursisten. Het is mijn ervaring dat niemand als eerste het achterste van zijn tong wil laten zien, dus meestal komt het erop neer dat ik iemand aanwijs. In zekere zin heeft meneer Murphy het me dus makkelijk gemaakt.'

'Aha, zo bedoelt u.' Lawrence glimlachte samenzweerderig. 'Dat klinkt als een goed idee, meneer. Laat hem boeten.' Hij stak zijn hand op en wilde zich omdraaien toen hij zich realiseerde dat hij iets was vergeten. 'Sorry, meneer, ik ben helemaal vergeten te vragen of u nog post hebt. Of een mail die ik moet versturen.'

'Geen post, Lawrence. Anders had ik het wel gezegd.'

Lawrence was verbaasd. 'Ook geen brief voor uw moeder? Het is vrijdag.'

'Mary is twee weken met haar bridgevriendinnen in South Carolina. Ik sla dus een weekje over.'

'Oké, meneer. Dat is fijn voor haar.'

Lawrence wenste zijn baas nogmaals een goede nacht toe en liep toen het pad af naar het smeedijzeren hek bij de poort. Hij stak de sleutel in het slot en sloot het hek vervolgens van de andere kant weer af. Het hek kon wel een likje verf gebruiken. Hij maakte een mentale aantekening om volgende week een schilder te bellen en wilde net doorlopen toen hij links van hem een geluid hoorde.

Hij draaide zich om, staarde naar de donkere silhouetten van de sparren naast het pad en kneep zijn oogleden samen om beter te kunnen zien. Het geluid had geklonken als een takje dat knapte. Een flink takje.

Lawrence kende de geluiden van het bos na al die jaren goed. Hij wist dat er geen heel grote dieren op het eiland leefde.

Had hij het misschien verkeerd gehoord?

Was het een konijn geweest?

Er was niets te zien.

Hij bleef nog een paar seconden staan, speurend naar een teken van leven tussen de bomen. Toen besloot hij dat hij zich moest hebben vergist, stopte de sleutel van het hek in zijn jaszak en begon aan de terugweg richting de bungalows.

15

Mark

Toen Mark om kwart over elf thuiskwam, voelde hij zich beter dan hij zich de hele dag had gevoeld. Hij gooide zijn jas over een stoel in de keuken, haalde een biertje uit de koelkast en plofte neer op de bank terwijl hij in gedachten de geruststellende echo van Sebastians stem hoorde. *Carol is goed aangekomen op dat eiland. Dat weet ik zeker. En wat die rechtszaak betreft: als er van het hele verhaal van die vrouw ook maar een fractie waar zou zijn, dan hadden we iedere dag op televisie de laatste smerige details kunnen horen. Echt: zo werken die dingen.*

Ja, zo was het, dacht Mark. Er was geen enkele reden om zich zorgen te maken.

Hij sloot zijn ogen en zag Carol voor zich, glimlachend en pratend met de andere cursisten tijdens haar kennismakingssessie met Victor Aster eerder die dag. Het was vast en zeker een gedenkwaardige middag geweest. Inmiddels lag ze waarschijnlijk heerlijk onder de wol, dromend van een aanstaande carrière als romanschrijver. God, wat gunde hij het haar.

Hij stond op, liep met zijn biertje in de hand naar de eettafel en boog zich over zijn interieurontwerp voor Sean Griffin. Het zag er verdomd goed uit. Hij durfde er niet op te hopen, maar je wist maar nooit: misschien waren Sean en Emily het met hem eens en zouden ze er voor één keer geen streep door halen. Dat zou geweldig zijn. Hij had ooit een artikel gelezen waarin mensen werden geïnterviewd die beweerden dat je met je gedachten de werkelijkheid naar je hand kon zetten. Hij staarde naar zijn ontwerp, sloot zijn ogen en visualiseerde een glimlachende Sean en Emily. 'Ongelofelijk, Mark. De spijker op zijn kop. Zó willen we het hebben!'

Vervolgens opende hij zijn ogen, keek naar zijn halflege blikje bier en zei: 'Oké, genoeg gedronken voor vanavond.'

Hij zette het blikje in de gootsteen, poetste zijn tanden en liep naar de slaapkamer. Hij keek naar de boeken op Carols nachtkastje en vloekte vervolgens omdat hij opnieuw terugdacht aan zijn onderonsje met Sebastian.

Wat was het precies? Waar zijn vrouw hem van beschuldigde? Dat hij haar had geslagen?

Nee. Ze beweert dat hij haar van de trap heeft geduwd.

Verdomme, waarom was hij hier niet van op de hoogte geweest? Had Carol het geweten voordat ze naar het eiland vertrok? Hij kon het zich niet voorstellen. Als Carol ergens een hekel aan had, dan was het aan de roddelpers. 'Ik kan er gewoon niet bij dat er mensen zijn die op die manier hun geld verdienen zonder hun zelfrespect te verliezen,' had hij haar ooit op een feestje horen zeggen.

Hij moest ophouden eraan te denken. Als hij niet met Sebastian zou hebben afgesproken, had hij niet eens van de mishandelingaanklacht geweten. Aan de andere kant...

Hij zuchtte, liep naar de computer en startte hem op. Hij tikte 'Victor Aster' en 'mishandeling' in.

Tweeëntwintig miljoen hits.

Mark bekeek de eerste links en zag dat het om reguliere boekensites ging zoals Amazon en Goodreads. Hij dacht aan wat Sebastian had gezegd over de serieuze media die het verhaal links hadden laten liggen en scrolde naar beneden. Pas op de vierde pagina met resultaten stuitte hij op een link met de kop: IS VICTOR ASTER WEL TE VERTROUWEN? EX-VROUW ZEGT: NEE!

De website waarvan het artikel afkomstig was had de bedenkelijke naam rumoursthroughthegrapevine.com en een stemmetje in zijn achterhoofd raadde Mark aan de computer uit te zetten en het bijbehorende artikel niet te lezen. Maar zijn vingers leken hun eigen plan te hebben en twee seconden later keek hij naar een smalle kolom tekst:

SEATTLE, WASHINGTON, 8 APRIL – PATRICIA RONSON IS VERBIJSTERD DAT ZO WEINIG MEDIA VERSLAG DOEN VAN DE ZAAK DIE ZE ENKELE WEKEN GELEDEN AANSPANDE TEGEN HAAR EX-MAN, SCHRIJVER VICTOR ASTER. 'IK WEET NIET WAT IK ERVAN MOET DENKEN,' ZEI RONSON VANOCHTEND NA HET VERLATEN VAN DE RECHTSZAAL. 'ZIJN ZE BANG DAT MIJN EX-MAN ZE GEEN INTERVIEWS MEER ZAL GEVEN? IK DENK HET. WAT HET ANDERS KAN ZIJN? GEEN IDEE. MISSCHIEN WORDEN ZE VERBLIND DOOR HET HELDHAFTIGE GEDRAG VAN DE HOOFDPERSONEN IN ZIJN BOEKEN. MAAR EEN PERSONAGE LATEN DOEN WAT GOED IS IN EEN BOEK, IS IETS ANDERS DAN JE BEHOORLIJK GEDRAGEN IN HET ECHTE LEVEN. IK ZEG HET NOGMAALS: GELOOF NIET WAT JE ZIET. MIJN EX-MAN IS GEEN HEILIGE. HIJ IS KOEL, BEREKENEND EN GEWETENLOOS. OF IK IN DE PROBLEMEN KAN KOMEN DOOR DIT TE ZEGGEN? DAT MAAKT ME NIET UIT. IK BEN DANKBAAR DAT ER IEMAND IS DIE NAAR ME LUISTERT. DE WERELD HEEFT HET RECHT TE WETEN WAT VICTOR WERKELIJK IS: EEN REGELRECHT MONSTER.'

Mark wreef in zijn ogen, klikte de website weg en vond een volgende link die leidde naar een artikel waarin Patricia Ronson haar gal spuwde. 'De avond dat hij me van de trap duwde?' las hij. 'We hadden ruzie, zoals wel vaker de afgelopen maanden. Victor zit al jaren niet lekker in zijn vel, maar waar hij in de media altijd zijn Victor Aster-glimlach opzet, doet hij dat thuis niet. In plaats daarvan doet hij net of ik de oorzaak ben van al zijn problemen. Meestal laat ik het over me heen komen als hij aan een van zijn tirades begint. Maar deze keer deed ik dat niet. Ik besloot tegen hem in te gaan. Dat had ik beter niet kunnen doen. Ik schrok enorm van wat er gebeurde. Victor had me al heel vaak vernederd, maar altijd alleen maar verbaal.'

Volgens de website had Patricia Ronson een gekneusde arm overgehouden aan haar val van de trap. Ze kon dit echter niet bewijzen omdat ze niet naar een dokter of ziekenhuis was gegaan. 'Toen ik daarbeneden lag te kreunen van de pijn, werd Victor ineens poeslief. Dat kan hij, van het ene op het andere moment veranderen van een smeerlap in de meest compassievolle man op aarde. Het is heel eng, zo snel als hij kan switchen. Maar goed: ik – domme gans – trapte erin. Hij bood me zijn verontschuldigingen aan, zei dat hij het niet meende en dat hij er alles voor over had om het terug te draaien. En dus ging ik niet naar de dokter en deed nergens aangifte. Wel praatte ik met vriendinnen. Dankzij hen heb ik uiteindelijk deze stap durven zetten.'

Volgens de volgende website had Patricia Ronson bij herhaling duidelijk gemaakt dat ze geen geld wilde, alleen gerechtigheid. Een lezer die Jeffrey heette en onder het artikel had gereageerd, schreef: 'Natuurlijk wil mevrouw geen geld. Dat zeggen ze allemaal. Maar als het puntje bij paaltje komt... shit, het is net alsof ik mijn eigen scheiding opnieuw beleef. Achterbaks t****gwijf!' Een volgende lezer, Shelly26, counterde met: 'Spreek voor jezelf, vriend. Ik vind het HEEL goed dat ze dit doet en waarom zou ze in hemelsnaam liegen!?'

Mark schoof zijn stoel naar achteren en zuchtte. De grote media, dacht hij. Daar moest hij zich op focussen. Als die er niets mee hadden gedaan, dan kon het niet anders dan klinkklare onzin zijn wat Patricia Ronson beweerde. Ja, zo was het. Maar toch... door alle ellendige verhalen die hij zojuist had gelezen, was zijn behoefte om te weten dat Carol oké was alleen maar gegroeid. Wat had Sebastian ook alweer gezegd?

Stuur gewoon vanavond die mail en ga lekker aan het werk.

En hij had geknikt, zonder het echt te willen omdat hij geen inbreuk wilde maken op Carols gevoel van zelfstandigheid.

Hij keek naar het mailadres van Lawrence Montgomery dat nog altijd naast de computer lag, en aarzelde.

Toen kreeg hij een idee. Hij kon ook een e-mail sturen waarin hij Victor Asters assistent vroeg hem te laten weten of Carol goed was aangekomen, maar waarin hij tegelijkertijd benadrukte dat hij niet wilde dat Carol wist dat hij naar haar had geïnformeerd. Op die manier zou hij zelf gerustgesteld zijn en hoefde hij niet bang te zijn dat Carol het gevoel kreeg dat hij dacht dat ze de dingen niet alleen af kon.

Ja, dat was de oplossing.

Met een tevreden gevoel opende hij zijn mailprogramma, voerde het adres van Lawrence Montgomery in en begon te typen.

Dag 2

16

Carol

'Het is moeilijk,' zei Nick Buchanan. 'Ik heb een heleboel losse ideeen voor verhalen. Maar om daar een geheel van te maken... nee, ik richt me op de opzet van Victor. Dan kan ik een week lang oefenen met het opbouwen van spanning. En jij?'

Carol glimlachte. 'Zelfde verhaal. Ik heb ook een paar ideeën, maar ze zijn onvoldoende uitgewerkt om ermee aan de slag te gaan.'

'Ik heb mijn eigen idee,' zei Mary Jo. 'Maar ik ga wel eerst aan Victor vragen of hij denkt dat het levensvatbaar is.'

Het was vijf voor negen. Ze hadden zojuist ontbeten en stonden nu bij de stenen fontein voor de bungalows te wachten tot Lawrence Montgomery naar buiten zou komen om hen mee te nemen voor de ochtendwandeling.

Toen ze vanochtend was opgestaan, was Carol nerveus geweest. Ze was bang dat Dex opnieuw met haar zou gaan flirten. Dat was niet gebeurd. Ze was eerder de eetzaal binnengekomen dan hij, en toen hij arriveerde was hij aan tafel gaan zitten bij John Harris, aan de andere kant van het vertrek. Bij het verlaten van de ontbijtzaal had hij haar toegeknikt, maar op een neutraal-vriendelijke manier.

Nu praatte Dex met Doris Espinosa. Een eindje verderop stond Samuel Murphy met zijn leren cameratas over zijn schouder in de verte te turen. Riley, Harris en Green waren nog in hun bungalows.

Vijf minuten later waren ze compleet. Lawrence Montgomery klapte in zijn handen en zei: 'Zo, daar gaan we dan. Ik zou zeggen: volg mij, geef uw ogen de kost en laat uw gedachten de vrije loop. Zoals Victor u waarschijnlijk heeft verteld: de beste ideeën ontstaan wanneer u in totale ontspanning verkeert, niet wanneer u verkrampt achter uw pc zit.'

Er werd geknikt, waarna Montgomery zich omdraaide en in de richting van het pad naar de veerpont begon te lopen. De cursisten volgden – Murphy en Mary Jo voorop, kort daarachter Dex en Harris, en vervolgens Riley, Doris, Green, Buchanan en Carol.

'Het is grappig dat nog niemand me heeft herkend,' zei Riley, nadat ze enkele minuten hadden gelopen.

Buchanan fronste. 'Hoezo? Ben je beroemd?'

'Nee,' zei Riley. 'Maar ik deed twee jaar geleden mee aan *Expedition Love Island*. Ik had ander haar dan nu, en was ook een paar kilo zwaarder, maar...' Ze aarzelde. 'Ach, misschien is het eigenlijk helemaal niet zo gek. Ik werd als tweede weggestemd en was dus maar anderhalve uitzending op televisie.'

'Het spijt me,' zei Green. 'Ik kijk vrijwel nooit televisie en zeker niet naar die realityshows. Ik vind ze verschrikkelijk.' Hij geeuwde.

'Laat geworden?' zei Doris.

Green zweeg enkele seconden en knikte toen. 'Ik was zo dom om gisteravond in *Moord op bestelling* te beginnen. Voordat ik het wist was het halftwee.'

Carol dacht aan hoe ze Green gisteravond laat de heuvel tegenover de bungalows op had zien lopen. Ze stond op het punt er een opmerking over te maken, maar besloot toen dat het haar zaken niet waren. Misschien was hij gewoon even een frisse neus gaan halen om vervolgens terug naar binnen te gaan en in het boek te beginnen.

'Ik begrijp het wel, hoor,' zei Riley. 'Wat je zegt over de televisie. Veel dingen zijn gewoon... ik weet het niet. Je kijkt ernaar en denkt dat je het heel leuk vindt, maar na afloop voel je je leeg. Nee, dan is schrijven een betere bezigheid. Ik heb er nog niet heel veel geduld voor gehad, maar mijn moeder las een paar dingen die ik heb geschreven en ze is ervan overtuigd dat het mijn grote verborgen talent is.'

'Ik laat mijn moeder nooit iets lezen,' zei Buchanan. 'Ze heeft altijd alleen maar kritiek op alles en daar zit ik niet op te wachten.'

Ze bereikten het bos en naderden het huisje met de dichtgetimmerde ramen.

'Toch leuk voor je,' zei Doris tegen Riley. 'Dat je op televisie bent geweest, bedoel ik. Mooie manier om alvast te oefenen voor als je over een tijdje interviews moet geven over je boek.'

Riley schoot in de lach. 'Interviews? Niet te hard van stapel lopen, hè? Misschien bevries ik straks wel en krijg ik geen letter op papier.'

'Dat zou zomaar kunnen,' zei Green. 'Ik hou van wandelen en wil zeker niet klagen, maar het is hier bar koud.'

Green had gelijk. Het was nog kouder dan gisteren en Carol hield haar handen diep in de zakken van haar North Face-jack. De grond onder haar voeten was op de meeste plaatsen keihard van de vorst.

Ze passeerden het huisje, onderwijl pratend over hun ideeën voor de schrijfopdracht, de boeken van Victor Aster en de kou. Na tien minuten zag Carol in de verte de aanlegsteiger voor de veerpont. Lawrence Montgomery wees naar een nauwelijks waarneembaar stukje witte steen tussen het struikgewas, een meter of dertig onder hen. 'Daarbeneden is een oude uitkijkpost. De vorige eigenaar van het eiland liet hem daar neerzetten, maar Victor vond het uitzicht vanaf hier mooier en heeft 'm laten overgroeien.'

Carol nam aan dat ze verder zouden afdalen richting de aanlegsteiger, maar Montgomery nam het pad links van hen, dat vol met kleine steentjes lag en stevig omhoogliep. Het bos werd langzaam dichter en ze bleven stijgen, totdat het pad na zo'n tien minuten weer vlak werd en ze op een open plek kwamen. Links van hen en voor hen uit begon het bos weer, rechts liep de open plek nog een stukje door om vervolgens op te houden.

'We zijn behoorlijk hoog,' zei Buchanan, wijzend naar rechts. 'Ik ga even van het uitzicht genieten daar. Het kan niet anders of dit is die hoge klif die we vanaf de veerpont zagen.' Carol en Riley volgden Buchanan de open plek op, met Doris en Green op gepaste afstand daarachter.

'Pas maar op,' zei Green. 'Als je gelijk hebt, is daar een afgrond van zo'n veertig meter diep. Je wilt daar niet per ongeluk je evenwicht verliezen.'

Hoe dichter ze bij de rand kwamen, hoe langzamer Carol ging lopen. Ook Riley leek te aarzelen, maar Buchanan liep door. Carol zag de Stille Oceaan, met in de verte de contouren van het eiland waar ze de vorige dag op weg hiernaartoe omheen waren gevaren.

'Wow,' zei Buchanan, toen hij nog een halve meter was verwijderd van de rand. 'Dit is inderdaad een behoorlijke afgrond. Maar het uitzicht is prachtig.'

Carol moest hem gelijk geven, maar net als Riley bleef ze op veilige afstand.

'Kom, laten we teruggaan,' zei Riley na enkele seconden. Ze wees in de richting van Montgomery, Murphy en Mary Jo, die zo'n honderd meter verderop waren gestopt en naar hen omkeken. Dex en Harris waren bijna bij hen. Murphy zei iets, waarop Montgomery op zijn horloge keek en zijn hoofd schudde. Vervolgens vouwde hij zijn handen als een toeter en riep: 'Ga alstublieft bij die rand vandaan, meneer Buchanan. Ik zou niet op mijn geweten willen hebben dat u onder mijn toezicht naar beneden kukelt.'

Buchanan keek om. 'Geen zorgen, meneer Montgomery! Ik ben voorzichtig.' Hij bleef nog even staan, draaide zich toen om en liep samen met Carol en Riley terug naar het pad.

Het tweede deel van de wandeling was minstens zo indrukwekkend als het eerste. Prachtige sparrenbomen en rotsformaties, panoramische vergezichten en zo nu en dan een zeearend die hen vanuit een boomtop met zwarte kraaloogjes beloerde. Het pad steeg en daalde, maakte scherpe en flauwe bochten en bood afwisselend uitzicht op zee en bos. Op veel plekken liepen er boomwortels over het pad, zodat je voortdurend moest opletten. Ter hoogte van het meest noordelijke deel van het eiland bevond zich een rotsformatie die bijna even hoog was als die waarop Asters huis was gebouwd. Carol herinnerde zich dat Dex er op de veerpont over had verteld.

De samenstelling van de groepen was inmiddels gewijzigd. Mary Jo Turner – opmerkelijk fit voor haar leeftijd – had afstand genomen van Samuel Murphy, die regelmatig stopte om zijn camera tevoorschijn te halen en een foto te maken. Green was naar voren gelopen en vertoefde in het gezelschap van Dex en Harris, terwijl Lawrence Montgomery zich had laten terugzakken en nu opliep met Carol, Riley en Buchanan, af en toe omkijkend naar Doris Espinosa, die hijgend en puffend volgde op een meter of twintig achter de laatste groep.

Riley bleef even staan om naar de steile rotsformatie te staren. Ze keek Carol aan en zei: 'Zou hier nog iets achter zijn? Een verborgen stuk van het eiland of zo? Bij *Expedition Love Island* was dat ook...'

Carol glimlachte. 'Ik heb geen idee. Misschien weet meneer Montgomery het.'

Maar Montgomery was blijven staan om op Doris te wachten en dus liepen ze door, de bocht om en weer terug het bos in.

Tijdens het laatste deel van de wandeling vroeg Riley Buchanan de oren van het hoofd over zijn werk als taxichauffeur. Carol liep een stukje achter hen, een paar meter voor Lawrence Montgomery die almaar langzamer ging lopen om Doris het gevoel te geven dat ze niet werd vergeten. Toen ze om vijf voor tien de bungalows in zicht kregen, kwam Montgomery naast Carol lopen. Hij glimlachte en vroeg of ze het naar haar zin had.

Carol knikte. 'De sessie gisteren met Victor was inspirerend en de wandeling was prachtig. Dank u wel.'

'Graag gedaan,' zei Montgomery. Hij keek haar aan en Carol had het gevoel dat hij nog iets wilde zeggen, maar in plaats daarvan bleef hij opnieuw staan om op Doris te wachten.

Carol liep door. Ze zag hoe Riley op een drafje naar voren ging en Dex riep. Ter hoogte van Rileys bungalow bleven ze staan. Ze hoorde Riley vragen of Dex dacht dat vanavond een betere avond zou zijn om sterren te kijken. Dex schudde zijn hoofd en wees op de bewolkte lucht en een paar mistbanken die vanaf de noordelijke kant van het eiland hun kant op dreven.

'*Bummer*,' zei Riley. 'Maar er komt vast nog een goed moment.'

Carol liep door, ging haar bungalow binnen en zag op haar horloge dat ze nog ruim een uur had tot de tweede sessie met Victor Aster. Ze overwoog de kou uit haar lichaam te verdrijven met een tweede ochtenddouche, maar ging in plaats daarvan met haar schrijfblok achter het kleine bureau zitten. Als ze zichzelf had willen verwennen, had ze beter een wellnessresort kunnen boeken. Ze was hier om te schrijven.

Ze begon met het bedenken van een aantal personages dat ze naar

Victor Asters fictieve berghut zou sturen, maar al bij het tweede karakter raakte ze op een zijspoor omdat het om een vrouw ging met een kinderwens. Zonder dat ze het wilde, dwaalden haar gedachten af naar Mark en hun gesprek over babynamen. De meisjesnamen die Mark had verzonnen, vond ze mooi. Voor een jongen had hij Max gesuggereerd. Ze woog de naam in gedachten en voelde een knoop ontstaan in haar buik. Verdomme, hoe wist je wanneer je klaar was voor het moederschap?

Haar volgende gedachte: niet nu. Focus je op het schrijven. Ze schrapte de vrouw met de kinderwens en verving haar door een sportieve lesbienne van vierentwintig die net klaar was met haar studie en een jaartje wilde freewheelen.

Veertig minuten later was alle kou uit haar lichaam verdwenen. Haar wangen gloeiden en ze had drie kantjes volgeschreven met personages. Ze leken als vanzelf in haar op te komen, inclusief hun gewoontes en rare trekjes. Misschien had Victor Aster gelijk en was een wandeling voordat je ging schrijven inderdaad een wondermiddel.

Ze bleef doorschrijven, net zolang tot het tijd was om zich met de andere cursisten te verzamelen bij de fontein. Toen stopte ze het schrijfblok en haar pen in een plastic tas, trok haar jas aan en ging naar buiten.

Op Doris Espinosa en Samuel Murphy na was iedereen al buiten. Luther Green was aan het woord. Hij zei dat hij moeite had met het verzinnen van een pakkend eerste hoofdstuk. Riley zei dat ze een geweldige eerste zin had verzonnen, maar geen idee had hoe ze verder moest. Na een paar minuten kwam ook Doris naar buiten. Haar haren waren nat en ze had zich verkleed.

'Kunnen we niet gewoon gaan?' zei Harris met een geërgerde blik op de bungalow van Samuel Murphy. 'We staan hier nu al vijf minuten langer dan nodig. Meneer de directeur doet kennelijk alles in zijn eigen tijd.'

Lawrence Montgomery, die een paar meter bij de groep vandaan stond, zei: 'Rustig aan, meneer Harris. Ik klop wel even op zijn deur.'

Carol zag hoe Montgomery naar Murphy's bungalow liep en op

de deur klopte. Hij wachtte even, klopte nogmaals en haalde toen zijn schouders op. 'Vreemd,' zei hij, nadat hij zich weer bij de groep had gevoegd. 'Meneer Murphy leek er nog wel zo'n zin in te hebben.'

'Misschien is hij nog niet terug,' zei Mary Jo. 'Na de wandeling zei hij tegen me dat hij wellicht nog een snel rondje zou maken voor een paar foto's.'

Montgomery fronste zijn wenkbrauwen. 'U bedoelt dat hij nóg een wandeling is gaan maken?'

'Ik heb hem niet zien weggaan,' zei Mary Jo. 'Ik was binnen. Maar ja... daar had hij het over.'

Harris spreidde zijn armen. 'Nou, dat is dan duidelijk. Meneer Murphy is foto's aan het maken. We zien hem dan wel verschijnen als hij klaar is.'

'Het is wel vreemd,' zei Mary Jo. 'Hij had het de halve wandeling over het idee voor zijn boek en wilde heel graag beginnen. Ik hoop niet dat hij onderweg is verdwaald.'

Carol keek in de richting van het pad naar de veerpont. Het eiland was niet héél klein, maar verdwalen? Dat leek haar onwaarschijnlijk. Aan de andere kant: de laatste paar minuten was er mist komen opzetten. Met slecht of beperkt zicht werd het misschien een ander verhaal.

'Het lijkt me het beste als u vast naar de cursusruimte gaat,' zei Montgomery. 'Ik ga wel even op zoek naar meneer Murphy. Ik neem aan dat hij spoedig zal opduiken en zich bij u zal voegen.'

Er werd geknikt en tien minuten later nam iedereen in de cursusruimte zijn plek van de vorige dag in.

Victor Aster – vandaag casual gekleed in een spijkerbroek en hoody – glimlachte, fronste toen zijn wenkbrauwen en zei: 'Is meneer Murphy er niet?'

Riley schudde haar hoofd. 'Hij was niet op het afgesproken tijdstip bij de fontein. Uw assistent is hem aan het zoeken.'

Aster knipoogde. 'Mensen die al op de eerste dag afhaken,' zei hij. 'Dat is geen beste reclame voor mijn cursus. Maar goed: ik laat me niet uit het veld slaan en hoop u wél vast te houden. Ik neem aan dat u allemaal hebt nagedacht over het eerste hoofdstuk van uw boek?'

Carol knikte en zag dat de anderen dat ook deden.

'Heel goed,' zei Aster. 'Eens even kijken… meneer Harris. Zou u het spits willen afbijten en uw ideeën met ons willen delen?'

17

Mark

Mark schrok toen hij wakker werd en zag dat het kwart over elf was. Enkele seconden lang was hij ervan overtuigd dat hij zich had verslapen en drie uur werktijd had verloren. Maar toen herinnerde hij zich zijn uitstapje met Sebastian naar Drexler's en realiseerde hij zich dat het zaterdag was in plaats van vrijdag.

Opgelucht liet hij zich terugzakken op zijn kussen, en probeerde zijn lichte hoofdpijn te verdrijven door zijn slapen te masseren. Toen dat niets uithaalde, stond hij op en liep naar de keuken, waar hij ontdekte dat de koffie op was. Hij vloekte en bakte twee eieren met spek. Nadat hij een glas sinaasappelsap had gedronken, nam hij een lange douche. Vervolgens kleedde hij zich aan en liep naar de computer in de slaapkamer. Hij wachtte al vier dagen op een reactie naar aanleiding van een ontwerp voor een cliënt in Chicago en had gisteren de belofte gekregen dat de reactie er vanochtend voor tien uur zou zijn. Hij opende zijn mail en zag dat er inderdaad een bericht was.

Hij slaakte een vreugdekreet toen hij zag dat het ontwerp, op enkele details na, was goedgekeurd. Bijna wilde hij direct met de aanmerkingen aan de slag gaan, maar toen besefte hij dat hij eerst een kop koffie nodig had en dat het werk ook tot maandag kon wachten. Hij klikte het bericht weg en wilde net het mailprogramma sluiten toen hij twee regels verder – tussen een bericht van Amnesty en eentje van Avaaz.org een bericht zag van lawrencemontgom@hotmail.com met als onderwerp AANGEKOMEN.

Dat was snel. Hij had zijn mailtje naar Victor Asters assistent gisteravond pas verstuurd. Hij opende het bericht en las:

Beste meneer Foster,

Volgend op uw bericht van gisteravond kan ik u melden dat Carol Arrington veilig bij ons is aangekomen. En zoals u wilt: ik zal haar niet zeggen dat u naar haar hebt geïnformeerd. Mocht u deze week nog vragen hebben of contact willen met mevrouw Arrington, aarzel dan niet. Ik sta te allen tijde te uwer beschikking.

Met vriendelijke groet,

Lawrence Montgomery

Mark glimlachte. Deels vanwege de formele toon van het bericht, en deels vanwege zijn eigen onnodige bezorgdheid. Zie je wel? Carol was goed aangekomen en al zijn gepieker was voor niets geweest. Nu was het tijd om een en ander los te laten en... Wat was hij ook alweer van plan?

O ja: koffie.

Hij zette de computer uit en trok zijn jas aan. Eenmaal buiten liep hij naar de Iranese deli op de hoek, aarzelde vervolgens en keek naar de lucht. Het was een prachtige ochtend. Koud, maar zonnig. In plaats van de deli binnen te gaan, liep hij door in de richting van Reggio's. Met een beetje mazzel was zijn favoriete tafeltje nog vrij. Hij zou een cappuccino bestellen. Krantje erbij.

Ja.

Hij had zojuist op twee fronten goed nieuws gehad en dat mocht best even worden gevierd.

18

Lawrence Montgomery

Lawrence Montgomery zuchtte. Hij had een uur geleden tegen de andere cursisten gezegd dat Samuel Murphy vast snel zou opduiken, maar inmiddels had hij een tweede rondje om het eiland gemaakt en nog altijd had hij de man niet gevonden. Natuurlijk, de mist was snel dikker geworden en hij had hooguit vijftien meter zicht gehad, maar hij had om de vijftig meter 'Meneer Murphy!' geroepen en niets anders teruggekregen dan een vage echo of het gefluit van een vogel.

Eenmaal terug bij de bungalows had hij opnieuw op Murphy's deur geklopt – zonder resultaat – en nu was hij terug in zijn eigen bungalow. Waar kon de man zijn?

Ineens herinnerde hij zich zijn gesprek met Victor van de avond ervoor. Victor, die had gezegd dat meneer Murphy morgenochtend als eerste aan de beurt was, doelend op het delen van het idee voor het eerste hoofdstuk van zijn boek. Misschien was Samuel Murphy hypersensitief en had hij zich verstopt omdat hij voelde aankomen dat hij als eerste voor de leeuwen zou worden gegooid.

Lawrence grijnsde. Zijn theorie was uiteraard onzin, maar wat was er dan wél aan de hand?

En waar was in hemelsnaam zijn telefoon? Vanochtend, tijdens het voorbereiden van het ontbijt, had hij hem nog gehad. Dat wist hij zeker. Hij had hem zien liggen op de smalle vensterbank naast de koelkast. Hij wist ook vrijwel zeker dat hij hem daarna mee terug had genomen naar de bungalow. Hij was zijn telefoon nog nooit eerder kwijt geweest. Hadden de verdwijning van Murphy en zijn telefoon iets met elkaar te maken? Had Murphy spijt gekregen van zijn komst naar het eiland en de telefoon achterovergedrukt om Roy Geddes te bellen en te vragen of hij kon worden opgehaald? Nee, dat sloeg nergens op. Als de man per se naar huis wilde, dan had hij dat gewoon kunnen zeggen. Bovendien beschikte hij over de code van Lawrence' telefoon noch over het nummer van Geddes.

Lawrence schudde zijn hoofd, krabde aan zijn kin en keek door het op een kiertje staande raam in de achterkant van de bungalow naar buiten.

Het raam. Natuurlijk...

Het merendeel van de cursisten had het gordijn voor het raam aan de voorkant dichtgetrokken. Zo ook Samuel Murphy. Misschien was Murphy na de wandeling even op bed gaan liggen en in slaap gevallen. Als dat zo was, dan had hij Lawrence' geklop eenvoudigweg niet gehoord. De meeste cursisten maakten zich over het gordijn aan de achterkant niet druk omdat het raam daar uitkeek op het bos en niemand ooit aan de achterkant van de bungalows kwam.

Hij glimlachte, er plotseling van overtuigd dat hij zojuist het mysterie had opgelost, en trok zijn jas aan. Hij stapte naar buiten en liep naar Murphy's bungalow. Hij overwoog nog eens op de voordeur te kloppen, maar besloot toen linea recta door te lopen naar de achterkant. Nog voor hij recht voor het raam stond, zag hij dat het gordijn niet was dichtgetrokken.

Hij glimlachte opnieuw, klaar voor de aanblik van een snurkende Samuel Murphy, en keek naar binnen, om vervolgens binnensmonds te vloeken.

Murphy's kamer was leeg.

Het bed was keurig opgemaakt. De badkamerdeur stond open, zodat Lawrence kon zien dat ook daar niemand was. Over de radiator naast het bureau hing een handdoek en op de stoel naast het bed lagen de kleren die Murphy gisteren had gedragen.

Peinzend liep Lawrence terug naar zijn bungalow. Hij schonk zichzelf een glas water in, ging op zijn bed zitten en staarde naar de laptop op zijn bureau. Onwillekeurig gingen zijn gedachten terug naar het mailtje dat hij gisteravond van Mark Foster had gehad, de partner van Carol Arrington, die had geïnformeerd of Carol veilig op het eiland was aangekomen. Stel dat dat mailtje nú was binnengekomen en het niet van Mark Foster was geweest, maar van de vrouw van Samuel Murphy? Wat zou hij dan antwoorden? *Goedemorgen, mevrouw Murphy. Ja hoor, uw man is aangekomen op het eiland. Helaas is hij sinds vanochtend echter onvindbaar, waardoor de cursus inmiddels zonder hem is voortgezet. We doen er uiteraard alles aan hem te vinden, maar door de dichte mist is dat op dit moment lastig. Ik beloof u direct op de hoogte te stellen zodra uw man weer boven water is en–*

Hou op, dacht Lawrence. Ga terug naar de cursusruimte en ga alles klaarmaken voor de lunch. Werp een blik naar binnen bij Victor. Waarschijnlijk is Murphy in de tijd dat je je tweede rondje over het eiland maakte op eigen houtje naar de cursusruimte gegaan.

Je telefoon? Die ligt gewoon in de keuken. Vermoedelijk is een van de broodzakken eroverheen geschoven en heb je hem daarom niet gezien.

Hij knikte en dronk zijn glas water leeg. Vervolgens stond hij op, stapte naar buiten en ging op weg naar de cursusruimte.

19

Carol

Carol was trots op zichzelf. Toen ze anderhalf uur geleden in het kort had verteld wat ze van plan was, had Victor Aster geknikt en gezegd dat haar idee klonk als 'een idee met potentie'. Ze had de opmerking geïnterpreteerd als aanmoediging, maar ze had zich ook afgevraagd of Aster echt enthousiast was of alleen maar deed alsof. Na het horen van Mary Jo's pitch had hij 'geweldig' gezegd, net als bij de pitch van John Harris. Gezien het minder uitgesproken commentaar op haar eigen idee, had ze zich afgevraagd of ze wel op het goede spoor zat, maar daarnet, toen ze Aster haar eerste alinea had laten lezen, was haar twijfel als sneeuw voor de zon verdwenen, ongeveer tegelijk met de mist buiten.

Aster had goedkeurend geknikt terwijl hij haar tekst las. Vervolgens had hij naar haar opgekeken en gezegd: 'Zoals ik al zei, mevrouw Arrington. Uw idee heeft potentie. Deze opening is ijzersterk, en als u dit niveau pakweg driehonderd pagina's weet vol te houden, dan garandeer ik u dat de agenten in de rij zullen staan voor uw manuscript.'

Het gekke was dat ze niet eens verrast was. Ze wíst dat wat ze had geschreven goed was. Ze was in een flow geraakt, waarbij de juiste woorden als vanzelf in haar leken op te komen. Het enige dat ze hoefde te doen, was ze opschrijven en haar focus behouden, en dat had ze gedaan. Misschien was het met schrijven hetzelfde als met mediteren. Maureen Oblak, een collega van *Spirit*, had haar eens verteld dat ze altijd beter mediteerde in een groep dan alleen. Dat ze dan veel dieper kon gaan. Volgens Maureen had het te maken met een vorm van collectieve energie. Of het waar was, wist Carol niet, maar feit was dat ze ver terug moest gaan in haar geheugen om zich een dag te herinneren waarop ze zo onbevangen en soepel had geschreven als vandaag.

Ze was dermate geconcentreerd bezig geweest dat ze zich pas realiseerde dat Samuel Murphy nog altijd niet terug was toen Lawrence Montgomery in de deuropening verscheen. Ze keek op van haar vel papier en vervolgens op haar horloge.

Tien voor een. Nog tien minuten tot de lunch.

Victor Aster gebaarde dat de cursisten gewoon door konden schrijven en liep naar zijn assistent toe. 'En?' hoorde Carol hem fluisteren. 'Heb je hem gevonden?'

'Nee,' zei Montgomery. 'Ik begrijp er niets van. Ik heb een tweede ronde over het eiland gemaakt en ook nog een keer in zijn bungalow gekeken. Hij is nergens te bekennen. Het was mistig, dat wel...' Montgomery zweeg even. Toen zei hij: 'Hebt u trouwens mijn telefoon gezien?'

'Nee,' zei Aster. 'Ben je hem kwijt?'

Carol keek op en zag Montgomery knikken. 'Ja. Vanochtend had ik hem nog en ik dacht dat ik hem misschien hier in de keuken had laten liggen, maar daar is hij niet. Ik begrijp er niets van.'

'Nou, dat loopt lekker vanochtend,' zei Aster. Hij schudde zijn hoofd en gaf zijn assistent een schouderklopje. 'Staat de lunch klaar?'

'Ja, alles staat klaar. Wilt u dat ik intussen verder zoek?'

Aster dacht even na. Ook Doris, Buchanan en Green keken nu naar de deur. Het viel Carol op dat Green nog altijd nauwelijks iets op papier had gezet. Zijn pitch was niet veel soeps geweest en ze had hem al meerdere keren zien geeuwen. Opnieuw vroeg Carol zich af wat hij gisteravond nog zo laat aan de andere kant van de heuvel was gaan doen.

'Nee,' zei Victor Aster tegen zijn assistent. 'De mist is inmiddels aardig opgetrokken. Ik neem dus aan dat hij vanzelf wel deze kant op zal komen. Ga straks eerst maar het avondeten voorbereiden. Als hij na de middagsessie nog steeds niet terug is, is er nog voldoende tijd om nog een keer een rondje te maken voordat het donker wordt.'

Een paar minuten later schoven ze aan tafel voor de lunch. Carol nam een kop tomatensoep en twee broodjes met jam, en praatte met Riley, die net als zij tevreden was over de ochtendsessie.

'Het gaat echt heel goed,' zei ze. 'Ik heb het nog niet aan Victor laten lezen, wat ik geschreven heb, want over sommige dingen ben ik nog niet helemaal zeker. Maar ik voel dat het... nou ja... ik voel dat ik lekker bezig ben.' Ze lachte wat nerveus, fronste toen en keek om zich heen. 'Raar, hè, dat die Murphy er nog steeds niet is? Ik bedoel: welke gek betaalt er nu twintigduizend dollar voor een cursus om vervolgens niet te komen opdagen? Daar kan ik echt niet bij met mijn hoofd.'

'Ik eerlijk gezegd ook niet,' zei Carol.

Ze aten hun lunch en gingen terug naar de cursusruimte. Carol zat onmiddellijk weer helemaal in haar verhaal en ze merkte dat ze onder het schrijven al aantekeningen maakte voor hoofdstuk twee en drie. Ze schreef vrijwel onafgebroken door en schrok bijna toen ze Victor Aster uiteindelijk hoorde zeggen dat het vijf uur was en de middagsessie erop zat. Er werd gezucht en gesteund. Carol wilde net aan Riley vragen hoe het haar de afgelopen uren was vergaan toen de deur van de cursusruimte openging en Lawrence Montgomery binnenkwam. Binnen enkele seconden werd duidelijk dat Samuel Murphy nog altijd niet terecht was. Carol hoorde Montgomery tegen Aster zeggen dat het avondeten voor de cursisten zo goed als klaar was, maar dat hij voordat hij de laatste hand eraan legde nog een keer een rondje om het eiland wilde maken om Murphy te zoeken.

'Ik ga graag met u mee,' zei Riley. 'Ik ben helemaal murw van het binnen zitten en vind het wel lekker om nog een wandeling te maken. Bovendien: twee zien meer dan een.'

Buchanan knikte. 'Same here. Het is vreemd dat hij nog niet is opgedoken.'

'Ik ga ook mee,' zei Carol, al had ze eigenlijk meer zin in een warm bad voor het eten. Ook Dex en Mary Jo zeiden dat ze mee zouden gaan.

Green gaf aan dat hij slecht had geslapen en even wilde gaan liggen voor het avondeten.

'Ik ook,' zei Doris. 'Ik ben niet echt een sportief type, zoals jullie al hebben gemerkt, en ik heb nog steeds pijn in mijn benen van vanochtend.'

Harris knikte. 'Het zou niet goed zijn als hij niet voor het donker boven water is. Ik help wel mee zoeken.'

Montgomery overlegde nog even op fluistertoon met Aster. Uiteindelijk knikte de laatste en zei: 'Bedankt. Ik hoor het vanavond wel en ga ervan uit dat we voor de sessie van morgenochtend weer compleet zijn. Eet smakelijk voor straks.'

Tien minuten later waren ze terug bij de bungalows. Montgomery klopte nogmaals op Murphy's deur. Toen er niet werd opengedaan, liep hij naar de achterkant van de bungalow om even later hoofdschuddend terug te keren naar de fontein, waar de andere cursisten – minus Doris Espinosa en Luther Green – op hem wachtten.

'Maken we hetzelfde rondje als vanochtend?' zei Harris. 'Of is het handiger als we ons opsplitsen?'

Montgomery schudde zijn hoofd. 'Opsplitsen heeft niet heel veel zin,' zei hij. 'Er is maar één pad rondom het eiland, en dat is het pad dat we vanochtend hebben genomen. Als we dat volgen en tussendoor zijn naam blijven roepen dan zouden we hem zonder veel problemen moeten vinden. Tenzij hij grappig wil zijn en zich voor ons verstopt. Maar dat lijkt me niet erg waarschijnlijk.'

'En als we hem niet vinden?' vroeg Mary Jo. 'Wat dan?'

Buchanan keek naar Montgomery. 'Dan worden de hulpdiensten gebeld. Of niet?'

'Eh, ja,' zei Montgomery. 'Als we hem voor vanavond niet vinden dan... dan zal ik inderdaad contact opnemen met het vasteland, maar bellen, eh...'

'Maar bellen "wat"?' zei Carol.

'Ik ben sinds vanochtend mijn telefoon kwijt,' zei Montgomery. 'Hopelijk vind ik hem snel weer, maar als dat niet zo is, en meneer Murphy blijft onvindbaar, dan zal ik per mail om assistentie moeten vragen. Maar nogmaals–'

'We vinden die knakker wel,' zei Harris. 'Laten we nu maar gaan. En als je je telefoon kwijt bent, dan kun je vast die van Victor lenen mocht het nodig zijn. Ik snap dat hij overal zegt dat hij geen telefoon heeft, maar hij heeft uiteraard ook familie en vrienden met wie hij zonder tussenpersoon communiceert.'

Montgomery knikte. 'Victor heeft zeker familie, meneer Harris. Hij schrijft regelmatig met zijn moeder. Maar dat hij geen telefoon heeft, dat is echt waar. Hij heeft een bloedhekel aan die dingen, zeker aan mobieltjes. Het is niet voor niets dat hij de cursus op deze manier heeft opgezet.'

Harris keek naar Montgomery. Hij leek op het punt te staan de laatste woorden van Asters assistent in twijfel te trekken, maar schudde toen zijn hoofd en zei: 'Oké, mensen. Dat is dan duidelijk. Volgens mij is het binnen een uur donker en hebben we nu wel genoeg getreuzeld. Zullen we maar op pad gaan?'

Er werd geknikt en ze vertrokken. De mist was zo goed als verdwenen en het zicht was weer goed. Net als de dag ervoor was het bewolkt, maar toch drongen er af en toe een paar zonnestralen door het wolkendek heen.

'Prachtig, dat licht op de bomen daar in de verte,' zei Buchanan, die samen met Harris enkele meters voor Carol liep. 'Heel wat beter dan die mist van vanochtend. Die deed me een beetje denken aan het gevoel dat ik vaak heb als ik thuis naar mijn beeldscherm staar en totaal niet weet hoe ik moet beginnen.'

Harris knikte. 'Ik begrijp wat je bedoelt. Al moet ik zeggen dat ik daarnet aardig op dreef was.'

Terwijl Carol om zich heen bleef kijken, op zoek naar een glimp van Samuel Murphy, luisterde ze hoe Harris en Buchanan verhalen uitwisselden over hun werk als respectievelijk waterpolocoach en taxichauffeur. 'Het is een goudmijn,' zei Buchanan. 'Ik denk weleens: mensen die bang zijn om naar een psychiater te gaan, vertellen hun verhaal aan mij. Soms is het echt heel pijnlijk, wat ze allemaal vertellen. Dan denk ik: arme ziel, is er echt niemand anders aan wie je dit kwijt kunt? Je wilt niet weten hoeveel mensen met zichzelf in de knoop zitten. Ik probeer te helpen waar ik kan, maar vaak is het al genoeg als ik alleen maar luister.'

Ze waren inmiddels het huisje met de dichtgetimmerde ramen gepasseerd en ook de plek waarvandaan de aanlegsteiger van de veerpont en een glimp van de oude uitkijkpost zichtbaar waren. Het pad begon te stijgen.

Carol had haar concentratie inmiddels verplaatst naar het verhaal van haar boek. De stroom van inspiratie die ze zo-even in de cursusruimte had gevoeld, was er nog altijd en ze besloot er gebruik van te maken en alvast verder te denken over de richting van haar verhaal. Ze was zodanig in gedachten verzonken dat ze zich kapot schrok toen ze enkele minuten later Riley – die samen met Dex en Montgomery vooraan liep – een kreet hoorde slaken.

'O, mijn god. Dáár! Dat is de cameratas van meneer Murphy. Toch?'

Carol keek in de richting waarin Riley wees. Ze waren inmiddels op de open plek aangekomen, de plek die leidde naar de klif waarvan Buchanan die ochtend naar de rand was gelopen om van het uitzicht te genieten. En inderdaad: daar, op nog geen tien meter van de afgrond stond de bruinleren cameratas van Samuel Murphy. Van Murphy zelf was geen spoor te bekennen.

'Meneer Murphy?' riep Montgomery. 'Samuel?'

Stilte.

'O, shit,' zei Riley. 'O, shit. Hij zal toch niet...'

Lawrence Montgomery schudde zijn hoofd. 'Onmogelijk. Er is nauwelijks wind.'

'Maar er was wel mist vanochtend,' zei Dex. 'Wat als hij ondanks de mist heeft geprobeerd een foto te maken en...' Carol zag hem slikken en vervolgens zijn hoofd schudden. 'Sorry. Laat maar.'

Montgomery gebaarde tegen de anderen dat ze op afstand moesten blijven, maar niemand luisterde. Met zijn allen liepen ze in de richting van de cameratas. Carol zag dat er een vreemde zwarte kras op zat, alsof hij langs een rots was geschuurd. Was de kras er vanochtend al geweest? Misschien, maar ze kon hem zich niet herinneren. Ze meende dat de cameratas er splinternieuw had uitgezien en onbeschadigd was geweest, net als Murphy's andere bezittingen.

Montgomery pakte de cameratas op en ze liepen door, in de richting van de rand. Ver beneden hen zag Carol het water van de Stille Oceaan.

Naarmate ze dichter bij de rand kwamen, ging Montgomery langzamer lopen. Opnieuw gebaarde hij dat de anderen op afstand moesten blijven. Mary Jo bleef staan, net als Buchanan. De rest liep door.

Ze waren nu bijna bij de rand.

Carol keek naar Riley, die er nerveus en angstig uitzag. Ook Dex leek zijn adem in te houden. Harris keek recht voor zich uit en deed duidelijk zijn best onaangedaan en kalm over te komen.

Nog drie meter tot de rand.

Twee.

Een.

Ze keken naar beneden.

'O, jezus,' zei Montgomery. 'O, jezus christus...'

Carol deed een stap naar achteren. Ze bracht een hand naar haar mond en was bang dat ze zou gaan overgeven.

Heel even leek de wereld stil te staan.

Toen begon Riley te gillen.

20

'Rustig blijven,' zei Lawrence Montgomery, die wit was weggetrokken. 'Rustig blijven, mensen. Het is belangrijk dat... eh, we moeten...'

'We moeten naar beneden,' zei Harris. 'Nu meteen. Misschien leeft hij nog.'

Carol dacht aan wat ze zojuist had gezien: Samuel Murphy, op zijn rug beneden op de rotsen, zijn hoofd in een enorme plas bloed. Ze beschouwde zichzelf als een optimistisch mens, maar wat Harris zojuist had gezegd, was totale nonsens. Samuel Murphy was dood. Geen mens kon een val van zo'n grote hoogte overleven.

Terwijl Montgomery opnieuw tegen iedereen zei dat het belangrijk was om rustig te blijven, bleef Carol achteruitlopen. Toen ze ver genoeg bij de rand vandaan was, liet ze zich zakken op het gras en sloeg haar handen voor haar gezicht.

Achter zich hoorde ze Mary Jo zeggen: 'O, god. Hij is toch niet... zeg me alsjeblieft dat het niet waar is.'

'We moeten naar beneden,' zei Harris weer. Hij pakte Montgomery bij zijn arm. 'Waar kunnen we naar beneden? Er moet ergens een pad zijn. Toch?'

Montgomery schudde zijn hoofd. 'Nee. Dat is er niet. Er is... We moeten... We moeten terug naar de bungalows. Ik heb mijn telefoon niet, maar mijn laptop is daar. Ik moet Roy Geddes mailen en vragen of hij 911 belt. Dit is... Het is verschrikkelijk.'

Carol voelde een hand op haar schouder. Het was Buchanan. 'Gaat het een beetje?' vroeg hij. 'Ik heb het niet gezien en ik ben ook niet van plan te kijken, maar het kan er niet fraai hebben uitgezien.'

Carol schudde haar hoofd. 'Nee,' zei ze. 'Nee, dat klopt. En ja, het gaat wel. Dank je. Ik... ik moet alleen even zitten.'

'Hij moet zijn gevallen,' zei Mary Jo, die naast Buchanan was komen staan. 'Misschien wilde hij een foto maken en verloor hij zijn evenwicht?'

Harris haalde zijn schouders op. 'Of hij had schulden en is gesprongen. Het zou niet de eerste rijke stinkerd zijn die in de problemen raakt en liever de stekker eruit trekt dan te moeten toegeven dat hij voor het eerst in zijn leven niet alles onder controle heeft. Ik zeg het je: die kerel had iets narcistisch over zich.'

'Natuurlijk is hij niet gesprongen,' zei Dex. 'Laten we eerlijk zijn: als hij zelfmoord wilde plegen had hij toch net zo goed thuis kunnen blijven en een paar pillen kunnen nemen?'

Harris schudde zijn hoofd. 'Pillen is geen zekerheidje. Een excollega van me probeerde het ook. Ze pompten zijn maag leeg en hij leefde gewoon verder.'

'Dan nog,' zei Mary Jo. 'Er zijn wolkenkrabbers en hoge kliffen genoeg. Waarom zou hij eerst twintigduizend dollar betalen voor deze cursus en dan op dag één hier naar beneden springen?' Ze schudde haar hoofd. 'Nee, het moet een ongeluk zijn geweest.'

Montgomery knikte. 'Dat denk ik ook.'

'Het is dag twee,' zei Riley.

Mary Jo fronste. 'Wat?'

'Je zei dat hij op dag één naar beneden is gesprongen,' zei Riley. 'Maar dat klopt niet. Het is dag twee. Niet dat het er verder iets toe doet...'

'Sorry,' zei Montgomery, die duidelijk probeerde kalmte uit te stralen terwijl hij allesbehalve kalm was. 'Hoe dit ook heeft kunnen gebeuren: we moeten terug naar de bungalows. Ik moet contact opnemen met Roy Geddes zodat hij de hulpdiensten kan bellen. En meneer Murphy's familie...'

Carol kwam overeind. Ze haalde diep adem en keek om zich heen. Een deel van haar probeerde nog altijd te ontkennen wat ze zojuist had gezien. Het klopte niet. Ze was hier voor een schrijfcursus. Niet om getuige te zijn van... tja, wat was het? Zelfmoord? Of een afschuwelijk ongeluk?

Met Samuel Murphy's cameratas in de hand liep Montgomery terug in de richting van het pad. Opnieuw viel Carol de vreemde zwarte streep op die het leer van de tas ontsierde. Ze wilde net achter Montgomery aanlopen toen Buchanan zei: 'Wacht eens even… dit is toch niet een of andere morbide grap, hè?'

Montgomery draaide zich om. 'Wat?'

'Dit,' zei Buchanan, en hij wees met zijn duim over zijn schouder naar de rand van de klif. 'U weet waarschijnlijk welke opdracht we van Victor Aster hebben gekregen? Een stel personages op een afgelegen plek plaatsen en dan een dode laten vallen waarbij het lijkt op een ongeluk… Dat zei u net. Dat u denkt dat het een ongeluk is. Hoort die meneer Murphy er soms bij? Hebben jullie daarbeneden een fles ketchup naast zijn hoofd leeggespoten om ons de stuipen op het lijf te jagen en krijgen we straks van Victor te horen: nou, zo doe je dat dus: spanning opbouwen? Ik zeg u nu alvast: als dat het geval is, dan vind ik het totaal niet grappig.'

Carol keek naar Montgomery, die met zijn ogen knipperde. Had Buchanan gelijk en was het allemaal een toneelstukje geweest?

Montgomery keek nog altijd naar Buchanan, alsof hij niet kon geloven dat de vraag serieus was bedoeld. Uiteindelijk zei hij: 'Nee, meneer Buchanan. Ik kan u verzekeren dat dit geen grap is.'

Buchanan leek nog iets te willen zeggen, maar bedacht zich en wendde zijn blik af. 'Ik, eh… oké. Mijn excuses dan.'

Vanuit haar ooghoek gluurde Carol naar Dex. Hij was hier twee jaar geleden ook geweest. Als Murphy niet werkelijk dood was, maar daarbeneden een toneelstukje lag op te voeren, dan zou hij het weten. Maar Dex zag er even ontdaan uit als alle anderen. Dit was geen spelletje. Samuel Murphy was werkelijk dood.

Zwijgend liepen ze terug naar de bungalows. Terwijl Carol probeerde het nare beeld uit haar hoofd te krijgen, vroeg ze zich af wat er nu ging gebeuren. Het kon bijna niet anders of ze zouden allemaal terug naar huis gaan. Ze kon zich niet voorstellen dat de cursus gewoon zou doorgaan. Hoe kon je je immers concentreren nadat je van dichtbij zoiets afschuwelijks had gezien?

Nou ja, dacht ze: Victor Asters complimenten over het begin van haar eerste hoofdstuk zou ze mee naar huis nemen en een prettige bijkomstigheid was dat ze naar alle waarschijnlijkheid het cursusgeld zouden terugkrijgen. Ze zou volgend jaar kunnen teruggaan. Of eerder, mocht Victor Aster besluiten de cursus op een ander tijdstip te laten doorgaan.

'Is er niet iemand die tóch een telefoon heeft meegesmokkeld?' zei Dex na een paar minuten. 'In dat geval kunnen we nu meteen bellen...' Hij keek naar Riley, maar die schudde haar hoofd.

'Ik wilde niet valsspelen en heb 'm in de auto achtergelaten. Als ik hem toch bij me had gehad, dan had ik gisteren wel foto's gemaakt van die orka's.' Ze snoof. 'Dat zijn dus al twee redenen waarom ik 'm beter wél had kunnen meenemen.'

Harris schudde zijn hoofd. 'Die stomme eikel. Hoe kun je nou zo onvoorzichtig zijn om daar naar beneden te vallen?'

'Het was mistig vanochtend,' zei Buchanan. 'Mist kan behoorlijk desoriënterend werken. Het is soms moeilijk om afstanden in te schatten.'

'Welnee,' zei Harris. 'In de auto misschien. Maar toch niet als je te voet bent?'

Buchanan haalde zijn schouders op.

Omdat het donker begon te worden, hielden ze er stevig de pas in.

'Ik neem aan dat de rest van de cursus verplaatst zal worden,' zei Dex tegen Montgomery. 'Of denkt u dat Victor gewoon door wil gaan morgen?'

Montgomery zei dat hij het niet wist. 'Maar los van wat Victor wil: ik zou het begrijpen als u – of enkelen van u – niet meer door willen. Wat er gebeurd is, is verschrikkelijk. Het lijkt me lastig om door te gaan met uw schrijfopdracht.'

'Zeker weten,' zei Riley. 'Ik was best lekker bezig, maar nu wil ik nog maar één ding, en dat is naar huis.'

Carol zweeg. Een deel van haar wilde ook naar huis. Een ander deel wilde blijven omdat ze vanochtend zo'n heerlijke flow had ervaren. Aan de andere kant: kon ze die vasthouden na hetgeen ze zojuist had gezien? Natuurlijk, ze had Murphy niet gekend. Ze had zelfs geen woord met de man gewisseld. Maar toch...

'Ik mag hopen dat we wel gewoon doorgaan,' zei Harris. 'Vrij krijgen is niet makkelijk voor mij. Ik heb hier maanden naar uitgekeken en zit er niet op te wachten om de komende dagen werkeloos thuis op de bank door te brengen. Met alle respect voor meneer Murphy en zijn familie.'

Montgomery knikte. 'Ik zal straks met Victor overleggen. Maar eerst ga ik Roy Geddes mailen zodat meneer Murphy's familie zo snel mogelijk op de hoogte kan worden gesteld en het lichaam kan worden geborgen.'

Tien minuten later waren ze bij de bungalows. Buchanan plofte neer op een van de stenen bankjes bij de fontein. Dex, Riley en Carol liepen in de richting van hun bungalows.

'Waar gaat u naartoe?' zei Mary Jo, die net als Carol zag dat Montgomery niet naar zijn eigen bungalow liep, maar naar die van Luther Green.

Montgomery keek om en zei dat hij voordat hij zijn mail naar Roy Geddes zou versturen meneer Green en mevrouw Espinosa op de hoogte wilde stellen.

'Doet u Green maar,' zei Harris tegen Montgomery. 'Ik zal het Doris wel vertellen. Op die manier kunt u sneller naar uw laptop.'

Montgomery aarzelde even en knikte toen. 'Ik zie u allemaal over een kwartier bij de fontein. Ik zal u zodra ik dat mailtje heb verstuurd naar de eetzaal vergezellen en vervolgens Victor op de hoogte stellen van wat er is gebeurd. Daarna zal ik me zo snel mogelijk bij u voegen om u te vertellen hoe we verdergaan. Akkoord?'

Er werd geknikt. Carol wisselde een blik van verstandhouding met Dex en Riley en vervolgens ging iedereen zijn bungalow in. Alleen Buchanan bleef buiten. Hij zat nog steeds op het bankje bij de fontein en staarde met een uitdrukkingsloos gezicht voor zich uit.

Carol sloot de deur achter zich en ging op haar bed zitten. Opnieuw zag ze het bloederige hoofd van Samuel Murphy voor zich. Ze dacht terug aan hoe ze een dag eerder had getwijfeld of ze aan boord van de veerpont zou stappen vanwege haar faalangst. Nu was ze gegaan, ging het schrijven van een leien dakje en gebeurde dit.

Was het zelfmoord geweest? Of toch een ongeluk?

Ze wist het niet.

Het enige dat ze kon doen, was afwachten en intussen proberen te beslissen wat ze zou doen: hier blijven en doorgaan – als die optie er was – of teruggaan naar New York. Een duidelijke voorkeur had ze niet. Daarvoor was het allemaal te vers en te surrealistisch. Misschien zou een paar minuten alleen-tijd haar een beter idee geven van wat ze wilde.

Ze ging op haar bed liggen en sloot haar ogen.

21

Lawrence Montgomery

Luther Green reageerde uiterlijk kalm op het overlijden van Samuel Murphy. Hij knikte en zei dat hij het verschrikkelijk vond. Vervolgens sloeg hij een kruisje en liet weten dat hij hoopte dat meneer Murphy nu op een betere plek was.

Lawrence zei: 'Dat hoop ik ook. Maar toch had ik liever gehad dat hij nog gewoon onder ons was.'

'Ik ook, meneer Montgomery,' zei Green. 'Maar gedane zaken nemen nu eenmaal geen keer en Gods wegen zijn ondoorgrondelijk. Hoewel ik denk dat wij als individu zeker invloed hebben op de dingen die ons overkomen, gebeurt alles met een reden. Laat het een troost zijn dat zijn ziel nooit zal sterven.'

Lawrence, die al zijn hele leven atheïst was, zei: 'Eh, oké, meneer Green. Ik moet het kort houden, want ik moet terug naar mijn bungalow. Ik moet een mail sturen naar Roy Geddes met het verzoek 911 te bellen. Tenzij u een telefoon hebt meegesmokkeld?'

Green schudde zijn hoofd. 'Het spijt me, meneer Montgomery. Ik heb me keurig aan de voorschriften gehouden. U zult het dus per mail moeten afhandelen: ik hoop dat meneer Geddes zijn berichten regelmatig checkt.'

'Doorgaans reageert hij binnen een uur. Het moet dus lukken om spoedig assistentie te krijgen.'

Green knikte en wenste hem sterkte, waarop Lawrence in de richting van zijn eigen bungalow liep. Hij keek naar de fontein. Het bankje waarop Nick Buchanan daarnet had gezeten, was leeg. Blijkbaar was hij net als de andere cursisten naar binnen gegaan.

Lawrence ging zijn bungalow binnen, sloot met Samuel Murphy's leren cameratas tegen zijn borst geklemd zijn ogen, en leunde enkele seconden tegen de deur.

Jezus.

Jezus, jezus, jezus.

Het was hem gelukt om in het bijzijn van de cursisten zijn kalmte te bewaren, maar nu hij hier was – alleen – sloeg de schrik hem om het hart. Wat was er zojuist gebeurd? Lag werkelijk een van Victors cursisten morsdood op de rotsen na een vrije val van veertig meter? Was hij gesprongen? Was het een ongeluk geweest?

Lawrence haalde diep adem, kwam in beweging en legde de cameratas op zijn bureau. Vervolgens liep hij naar de badkamer en plensde koud water in zijn gezicht.

Hij pakte een handdoek, droogde zijn gezicht af en keek naar zichzelf in de spiegel. Heel even had hij spijt. Als hij zich maanden geleden niet met Victor had bemoeid, dan waren ze op dit moment met zijn tweeën op het eiland geweest en was dit allemaal niet gebeurd.

Of wel?

Ja, misschien toch wel. Nu hij erover nadacht was het Victor zelf geweest die zomaar vanuit het niets van gedachten was veranderd en had gezegd dat hij de cursus toch wilde laten doorgaan.

Ineens schoot hem zijn gesprek van gisteren met Victor over Samuel Murphy te binnen. Wat had Victor ook alweer gezegd? *Meneer Murphy, hè? Heel goed. Dan is die morgenochtend als eerste aan de beurt.*

Nou, Samuel Murphy wás aan de beurt gekomen. Heel even flitste een beeld door zijn hoofd van Victor die Samuel Murphy eigenhandig van de klif duwde. *Net zoals hij zijn vrouw van de trap had geduwd?*

Nee, dat was waanzin. Victor was geen moordenaar. Maar via het idee van een bewuste daad schoten hem plotseling de brieven van Miranda X te binnen. Hij herinnerde zich de brief waarin ze had gedreigd naar Big Rock Island te komen. Stel dat zij hier op de een of andere manier achter zat? Stel dat ze geen brieven meer had geschreven omdat ze een plan had gemaakt? Een plan om hierheen te komen tijdens de cursusweek en…

Maar nee, ook dat sloeg nergens op. Waarom zou ze in hemelsnaam naar Big Rock Island komen en een onschuldige cursist van een klif duwen?

Lawrence hing de handdoek over de radiator naast het toilet en verliet de badkamer. Het had geen zin om te speculeren. Hij liep naar het bureau en fronste toen hij zijn laptop niet zag. Op het bureau lagen alleen Samuel Murphy's cameratas en de gebruikelijke paperassen.

Hij draaide zich om en keek naar zijn bed. Sloeg het dekbed opzij.

Niets.

Plotseling bekroop hem een gevoel van onbehagen. Eerst zijn telefoon. Nu zijn laptop.

Er klopte iets niet.

Had hij zijn laptop gisteren na de introductiesessie van de cursus van Victor teruggekregen? Jazeker, anders had hij gisteravond zijn mailtje naar de vriend van Carol Arrington niet kunnen versturen. En vanochtend had hij 'm ook nog gehad, daar twijfelde hij niet aan.

Hij draaide zich om, vroeg zich af of hij iets over het hoofd had gezien en voelde een vlaagje wind langs zijn gezicht strijken.

Het gevoel van onbehagen werd sterker. Lawrence keek in de richting van het raam aan de achterkant van de bungalow. Het stond op een kiertje, net als vanochtend. De openstaande badkamerdeur bewoog zachtjes door toedoen van de wind.

Lawrence stond op het punt naar het raam te lopen om het dicht te schuiven toen hij zag dat de badkamerdeur niet een beetje bewoog, maar *bleef bewegen*. Net op het moment dat hij dacht: dit kan de wind niet zijn, kwam er een pistool met geluiddemper achter de deur vandaan, gevolgd door een arm. Het wapen wees in zijn richting.

'Nee,' zei Lawrence. 'Wacht...'

Plop.

De eerste kogel trof hem in zijn borst. Lawrence viel achterover op het bed. Probeerde tevergeefs overeind te komen en schokte naar achteren toen een tweede kogel hem in de hals trof.

Hij keek op, in een poging het gezicht te zien van degene die hem had neergeschoten, maar zijn blik werd wazig en plotseling voelde hij een onweerstaanbare drang om zijn ogen te sluiten. Het laatste dat hij zag was het blinkende lemmet van een enorm mes dat op zijn gezicht leek af te suizen.

Vervolgens werd alles zwart.

22

Carol

Carol lag nog geen tien minuten op bed toen iemand op haar deur klopte. Ze kwam overeind en deed open. Het was Riley. Ze hyperventileerde, zweette als een otter en zei: 'Sorry, maar mag ik alsjeblieft bij jou blijven tot we naar de eetzaal gaan? Ik zie steeds dat beeld voor me van hoe hij daar op die rotsen lag. Ik... ik ben bang en ik wil niet alleen zijn.'

'Natuurlijk,' zei Carol. 'Ik voel me zelf ook niet bepaald lekker. Kom binnen, dan zet ik een kop thee voor je. Dat moet nog wel lukken voordat we gaan eten.' Ze deed een stap opzij zodat Riley binnen kon komen.

'Dank je wel, maar thee hoeft niet. Ik ben misselijk.' Ze ging op de rand van het bed zitten. 'Jezus, is die Buchanan gek of zo? Hoe kan hij dat nou vragen? Of het een grap is en een deel van de cursus? Wat zei hij nou ook alweer? Dat hij dacht dat Victor en Lawrence een fles ketchup hadden leeggespoten op die rots? Shit, dat is echt *twisted*.'

'Rustig maar,' zei Carol. 'Probeer even aan iets anders te denken en op adem te komen.' Ze aarzelde. 'Ik moet eerlijk zeggen dat ik er ook heel even aan dacht...'

Riley keek haar met grote ogen aan. 'Dat het misschien allemaal nep was?'

Carol knikte. 'Ja. Heel even maar. En ik dacht het niet écht, geloof ik. Het was alleen–'

'Laat maar,' zei Riley. 'Misschien ben ik gewoon raar. Ik zag gewoon meteen dat hij echt dood was. Of nee: ik vóélde het.'

Carol knikte. Ze ging naast Riley op het bed zitten en legde een hand op haar schouder.

Riley zei: 'Heb jij dat weleens gehad? Dat er iemand doodging in je omgeving en dat je het voelde? Ik wel. Bij mijn oma. Ze belandde vier jaar geleden na een hartaanval op de ic. Ik had steeds het gevoel dat ze het zou gaan redden, totdat ik op een nacht wakker werd en dacht: ze is dood. Hoe het kan, weet ik niet. Ik wist het gewoon zeker. Ik probeerde het natuurlijk te rationaliseren en mezelf wijs te maken dat het niet zo was, maar tien minuten later belde mijn moeder en kreeg ik de bevestiging.'

Carol schudde haar hoofd. 'Nee, zoiets heb ik nooit meegemaakt. Maar ik heb wel mensen geïnterviewd die het hierover hadden. Dat ze voelden dat iemand dood was gegaan en het later ook zo bleek te zijn.'

'Dan begrijp je wat ik bedoel,' zei Riley. 'Al was dat daarnet natuurlijk heel wat anders. We konden hem met onze eigen ogen zien en een val van die hoogte... nou ja, dat overleeft niemand.' Ze zuchtte.

Carol zette een kop thee voor zichzelf en schonk Riley zonder het te vragen een glas water in. Riley raakte het glas niet aan en staarde als verdoofd voor zich uit, maar haar ademhaling werd langzaam regelmatiger en het zweet op haar voorhoofd was zo goed als opgedroogd.

Carol dronk zwijgend van haar thee, liep toen naar het raam en schoof het gordijn opzij. 'Ze zijn allemaal buiten,' zei ze. 'Bij de fontein. Laten we ook maar gaan.'

Riley aarzelde. 'Ik heb geen honger. Ik denk dat ik hier blijf tot de veerpont er is.'

'Ik zie Montgomery nog niet,' zei Carol. 'Als ik jou was, zou ik toch maar even meegaan. Stel dat hij zijn telefoon nog steeds niet kan vinden en die schipper vanavond zijn mail niet checkt? Dan kun je maar beter even iets eten. Al zijn het maar een paar happen.'

Riley trok een gezicht, leek even te aarzelen maar kwam toen overeind. 'Oké. Ik loop wel even mee. Maar als de veerpont onderweg is, dan blijf ik in mijn bungalow.'

Ze gingen naar buiten en liepen naar de fontein. Harris was aan het woord en praatte tegen Dex. Een paar meter verderop stond Doris zachtjes te snikken. Mary Jo had een arm om haar heen geslagen en sprak haar troostend toe.

Carol en Riley gingen op een van de bankjes zitten, terwijl Buchanan op zijn horloge keek. 'Nou,' zei hij, met een blik op de bungalow van Montgomery. 'Dat kwartier is inmiddels al lang en breed voorbij. Zou hij problemen hebben met zijn internetverbinding?'

Harris haalde zijn schouders op. 'Misschien heeft hij zijn telefoon gevonden en is hij zowel 911 als de familie van meneer Murphy aan het bellen. Laten we maar even geduld hebben.'

'Nog even dan,' zei Buchanan. 'Ik heb het koud.'

Ze wachtten. Af en toe sprak iemand, maar het grootste deel van de tijd was het stil. Riley keek als in trance naar het water dat uit de bek van de herdershond stroomde. Green had zijn nek ingetrokken, alsof hij probeerde in zijn jas te verdwijnen. Dex wipte nerveus met zijn been op en neer.

Toen ze nog eens bijna tien minuten hadden gewacht, stond Buchanan op. 'Oké, nu is het wel welletjes. Ik wil weten wat er aan de hand is. Als die kerel nog lang bezig is, ga ik zelf naar de cursusruimte en maak ik mijn eigen eten. Ik heb geen zin om hier te blijven zitten en kou te vatten.'

Zonder iets te zeggen draaide hij zich om en beende met grote passen in de richting van Lawrence Montgomery's bungalow.

Carol was blij met de actie. Ze had het ook koud gekregen en de gedachte aan de warme eetzaal sprak haar meer dan aan. Kennelijk was ze niet de enige, want iedereen stond op en wandelde achter Buchanan aan. Die had Montgomery's bungalow inmiddels bereikt en klopte op de deur.

'Het moet niet veel gekker worden,' zei Buchanan, toen er niet werd opengedaan. Hij keek om. 'Ik zweer het je: we worden in de maling genomen.' Hij schudde geïrriteerd zijn hoofd en klopte nogmaals op de deur, langduriger en harder ditmaal.

'Is-ie open?' vroeg Harris. 'De deur?'

Buchanan haalde zijn schouders op, wachtte nog even en bracht zijn hand naar de deurknop. Carol hoorde Buchanan 'Hallo?' zeggen en zag hem naar binnen verdwijnen. Het bleef even stil en toen hoorde ze weer een geluid, een soort gesmoorde kreet, waarna Buchanan weer naar buiten kwam, achteruitlopend en duidelijk geschokt. Hij keek om naar de anderen, wees naar de open deur en zei: 'Hij... Het... o, shit...'

Heel even gebeurde er niets. Toen sprongen Dex en Harris tegelijkertijd naar voren en renden naar Buchanan toe. De anderen volgden. Carol keek om naar Riley, die als enige was blijven staan waar ze stond, haar ogen groot van angst.

'Riley, kom...'

Riley schudde haar hoofd. 'Ik wil niet... Ik... ik wil het niet zien.'

'Wat wil je niet zien?'

'Wat er daar binnen is,' zei Riley. 'Het is toch duidelijk? Hij is dood, Carol. Hij is dood. En iemand... iemand dóét dit.'

Dat weet je niet, wilde Carol zeggen. Misschien is er iets anders aan de hand. Misschien is er niemand binnen en is Buchanan daarom van slag. Maar ze zei het niet. Want diep vanbinnen wist ze dat Riley gelijk had.

Ze had de gedachte nog niet afgemaakt of ze hoorde John Harris zeggen: 'O, shit... dit is... *gadverdamme*.' De anderen gingen naar binnen. Er klonken meer kreten van ontzetting en Doris kwam onmiddellijk weer naar buiten, haar gezicht lijkbleek. Buchanan had zich weer onder controle en ging terug naar binnen.

Carol trok Riley mee. 'Kom. Nu. Prima als je niet naar binnen wilt, maar als je gelijk hebt, is dat des te meer reden om hier niet in je eentje te blijven staan.'

Even leek Riley te weigeren, maar toen gaf ze haar verzet op en liet zich door Carol meevoeren. Pas toen ze de deur van Montgomery's bungalow tot op enkele meters waren genaderd, maakte ze zich met zachte dwang los uit Carols greep en wees naar Doris, die hevig trillend naast de plantenpot voor de deur stond.

'Ik blijf wel bij haar,' zei Riley. 'Ik hoef het niet te zien.'

Carol knikte. Haalde diep adem en stapte naar binnen.

23

Het eerste wat ze zag, was nog niet zo erg: het bloed ter hoogte van Lawrence Montgomery's borstkas. Het had zijn kleren doordrenkt en een naargeestig uitziende plas gevormd op het dekbed waarop hij lag. Het zag er afschuwelijk uit, maar het was niet shockerender dan de aanblik van Samuel Murphy van een klein uur geleden.

Wat dat wel was, was Montgomery's gezicht. Of beter: wat zijn gezicht was gewéést. Zijn hoofd was er nog wel, maar er ontbrak iets. Toen ze verder de bungalow instapte en Mary Jo en Buchanan passeerde, zag ze wat: zijn haar. En niet alleen dat. Het bovenste deel van zijn hoofdhuid ontbrak. Het was er afgehaald – er compleet *afgesneden* – en lag als een onsmakelijk uitziende pruik in een plasje bloed naast het lichaam. Op de plek waar Montgomery's haar en hoofdhuid had gezeten was een donkerrood en naargeestig uitziend oppervlak zichtbaar. Carol voelde iets rommelen in haar maag en wendde haar blik af.

Vanuit de badkamer klonk het geluid van iemand die overgaf, gevolgd door het doortrekken van het toilet. Carol keek om zich heen en besefte dat het Dex moest zijn.

Harris wierp een blik op de badkamer en zei: 'Gaat het?'

'Ja,' antwoordde Dex. 'Ja. Ja, het gaat wel. Geloof ik. Dank je.'

'We moeten hier weg,' zei Mary Jo. 'Zo snel mogelijk.'

Er werd nerveus naar elkaar gekeken. Het was duidelijk dat iedereen alle zeilen moest bijzetten om niet in paniek te raken.

'Ik begrijp het niet,' zei Buchanan. Hij ademde zwaar en staarde naar de kogelgaten in de borstkas en hals van Montgomery. 'Ik heb geen schoten gehoord. De muren van deze huisjes zijn niet erg dik...'

Mary Jo knikte. 'Een geluiddemper. Dat kan niet anders.'

Vanuit de badkamer hoorde Carol het geluid van stromend water, en een ogenblik later kwam Dex naar buiten, wrijvend in zijn roodomrande ogen. Heel even bleef zijn blik op die van Carol rusten. Met de avond ervoor in gedachten voelde Carol de aandrang haar blik af te wenden, maar wat er zojuist gebeurd was, was dermate verschrikkelijk dat ze het niet kon opbrengen, en dus gaf ze hem een kort knikje om hem te laten weten dat ze met hem meevoelde. Dex knikte terug, richtte zich toen op Mary Jo en zei: 'Je hebt gelijk. Het kan niet anders. Maar hoe is hij hier binnengekomen? Heeft iemand iets gezien?'

Carol keek naar Buchanan. 'Jij hebt een tijdje buiten gezeten nadat we Murphy hadden gevonden.'

'Een paar minuten maar,' zei Buchanan. 'Toen kreeg ik het koud en ben ik naar binnen gegaan. Maar zelfs als ik de hele tijd buiten had gezeten, dan nog had ik waarschijnlijk niets gezien.' Hij wees naar het raam aan de achterkant van de bungalow. 'Ik denk dat wie dit ook heeft gedaan daardoorheen naar binnen is gekomen.'

Carol keek naar het raam. Wat had Riley zo-even ook alweer gezegd?

Iemand dóét dit.

Ze huiverde. 'Mary Jo heeft gelijk. We moeten hier weg,' zei ze. 'We moeten zo snel mogelijk die laptop zoeken en zorgen dat er hulp komt.'

'Dat hebben we al gedaan,' zei Harris. 'Die laptop zoeken. Hij is hier niet. En ook geen telefoon.'

Carol bukte zich. Ze keek onder het bed. Liep vervolgens naar het bureau en trok laden en deuren open.

'Daar hebben we al gekeken,' zei Harris, eerder berustend dan geïrriteerd.

'Geweldig,' zei Buchanan. 'Dan zitten we hier dus vast met een of andere psychopaat in de buurt.'

Carol keek hem aan, leunde tegen het bureau en probeerde niet te denken aan wat dit betekende. Ze wendde haar blik af, keek naar buiten en zag Doris Espinosa in de deuropening staan, haar ogen groot van ongeloof. Ze huilde ongegeneerd en zei: 'O, mijn god. Wie doet zoiets? Wie doet zoiets...'

Iemand, hoorde Carol Riley weer zeggen. Ze keek naar de geschokte gezichten om haar heen en probeerde het rommelende gevoel in haar maag te negeren.

'Indianen,' mompelde Buchanan.

Mary Jo zei: 'Wat?'

'Indianen doen dit,' zei Buchanan, wijzend naar Lawrence Montgomery. 'Of deden dit. Mensen scalperen. Soms gebeurde het bij dode mensen, maar vaak ook bij levende. Als waarschuwing voor anderen.'

Iedereen keek Buchanan aan. Carol zag hoe Harris fronste en over zijn schouder in de richting van de heuvel keek. Green volgde zijn blik.

'Wacht eens even,' zei Mary Jo. 'Je suggereert toch niet dat...'

Buchanan deed een stap bij het bed vandaan. 'Ik suggereer helemaal niets. Ik doe alleen maar een constatering.'

Het kostte Carol moeite helder te blijven denken. Zonder dat ze het wilde, keek ze opnieuw naar het lichaam op het bed. Ze wilde net haar blik afwenden, toen ze onder Montgomery's linkerarm een stukje papier zag liggen, nauwelijks zichtbaar op het witte dekbed.

Ze deed een stap in de richting van het bed, trok er voorzichtig aan en zag dat er iets op was geschreven. Ze las de woorden tweemaal. En toen nog een keer. Terwijl ze het deed voelde ze zich licht in haar hoofd worden.

'Huh,' zei Buchanan, terwijl hij het stukje papier uit haar handen griste. 'Wat... Waar slaat dit in hemelsnaam op?'

'Wat staat er?' zei Green.

Buchanan keek hem aan. 'Er staat "Dat is twee".'

'Dat is twee?' zei Mary Jo. 'Wat... Denk je dat de dader dat heeft achtergelaten? Of zou Montgomery het zelf hebben geschreven voor hij stierf om ons iets te laten weten?'

Terwijl de anderen zich om Buchanan heen verdrongen, keek Carol naar de cameratas van Samuel Murphy naast haar op het bureau. Ze tilde hem op en staarde naar de lange zwarte streep die ze eerder voor een beschadiging had aangezien.

'Wat doe je?' vroeg Harris. 'Waarom kijk je naar die tas?'

Carol keek hem aan. 'Daarnet bij de klif zag ik dat er een beschadiging op die tas zat. Ik kon me niet herinneren dat ik die gisteren op de boot had gezien, maar ik wist het niet zeker.' Ze draaide de tas zo dat ook de anderen de zwarte streep konden zien. 'Nu wel. Het is geen beschadiging. Het is een één. Iemand heeft er een één op geschreven.'

'Een één?' zei Harris. 'Weet je zeker dat het niet gewoon een kras is?'

Dex schudde zijn hoofd. 'Ze heeft gelijk. Die cameratas was gisteren nog in perfecte staat...'

Stilte. Carol voelde haar hart kloppen in haar keel terwijl ze zag hoe de betekenis van wat ze zojuist had gezegd doordrong tot de anderen.

Mary Jo zei: 'Maar als Samuel Murphy nummer één was, en Montgomery nummer twee, dan betekent dat...'

'Dan betekent dat dat wie dit ook doet aan het tellen is,' zei Green.

Buchanan schudde zijn hoofd. 'Wacht even, wacht even... Laten we niet te hard van stapel lopen. We weten dit niet zeker. Ja, hier staat duidelijk "Dat is twee". Maar we weten niet wie het heeft geschreven. Degene die dit heeft gedaan of Montgomery zelf. En die cameratas... nou ja... dat kán gewoon een random streep zijn. Toch?'

'Ja,' zei Dex, na een korte stilte. 'Ja, dat kan. Maar gezien het feit dat er twee doden zijn gevallen binnen een uur...'

Harris schudde zijn hoofd. 'Of er nu wel een één op die tas staat of niet: degene die dit heeft gedaan, is krankzinnig.'

Carol keek weer naar de heuvel. Ze dacht aan Victor Aster en de schijnbaar oprechte manier waarop hij haar vanochtend had gecomplimenteerd met haar tekst. Was het allemaal fake geweest? Was hij in werkelijkheid gek geworden na de scheiding van zijn vrouw en was híj hiervoor verantwoordelijk? Er drong zich een beeld op uit de filmversie van *The Shining*; Jack Nicholson die met een bijl in zijn handen achter zijn zoontje aan rende door de gangen van een ingesneeuwd doolhof.

Nee, dacht ze.

Dat kon niet waar zijn. Toch?

Mary Jo zei: 'Ik zie jullie om de haverklap naar dat pad richting de heuvel en Victor Asters huis kijken, maar het is onzin om alleen aan hém te denken vanwege het feit dat meneer Montgomery is gescalpeerd. Wat zou iemand doen die heel graag wil dat we allemaal denken dat Victor Aster dit heeft gedaan?'

Dex knikte. 'Je hebt gelijk. En John ook. Laten we dicht bij elkaar blijven zodat we niet kunnen worden verrast. We weten dat er in ieder geval één iemand op dit eiland rondloopt met een pistool. En...' Hij staarde naar de toegetakelde schedel van Lawrence Montgomery, '... met een ander wapen.'

Misschien zijn het wel meerdere personen, dacht Carol, maar ze zei het niet. In plaats van aan dingen te denken die haar nog meer van streek zouden maken, probeerde ze te focussen op iets kalmerends. Dat viel niet mee.

'Oké,' zei Buchanan. 'Dus wat doen we nu?'

Harris keek hen een voor een aan. 'Het belangrijkste is dat we kalm blijven. Hoe moeilijk dat ook is. Laten we naar het huis van Victor Aster gaan. Je weet maar nooit, misschien heeft hij daarboven toch een telefoon.'

'En als dat niet zo is?' zei Buchanan.

Harris keek op zijn horloge. 'Dan is dat huis nog altijd een betere plek om te zijn dan hier in onze bungalows. Het is hoger gelegen en we kunnen er bij elkaar blijven. Ik slaap liever daar dan hier in mijn eentje.'

Daar was iedereen het mee eens.

Carol keek weer naar de cameratas. Ze wilde het uit alle macht tegenover zichzelf ontkennen, maar de gedachte bleef zich opdringen. Er stond werkelijk een één op. En Montgomery was nummer twee. Ze waren nog met acht cursisten over. Zou er straks weer iemand te grazen genomen worden? En zo ja: wie?

Ze huiverde.

'Oké,' zei Buchanan. 'We gaan dus naar Asters huis. Maar wat als híj degene is die hierachter zit? Wat als hij zodra we daar aankomen op ons begint te schieten? Wat als er *onderweg daarnaartoe* iemand op ons begint te schieten?'

Harris haalde zijn schouders op. 'Laten we hopen dat dat niet gebeurt. Desnoods nemen we niet het pad, maar gaan we door het bos. Ik snap dat er een risico aan kleeft, maar shit, hier blijven lijkt me ook geen optie. Dit is het enige dat ik kan bedenken. Als er iemand is met een beter idee, dan hoor ik het graag.'

24

Niemand had een beter idee en dus liepen ze even later nerveus om zich heen kijkend in de richting van de heuvel. Voordat ze vertrokken hadden ze om beurten wat spullen uit hun bungalow gehaald terwijl de anderen de omgeving in de gaten hielden. Carol droeg een kleine rugzak die ze naar het eiland had meegenomen voor de ochtendwandeling. Ook Dex, Riley, Harris en Buchanan droegen een rugzak. Carol liep hand in hand met Riley, die aan één stuk door huilde. Terwijl ze de stenen fontein passeerden, smeekte Carol in gedachten dat Victor Aster toch een telefoon zou hebben.

Ze bereikten de heuvel en begonnen te klimmen.

'O, god,' zei Riley. 'Het is die schrijfopdracht. Het is precies hetzelfde. We gaan allemaal dood. Een voor een...'

Buchanan zei: 'Ssst. Ik snap dat je van slag bent, maar als je gelijk hebt, kun je beter stil zijn. Tenzij je met alle geweld de volgende wilt zijn.'

Riley knikte, veegde een laagje snot onder haar neus vandaan en liet Carols hand los. Het was inmiddels bijna donker. De lantaarns bij de bungalows waren zojuist aangegaan en boven de boomtoppen was de maan zichtbaar. Carol dacht aan gisteravond, toen ze hier met Riley en Dex had geprobeerd iets van de sterren te zien. Ze had niet kunnen vermoeden dat ze hier vandaag met een heel ander gevoel omhoog zou lopen.

Ze was dermate in gedachten verzonken dat ze een losliggende steen over het hoofd zag. Haar voet gleed weg en ze maakte zich op voor een lelijke val toen iemand haar pols greep. Ze werd overeind gehesen en zag dat haar redder Luther Green was.

'Dank je,' zei ze. 'Dat was op het nippertje.'

Green glimlachte. 'Geen probleem. Ik liep achter je en zag het gebeuren.'

Carol zag het kruisje om Greens nek glinsteren in het maanlicht en haar gedachten gingen terug naar de avond ervoor, toen ze Green deze zelfde heuvel op had zien gaan. Het volgende beeld: Greens vrijwel lege papier van vanmiddag tijdens de cursus. Was hij moe geweest? Te moe om te schrijven? En zo ja: waarvan?

Green liet haar pols los en ze liepen door. Dex en Harris hadden de leiding genomen. Ze keken voortdurend van links naar rechts, als verkenners in een oorlogsfilm. Tijdens de eerste meters, van de bungalows naar de heuvel, was Carol doodsbang geweest. Bang dat de stilte zou worden verbroken door het geluid van een pistoolschot en ze plotseling een stekende pijn zou voelen in haar been of rug. Nu voelde ze zich iets beter, al was daar niet echt reden toe. Ze liepen nog steeds op onbeschut terrein en waren een makkelijk doelwit voor een eventuele schutter. Had Riley gelijk? Was de val van Samuel Murphy geen ongeluk of zelfmoord geweest en was iemand werkelijk bezig hen een voor een te vermoorden, precies zoals in hun schrijfopdracht? Was het Victor Aster zelf?

Ze keek om. Green had zich iets laten afzakken en hielp Doris, die het moeilijk had met de laatste oplopende meters.

Twee minuten later waren ze allemaal boven. Ze hadden besloten niet over het pad te gaan. Nog een paar meter naar rechts en ze konden verdwijnen in de relatieve beschutting van het bos.

Ook in de laatste meters naar het bos gebeurde er niets en eenmaal tussen de bomen merkte Carol onmiddellijk dat de spanning minder werd. Ze snoof de bosgeur op en dacht terug aan eerder vandaag, toen ze zo lekker op dreef was geweest met haar verhaal. Het volgende beeld dat zich aan haar opdrong: Mark, die lief naar haar glimlachte en zei: 'Als je graag die cursus wilt doen, doe het dan gewoon. Wat ik ervan vind, doet er niet toe, maar als je mijn mening wilt: ik denk dat je ook zonder een cursus goed genoeg bent om een boek te kunnen schrijven.'

O, Mark. Had ik maar naar je geluisterd.

Hoewel het prettig voelde om niet langer over open terrein te lopen, kwamen ze nu een stuk langzamer vooruit. Er waren veel losliggende stenen en wortels die gevaarlijk uitstaken. Carol had Mary Jo, die voor haar liep, al een paar keer bijna zien uitglijden en zelf had ze ook zo nu en dan moeite haar evenwicht te bewaren. Om de voortgang nog meer te bemoeilijken waren er nog de takken van de sparren die in haar gezicht zwiepten en de optrekkende kou.

Ineens bekroop haar een angstige gedachte: wat als Victor Aster niet opendeed? Wat als hij óók was gedood door degene die Montgomery en naar alle waarschijnlijkheid ook Samuel Murphy had vermoord? Wat deden ze dan? De deur intrappen? Een ruit inslaan? Dat kon. Maar dan was er een opening voor iederéén om naar binnen te gaan en waren ze dus niet veilig.

En als Aster wél opendeed? Wat dan? Ze dacht opnieuw aan Jack Nicholson met zijn bijl in het Overlook Hotel en slikte.

Wij zijn met zijn achten, dacht ze. Hij is alleen. Zelfs als hij op de een of andere manier gek is geworden, dan nog kan hij niet–

Ze schrok op uit haar overpeinzingen toen ze links van hen iets hoorde. De anderen hadden het geluid ook gehoord, want iedereen bleef doodstil staan. Carol onderdrukte de aandrang om haar ogen te sluiten en focuste op een stuk rots links van haar.

Enkele seconden bleef het stil. Toen klonk er weer een geluid en vlogen er twee vogels op uit een van de sparren niet ver bij hun vandaan.

Carol slaakte een zucht van opluchting en zag de anderen hetzelfde doen.

'Shit,' fluisterde Doris, een paar meter achter haar. 'Ik dacht even dat ik het in mijn broek zou doen.'

In de verte keken Dex en Harris nog altijd om zich heen. Pas na enkele seconden knikten ze naar elkaar en liepen verder.

Carol begon steeds meer te wennen aan de onregelmatige ondergrond. Ze vorderden nu gestaag en na zo'n tien minuten bogen Dex en Harris af naar rechts en begonnen ze te klimmen. Carol keek om zich heen en meende in het donker een glimp van het pad op te vangen. Ja, nu zag ze heel in de verte in het dal ook een stukje van het dak van het cursusgebouw. Dat betekende dat ze de splitsing al waren gepasseerd. Het kon dus niet anders of ze waren vlak bij Victor Asters huis.

Carol keek om en zag Doris een paar meter achter haar zwoegen. Ze werd ondersteund door Green.

Riley, die nog altijd naast haar liep, keek haar aan. 'Wat doen we als hij niet opendoet?' fluisterde ze. 'Waar moeten we dan naartoe?'

Carol ontweek een uitstekende wortel. 'Dat vroeg ik me net ook af. Maar laten we niet op de zaken vooruitlopen. Eerst zien dat we daar heelhuids aankomen en dan verder kijken. Er zit weinig anders op.'

'Nee,' zei Riley. 'Maar ik dacht: er is altijd nog de cursusruimte.'

'Ja. Dat is een optie. De eetzaal is daar ook. En de keuken. We hoeven dus niet bang te zijn dat we zullen omkomen van de honger.'

Riley knikte. Ze leek zich iets beter te voelen. Carol wilde er net een opmerking over maken toen ze zag dat Dex en Harris langzamer waren gaan lopen. Harris keek om en bracht een vinger naar zijn mond terwijl Dex hen met een handgebaar tot stilstand bracht.

Hadden ze iemand gezien?

Carols hart bonsde in haar keel. Ze voelde hoe Riley opnieuw haar hand pakte.

'Rustig maar,' fluisterde Buchanan. 'Er is niets aan de hand. Ze kunnen het huis zien en zijn aan het kijken of de kust veilig is.'

Carol keek met ingehouden adem toe hoe Dex stapje voor stapje om een grote rots heen liep die het huis aan het gezicht onttrok. Harris volgde hem, voortdurend van links naar rechts kijkend. Na enkele seconden zag Carol de twee mannen op fluistertoon met elkaar overleggen. Dex knikte, keek nog een laatste keer om zich heen en stapte toen vanachter de rots het pad op. Daar bleef hij enkele tellen staan, nog altijd de omgeving scannend. Uiteindelijk gebaarde hij naar Harris dat alles oké was.

Harris draaide zich om en knikte naar de anderen dat ze tevoorschijn konden komen.

Godzijdank, dacht Carol, terwijl ze de laatste meters door het bos aflegde. Ze had het steeds kouder gekregen en hoopte dat ze snel ergens binnen zouden zitten, waar dan ook.

Ondanks het feit dat Dex had aangegeven dat de kust veilig was, keek Carol voordat ze het pad op stapte nog eens om zich heen. Het was inmiddels helemaal donker en meer dan silhouetten van bomen zag ze niet. Als er ergens iemand op de loer lag met een vuurwapen, dan zouden ze het onmogelijk kunnen zien. Hoewel dit een beangstigende gedachte was, was het voordeel ervan dat een eventuele belager met hetzelfde probleem zat. Het was lastig mikken als je nauwelijks zicht had.

Ze stapte het pad op, achter de anderen aan, en keek om naar Green en Doris, die de rij sloten.

'Dank je wel,' fluisterde Doris tegen Green. 'Dank je wel. Zonder jou had ik dit niet gered.'

Green klopte haar op haar schouder. 'Natuurlijk wel. Je bent sterker dan je denkt.'

Carol keek weer voor zich uit en daar was het huis, met ervoor een drie meter hoog smeedijzeren hek.

'O, shit,' mompelde Buchanan. 'Hoe komen we daarlangs...'

Harris en Dex liepen naar het hek toe.

'Geen zorgen,' zei Harris. 'Er is hier een intercom en een bel.'

'En een camera,' zei Dex, wijzend naar een klein zilveren apparaat dat rechtsboven op een van de punten van het hek was bevestigd. Hij bracht een hand omhoog en zwaaide. Vervolgens leek hij zich de situatie te herinneren waar ze zich in bevonden en bracht zijn hand weer omlaag. 'Eh, excuus. Dat was niet echt gepast. Ik... Het zal de stress zijn.'

Harris belde aan. Carol keek naar de gespannen gezichten om zich heen en hupte van haar ene voet op haar andere in een vergeefse poging de kou te verdrijven. Toen er na een tiental seconden nog niet was opengedaan, wierp ze een vluchtige blik op de camera op het hek.

Zat Victor Aster naar hen te kijken? Of was hij er niet? En als hij er niet was, waar was hij dan wel? Hij at niet met hen mee, dus in de eetzaal van de cursusruimte kon hij niet zijn. Was hij naar de bungalows gegaan om erachter te komen of Samuel Murphy terecht was?

'Verdomme,' zei Harris, nadat hij nog een keer zonder resultaat had aangebeld. 'Die klootzak... Eh, sorry... misschien is hij gewoon, eh... Wat doen we nu?'

Dex tuurde door de spijlen van het hek. 'Naast de voordeur is een ruit. Ik zou over het hek kunnen klimmen en die ruit kunnen inslaan.'

'Goed plan,' zei Buchanan. Hij keek naar het hek, de scherpe uiteinden van de spijlen en vervolgens naar Doris. 'Ik weet alleen niet of het ons allemaal zal lukken hieroverheen te komen.'

Doris schudde angstig haar hoofd. 'Ik weet het wel. Dat lukt mij zeker niet.'

Carol keek om. Ze dacht weer aan de cursusruimte. Aan de keuken en het eten dat daar naar alle waarschijnlijkheid was opgeslagen. Ze wilde net haar mond opendoen, toen ze naast zich Luther Green zijn keel hoorde schrapen. Hij liet zijn hand in de binnenzak van zijn jas verdwijnen en zei: 'Niemand hoeft te klimmen.'

'Wat?' zei Mary Jo.

Green deed een stap in de richting van het hek. 'Ik heb een sleutel.'

25

Enkele seconden lang was het doodstil. Uiteindelijk was het Buchanan die sprak. 'Pardon?'

Green hield de sleutel omhoog die hij zojuist uit zijn binnenzak had gevist en zei: 'Ik heb een sleutel. Eentje van dit hek en ook eentje van de voordeur.'

Carol merkte dat ze instinctief een stap in de richting van Dex deed. Opnieuw verscheen het beeld van gisteravond op haar netvlies: Green die in het donker de heuvel op liep.

'Hoe kom je daaraan?' zei Riley. 'Heb je hem uit de zak van Montgomery gehaald?'

Harris schudde zijn hoofd. 'Nee, dat heeft hij niet. Dex en ik waren daar als eersten binnen en niemand heeft het lichaam aangeraakt.' Hij deed een stap in de richting van Green en bracht dreigend een vinger omhoog. 'Dit is een heel raar verhaal, vriend. Het lijkt me een goed idee dat je heel snel vertelt hoe je aan die sleutel komt.'

'Rustig aan,' zei Green. 'Laten we eerst naar binnen gaan. Op die manier weten we zeker dat er niet plotseling iemand op ons begint te schieten. Als je per se wilt weten hoe ik aan die sleutel kom, dan zal ik het je vertellen. Maar als Aster binnen is, dan zul je even moeten wachten. Het is namelijk zo dat–'

'Ik ga helemaal nergens op wachten,' zei Harris, die nu met zijn vinger in Greens borstkas prikte. 'Je vertelt het nú. Wie zegt dat jíj niet degene bent die helemaal gestoord is en Murphy en Montgomery heeft vermoord.'

Carol schoof wat verder naar Dex toe, stootte hem aan en fluisterde: 'Ik zag hem gisteravond laat de heuvel op gaan. Hij ging deze kant op...'

Dex keek haar aan. Hij leek op het punt te staan iets terug te zeggen, maar kreeg de kans niet omdat Green op kalme, maar besliste toon van zich afbeet.

'Denk na,' zei hij, en hij duwde de vinger van Harris naar beneden. 'Als ik iets met de dood van die twee mannen te maken had, dan zou ik toch niet zeggen dat ik deze sleutel heb? En nogmaals: ik leg het graag uit, maar wel binnen. We hebben niet dat hele stuk stil door het bos gelopen om hier op luide toon ruzie te gaan staan maken. Toch?'

Harris aarzelde. Hij bekeek Green van top tot teen en zei toen: 'Goed. Binnen dan. Maar ik wil het wel nú weten. Heel kort. Hoe kom je eraan?'

Green schonk Harris een vermoeide blik. 'Goed dan. Op voorwaarde dat jullie erover zwijgen tegen Victor Aster.'

Harris schudde zijn hoofd. 'Oké, ik zeg niets. Nou, voor de dag ermee.'

'Ik ben geen aspirant-schrijver,' zei Green. 'Ik ben privédetective. Patricia Ronson, Victor Asters ex-vrouw, heeft me ingehuurd.'

Er viel een stilte.

'Wat?' zei Buchanan.

'Je hoorde me wel.' Green zuchtte. 'Zoals eerder besproken: nadat ze haar zaak tegen Aster verloor, is ze in hoger beroep gegaan. Ze wil dat ik Victors computer doorzoek. Ze hoopt dat er informatie op te vinden is waarmee ze alsnog kan winnen. Patricia zei dat hij iedere week een brief schrijft naar zijn moeder. Ze hoopt dat hij in een van die brieven toegeeft dat hij inderdaad verantwoordelijk is voor haar val van de trap.'

Carol keek naar Green. Ze dacht weer aan het vrijwel lege schrijfblok tijdens de cursus. Ook herinnerde ze zich dat hij op het parkeerterrein geen namen van schrijvers had genoemd toen hem naar zijn favorieten werd gevraagd. Dat strookte met zijn verhaal.

'Wacht even,' zei Doris. 'Dus je hebt allebei de sleutels. Die van het hek én die van de voordeur.'

Green knikte. 'Tenzij Aster in de tussentijd de sloten heeft laten vervangen. Ik ben hier gisteren al naartoe gegaan, toen iedereen sliep, maar...' Hij aarzelde.

'Maar wat?' zei Harris, nog altijd sceptisch.

Green schudde zijn hoofd. 'Ik wilde erachter komen of de sleutel van het hek nog paste, zodat ik de volgende dag tijdens het eerste deel van de cursus naar binnen zou kunnen glippen, maar toen ik hier aankwam, kwam meneer Montgomery naar buiten. Ik kon me nog net op tijd verstoppen.'

Carol zag opnieuw Lawrence Montgomery's toegetakelde schedel voor zich. Ze voelde een rilling langs haar rug lopen.

Green zei: 'Ik was geschrokken omdat ik bijna werd gesnapt. Ik besloot rechtsomkeert te maken en tot de volgende dag te wachten voordat ik een nieuwe poging zou wagen.'

Mary Jo fronste. 'Maar dat heeft toch geen zin? Ik bedoel: stel dat er inderdaad informatie op zijn computer staat en jij steelt het. Dan is dat toch onrechtmatig verkregen bewijs.'

'Natuurlijk,' zei Green. 'Maar als het "per ongeluk" naar de pers wordt gelekt en niemand weet hoe dat is gebeurd...' Hij haalde zijn schouders op. 'Dan weet Aster hoe laat het is en is een schikking een stuk dichterbij. Zo gaan die dingen, ik heb het vaker meegemaakt.'

'Dus zijn ex-vrouw is uit op zijn geld?' zei Riley.

Green haalde zijn schouders op. 'Ze zegt dat ze – als ik iets vind op die computer – alles wat ze krijgt aan het Rode Kruis zal doneren. Maar dat zijn verder mijn zaken niet. Ik doe gewoon mijn werk en daarna verdwijn ik.'

'Ik vertrouw hem niet,' zei Buchanan. 'Dit is een bullshitverhaal.' Zonder een reactie van de anderen af te wachten liep hij op Green af en begon hem te fouilleren. Even leek Green te willen protesteren, maar toen ontspande hij en liet het hoofdschuddend gebeuren. Buchanan klopte op zijn jas- en broekzakken, gromde en deed uiteindelijk een stap achteruit met in zijn hand een doorzichtig busje met pillen. 'Wat is dit?'

'Temazepam,' zei Green. 'Ik slaap slecht. Het spijt me. Kunnen we nu in godsnaam naar binnen gaan?'

Harris wees naar het kruisje om Greens nek. 'In godsnaam, zeg je? Bedoel je dat dat kruisje om je nek wel echt is? Of hoort dat ook bij je detective-act?'

'Nee, meneer Harris. Ik geloof werkelijk in God.'

‘En toch breek je in in huizen. Wat is er gebeurd met “Gij zult niet stelen”?’

‘Ik snap wat je bedoelt,’ zei Green. ‘En daarom weeg ik de klussen die ik aanneem altijd zorgvuldig af. Wat dit geval betreft: het is heel eenvoudig. Ja, ik ga zijn huis binnen. Maar als hij niets te verbergen heeft, heeft hij niets te vrezen. Ik zie het dus niet als inbreken of stelen, maar simpelweg als waarheidsvinding.’

‘Luister, John,’ zei Dex tegen Harris. ‘Hij heeft gelijk. We weten zeker dat hij geen wapen heeft, maar wel een sleutel. We kunnen dit gesprek beter binnen voortzetten.’

‘Dank je wel,’ zei Green, met een ietwat theatraal knikje naar Dex. Hij keek naar de anderen. ‘Ja? Kan ik nu kijken of die sleutel nog past of is er nog iemand anders met een dringende vraag?’

Carol keek om zich heen en was blij om te zien dat iedereen zijn mond hield. Ze had het inmiddels zo koud dat ze zich nauwelijks meer zorgen maakte om een kogel uit het donker. Het enige dat ze wilde, was naar binnen.

Green knikte, draaide zich om en wilde net de sleutel in het slot op het hek steken toen Carol achter zich in het bos zacht-ploffende geluiden hoorde, als van iemand die rende. Ze keek om, net als de anderen, en zette zich schrap voor een aanval.

‘Shit,’ fluisterde Harris.

Carol keek naar de plek waar ze uit het bos waren gekomen, maar ze realiseerde zich dat het te laat was om zich te verstoppen.

Ze voelde haar keel samenknijpen van angst toen ze een breedgeschouderd silhouet zag opdoemen uit de duisternis. Green had gelijk, dacht ze. We hadden eerder naar binnen moeten gaan.

Het silhouet kwam dichterbij. Het was een man, dat wist Carol zeker. Alsjeblieft. Laat het…

Het volgende ogenblik haalde ze opgelucht adem. De hardloper was Victor Aster. Hij droeg een grijs joggingpak en geen pistool met geluiddemper of een fileermes.

Green deed een stap bij het hek vandaan terwijl Aster de laatste meters naar zijn huis aflegde en hen nu in het oog kreeg. Hij stopte met rennen, veegde wat zweet van zijn voorhoofd en fronste zijn wenkbrauwen. Als hij niet verbaasd was om hen te zien, dan wist hij dat uitstekend te verbergen, dacht Carol.

'Hallo, Victor,' zei Buchanan.

'Eh, hallo...' Aster aarzelde. 'Mag ik vragen wat jullie hier doen?'

26

Een paar seconden lang was het doodstil. Het enige geluid was afkomstig van Victor Asters ademhaling. Iedereen keek naar hem, op zoek naar een spoor van onoprechtheid. Carol liet haar ogen over zijn grijze joggingpak gaan. Op het eerste gezicht zag ze geen bloedvlekken.

'Is meneer Murphy nog altijd niet terecht?' zei Aster nu. 'Is dat de reden dat jullie hier zijn? En waar is Lawrence?'

Het bleef stil. Dex en Harris keken in opperste concentratie naar Aster. Ook Riley en Mary Jo staarden hem aan. Buchanan wierp een blik op Green en Doris keek naar de grond.

'Waar komt u vandaan?' zei Harris.

Aster keek om, alsof hij in de veronderstelling verkeerde dat Harris de vraag aan iemand anders stelde en fronste toen. 'Ik? Uit het bos. Ik heb er net mijn dagelijkse vijf kilometer hardlopen op zitten. Alleen maar stilzitten achter een computer en college geven is niet goed voor een mens. Ik kan u verzekeren: zonder regelmatig te sporten waren mijn boeken een stuk minder succesvol geweest. Maar vertel: hebt u meneer Murphy gevonden?'

'Ja,' zei Dex. 'Dat hebben we.'

'Gelukkig.' Aster glimlachte. 'Wat is er gebeurd? Was hij de tijd vergeten?'

'Nee, meneer Aster,' zei Harris. 'Hij is dood. Net als uw assistent. Ze zijn vermoord.'

Een moment lang bleef Victor Asters gezicht volstrekt uitdrukkingsloos, alsof hij op de een of andere manier niet registreerde wat

Harris had gezegd. Toen schudde hij zijn hoofd, deed een stap naar achteren en zei: 'U... u maakt een grapje. Toch?'

'Nee, meneer,' zei Harris. 'Samuel Murphy ligt op een rots aan de oostkant van het eiland. Uw assistent...' Hij aarzelde. 'Uw assistent is doodgeschoten en...'

'Gescalpeerd,' zei Mary Jo.

'Wát?' Hij keek hen een voor een aan. 'Wát zegt u?'

'U hebt het goed gehoord,' zei Harris. 'Het is één bloederige bende in zijn bungalow. En degene die het heeft gedaan lijkt er, nou ja... er lijkt een soort idee achter te zitten. Op de cameratas van Samuel Murphy is een streep getekend die heel goed een één zou kunnen zijn. Bij het lichaam van uw assistent vonden we een briefje met daarop de tekst "Dat is twee". Bijna alsof iemand een spelletje aan het spelen is. Zoals in een film. Of een boek...'

Carol dacht weer aan wat Riley had gezegd; de angstaanjagende parallel met de schrijfopdracht. Ze zag hoe Aster zijn handen naar zijn gezicht bracht en in zijn ogen wreef. Opnieuw probeerde ze iets gemaakts te ontdekken in zijn houding. Ze zag niets dat haar alarmbellen deed afgaan, maar eerder bij de picknicktafels had ze Nick Buchanan ook volledig verkeerd ingeschat. Misschien kon ze dus maar beter niet proberen voor detective te spelen en zich in de eerste plaats concentreren op overleven.

Aster schudde zijn hoofd. Hij haalde enigszins paniekerig een hand door zijn bezwete haar en zei: 'Hebt u iemand gezien? Een dader?'

'Nee,' zei Harris. 'Dat hebben we niet. We vermoeden dat degene die uw assistent heeft vermoord door het raampje aan de achterkant van de bungalow binnen is gekomen.'

'Maar...' stamelde Aster. 'Dit is verschrikkelijk. Een ramp. Hebt u... hebt u Lawrence' telefoon? Is de politie onderweg?'

'Er is niemand onderweg,' zei Dex. 'Zoals John al zei: het lijkt erop dat iemand een spelletje aan het spelen is. Niet alleen de telefoon van uw assistent is onvindbaar, maar ook zijn laptop. We hoopten dat u hier nog een telefoon hebt.'

Carol keek naar Aster en zag het antwoord op Dex' impliciete vraag al op zijn gezicht voordat hij zijn hoofd schudde en zei: 'Ik heb hier geen telefoon. Ik... ik communiceer altijd met de buitenwereld via Lawrence.'

'En uw computer? Als we een mailtje kunnen versturen, dan–'

'Mijn computer heeft geen internet,' zei Aster. 'Het is een prehistorisch model. Ik schrijf er alleen mijn boeken op. Dit is... o, jezus... dit is een drama.'

Er viel een stilte. Victor Aster staarde in de richting van de bungalows. De uitdrukking op zijn gezicht deed vermoeden dat hij het nog altijd niet helemaal kon geloven.

'U mag dan geen communicatiemiddelen hebben,' zei Buchanan uiteindelijk. 'Maar uw huis is het hoogste punt van het eiland. Wij zijn bang – niemand van ons zit erop te wachten om nummer drie te worden die hier aan zijn eind komt – en we willen vragen of we de nacht in uw huis kunnen doorbrengen. Op die manier zijn we niet allemaal alleen in onze eigen bungalow. Ik zie dat u camerabewaking heeft. We zouden om beurten de wacht kunnen houden zodat we niet in onze slaap worden verrast.'

Aster staarde nog altijd in de richting van de bungalows en even dacht Carol dat hij Buchanan niet had verstaan. Toen leek hij wakker te schudden. 'Slapen? In mijn huis. Eh, ja... ja natuurlijk. Ik... ik... het spijt me. Ik kan het nog altijd niet helemaal geloven.'

'Doe dat maar wel,' zei Harris. 'Er loopt hier op dit eiland een heel zieke geest rond. We kunnen dus maar beter onze ogen openhouden.' Hij keek naar Buchanan. 'En dat betekent inderdaad om beurten wakker blijven.'

Aster knikte. Hij leek nog altijd half verdoofd. Hij zei: 'Maar wacht... Lawrence... die ligt dus nog in zijn bungalow. Ik wil hem graag zien. Ik–'

'Als u dat per se wilt, dan doet u dat morgen maar,' zei Harris. 'Ik ga voor geen goud nog een keer die kant op in het donker. En ik denk dat mijn medecursisten er hetzelfde over denken.'

Van alle kanten werd geknikt.

Aster keek een moment lang gepijnigd voor zich uit. Toen knikte hij en zei: 'Oké, ik begrijp het...' Hij draaide zich om en liep naar het hek. 'Komt u maar mee.'

'Wacht even,' zei Doris. 'Hoe weten we of we hem kunnen vertrouwen? Wat als *híj* dit heeft gedaan? Dan wil hij dit misschien juist, dat we met hem mee naar binnen gaan...'

Aster, die inmiddels bij het hek was, draaide zich om en keek Doris ongelovig aan. 'Mevrouw Espinosa, dit meent u toch hopelijk niet? Ik... Jullie zijn mijn gasten. Ik vind het afschuwelijk dat meneer Murphy dood is. Wat Lawrence betreft...' Hij slikte en wendde zijn blik af. 'Lawrence is al twaalf jaar mijn assistent. Ik hield van hem. Hij was niet alleen mijn werknemer. Hij was mijn beste vriend.'

'Meneer Murphy zei een paar niet zo aardige dingen over u,' zei Doris. 'Uw assistent heeft dat volgens mij gehoord...'

Aster knikte. 'Misschien klopt dat. Maar wat wilt u daarmee zeggen?'

Doris deed een stap naar voren. Ze leek nog iets te willen zeggen, bedacht zich toen en schudde haar hoofd.

'Nogmaals,' zei Aster. 'Lawrence is al, eh, wás al twaalf jaar mijn assistent. Hij was als een broer voor me. En ik ben schrijver. Geen moordenaar.'

'Maar wie is hier dan verantwoordelijk voor?' zei Doris, met overslaande stem. Ze wierp een argwanende blik op Green. 'Zou het kunnen dat uw ex-vrouw iemand heeft ingehuurd om hier eens flink huis te houden?'

Aster schudde resoluut zijn hoofd. 'Nee, mevrouw Espinosa. Dat geloof ik niet. Mijn ex-vrouw is heel boos op me. Ze liegt en ze is uit op mijn geld. Maar ze is niet iemand die mensen laat vermoorden.'

'Weet u dat zeker?' zei Harris.

'Ja,' zei Aster. 'Dat weet ik heel zeker.' Hij keek enkele seconden met een waakzame blik om zich heen. 'Maar er is wel iets anders dat ik u moet vertellen. Of het de oorzaak is van wat er is gebeurd, dat weet ik niet. Maar...' Hij aarzelde. 'Maar het zou kunnen.'

Dex zei: 'En dat is?'

Opnieuw wierp Aster een peilende blik op de duisternis om hen heen. Toen knikte hij naar het huis en zei: 'Dat vertel ik u liever binnen.'

27

Harris knipperde met zijn ogen. 'Miranda *wie*?'

'Miranda X,' zei Aster. 'Zo noemde ze zich in de brieven die ze stuurde. De politie gaf aan dat het net zo goed om een man zou kunnen gaan. Ze hebben hem of haar nooit gepakt. Althans, dat neem ik aan. En omdat de brieven na een tijdje stopten, heb ik er zelf ook niet meer aan gedacht om ernaar te informeren. Zoals u weet had ik de afgelopen tijd andere dingen aan mijn hoofd.'

'Dus ze – of hij – dreigde u iets aan te doen?' zei Mary Jo.

Aster haalde zijn schouders op. 'In de meeste brieven schold ze me alleen maar de huid vol. Ik kreeg wel meer van dat soort post in die tijd en besteedde er weinig aandacht aan. Maar in een van haar brieven dreigde ze inderdaad om naar Big Rock Island te komen. Wat ze exact schreef weet ik niet meer. Iets in de trant van dat ze me een koekje van eigen deeg zou komen bezorgen. Dat is het moment waarop Lawrence de politie heeft gebeld.'

Ze zaten in Victor Asters woonkamer, een riante, spaarzaam ingerichte ruimte van zo'n vijftien bij vijf meter, met ramen aan weerskanten. Aan de ene kant was er uitzicht op een deel van het eiland en het Canadese vasteland, aan de andere kant op de Stille Oceaan. Carol zat samen met Riley en Nick Buchanan op een comfortabele bank die werd geflankeerd door twee dracaena's. Tegenover haar aan de muur hing een reproductie van een Edward Hopper-schilderij waarvan ze meende dat ze het jaren geleden in het MoMA in New York had gezien. Ernaast, boven een marmeren schouw, hing een indrukwekkend samoeraizwaard dat Carol deed terugdenken aan de aanblik van de toegetakelde schedel van Lawrence Montgomery. Ze merkte dat ze niet de enige was die het zwaard had opgemerkt. Ook Riley en Green keken er af en toe naar terwijl ze luisterden naar Victor Aster, die nu zei dat hij nooit echt bang was geweest dat wie de vrouw ook was hem werkelijk iets zou aandoen, maar dat de brievenschrijfster of -schrijver de enige was die hem te binnenschoot wanneer hij dacht aan een mogelijke dader van de moord op zijn assistent en – naar alle waarschijnlijkheid – op Samuel Murphy. 'Iemand anders kan ik niet bedenken,' zei hij. 'Echt niet.'

Carol nam een slok van de ijsthee die Aster enkele minuten geleden aan hen had geserveerd. Ze wist niet goed wat ze met zijn verhaal aan moest en was nog steeds bang, maar ze voelde zich beter dan even daarvoor, toen ze in de kou voor het hek hadden gestaan.

'Het slaat nergens op,' zei Dex, die schuin tegenover Carol in de vensterbank zat. 'Uw assistent is met u verbonden, dat valt nog te begrijpen. Maar Samuel Murphy niet. Die was hier als cursist. Waarom zou iemand die kwaad is op u hem vermoorden?'

Riley zei: 'Dat is inderdaad vreemd. Maar wat als die vrouw, of meerdere mensen, met een boot naar het eiland zijn gekomen en Samuel Murphy ze zag tijdens zijn wandeling? Misschien hebben ze hem om die reden van die klif geduwd.'

Carol stak haar hand op en keek Aster aan. 'Eh, pardon, maar kunt u me misschien zeggen waar het toilet is?'

Aster knikte. 'Natuurlijk, mevrouw Arrington. Dezelfde deur als waardoor we zijn binnengekomen, vervolgens twee keer links en dan de eerste deur aan uw rechterhand, direct naast de trap naar boven.'

Carol liep de kamer uit. Achter zich hoorde ze Green zeggen dat ook Rileys theorie niet klopte vanwege het 'Dat is twee'-briefje naast het lichaam van Lawrence Montgomery. Dat duidde op zorgvuldige planning.

Dat klopt, dacht Carol, terwijl ze links afsloeg en een volgende gang zag, langer en breder dan de eerste, met aan weerszijden boekenkasten. Tussen de kasten lag een duur uitziend Perzisch tapijt. Het merendeel van de boeken in de kasten bestond uit thrillers, maar er was ook poëzie en non-fictie. Ook Asters eigen boeken stonden er. Niet op een speciale plek, maar gewoon op alfabet tussen die van Eric

Ambler en Richard Bachman. Carol herinnerde zich hoe Riley, vlak nadat ze waren binnengekomen, had gevraagd waarom er geen boeken in de woonkamer stonden. Aster had gezegd dat zijn ex-vrouw dat nooit had gewild omdat ze bang was dat haar echtgenoot dan alleen maar aan werk zou denken. 'Het was een van de dingen waar Patricia en ik het wél over eens waren. Daarom heb ik het zo gelaten nadat ze haar koffers had gepakt.'

Carol sloeg opnieuw links af. Ze zag de trap naar boven waar Aster het over had gehad. Ze wendde haar blik af, realiseerde zich toen dat dit de trap moest zijn waar hun gastheer zijn toenmalige vrouw al dan niet vanaf had geduwd en keek opnieuw. De trap was lang en hoog, en bedekt met een rode loper. Carol probeerde zich voor te stellen hoe het zou zijn om hier naar beneden te vallen. Het kon niet anders dan pijnlijk zijn. Ze wendde haar blik af, zag de deur naar het toilet en ging naar binnen.

Toen ze klaar was, waste ze haar handen en liep terug naar de woonkamer. 'We kunnen blijven speculeren tot we een ons wegen,' hoorde ze Harris zeggen. 'Maar laten we even praktisch zijn. Het is zeven uur. Ik heb honger.' Hij keek Aster aan. 'Ik neem aan dat u geen eten in huis heeft voor negen man?'

Aster schudde zijn hoofd. 'Ik heb eenpersoonsmaaltijden voor nog zes dagen. Roy Geddes heeft een dag voordat jullie arriveerden nieuwe voorraden gebracht. De bulk daarvan, jullie eten voor deze week, ligt in de keuken in het gebouw waar ook de eetzaal en de cursusruimte zijn. Lawrence heeft het eten voor vanavond al voorbereid, maar, nou ja, dat is dus ook daar.'

Buchanan zuchtte. 'En slaapplekken? Heeft u er daar voldoende van hier in huis?'

Aster wierp een blik op de deur naar de gang en zei: 'Nee, verre van. Maar het is sowieso niet mijn plan om hier te blijven. Ik neem u vannacht liever mee de bunker in. Die is hermetisch af te sluiten. Op die manier weten we zeker dat we niet worden verrast.'

'De bunker?' zei Riley.

Aster knikte. 'Ik heb dit eiland tien jaar geleden gekocht. De vorige eigenaar was een vriendelijke, maar nogal paranoïde man. Voordat hij het huis op deze plek liet bouwen, heeft hij een heel stuk uit de rots laten houwen zodat hij onder het huis een bunker kon laten aanleggen. Hij heeft vier kamers, een badkamer en een keuken. Er staat ook een televisie. Gezien de onzekerheid van de hele situatie lijkt me dat de veiligste plek om heen te gaan.'

'Zijn er daar bedden?' vroeg Doris.

'Slechts vijf. Maar we zullen zoveel mogelijk matrassen, kussens en dekens mee naar beneden nemen. Er is voldoende ruimte om voor iedereen een slaapplek in te richten.'

'U wilt dat we zes dagen onder de grond gaan zitten?' zei Green. 'Tot vrijdag, als meneer Geddes terugkomt om ons op te halen?'

Aster knikte. 'Dat lijkt me onder de omstandigheden het beste, ja. Tenzij u een beter idee heeft?'

'Heeft u geen surfplank?' zei Dex. 'Of een kano? Iets waarmee iemand van ons het vasteland zou kunnen bereiken?'

Aster schudde zijn hoofd. 'Watersport heeft nooit mijn interesse gehad.'

'En touw?' zei Riley. 'Als u touw hebt dan kunnen we misschien een vlot maken.'

'Ook dat heb ik niet. Althans, niet genoeg voor een fatsoenlijk vlot. Ik ben bang dat er weinig anders op zit dan ons een kleine week schuilhouden en vervolgens met een omweg door het bos de steiger proberen te bereiken.'

Er werd geknikt. Carol nipte van haar ijsthee en keek naar de bezorgde gezichten van haar medecursisten.

'Nog even over Lawrence,' zei Aster, na een stilte van bijna een minuut. 'Toen u hem vond... u zei dat hij was doodgeschoten en ook was gescalpeerd. Weet u in welke volgorde? Ik bedoel: heeft hij... heeft hij erg geleden?'

Harris stond op en liep naar een van de ramen aan de zeekant van het huis. 'Naar alle waarschijnlijkheid is hij eerst doodgeschoten,' zei hij, met een sombere blik naar buiten starend. 'Als hij eerst was gescalpeerd... nou ja, dan hadden we hem wel horen schreeuwen, denk ik. Tenzij hij verdoofd was natuurlijk, maar dat lijkt me sterk. Er zat hooguit twintig minuten tussen het moment waarop hij zijn bungalow inging en het moment waarop we hem vonden.'

'Gelukkig,' zei Aster. 'Ik bedoel: het is nog steeds afschuwelijk, maar zoiets moeten ondergaan terwijl je volledig bij bewustzijn bent...' Hij boog het hoofd, maakte een vreemd snikkend geluid en keek toen op. 'Ik heb een erg zware periode achter de rug, weet u. Al die tijd was Lawrence er voor me. Zoals ik al zei, hij was een trouwe vriend. Ik...' Hij wreef in zijn ogen en schudde met een getergde blik zijn hoofd. 'God hebbe zijn ziel.'

'Het leek inderdaad een goed mens,' zei Green. 'Gecondoleerd met uw verlies.'

Carol keek naar Green. Ze dacht terug aan zijn verhaal van zo-even en vroeg zich af of hij de waarheid had gesproken. Was hij werkelijk in bezit van een sleutel van het hek en de voordeur van dit huis omdat hij was gestuurd door Victor Asters ex-vrouw? Of was er iets anders aan de hand? Ze zuchtte. Er waren inmiddels zoveel scenario's door haar hoofd gegaan dat het haar duizelde.

'Nog even over wat u daarnet zei,' zei Buchanan. 'We kunnen natuurlijk over zes dagen naar die veerpont gaan. Maar wat als degene die hierachter zit wéét wanneer de pont terugkomt naar het eiland?'

Aster knikte en zei dat hij daar ook aan had gedacht. 'Maar dat risico zullen we moeten nemen. En zoals ik al zei: ik weet een andere weg naar de veerpont. We zullen niet via het pad gaan dat u op weg hiernaartoe hebt genomen.'

Doris trok een angstig gezicht. Het was duidelijk dat ze zich niet verheugde op een herhaling van hun klauterpartij van zo-even door het bos.

'Kom,' zei Victor Aster. 'Dan gaan we naar beneden en laat ik u de bunker zien.' Hij stond op, liep naar een mahoniehouten ladekast en trok een van de laden open. Carol nam aan dat hij een sleutel ging pakken en schrok zich vervolgens kapot toen hij zich omdraaide.

In zijn rechterhand had Victor Aster geen sleutel, maar een revolver.

28

Heel even was het stil. Toen reageerde Dex. Hij kwam overeind, deed een paar passen in Asters richting en hief in een afwerend gebaar zijn handen. 'Niet doen. Ik weet niet wat u van plan bent, maar we zijn met zijn achten. U kunt ons nooit allemaal–'

Hij hield abrupt zijn mond toen Aster zijn hoofd schudde. 'Kalm aan, meneer Carson. U denkt toch niet dat ik dit wapen heb gepakt om u allen dood te schieten? Al zou ik Clint Eastwood zelve zijn, het zou me niet lukken. Er zitten maar zes kogels in.' Hij draaide zich om, frommelde opnieuw in de la en haalde er twee platte kartonnen pakjes uit. 'Gelukkig heb ik nog meer patronen. Ik neem ze mee de bunker in voor het geval iemand het huis binnenkomt, of ons over een paar dagen buiten opwacht. Op die manier kunnen we ons verdedigen.'

Dex aarzelde, deed een stap naar achteren en zei: 'Oké.'

'Heb vertrouwen,' zei Aster, terwijl hij de extra patronen in de zak van zijn joggingbroek liet glijden. 'Zowel vanuit het huis als vanuit de bunker kunnen we in de gaten houden of er iemand probeert binnen te komen. Zoals meneer Buchanan al opmerkte: de vorige eigenaar heeft meerdere camera's om het huis heen geplaatst. Ik vond het altijd grote onzin, maar misschien komen ze nu van pas.'

Carol was nog steeds bang, maar het stelde haar gerust te weten dat ze straks in de gaten konden houden of er iemand in de buurt van het huis kwam.

'Zijn er nog meer camera's op het eiland?' vroeg Dex.

Aster schudde zijn hoofd. 'Alleen rondom het huis.'

‘Wat wilt u doen als er iemand met een wapen opduikt bij het hek?’ zei Mary Jo. ‘Naar buiten gaan en hem doodschieten?’

Iedereen keek naar de revolver in Victor Asters hand. ‘Dat weet ik niet,’ zei Aster, na een korte aarzeling. ‘Laten we maar niet op de zaken vooruitlopen.’

‘Hebt u nog meer revolvers?’ vroeg Harris.

‘Nee, meneer Harris. Helaas niet.’

‘En dát exemplaar?’ zei Buchanan. ‘Hebt u er ooit mee geschoten?’

‘Nee. Ik heb hem jaren geleden van mijn moeder gekregen. Ze weet dat ik – in tegenstelling tot mijn hoofdpersoon Jake Banner – niet van wapens houd. Maar ze vond het belangrijk dat ik mezelf kon verdedigen mocht zich ooit een noodsituatie voordoen en, nou ja, ik geloof dat dit er wel eentje is.’

‘Ik ook,’ zei Buchanan. Hij stond op en deed een stap in Asters richting. ‘Maar als u nog nooit hebt geschoten, geef het dan maar aan mij.’

Aster aarzelde.

‘Ik ben drie jaar lid geweest van een schietclub,’ zei Buchanan. ‘Het is alweer een tijdje geleden en ik ben waarschijnlijk een beetje uit vorm, maar van dichtbij is de kans klein dat ik mis.’

Aster keek Buchanan taxerend aan. Toen overhandigde hij hem de revolver en de extra patronen. Buchanan bestudeerde de revolver, knikte alsof hij tevreden was met wat hij zag en ging weer zitten.

Na enkele seconden zei Harris: ‘Oké, we verschuilen ons in die bunker. Maar hoe doen we het met eten? U zei al dat er hier niet voldoende is voor zes dagen. We zullen dus naar de keuken in het cursusgebouw moeten.’

‘Tja,’ zei Aster. ‘Ik denk wel dat we het zouden overleven. Een mens kan lang zonder eten, en water is hier genoeg, maar...’

‘Echt lekker zullen we ons niet voelen,’ vulde Harris aan.

Aster schudde zijn hoofd. ‘Nee.’

Harris zei: ‘Oké, hier is mijn voorstel. Nick, Luther, Dex en ik gaan zo dadelijk naar het cursusgebouw. We nemen de rugzakken mee en stoppen daar al het eten en drinken in dat we kunnen dragen. Intussen gaan de anderen naar beneden en maken de slaapplekken in de bunker in orde.’

'Nee!' zei Riley. 'Nee, dat... dat wil ik niet.'

Harris zuchtte. 'We hebben eten nodig, schat. Heb jij een beter idee om eraan te komen?'

Riley keek naar de grond. 'Ik... nee, maar... wat als er iets met jullie gebeurt? Dan... dan zitten wij hier opgesloten en zijn we nog maar met zijn vijven.'

Harris liep naar haar toe en gaf haar een bemoedigend klopje op haar knie. 'Maak je geen zorgen. Er gebeurt ons niets. We nemen die revolver mee. Je hebt Nick gehoord: hij kan ermee overweg.' Vervolgens keek hij naar Aster. 'Hebt u misschien nog een of twee rugzakken in huis? Wij hebben er vier bij ons, maar hoe meer hoe beter.'

Aster knikte. 'Ik heb er boven nog twee liggen. Ik zal ze halen. Maar weet u zeker...' Hij keek naar de revolver in Buchanans hand. '... weet u zeker dat u het erop wilt wagen?'

'Het is niet ver naar het cursusgebouw,' zei Harris. 'Dus ja: ik denk dat we het risico moeten nemen. Het is donker en het is ons ook gelukt om zonder ongelukken van onze bungalows naar dit huis te komen.'

Green stond op. 'Ik ben het met John eens. We moeten het erop wagen.' Hij liep naar de open haard en wees naar het samoeraizwaard. 'Hebt u er problemen mee als ik dit meeneem? Ik denk dat ik me daarbuiten meer op mijn gemak voel als ik iets bij me heb waarmee ik me kan verdedigen.'

Aster aarzelde even, knikte toen en zei: 'Ja. Ja, natuurlijk. Neemt u het maar mee. Maar wees voorzichtig. Het is vlijmscherp.'

'Hoe scherper hoe beter,' zei Green. 'Degene die uw assistent heeft vermoord heeft behalve een vuurwapen ook iets bij zich wat bepaald niet bot is.'

Carol probeerde oogcontact te zoeken met Dex. Ze vond het idee van Green die rondliep met een samoeraizwaard niet prettig. Maar Dex leek zich geen zorgen te maken en omdat ook Harris en Buchanan niet protesteerden, hield ze haar mond.

Tien minuten later waren de vier mannen klaar voor vertrek. Toen Carol het viertal richting voordeur zag gaan, moest ze de aandrang onderdrukken zich aan Dex vast te klampen en hem te vragen of hij alsjeblieft hier wilde blijven. Waarom wist ze niet, maar afgezien van

Riley was Dex de enige met wie ze meer dan een paar woorden had gewisseld. Het idee dat hij met de andere mannen zou weggaan en zij hier met Riley, Doris en Mary Jo in het gezelschap van Aster zou achterblijven bezorgde haar buikpijn. Maar ze vermande zich. Ze waren nog altijd met zijn vieren en Harris had hun op het hart gedrukt te allen tijde bij elkaar te blijven totdat hij en de anderen terug waren met het eten.

Dat zouden ze doen, dacht Carol. Bij elkaar blijven. Het was niet heel ver lopen naar de cursusruimte en de vier mannen zouden hooguit een halfuurtje weg zijn.

Ze namen vluchtig afscheid en Aster vroeg de vier mannen om alsjeblieft voorzichtig te zijn.

'Jullie ook,' zei Dex. 'We komen zo snel mogelijk terug.'

En dat was dat.

Zodra Aster de voordeur had dichtgedaan, zei hij: 'Kom. Laten we voor de zekerheid even kijken of alles tijdens de eerste meters goed gaat.'

'Waar hebt u het over?' vroeg Riley. 'Wilt u ze achternagaan? Dat was niet de afspraak...'

Aster schudde zijn hoofd. 'Nee, natuurlijk niet. Ik heb het over de camera's. Zowel hier in huis als in de bunker is een kamertje met monitoren waarop beelden van de camera's te zien zijn.'

'Twee kamers,' zei Riley. 'Is dat niet een beetje veel van het goede?'

Aster knikte. 'Zoals ik al zei: de vorige bewoner was nogal paranoïde. Hij was strafrechtadvocaat. Blijkbaar was hij bang voor ontevreden cliënten.'

Aster ging hun voor de gang in en opende een smalle deur tussen twee boekenkasten. Carol, Riley, Mary Jo en Doris volgden hem een kleine kamer in die vrijwel helemaal in beslag werd genomen door een wit bureau. Op het bureau stond een gedateerd uitziend televisiescherm dat was verdeeld in vier verschillende vlakken. Op ieder vlak was een wazig beeld te zien van in duisternis gehulde sparren. Carol vermoedde dat Dex, Harris en de anderen allang uit beeld waren verdwenen. Maar toen zag ze op het scherm rechtsonder iets bewegen. Er verscheen een man in beeld, die Carol dacht te herkennen als Harris. Ja, het was hem, want nu zag ze ook Green met het samoeraizwaard verschijnen, gevolgd door Dex en Buchanan. Even leken ze te aarzelen. Carol meende te zien dat Dex en Harris kort overlegden. Het volgende ogenblik sloegen de vier mannen links af en verdwenen tussen de sparren uit beeld.

'*So far, so good*,' zei Aster. 'Kom, dan laat ik jullie de bunker zien en brengen we de slaapplekken vast in gereedheid.'

Carol knikte. Ze probeerde niet te denken aan wat ze zouden moeten doen als de vier mannen niet terugkeerden en volgde hun gastheer de gang in.

29

Carol had verwacht dat de bunker een krappe, claustrofobische ruimte zou zijn, maar niets was minder waar. Er was een keuken, een ruime badkamer, een televisiekamer met meerdere comfortabele stoelen en drie slaapkamers. Daarnaast was er eenzelfde kamer als boven, met een groot bureau en een beeldscherm met livebeelden van de buitencamera's. Een van de slaapkamers had maar één bed. Victor Aster zei dat hij daar zou slapen. De beide andere slaapkamers hadden twee eenpersoonsbedden. In een van de kamers hadden ze twee extra matrassen neergelegd en in de andere een. Omdat ze een matras tekortkwamen, hadden Carol en Riley extra dekens van boven meegenomen waar ze een provisorisch matras van hadden gemaakt om ervoor te zorgen dat iedereen een slaapplek had.

De vier mannen zouden bij elkaar slapen in een kamer, de vier vrouwen zouden de andere kamer nemen. Riley had aangeboden op de dekens te slapen. Zoals ze hadden afgesproken waren ze constant bij elkaar gebleven.

Nadat ze klaar waren, hadden ze theegezet en nu keken ze in de televisiekamer naar een oude aflevering van *Cheers*. Ondanks het feit dat haar gedachten voortdurend afdwaalden naar de vier mannen die op dit moment buiten in het donker hun leven voor hen waagden, merkte Carol dat ze af en toe moest lachen om Ted Danson en Shelley Long. Jaren geleden had ze het hele eerste seizoen opnieuw gekeken met Mark, die had opgebiecht de serie nooit te hebben gezien. Het waren geweldige avonden geweest.

Mark. Hoeveel zou ze ervoor geven om nu bij hem te zijn, veilig in New York in plaats van hier, in deze bunker, zich schuilhoudend voor een onbekend gevaar.

Vervolgens dacht ze aan Victor Aster, die de monitoren in de gaten hield in afwachting van de terugkeer van de voedselexpeditie. Hopelijk liet die niet lang op zich wachten.

'Waar blijven ze toch?' zei Riley, ergens halverwege de tweede *Cheers*-aflevering. 'Moeten we niet bij Victor gaan checken of er al iemand in zicht is?'

Riley had gelijk. Een aflevering van *Cheers* duurde vijfentwintig minuten. De mannen waren al bijna drie kwartier weg.

'Maak je geen zorgen,' zei Mary Jo. 'Het zal even duren voordat ze al die rugzakken hebben gevuld.'

De minuten tikten weg. Steeds vaker dwaalde Carols blik af van het televisiescherm naar de deur. Nog altijd geen geluid vanaf de gang.

Toen ook de tweede aflevering van *Cheers* afgelopen was, begon Riley te huilen. 'Ik wist het wel,' snikte ze. 'Ik wist dat het een slecht idee was.'

Carol stond op en liep naar haar toe. Ze stond op het punt Riley op het hart te drukken dat ze nog even geduld moesten hebben en dat alles vast en zeker goed zou komen toen ze gestommel hoorde op de gang.

Victor Aster verscheen in de deuropening. 'Ik loop even naar boven om de deur open te doen. Ze zijn terug.'

'We hebben meegenomen wat we konden dragen,' zei Dex. 'We zullen het netjes moeten verdelen over de dagen. Als we dat doen, hebben we meer dan genoeg. Meneer Montgomery had al een Indiase curry gemaakt. Alles wat we voor vandaag nog moeten doen, is rijst koken...'

Doris glimlachte. 'Jullie zijn geweldig. Nu hoeven we alleen die deur dicht te houden en zijn we veilig tot het moment dat we vrijdag weer naar buiten moeten.'

'Zo is dat,' zei Harris, maar Carol zag zijn blik naar Victor Aster en vervolgens naar Green gaan en ze wist dat hij het allerminst met Doris eens was. *We weten niet waar het gevaar vandaan komt.*

'Ik kook de rijst wel,' zei Buchanan. 'Als iemand even wil helpen met het opwarmen van de curry…'

'Dat doe ik wel,' zei Riley. 'Ik vind *Cheers* kijken leuk, maar ik ga liever iets dóén.'

Mary Jo zei: 'Meneer Aster, een vraagje. Ik zag de grote boekenkasten in de gang. Vindt u het goed als ik even naar boven ga en wat boeken pak? Lezen heeft me altijd geholpen om de zinnen te verzetten.'

'Natuurlijk,' zei Aster. 'Er zijn kasten in de gang beneden en ook boven in mijn werkkamer staan er een paar. Mijn werkkamer ligt naast het vertrek waar we de matrassen vandaan hebben gehaald.'

Carol zei: 'Ik loop mee. Ik weet niet of ik de concentratie zal kunnen opbrengen om te lezen, maar het is het proberen waard.'

'Je hebt gelijk,' zei Green. 'Ik denk dat ik ook maar even een kijkje neem.'

Harris wierp opnieuw een argwanende blik op Green. Hij leek op het punt te staan iets te zeggen, maar schudde toen zijn hoofd en zei dat hij een biertje ging drinken in de televisiekamer.

Buchanan, die de revolver achter zijn broekband had geklemd, keek Riley aan. Hij knikte in de richting van de keuken en zei: 'Oké. Zullen we dan maar?'

Aster opende de deur van de bunker. Hij keek Green, Mary Jo en Carol aan en zei: 'Ik zal de monitoren in de gaten houden. Als je me hoort roepen, kom dan onmiddellijk naar beneden. Oké?'

Green en Mary Jo knikten. Carol zei: 'Bedankt, meneer Aster. Ik moet er niet aan denken hoe ik me zou voelen als ik vannacht in mijn eigen bungalow had moeten slapen. Ik had geen oog dichtgedaan.'

Aster boog het hoofd. 'Zoals eerder gezegd: jullie zijn mijn gasten. Wat er is gebeurd, is afschuwelijk. Ik kan en wil niets liever dan ervoor zorgen dat u allen veilig bent en hier levend vandaan komt.'

Carol bedankte hem nogmaals. Ze probeerde het idee dat Aster zelf achter de moorden zou kunnen zitten uit haar hoofd te zetten en volgde Green en Mary Jo de smalle trap op naar boven.

'Ongelofelijk, wat een boeken,' zei Mary Jo, terwijl ze even later langs de enorme boekenkasten in de gang liepen. 'Ik dacht dat ik een aardige collectie had, maar dit slaat echt alles.'

Carol knikte, scande de ruggen en constateerde dat Aster geïnteresseerd was in meer dan alleen spannende boeken. Ze zag twee verschillende edities van Jack Kerouacs *On the Road*, en ook romans van Alice Sebold en Jay McInerney. Ze was bezig een achterflap te lezen toen ze Green hoorde zeggen dat hij ook even boven naar de kasten in Asters werkkamer ging kijken.

Carol en Mary Jo keken elkaar aan, maar zeiden niets.

Tien minuten later had Carol twee boeken uitgekozen: *De zomer van Kim Novak* van Håkan Nesser en *Een volmaakte vendetta* van Roger Jon Ellory. Mary Jo had *De beproeving* van Stephen King onder haar arm. 'Om mezelf eraan te herinneren dat het altijd erger kan,' zei ze. 'Ik heb 'm al twee keer gelezen, maar het is elfhonderd pagina's dik. Ik kan er dus de hele week mee doen.'

Carol wierp een blik op de trap naar boven. 'Wachten we op hem of gaan we naar beneden?'

'Ik ga naar beneden,' zei Mary Jo. 'We weten allebei dat hij daarboven niet naar boeken aan het kijken is. En zolang ik niet zie wat hij wel aan het doen is, hoef ik me ook niet slecht te voelen als ik erover zwijg.'

Carol was het met haar eens.

'Heel goed,' zei Victor Aster, toen Carol en Mary Jo even later met hun boeken onder de arm de televisiekamer binnenkwamen. 'Daar komen jullie de week wel mee door.'

Carol knikte. 'Ja, dat denk ik ook.'

Iedereen behalve Buchanan en Riley keek naar *Cheers*. Dex grijnsde en ook Doris had een glimlach om haar lippen.

Harris zei: 'Waar is Green? Kon hij geen boek vinden?'

Carol slikte.

'Ach, ja, meneer Green,' zei Aster. 'Ik hoorde jullie naar beneden komen en heb zonder te checken of jullie er allemaal waren mijn post bij de monitoren verlaten. Dat was niet erg attent van me. Wacht, ik loop wel even naar boven om te kijken of hij bijna klaar is.'

Carol keek Mary Jo aan. 'Eh, ja...'

'Dat is niet nodig,' zei een stem vanuit de deuropening. 'Ik ben er al.'

Ze keken om en daar was Green. Hij leunde glimlachend en met zijn handen in zijn zakken tegen de deurpost.

'Kon u niets vinden?' vroeg Aster.

'Nee,' zei Green. 'Ik bedoel: er staat meer dan genoeg, maar ik denk dat ik het toch maar bij televisiekijken hou.'

30

De curry smaakte goed. Ze hadden met het bord op schoot gegeten in de televisiekamer en nu deden Carol, Dex en Green de afwas in de keuken.

'En?' fluisterde Carol tegen Green. 'Heb je iets ontdekt?'

Green schudde zijn hoofd. 'Nee. Er waren een heleboel brieven en ik heb ze niet allemaal kunnen lezen, maar ik heb door de meest recente heen gescrold en zag niets verdachts. Het kan natuurlijk zijn dat hij niet alles heeft bewaard...'

'Dat lijkt me vergezocht,' zei Dex, terwijl hij een pan schoonschrobde. 'Het hele idee dat hij dingen per brief aan zijn moeder zou opbiechten lijkt me vergezocht. Waarom zou hij?'

Carol droogde een bord af, zette het op het aanrecht en zei: 'Zo gek is het ook weer niet. Ken je die film *Out of Sight*? Daar zit een crimineel in die altijd voordat hij een misdaad gaat plegen zijn zus belt en haar om vergiffenis vraagt. Mensen doen soms gekke dingen om zich beter te voelen.'

'Ik vind die Miranda X-theorie waarschijnlijker,' zei Dex. 'Bij lieden die zoveel tijd hebben dat ze de hele dag op zo'n roddelsite rondhangen, zit vaak een steekje los. Ik kijk er soms op om inspiratie op te doen voor maffe personages. Je zou de reacties moeten lezen die onder sommige artikelen worden geplaatst. Die zijn soms echt compleet gestoord.'

'Ik weet wat je bedoelt,' zei Carol. 'En ik ben het met je eens: vraag me niet waarom, maar mijn gevoel zegt dat Victor Aster deugt.'

Green haalde zijn schouders op. 'Is het je opgevallen dat niemand alleen met hem in de kamer lijkt te willen zijn.'

'Ja,' zei Carol. 'Dat wil ik zelf ook liever niet. Maar dat is iets anders dan dat ik hem ook werkelijk verdenk.'

Green wierp haar een sceptische blik toe.

'Laten we het zekere voor het onzekere nemen en goed op elkaar letten,' zei Dex.

Carol knikte. Na zijn toenaderingspoging had ze zich opgelaten gevoeld, maar nu was ze blij dat Dex er was. Het luchtte haar op dat ze hem en Riley dankzij hun sterrenkijksessie van de avond ervoor al een beetje kende. Het maakte dat ze zich iets minder bang en eenzaam voelde. De dikke muren van de bunker hielpen ook.

Zodra de afwas gedaan was, verzamelde iedereen zich in de televisiekamer. Mary Jo zat in een van de comfortabele stoelen en legde *De beproeving* opzij. Buchanan en Harris staakten het kaartspelletje waarmee ze bezig waren en Doris legde een groot vel papier op tafel met daarop de namen van alle aanwezigen.

'Oké,' zei Aster. 'Om het zekere voor het onzekere te nemen, hebben we besloten vannacht een voor een de wacht te houden in de monitorkamer. Op die manier houdt voortdurend iemand de omgeving van het huis in de gaten en kunnen we niet worden verrast. Het is vrijwel onmogelijk dat iemand de sleutel heeft van deze ruimte, maar de heren hier' – hij gebaarde naar Harris en Buchanan – 'willen geen risico nemen en ik kan ze dat niet kwalijk nemen.'

'We zijn met zijn negenen,' zei Harris. 'Als we tussen tien en zeven allemaal een uurtje de monitor in de gaten houden, weten we zeker dat we niet in onze slaap worden verrast. Is iedereen het daarmee eens?'

Er werd geknikt.

'Ik begin wel,' zei Buchanan. 'Tenzij iemand anders met alle geweld als eerste wil.'

Riley zei dat ze wel als tweede de wacht wilde houden en binnen tien minuten hadden ze het schema compleet. Carol was als derde aan de beurt en zou het stokje overgeven aan Harris.

'Oké,' zei Aster. 'Maak het uzelf alstublieft zo gemakkelijk mogelijk – voor zover dat in deze omstandigheden lukt. Ik ga zelf direct slapen – ik ben doodmoe en wil deze dag achter me laten. Geloof het of niet, maar ik had de cursus voor dit jaar eigenlijk afgeblazen vanwege mijn privésores. Het was mede door Lawrence' aandringen dat ik hem uiteindelijk toch heb laten doorgaan. Ik besef nu dat ik mijn poot stijf had moeten houden en naar mijn intuïtie had moeten luisteren.'

'Zo ken ik er nog een,' zei Dex. 'Ik dacht een paar maanden geleden: wat heeft het voor zin om nog een keer naar die cursus te gaan? Je hebt het gewoon niet in je. Maar ik wilde niet opgeven en ging toch.' Hij schudde zijn hoofd. 'Wie zei ook alweer dat doorzettingsvermogen een goede eigenschap is?'

Aster was naar bed en ook Doris was gaan slapen. Mary Jo zat nog altijd in haar comfortabele stoel te lezen, terwijl Carol, Riley, Dex, Harris en Buchanan risk speelden. Riley had het spel gevonden in de ladekast waarop de televisie stond. Het voelde vreemd om een bordspel te spelen, maar Riley had geopperd dat het misschien zou helpen even de zinnen te verzetten. In de stoel naast Mary Jo zat Green te lezen in een van de stripboeken die ze ook in de spelletjesla hadden gevonden. Hoewel: lezen... Carol had hem nog geen pagina zien omslaan. Ze probeerde zich er niet druk over te maken en zich te richten op het spel, maar ze gooide slecht en had nog maar drie landen over: Peru, India en Madagaskar. Het liefst wilde ze naar bed, zodat ze zou ophouden met piekeren.

Een kwartier later was het spel afgelopen. Harris had gewonnen, maar de zorgelijke blik die hij al de hele dag op zijn gezicht had, was niet verdwenen.

Buchanan stond op en legde de revolver op tafel. 'Het lijkt me een goed idee dat degene die wacht heeft deze bij zich houdt. Gewoon voor het geval dat.'

Harris knikte. 'Dat ben ik met je eens.'

'Ach jee,' zei Riley. 'Kijk nou...' Ze wees naar de stoel waarin Mary Jo zat te lezen, alleen was dat niet langer het geval. Het boek was uit haar handen gegleden en lag omgekeerd op haar schoot, terwijl haar hoofd opzij was gezakt en ontspannen tegen de rug van de stoel leunde.

Buchanan grinnikte. 'Die heeft blijkbaar geen bed nodig.' Hij knikte naar het gezelschap aan tafel en liep met de revolver in zijn hand in de richting van de monitorkamer.

'Ga jij slapen?' vroeg Carol aan Riley. 'Of blijf je wakker tot Buchanans wacht erop zit?'

Riley keek op haar horloge. 'Ik denk dat ik maar even ga liggen. Als ik in slaap val, dan val ik in slaap. Zo niet: dan is het geen ramp. Echt moe ben ik nog niet.'

Carol was wel moe. Ze hoopte dat ze de komende twee uur zou kunnen slapen en niet doodmoe achter het televisiescherm zou moeten plaatsnemen. Het laatste wat ze wilde, was in slaap vallen tijdens haar wacht.

Harris en Dex zeiden dat ze ook gingen slapen. Ze stonden op.

'Wat doen we met haar?' zei Green, wijzend naar Mary Jo. 'Laten we haar liggen of maken we haar wakker?'

Harris haalde zijn schouders op. 'Laat haar maar. Die stoel ziet er comfortabel genoeg uit. Als we een lichtje laten branden, vindt ze vanzelf haar weg naar de slaapkamer. Ga jij niet slapen?'

Green schudde zijn hoofd. 'Ik blijf nog even hier. Ik zou wel willen, maar ik ben me kapot geschrokken vanochtend. De adrenaline is nog niet helemaal gezakt.'

Carol had er niet aan gedacht haar tandenborstel mee te nemen uit de bungalow. Riley evenmin en dus poetsten ze hun tanden met hun vingers.

'Als je de omstandigheden wegdenkt, zou je dit bijna gezellig kunnen noemen,' zei Riley. 'Ik heb het gevoel dat ik weer zeventien ben en voor het eerst alleen op vakantie.'

Carol keek haar aan via de spiegel. 'Ik begrijp wat je bedoelt. Maar als je het niet erg vindt: ik hoop toch dat deze "vakantie" snel afgelopen is.'

'Ik ook,' zei Riley. 'Maar toen we dat spelletje deden… nou ja…'

Carol zei dat ze snapte wat Riley bedoelde en dat ze hetzelfde gevoel had gehad.

Zwijgend poetsten ze verder.

Toen ze klaar waren, zei Riley dat ze nog even langs Buchanan wilde lopen omdat ze hem iets wilde vragen. Carol wachtte terwijl

Riley de gang in liep en de monitorkamer binnenging.

Riley zei: 'Eh, Nick. Het is misschien een stomme vraag, maar als ik straks de wacht hou en er komt iemand binnen... ik heb echt geen flauw idee hoe ik dat wapen moet gebruiken.'

Carol hoorde Buchanan zachtjes lachen. 'Het is heel simpel. Richten en de trekker overhalen. Dat is alles. Mocht hier iemand naar binnen komen, dan zal het een koud kunstje zijn. Van twee meter afstand is het moeilijker om te missen dan om raak te schieten.'

Met een zorgelijke blik op haar gezicht kwam Riley weer naar buiten. Als ze daarnet werkelijk het gevoel had gehad dat ze weer zeventien was en op vakantie, dan was dat gevoel nu compleet verdwenen.

Ze gingen hun slaapkamer in, zo stil mogelijk om Doris niet wakker te maken. Ze had niet eens de moeite genomen om haar kleren uit te doen en lag boven op haar dekbed te slapen, haar mond halfopen.

Carol kleedde zich uit en kroop onder de dekens. Riley leek even te overwegen het bed van Mary Jo te nemen, maar ging toen toch op het provisorische matras liggen.

'Welterusten,' zei Carol. 'En tot over twee uurtjes.'

Riley knikte. 'Ja. Welterusten.'

Carol knipte het licht uit en sloot haar ogen. Maar slapen lukte niet. Nu ze hier op haar matras lag, drong de volle omvang van wat er was gebeurd pas goed tot haar door.

Godallemachtig.

Ze opende haar ogen weer en keek naar de silhouetten van Doris en Riley.

De schrijfopdracht, had Riley gezegd. Iemand voert de schrijfopdracht uit, maar dan in het echt in plaats van op papier. Was dat zo?

Carol huiverde en trok de dekens wat verder over zich heen.

Ze kon alleen maar hopen dat het niet zo was.

Dag 3

31

Carol werd wakker uit een afschuwelijke nachtmerrie. Haar T-shirt was nat van het zweet. Om haar heen was het pikkedonker en heel even had ze geen idee waar ze was. Toen hoorde ze de regelmatige ademhaling van de anderen in de kamer en wist ze het weer. Ze lag op een matras in een bunker onder Victor Asters huis. Ze hield zich schuil voor een gevaar zonder gezicht. Of beter: een gevaar waarvan de identiteit nog niet was vastgesteld.

Ze pakte haar horloge en zag dat het halfzeven was.

Eerder die nacht had ze vanuit de monitorkamer een uur lang naar de silhouetten van de bomen rondom Asters huis zitten staren. Het was dodelijk saai en vermoeiend geweest, maar ze had niets gezien, en dat was goed nieuws. Hoe anders was het in haar droom geweest? Ook daarin had ze in haar eentje voor de monitoren gezeten, Victor Asters revolver binnen handbereik. Maar vervolgens was het anders gegaan dan in werkelijkheid. Binnen de kortste keren waren er gedaanten uit het bos tevoorschijn gekomen. Langzaam in de richting van het huis schuifelende figuren gehuld in monnikspijen. Door de donkere kappen over hun hoofd kon ze geen gezichten zien, maar er bestond geen twijfel over waar ze vandaan kwamen, want op hun borst prijkte een witte X.

Miranda X, had Carol gedacht. Ze is hier. Ze was overeind gekomen en had de anderen willen waarschuwen, maar toen ze naar de deur liep, bleek die dicht te zijn. Ze probeerde hem te openen, maar dat lukte niet en dus begon ze te gillen, terwijl op het scherm van de monitoren de angstaanjagende gestaltes over het hek klommen en in de richting van de voordeur schuifelden.

Hoe hard ze ook gilde, niemand leek haar te horen en toen waren de monniken de bunker binnengekomen. Ze had ze gehoord, niet veel later gevolgd door het gegil van Riley, Dex en de anderen terwijl ze een voor een werden vermoord. En toen… toen was de deur van de monitorkamer opengegaan en was een van de monniken dáár binnengekomen. Omdat de kap zo ver over zijn hoofd zat, had ze geen compleet gezicht kunnen zien. Alles wat ze zag, waren een paar witte tanden, horend bij een mond die naar haar grijnsde en zei: 'Foei, Carol. Je bent een waardeloze schrijfster, en nu heb je ook nog eens niet goed opgelet.'

Ze wilde de revolver grijpen, maar die was er niet meer, en toen ze zich weer tot de gedaante in de pij richtte, had deze een mes boven zijn hoofd geheven…

Dat was het moment waarop ze was wakker geworden.

Ze bleef een paar minuten liggen, dankbaar dat het slechts een droom was geweest. Toen keek om zich heen. Doris lag nog altijd boven op haar dekbed te slapen, en ook Riley sliep nog. Het bed van Mary Jo was onbeslapen. Blijkbaar had ze ervoor gekozen na haar wacht verder te slapen in de stoel in de televisiekamer.

Hoewel het nog vroeg was, had Carol niet het gevoel dat ze langer zou kunnen slapen. Ze besloot op te staan en een douche te nemen. Ze nam aan dat iedereen – behalve Green, die van zes tot zeven uur de wacht hield – nog sliep. Ze hoefde dus niet bang te zijn dat ze in de rij zou moeten staan voor de badkamer.

Ze stond op, liep de gang op en stak haar hoofd om de hoek van de monitorkamer. Green keek op. 'Zo zo, jij bent er vroeg bij. Goedemorgen.'

'Goedemorgen,' zei Carol. 'Ik ga even douchen. Kan ik misschien eerst koffie of thee voor je zetten?'

Green schudde zijn hoofd. 'Dat is erg vriendelijk van je, maar ik heb koffie gekregen van Doris toen ik haar afloste. Geniet van je douche. Als de anderen over twintig minuten nog slapen, denk ik dat ik je voorbeeld volg.'

Carol knikte, draaide zich om en ging de badkamer binnen. Ze sloot de deur achter zich, ging naar het toilet en keek naar zichzelf in de spiegel terwijl ze haar handen waste. Vervolgens zette ze de douche aan. Ze liet het warme water op haar neerdalen en leunde met haar voorhoofd tegen de blauwe tegels. Als ze zich alleen op het warme water concentreerde en verder niet nadacht, kon ze de situatie bijna vergeten en zich voorstellen dat ze ergens anders was.

Met lichte tegenzin stapte ze na een paar minuten onder de douche vandaan. Ze droogde zich af, kleedde zich aan en borstelde haar haren. Ze was nauwelijks klaar en bezig haar spullen te pakken toen ze vanachter de deur een luide schreeuw hoorde.

'O, shit! O, nee...'

Carol bevroor. Haar angst was zo groot dat ze even overwoog de deur op slot te laten. Maar toen vermande ze zich. Ze opende de deur en stapte de gang op.

'O, mijn god,' hoorde ze Riley zeggen. 'Ik zei het toch? Ik zei het. We gaan allemaal dood...'

Een andere stem, die Carol meende te herkennen als die van Buchanan, zei: 'Hou afstand. Raak haar niet aan.'

Carol snelde in de richting van de plek waar de stemmen vandaan kwamen: de televisiekamer. Bijna botste ze tegen Green op, die met een wit weggetrokken gezicht uit de monitorkamer tevoorschijn kwam. Haar hart bonkte in haar keel. Ze wist niet of ze wel wilde zien wat ze in de televisiekamer zou aantreffen. Doris of Mary Jo, dacht ze. Buchanan had gezegd: 'Raak haar niet aan.' Rileys stem had ze gehoord. Het moest dus om een van de twee andere vrouwen gaan.

Ze volgde Green de televisiekamer in. In eerste instantie zag ze niets, omdat iedereen in een kring in de hoek stond. Maar toen stapte Buchanan opzij en zag Carol Mary Jo.

Ze lag onderuitgezakt in haar stoel, net als gisteren toen ze tijdens het lezen in slaap was gevallen. Alleen sliep ze nu niet. Ze was dood. Haar boek was op de grond gevallen en op haar schoot balanceerde een lege soepkom.

'Jezus,' zei Harris. 'Hoe kan dit zijn gebeurd? We hebben allemaal hetzelfde gegeten. We–'

Green stapte naar voren, tilde de kom op en rook eraan. Vervolgens schudde hij zijn hoofd. 'Dit is geen curry. Dit is iets anders. Soep. Pompoensoep volgens mij. En ik zie hier op de grond stukjes amandelschaafsel. Ze is vergiftigd.'

'Wat?' zei Harris. 'En hoe weet je dat zo precies?'

Carol wierp een blik op Riley, die trillend van angst in een hoekje op de grond zat, haar armen beschermend om haar lichaam geslagen.

Green wees naar Mary Jo's handen. 'Haar nagels. Ze zijn helemaal blauw. Dat gebeurt bij vergiftiging met cyaankali, wanneer er hoge doses worden gebruikt.'

'O ja,' zei Harris. 'Jij bent natuurlijk detective. Dus jij hebt dat soort kennis paraat. Of zat dat misschien in dat busje medicijnen van je en heb je het haar zelf gegeven terwijl wij sliepen?'

Green schudde zijn hoofd. 'Ik ben niet weggeweest bij die monitoren. Ik zweer het. En wat die kennis betreft: nee, die heb ik niet paraat. Zoals ik al zei: ik ben geen lezer en ook niet iemand die veel informatie tot zich neemt. Maar mijn vrouw is een groot Agatha Christie-fan. Ze vertelde het me een keer tijdens de afwas.' Hij zweeg. 'Ze zei dat cyaankali naar amandelen ruikt. Degene die haar die soep heeft gegeven wist dat blijkbaar en heeft er wat amandelschaafsel overheen gestrooid zodat het niet vreemd zou ruiken.'

Carol had het gevoel dat ze moest overgeven. Ze probeerde niet naar Mary Jo's opengesperde ogen te kijken en deed een stap naar achteren. Green had gelijk, zo besefte ze. Ze herinnerde zich een zaak van het Joegoslavië-tribunaal van een paar jaar geleden. Hoe heette die kerel ook alweer? Pranak? Prajak? Ze wist het niet zeker. Maar hij had cyaankali ingenomen. Het was een enorm snelwerkend gif. De kranten hadden er vol van gestaan. Vooraanstaande nazi's zoals Himmler, Göring en Goebbels hadden het gebruikt om een einde aan hun leven te maken, net zoals heel wat gepakte spionnen ten tijde van de Koude Oorlog.

En nu had iemand het gebruikt om Mary Jo Turner te vermoorden, deze lieve vrouw die dankzij de steun van haar dochters naar dit eiland was afgereisd om haar droom te verwezenlijken.

'Er is geen briefje,' zei Doris. 'Misschien... misschien is ze gewoon gestikt.'

Harris schudde zijn hoofd. Hij pakte Mary Jo's boek op en draaide het naar de andere toe zodat ze het omslag konden zien. Tussen de naam van Stephen King en de titel stond met dikke rode letters: DAT IS DRIE.

Riley keek om zich heen. 'Maar dat betekent... Niemand is hier vannacht binnengekomen. Toch?'

Er viel een stilte.

Buchanan zei: 'Inderdaad. Dat betekent dat de moordenaar hier in deze bunker is.'

Carol probeerde haar ademhaling onder controle te houden en niet in paniek te raken. Ze keek om zich heen en taxeerde haar medecursisten. Toen pas realiseerde ze zich dat er iemand ontbrak.

Victor Aster.

Ze keek Harris aan. 'Waar is Victor? Slaapt hij nog?'

Dex schudde zijn hoofd. 'Ik heb net zijn kamer gecheckt. Daar is hij niet.'

Green zei: 'O, shit.'

Iedereen wendde zich tot Green, die een stap naar achteren deed en schuldbewust om zich heen keek.

'Wat?' zei Harris. 'Vertel op, man. Wat is er?'

'Aster... hij... o, shit.' Green sloot zijn ogen en opende ze toen weer. 'Hij kwam een halfuur geleden bij me langs in de monitorkamer.'

'Waarom?' vroeg Doris. 'Wat wilde hij?'

Green aarzelde. 'De revolver. Hij zei dat hij zich herinnerde dat er nog een wapen lag, in de schuur naast het huis. Een jachtgeweer. Dat wilde hij gaan halen, zei hij. De revolver wilde hij meenemen om zich te kunnen verdedigen tegen eventuele belagers. Ik heb het aan hem gegeven. Hij zag er nogal gejaagd uit, maar...' Hij keek naar het levenloze lichaam van Mary Jo. 'Maar ik dacht dat dat met de gebeurtenissen van gisteren te maken had en zocht er verder niets achter. Ik... ik heb hem laten gaan.'

Niemand zei iets.

'Verdomme,' zei Green. 'Ik geloof dat ik een grote idioot ben geweest, hè?'

32

Mark

Dat was lekker, dacht Mark. Zeven uur zondagochtend en hij was klaarwakker. Hoelang was dat geleden? Hij kon het zich niet herinneren.

Het was natuurlijk zijn eigen schuld geweest. Gisteren, moe van zijn stapavondje met Sebastian van de avond ervoor, had hij tot twee keer toe een middagdutje gedaan. Vervolgens was hij ook nog om negen uur naar bed gegaan.

Hij bleef nog even liggen, zette toen een kop koffie en checkte zijn mail. Omdat het zondag was, sloeg hij alles over wat werkgerelateerd was. Er bleven drie mailtjes over. Een ervan bevatte een uitnodiging van een klant om naar een wedstrijd van de Yankees te gaan. Mark markeerde hem als ongelezen. De klant was een aardige kerel, maar Mark hield niet van honkbal. Hij zou morgen een gepast excuus verzinnen om niet te hoeven gaan. Het tweede mailtje dat hij opende, was van Sebastian. Het onderwerp was: KATER? en de inhoud van het bericht was leeg.

Mark grinnikte, klikte op beantwoorden en stuurde een smiley met een zweetdruppel terug. Het derde bericht was afkomstig van zijn zus Rachel. Zijn broer Neill stond in de cc.

Mark fronste. Rachel woonde in Denver en hoewel hij geen slechte band met haar had, hadden ze zelden contact. Het onderwerp van het bericht was 'opa', en heel even bekroop Mark het akelige gevoel dat er iets met zijn opa was gebeurd. Peter Foster was negenentachtig jaar en hoewel hij in prima conditie was voor zijn leeftijd had hij afgelopen november op zijn verjaardag benadrukt dat hij – al was hij tot nu toe gevrijwaard gebleven van alzheimer, kanker en/of een hartaanval – niet anders kon dan aannemen dat hij met zijn leven in de blessuretijd zat.

Maar nee, als zijn opa in het ziekenhuis lag of plotseling was overleden, zouden Rachel, Neill of zijn ouders hem hebben gebeld in plaats van gemaild, dat wist hij zeker. Het moest dus over iets anders gaan.

Hij nam een slok koffie, opende het bericht en inderdaad: er was niets aan de hand. Althans: niets slechts. Rachel en Neill hadden voor aanstaande november voor een weekend een optie genomen op een huis in Vermont. Daar wilden ze, bij wijze van verrassing voor hun opa, samen met de hele familie Peter Fosters negentigste verjaardag vieren. Rachel schreef dat het nooit mogelijk zou zijn om de hele familie voor het betreffende weekend naar Vermont te krijgen (er was altijd wel iemand die al plannen had), maar het huis, dat plaats bood aan dertig personen, was prachtig en als Mark en Carol konden, zou ze het nog deze week reserveren en vervolgens bekijken wie van de familie er verder kon aansluiten.

Mark glimlachte. Hij schreef terug dat hij het betreffende weekend kon en onmiddellijk Carol zou mailen om te vragen of het haar ook schikte. Omdat Rachel niet wist dat Carol deelnam aan een schrijfcursus, en Mark niet wist of Carol zou willen dat hij Rachel erover vertelde, liet hij in het midden waar Carol was en zei hij dat hij iets van zich zou laten horen zodra hij antwoord had. Hij bedankte zijn broer en zus voor het goede idee en schreef toen een snelle mail aan Lawrence Montgomery op Big Rock Island waarin hij vroeg of hij Carol wilde vragen of ze het weekend van 14 en 15 november in Vermont de verjaardag van zijn opa wilde vieren. Hij nam aan dat ze zo ver vooruit niets had staan, maar je wist maar nooit. Sommige interviews voor *Spirit* deed ze in het weekend. Carol was erg gesteld op Peter en hij wilde zeker weten dat ze er ook bij kon zijn.

Hij verzond zijn mail en liep met zijn koffie naar de woonkamer. Na zijn vorige mail had het antwoord van Victor Asters assistent slechts enkele uren op zich laten wachten, dus met een beetje mazzel kon hij Rachel en Neill vandaag nog uitsluitsel geven.

33

Carol

Carol staarde naar Green. Toen hij zichzelf zojuist een grote idioot had genoemd omdat hij Victor Aster zonder erbij na te denken met de revolver de bunker had laten verlaten, had ze naarstig gezocht naar iets dat erop wees dat hij loog. Als het zo was, dan was hij een begaafd acteur.

Buchanan zei: 'Hoe bedoel je "een grote idioot"?'

Green haalde zijn schouders op. 'Tja, dat lijkt me duidelijk. Hij heeft Mary Jo vergiftigd en is er daarna vandoor gegaan met de revolver.'

'Maar waarom ben jij dan een idioot?' zei Buchanan. 'Je zat daar voor die monitoren en kon niet weten of hij iets had gedaan, toch?'

Harris knikte en keek naar Green. 'Precies. Je legt het allemaal mooi uit, maar misschien zit het wel anders. Misschien heb jíj haar die soep gegeven en werd je door Aster betrapt.'

'Waarna je hem hebt vermoord en het lichaam hebt verstopt,' zei Buchanan.

Green zuchtte. 'Hij betrapte me? En toen? Toen heb ik hem doodgeschoten? Dat zouden jullie hebben gehoord want die revolver heeft geen geluiddemper. Blijf alsjeblieft normaal nadenken, mensen. We zitten hier met z'n allen in en ons tegen elkaar opzetten is waarschijnlijk precies wat hij wil. Los daarvan: iedereen had Mary Jo die soep kunnen geven. We hebben immers allemáál een uur de wacht gehouden.'

Green had gelijk, besefte Carol. Of hij de waarheid sprak, wist ze niet, maar ze moesten voorkomen dat ze ruzie kregen. En strikt genomen konden ze inderdaad allemaal verantwoordelijk zijn voor Mary Jo's dood.

Maar Harris liet nog niet los. Hij deed een dreigende stap in Greens richting en zei: 'Waar zijn die slaappillen van je?'

'In mijn rugzak,' zei Green, uiterlijk kalm. En toen: 'Ga je gang, vriend. Doorzoek mijn spullen. Doe wat je wilt. Je zult geen pistool met geluiddemper vinden en ook geen vergif. Ik zweer het op mijn moeders graf: Victor Aster kwam een halfuur geleden bij me en heeft de revolver meegenomen. Dat hij daarna niet is teruggekomen terwijl Mary Jo hier dood ligt, zegt genoeg, lijkt me.'

'Luther heeft gelijk,' zei Dex. 'We hebben allemaal de wacht gehouden en we weten niet wat er is gebeurd. Het enige dat we weten is dat iemand een spelletje met ons speelt. Aster? Het is mogelijk. Maar het lijkt me sterk. Ik ben hier twee jaar geleden geweest en kan me niet voorstellen dat hij binnen twee jaar is veranderd in een gestoorde sadist die een voor een zijn cursisten vermoordt.'

Doris schudde haar hoofd. 'Hoe bedoel je? Als Luther de waarheid spreekt en Aster is ervandoor met het pistool dan weten we het toch zeker?'

Carol dacht hierover na. Hoewel ze het met Dex eens was en ze zich Aster niet als moordenaar kon voorstellen, was er nauwelijks een speld tussen te krijgen. Gisteren had Aster hun op het hart gedrukt dat hij het als zijn plicht beschouwde om hen te beschermen. Nu was Mary Jo dood en was Aster ervandoor.

'Misschien is hij echt naar de schuur,' zei Riley. 'En komt hij straks terug met dat jachtgeweer...'

Dex knikte. 'Precies. Laten we nog even afwachten en geen overhaaste conclusies trekken.'

Doris snoof. 'Geloof je het zelf? Hij is al zeker drie kwartier weg. Als hij werkelijk alleen naar buiten was gegaan om een jachtgeweer te halen, dan was hij allang terug geweest.'

'Laten we gaan kijken,' zei Green. 'Misschien is er niet eens een schuur. In dat geval weten we meteen waar we aan toe zijn.'

Een halfuur later waren ze weer terug in de bunker. Ze hadden de schuur gevonden, maar er was geen spoor van Victor Aster. Harris had voorgesteld het huis te doorzoeken op touw of ander materiaal om een vlot te maken. Aster had dan wel gezegd dat hij niets in huis had, maar gezien zijn verdwijning leek het een goed idee om het zekere voor het onzekere te nemen.

Ze vonden niets. Carol, Dex en Doris hadden ontbijt gemaakt en nu zaten ze allemaal in de televisiekamer om te overleggen. Allemaal behalve Riley, die opnieuw in een hoek van de kamer op de grond zat, starend in het niets. Buchanan had een laken over het lichaam van Mary Jo gelegd en Green had er een kruisje bij geslagen, wat hem op een geïrriteerde blik van Harris was komen te staan.

'Oké,' zei Buchanan, terwijl hij een hap nam van een broodje met aardbeienjam. 'Het lijkt me onwaarschijnlijk dat we Aster nog terug kunnen verwachten. Wat nu?'

Doris sloeg haar armen over elkaar. 'Wij zijn hier, Aster is ergens daarbuiten. We hebben geen revolver meer, maar nog wel dat samoeraizwaard. Ik zeg: we blijven hier, wachten tot het vrijdag is en proberen dan via het bos de veerpont te bereiken.'

Harris schudde zijn hoofd. 'We weten niet zeker of het Aster is. Maar áls hij het is, dan is hier blijven geen goed idee.'

'Waarom niet?' zei Doris.

'Omdat Aster de sleutel heeft van deze bunker. Hij kan dus binnenkomen wanneer hij wil. Trouwens: als hij hierachter zit, dan is de kans groot dat er hierbinnen verborgen camera's zijn en hij op dit moment naar ons zit te kijken.'

Daar had Carol nog niet aan gedacht. Ze voelde haar maag verkrampen en moest haar best doen om niet onmiddellijk om zich heen te kijken.

'Nogmaals,' zei Dex. 'Laten we niet te veel invullen. We weten niet zeker of Aster dit heeft gedaan en al helemaal niet of er hierbinnen camera's hangen en of hij op dit moment naar ons kijkt.'

Buchanan legde het restant van zijn broodje op het aanrecht. 'Nee, maar als het wel zo is, dan weet hij precies wanneer we richting die veerpont gaan. Ik ben niet voor hier blijven en afwachten. Ik stel voor dat we naar buiten gaan. We sporen hem op en vragen waarom hij ervandoor is gegaan.'

'Dat meen je toch niet serieus?' zei Doris. 'Wat als het antwoord op die vraag een kogel tussen je ogen is?'

'Dan is dat zo,' zei Buchanan. 'Maar ik geloof daar niet in. Wie dit ook doet: hij of zij maakt er duidelijk een ziek spelletje van door de tijd te nemen en ons een voor een om zeep te helpen. Mijn gevoel zegt dat ons niets overkomt zolang we bij elkaar blijven.'

Green glimlachte vreugdeloos. 'En wat als je gevoel het mis heeft?'

'Nogmaals,' zei Buchanan. 'Dan is dat zo. Ik zeg niet dat ik de wijsheid in pacht heb. Ik geef alleen maar mijn mening.'

In de hoek van de kamer stootte Riley een kreun van frustratie uit. Ze schudde haar hoofd, wreef in haar roodomrande ogen en zei: 'Het is niet eerlijk. Het is godverdomme niet eerlijk... Ik kwam hier voor een cursus. Niet om dood te gaan.' Ze begon te huilen. 'Ik wil... ik wil hier niet meer zijn. Ik wil naar huis.'

'Dat willen we allemaal, prinses,' zei Buchanan. 'Maar door in een hoekje te gaan zitten huilen, lossen we dit niet op. Denk dus alsjeblieft mee of hou je mond zodat wíj kunnen nadenken.'

Carol kwam overeind en liep naar Riley toe. Ze boog zich over haar heen en fluisterde: 'Hou vol, oké? Ik kwam hier ook voor een cursus. Maar nu moeten we zorgen dat we hier wegkomen. En dat gaat ons ook lukken. Afgesproken?'

Riley keek haar aan. Heel even dacht Carol dat haar woorden geen effect hadden, maar toen klampte Riley zich aan haar vast. 'Beloof je dat? Beloof je dat we hier niet doodgaan?'

Carol slikte. 'Ja,' zei ze, terwijl ze probeerde niet te denken aan de drie doden die er al waren gevallen. 'Ja, dat beloof ik.'

Riley veegde haar tranen weg. 'Oké,' zei ze. 'Bedankt. En sorry... sorry dat ik zo...'

Carol zei dat het oké was. Ze gaf Riley een kneepje in haar schouder, kwam overeind en ging terug naar haar stoel.

'Ik weet het niet,' zei Dex. 'Ik...' Hij aarzelde.

'Wat?' zei Doris.

Dex schudde zijn hoofd. 'Ik... ik zou kunnen zwemmen.'

Carol schudde haar hoofd. 'Nee, dat kan je niet. Je hebt gehoord wat die schipper zei. Je zult binnen een paar meter gevoelloos zijn en verdrinken. Los daarvan: het is minstens tweeënhalve kilometer. Daarvoor heb je ook nog een behoorlijke conditie nodig.'

'Die heb ik,' zei Dex. 'Ik zwem niet vaak, maar ik loop twee keer in de week tien kilometer hard. Ik ben fit genoeg. Ik weet dat het kan misgaan, maar om hier nog dagen te gaan zitten wachten... Ik bedoel: echt gevaarlijk kan het niet zijn. Ik kan altijd teruggaan als ik merk dat het te koud is.'

Carol schudde opnieuw haar hoofd. 'Tweeënhalve kilometer. Weet je hoelang je dan onderweg bent?'

Buchanan keek naar Harris. 'Weet jij dat niet, John? Jij zwom toch?'

'Ik ben waterpolocoach,' zei Harris. 'En ja, dat weet ik wel. Tweeenhalve kilometer? Daar doe ik in een zwembad dik vijfenveertig minuten over. Maar dit is geen zwembad. Dit is buitenwater én het is ijskoud. Ik heb het gevoeld toen we van de veerpont afkwamen. Die schipper had gelijk.'

Carol haalde opgelucht adem. 'Dus zwemmen is geen optie?'

'Nee,' zei Harris, na een korte aarzeling. 'Nee, dat is niet te doen.' Hij keek naar Dex. 'Zeker niet voor iemand die geen ervaren zwemmer is.'

Dex schudde zijn hoofd. 'Maar–'

'Je hoorde wat hij zei,' zei Carol. 'Het is erg genoeg dat er iemand op dit eiland is die mensen vermoordt. Het laatste wat we moeten doen is hem of haar een handje helpen door onszelf uit te schakelen via zelfmoordacties.'

Er viel een stilte. Carol voelde haar hart kloppen in haar keel. Ze begreep dat Dex net zo graag van het eiland af wilde als zij, maar ze moesten wel blijven nadenken.

Harris stond op en zei dat hij naar het toilet ging. Hij liep de kamer uit, gevolgd door Buchanan, die half in de deuropening bleef staan, iets wat hem op een bevreemde blik van Doris kwam te staan.

Buchanan glimlachte. 'Vanaf hier kan ik de deur van het toilet in de gaten houden. Mocht iemand de bunker binnenkomen en van John proberen nummer vier te maken terwijl hij daar zijn ding aan het doen is, dan kan ik het zien en jullie waarschuwen.'

'Dus wat gaan we nu doen?' zei Doris, met een schuine blik op Buchanan. 'Naar buiten? En dan proberen Aster op te sporen?'

Buchanan haalde zijn schouders op. 'Ik weet dat het niet zonder risico is, maar ja: dat lijkt mij het beste idee.'

Opnieuw viel er een stilte. Uiteindelijk zei Dex: 'Misschien moeten we erover stemmen.'

Green knikte. 'Dat lijkt me een goed idee. We wachten tot John terug is en dan stemmen we. Als er een meerderheid is voor hier blijven, dan blijven we hier. Als er meer zijn die naar buiten willen om Aster op te sporen, dan doen we dat.'

'Wacht nog even,' zei Harris vanaf de gang.

Buchanan liet hem passeren.

Toen iedereen weer zat, zei Harris: 'Misschien is zwemmen alsnog een optie.' Hij hield een pot vaseline omhoog. 'Dit vond ik in de badkamer. Als ik mijn hele lichaam ermee insmeer, dan...' Hij aarzelde. 'Nou ja, dan maak ik misschien een kans.'

Green fronste zijn wenkbrauwen. 'Vaseline? Maakt dat zo'n groot verschil?'

'Ik weet het niet,' zei Harris. 'Maar het is een poging waard. Stel dat het lukt? Dan zijn we vanavond van dit eiland af en kunnen we naar huis.'

Dex deed een stap in Harris' richting en zei: 'Daar ben ik het helemaal mee eens. Maar laat mij alsjeblieft gaan. Ik ben misschien een mindere zwemmer, maar ik ben jonger. Ik–'

'Nee,' zei Harris. 'Als er iemand een poging waagt, dan ben ik het. Je hebt gelijk: jij bent jonger, maar je bent geen zwemmer. Ik kan deze afstand het snelste afleggen, en hoe korter je met deze temperaturen in het water ligt, hoe groter de kans om het te halen.'

Carol schudde haar hoofd. 'Maar die schipper was duidelijk. Hij zei dat het water...'

'Ik weet het,' zei Harris. 'Maar we zitten in een noodsituatie en dat vraagt om een noodoplossing. Ik verzeker je dat ik er niet naar uitkijk. Maar ik heb de nodige ervaring in open water en ik zal voorzichtig zijn. Zodra ik voel dat het niet gaat, doe ik wat Dex net zei. Dan keer ik om en zwem ik terug.'

34

Ze hadden geluk. Boven in de badkamer vonden ze nog een pot vaseline. Ze vonden ook een zwembroek en namen beide mee naar beneden de bunker in. Vervolgens bespraken ze hoe ze het zouden gaan doen. Buchanan, Doris en Riley waren ervoor meteen naar buiten te gaan en geen tijd te verspillen. Overdag zou Harris meer kunnen zien en liep hij minder kans de verkeerde kant op te zwemmen en onnodige meters te maken. Carol, Dex en Green gaven er de voorkeur aan te wachten tot het avond was. Toen ze de zwembroek en de vaseline van boven hadden gehaald, hadden ze gezien dat het een mooie dag was. De lucht was blauw en vrijwel zonder wolken. Er zou dus voldoende maanlicht zijn en in het donker hadden ze meer kans om zonder te worden gezien de steiger te bereiken.

Harris dacht even na en zei toen: 'We gaan als het donker is. Dat gebouwtje naast de parkeerplaats is wit en moet dus goed zichtbaar zijn vanuit het water, net als de auto's. We nemen die potten vaseline mee naar de steiger. Ik kleed me warm aan en smeer me pas in vlak voordat ik het water in ga.'

Riley drukte haar wijsvinger tegen haar onderlip. 'Ik... ik weet niet of ik dat nog een keer durf. In het donker naar buiten gaan, bedoel ik.'

'John is degene die moet zwemmen,' zei Buchanan. 'Hij waagt zijn leven voor ons. Als hij liever 's avonds wil, dan gaan we 's avonds.'

En dat was het eind van de discussie.

De rest van de dag brachten ze door met eten, lezen, televisiekijken en op hun nagels bijten. Carol praatte een tijdje met Harris en kreeg het gevoel dat hij er echt vertrouwen in had. Het gaf haar een voorzichtig gevoel van hoop. Kon het waar zijn? Kon het waar zijn dat de vaseline voldoende bescherming bood tegen de kou en dat deze nachtmerrie over enkele uren voorbij zou zijn?

Zelfs Riley leek enigszins op te knappen. Ze lachte af en toe, zij het zwakjes, en hielp bij het snijden van het fruit voor de lunch. Pas toen het bijna avond was, werd ze weer stiller, maar dat gold voor iedereen. Carol probeerde zichzelf ervan te overtuigen dat alles goed zou gaan. Dat ze de steiger zonder problemen zouden bereiken en dat Harris het zou halen. En als het niet lukte?

Daar wilde ze liever niet aan denken.

Ze aten brood als avondeten en probeerden niet te kijken naar het lichaam van Mary Jo, dat nog altijd onder het laken lag. Als hun plan slaagde, waren ze vanavond van dit eiland af en zou Mary Jo, net als Samuel Murphy en Lawrence Montgomery, een fatsoenlijke begrafenis krijgen, in het bijzijn van haar familie en vrienden. Carol dacht aan hoe trots Mary Jo was geweest toen ze had verteld over haar twee dochters, die haar de cursus cadeau hadden gedaan. Ze kon zich er geen voorstelling van maken hoe ze zich zouden voelen als ze hoorden wat er met hun moeder was gebeurd.

Opnieuw hoorde Carol de woorden van Riley echoën in haar achterhoofd.

Iemand.

Iemand dóét dit.

De vraag was: wie?

Ze dacht aan Aster. Als Green de waarheid sprak en Aster met de revolver was vertrokken, dan kon het bijna niet anders of hij zat erachter. Maar waarom? Kon iemand binnen korte tijd zo gek worden dat hij voor de lol een heleboel onschuldige mensen vermoordde?

Nee, dacht Carol. Toch? Vervolgens schoten haar al de schietpartijen op scholen van de laatste tijd te binnen. Ja, dacht ze. Het kon wél. Soms knapte er iets bij mensen. Ook bij mensen die tot dan toe als voorbeeldige burgers door het leven waren gegaan. Het was de pijnlijke realiteit.

Om kwart over zes verlieten ze het huis. Ze liepen langzaam naar het hek, om zich heen kijkend in het donker. Hoewel ze er weinig mee konden uitrichten tegen iemand met een revolver, droeg Buchanan het samoeraizwaard. Dex, Green, Harris en Carol hadden een mes in hun jaszak gestopt. Riley wilde geen wapen dragen en vroeg of ze alsjeblieft in het midden van de groep mocht lopen. Doris had hetzelfde verzoek. Ze was bang dat ze het tempo niet zou kunnen volgen en de groep in het donker zou kwijtraken. Green stelde haar gerust en zei dat hij achter haar zou blijven.

Dex opende het hek en ze liepen zo geruisloos mogelijk het bos in. Het was doodstil en koud. De lucht zag er nog altijd helder uit, wat goed nieuws was met het oog op maanlicht en het zicht wat Harris zou hebben tijdens het zwemmen. Als hij dat ook echt ging doen, dacht Carol. Misschien zou hij het na vijf meter al voor gezien houden en rechtsomkeert maken.

Ze namen dezelfde weg door het bos die ze eerder vanaf de bungalows naar het huis hadden genomen. Linksaf, langs de grote rots, en vervolgens de heuvel af waarop Asters huis was gebouwd. Af en toe hoorden ze iets en bleven ze even staan, om vervolgens een knaagdier te horen wegscharrelen of een vogel te zien opvliegen uit een boom.

Carol had het gevoel dat ze sneller vooruitkwamen dan een dag eerder toen ze in omgekeerde richting hadden gelopen. Al snel bereikten ze de heuvel waarop Dex, Riley en zij de eerste avond naar de sterren hadden proberen te kijken. Deze avond was er ideaal voor geweest, dacht Carol wrang. Beneden zagen ze de bungalows liggen, zwakjes verlicht door de maan en de ouderwetse lantaarns.

'Gatver,' fluisterde Riley in haar oor. 'Ik moet de hele tijd aan *The Silence of the Lambs* denken. Aan die kerel met dat speciale masker waarmee hij in het donker kan kijken. Stel je voor dat degene die dit allemaal doet dat ook heeft. Dat hij nu naar ons kijkt en wacht op zijn kans om toe te slaan.'

Carol keek haar aan. 'Ik hoop niet dat je gelijk hebt. Maar *The Silence of the Lambs* eindigde goed, weet je nog? En je bent niet alleen.'

'Dat weet ik,' zei Riley. 'Maar ik kan het niet helpen: ik ben doodsbang.'

Dat was Carol ook. Ze wilde niet doodgaan op dit eiland. 'Het komt goed,' zei ze, terwijl ze haar best deed om zelfverzekerd te klinken. 'We moeten gewoon nog even volhouden.'

Ze liepen de heuvel af en passeerden de bungalows. Al snel waren ze terug in het bos. Even later doemde tussen de bomen het huisje met de dichtgetimmerde ramen op. Het huisje had een verrotte houten deur. Ernaast stonden twee stoeltjes. Aan het aantal spinnenwebben was te zien dat er al heel lang niemand meer in had gezeten.

Carol keek om. Het viel haar op dat Doris veel minder moeite had het tempo te volgen dan de dag ervoor toen ze op weg waren geweest naar Victor Asters huis. Misschien was het de angst die haar voortdreef. Misschien hielp het feit dat Green voortdurend achter haar bleef. Wat de reden ook was, het was goed nieuws. Hoe sneller ze liepen, hoe minder kans ze hadden om onderweg te worden neergeschoten.

De vaart bleef er goed in en enkele minuten later bereikten ze de plek waar het bos ophield en ze alleen nog de heuvel naar de steiger af moesten. Dex en Harris bleven staan. Ze overlegden op fluistertoon. Carol zag Dex knikken. Uiteindelijk draaide Harris zich om en zei: 'Dex en ik gaan eerst samen naar beneden. Wanneer er iemand begint te schieten, gaan jullie zo snel mogelijk terug naar de bunker. Zo niet: dan komen jullie achter ons aan.'

Riley leek te willen protesteren, maar het was al te laat. Dex en Harris waren aan de afdaling begonnen. De anderen dromden samen aan de rand van het bos en keken ze na. Carol hield haar adem in toen Dex halverwege de heuvel bijna uitgleed, maar hij wist zijn evenwicht te bewaren. Ze keek angstig om zich heen, maar er gebeurde niets. Het leek erop dat ze alleen waren.

Binnen twee minuten hadden Dex en Harris de steiger bereikt. Harris ging op zijn buik liggen en voelde het water. Hij kwam weer overeind en zei iets tegen Dex, waarop Dex knikte, omkeek naar de anderen op de heuvel en gebaarde dat ze naar beneden konden komen.

Ondanks het feit dat Dex en Harris ongedeerd de steiger hadden bereikt, bleef Carol tijdens het afdalen om zich heen kijken, klaar om zich bij het minste geluid uit het hen omringende bos plat op haar buik te laten vallen.

Maar er gebeurde niets en even later hadden de zeven overgebleven cursisten zich verzameld op de plek waar ze twee dagen eerder waren aangekomen.

Riley wierp een blik op het rimpelloze water en huiverde.

'En?' vroeg Buchanan aan Harris. 'Denk je dat het te doen is?'

Harris haalde zijn schouders op. 'Het is koud. Heel koud. Maar met een dikke laag vaseline... Ik hoop het. Ik ga het proberen.'

Er viel een vreemde stilte. Iedereen keek naar Harris, die de potten met vaseline uit zijn rugzak haalde, en een plastic zakje waarin een droog T-shirt en ondergoed zat. Harris sloot zijn ogen en heel even dacht Carol dat hij zich had bedacht. Dat hij het bij nader inzien toch een te groot risico vond om een poging te wagen. Maar toen opende hij zijn ogen en begon zich uit te kleden. Toen hij klaar was, overhandigde hij een van de potten vaseline aan Buchanan. 'Zou jij mijn rug en nek zo dik mogelijk kunnen insmeren?'

Buchanan knikte en ging aan de slag terwijl Harris zelf de rest van zijn lichaam voor zijn rekening nam.

Carol keek toe vanachter een waas van lichte mist, die opsteeg vanuit de kring waarin ze stonden. Een heksenritueel uit de middeleeuwen, dacht ze. Zo moest het er van een afstandje uitzien. Bijna moest ze lachen, maar toen zag ze Rileys angstige gezicht en onmiddellijk was ze terug in de zorgwekkende realiteit. Ze kneep haar lippen op elkaar en staarde naar het glimmende lichaam van Harris, die nu bijna helemaal ingesmeerd was en geconcentreerd voor zich uit staarde. Het deed Carol denken aan de blik in de ogen van een atleet op de Olympische Spelen, vlak voor het moment dat hij een topprestatie moet leveren.

Maar dit was iets heel anders. Er stonden mensenlevens op het spel. In eerste instantie dat van Harris zelf.

Ze besloot er niet aan te denken. Het gaat lukken, prentte ze zichzelf in. Hij is fit genoeg en gaat het halen. De kou zal meevallen. De orka's zijn er alleen in de middag, zei die schipper. Het enige dat hij moet doen is doorzwemmen en–

'Oké,' zei Harris. 'Ik hoop dat dit voldoende is.' Hij zette de lege pot vaseline op de grond, naast de eveneens lege pot waarmee Buchanan zijn rug had ingesmeerd, en wees naar zijn rugzak. 'Daarin zit een badjasceintuur. Kan iemand die eruit halen en het plastic tasje met mijn kleren om mijn enkel binden? Ik zou het graag zelf doen, maar mijn handen...' Hij hield ze omhoog. De vaseline glom in het maanlicht.

Dex stapte naar voren, pakte het tasje en haalde de ceintuur uit de rugzak.

'Zo stevig mogelijk,' zei Harris. 'En met zoveel mogelijk ceintuur tussen dat zakje en mijn enkel. Op die manier zit het me het minst in de weg.'

Na een eerste mislukte poging lukte het Dex om zo'n dertig centimeter ceintuur over te houden. Harris leek tevreden. Carol wist dat het tasje belangrijk was. Behalve Harris' kleren zat ook zijn autosleutel erin. Als Harris direct in zijn auto kon stappen nadat hij de overkant had bereikt, zou hij meteen bij zijn telefoon kunnen om hulp in te schakelen. Bovendien liep hij op die manier minder kans om alsnog aan onderkoeling te bezwijken.

Carol zag Harris naar het water kijken, nog steeds geconcentreerd, maar nu – voor het eerst – ook een tikkeltje bezorgd.

'Je hoeft dit niet te doen,' zei Riley. 'Dat weet je toch, hè? Het is... We kunnen ook gewoon hier blijven en elkaar tot vrijdag goed in de gaten houden.'

Harris keek haar aan. 'Ja, dat weet ik. Maar als ik ervoor kan zorgen dat we hier vanavond al weg zijn, dan is vijfenveertig minuten in de kou doorbrengen een acceptabel offer, toch?'

'Ja,' zei Riley. 'Maar wat als–'

Harris gaf haar een knipoog. 'Je zou je telefoon weer terug hebben.'

'Het laatste waar ik op dit moment aan denk is mijn telefoon,' zei Riley. 'Ik wil alleen maar dat...' Ze zweeg en leek een brok in haar keel weg te slikken.

Harris glimlachte. 'Ik snap het, lieverd. Ik maakte maar een grapje.' Hij rechtte zijn schouders. 'Hoe dan ook: genoeg getreuzeld. Als ik hier nog langer blijf staan, ben ik al bevroren voor ik goed en wel in het water lig.'

'Succes, John,' zei Dex. 'En bedankt. Kom alsjeblieft zo snel mogelijk terug als het niet gaat.'

Green knikte. 'Ja, John. Als je voelt dat het te koud is–'

'Dat doe ik,' zei Harris, terwijl hij zich omdraaide en naar het einde van de steiger liep. 'Geloof me: ik heb net zomin zin om dood te gaan als jullie.'

35

Carol hield haar adem in.

Harris was zojuist het water in gedoken en de overgebleven zes cursisten staarden nu naar de plek waar hij enkele seconden eerder onder het oppervlak was verdwenen. Had hij niet allang weer moeten bovenkomen? O, god. Wat als–

Harris kwam hijgend boven. 'Shit, shit...'

'Te koud?' vroeg Dex, die naar het eind van de steiger rende, gevolgd door de anderen.

Harris hapte naar adem, blies toen een paar keer achter elkaar snel uit en schudde zijn hoofd. 'Nee... Nee, het gaat wel. Zodra mijn hartslag zich heeft aangepast, dan... Het k-komt wel g-goed. Ik ga... ik ga nu zwemmen.'

'Weet je het zeker, John?' zei Carol. 'Je...'

Maar Harris had zich al omgedraaid. Hij lag nu op zijn buik, met zijn hoofd diep in het water, en zette zijn borstcrawl in. Binnen enkele slagen was hij tien meter bij hen vandaan. Het zakje dreef als een halfzachte reddingsboei achter hem aan.

Op de steiger keken de anderen met ingehouden adem toe.

'Het gaat goed,' zei Doris. 'Het ziet er goed uit. Toch?'

'Ja,' zei Riley. 'Ja, dat vind ik ook.'

Het zakje, oplichtend in het maanlicht, was nu vijfendertig meter bij hen vandaan.

Veertig.

Carol voelde haar hart kloppen in haar keel. De slag van Harris was gelijkmatig en zijn snelheid leek constant. De laag vaseline was dik. Misschien zou het genoeg zijn. Wat had hij ook alweer gezegd? Vijfenveertig minuten naar de overkant? Was het mogelijk dat er binnen anderhalf à twee uur een eind zou komen aan deze hel? Ze probeerde er nog even niet aan te denken. In plaats daarvan staarde ze naar de sterrenhemel en deed een schietgebedje.

'O, god,' zei Doris. 'Een warm bad. Dat ga ik nemen zodra we hier weg zijn. Een warm bad en een groot glas wijn. Ik–'

'Shit...'

Carol keek om. Het was Green die had gesproken. Ze volgde zijn blik in de richting van de zwemmende Harris. Er leek niets aan de hand. Ze zag het zakje en vagelijk ook de schouders en nek van Harris, nu zo'n honderd meter bij hen vandaan. Maar wacht even: er was wel iets aan de hand. Harris zwom niet langer richting de overkant. Hij...

'Wat doet hij?' zei Dex. 'Hij... hij gaat de verkeerde kant op.'

Buchanan schudde zijn hoofd. 'Hij keert om. We zullen iets anders moeten bedenken.'

Carol wilde het niet geloven. Ze keek naar de eenzame zwemmer in de verte, in gedachten smekend dat hij gewoon even uit koers was geraakt. Maar nee, Buchanan had gelijk. Harris lag nu omgekeerd in het water, met zijn hoofd hun kant op en het zakje achter hem.

Riley begon weer te huilen. 'O, nee... O, jezus. Ik dacht even dat het ging lukken.'

Carol sloeg een arm om haar heen. 'Rustig maar. Hij is in ieder geval verstandig. En we zijn nog altijd met zijn zevenen. We gaan gewoon terug naar de bunker en vinden een andere manier om hier weg te komen.' Ze zweeg en durfde Riley niet aan te kijken, uit angst zelf in snikken uit te barsten. Ook zij had het gevoeld: de hoop dat Harris het zou gaan redden. En nu was die hoop weg.

Ze keek naar Harris, zo'n honderd meter verderop in het spiegelgladde water. Hij zwom weer borstcrawl, maar het ging niet zo soepel meer als op de heenweg. Sterker nog: de bewegingen van Harris' armen werden steeds trager en hoekiger. Hij zwom nog wel, maar kwam nauwelijks vooruit.

'Verdomme,' zei Buchanan. 'Het lijkt wel alsof...'

Hij maakte de zin niet af. In de verte lag Harris plotseling compleet stil. Zijn armen bewogen niet langer en hij leek moeite te hebben zijn hoofd boven water te houden. In paniek greep hij naar de plastic zak, die door de druk van zijn armen direct onder water verdween. Harris ging kopje-onder, kwam weer boven en sloeg nu wild op het water. 'H... help. Help me. Ik b-b-ben... ik k-kan niet meer.'

'O, god,' zei Doris. 'O, god, hij verdrinkt. We moeten iets doen.'

Harris keek nu hun kant op. 'H-h-help! Alsjeblieft...'

'Nee!' schreeuwde Riley. 'Dit mag niet. Dit mag niet gebeuren. We moeten–'

'Sssst,' fluisterde Green. 'Niet zo hard. We willen niet dat iemand ons hier ziet of hoort, weet je nog?'

'Je hebt gelijk,' zei Dex tegen Riley. 'We mogen dit niet laten gebeuren.' Hij begon zich uit te kleden.

Carol schrok. 'Dex? Wat ga je... Nee, dat kun je niet doen. Er is geen vaseline meer. Het is te ver. Je zult–'

'Het moet,' gilde Riley. 'Hij moet het proberen. We mogen hem niet zomaar laten doodgaan.'

Carol voelde paniek opkomen. 'Maar...'

'Het lukt wel,' zei Dex, terwijl hij zich uit zijn spijkerbroek wurmde. 'Vertrouw me. Ik ben jonger dan hij, en–'

'Nee,' zei Buchanan resoluut. Hij stapte naar voren en pakte Dex bij zijn bovenarm. 'Hier komt niets van in. Als hij het niet op eigen kracht haalt om terug te komen, dan zul jíj het zeker niet halen. Als het hem niet lukt, dan... dan heeft hij het geprobeerd en moeten we het accepteren.'

Carol staarde in doodsangst naar Harris. Ze had nog nooit iemand zien verdrinken, maar wist met een pijnlijke zekerheid dat het niet lang zou duren voor daar verandering in zou komen. Harris spartelde nog steeds, maar zijn bewegingen werden minder heftig. Intussen probeerde Dex zich te bevrijden uit Buchanans greep.

'Alsjeblieft,' zei hij. 'Laat me gaan. Ik moet het proberen.'

'Nee, jongen. Daar komt niets van in.'

'Laat me los. Alsjeblieft...'

Buchanan gaf geen krimp. 'Jij gaat nergens heen, maat. Dat daar is onze beste zwemmer. Mét een enorme laag vaseline op zijn lichaam. Je zou het nooit redden.'

'Dat weet je niet,' zei Dex. 'Laat me het alsjeblieft proberen. Dit was mijn idee. Als hij verdrinkt, dan is dat mijn schuld.'

In de verte ging Harris opnieuw kopje-onder om een paar seconden later weer proestend boven te komen. 'H-help me...'

Opnieuw probeerde Dex zich los te rukken. Buchanan leek moeite te hebben hem vast te houden en Carol nam een beslissing. Ze stapte naar voren, nam Dex' gezicht in haar handen en keek hem aan. 'Dex, Nick heeft gelijk. Je kunt niets doen. Je kunt hem niet redden en dit is niet jouw schuld.'

'Jawel, godverdomme. Het was mijn idee.'

'Het is niet jouw schuld,' zei Carol.

Dex keek haar vertwijfeld aan en verlegde zijn blik toen naar het water, waar Harris voor de derde keer kopje-onder ging.

Kom op, dacht Carol. Kom alsjeblieft boven en zwem terug.

Maar Harris kwam niet meer boven.

Het water op de plek waar ze hem voor het laatst hadden gezien werd langzaam maar zeker kalm, net zolang totdat ze de maan er volledig helder in weerspiegeld zagen en het leek alsof John Harris er nooit was geweest.

36

Riley gilde. Gelukkig bedekte ze net op tijd met beide handen haar mond zodat haar kreet werd gesmoord. Dex liet zich op de steiger vallen en begroef zijn hoofd in zijn handen. Het kippenvel stond op zijn benen, maar zijn gedachten leken allerminst bij het aantrekken van zijn spijkerbroek.

'Het is niet jouw schuld,' zei Carol weer. 'Hij was de beste zwemmer. Daarom is hij gegaan...'

Dex bleef doodstil en rillend zitten, zijn ogen op het water gericht. Van de jeugdige bravoure die Carol had gezien toen ze hem in de bus ontmoette, was niets meer over.

Ook Doris, Buchanan en Green stonden er verslagen bij. 'Het spijt me, jongen,' zei Buchanan, terwijl hij zijn hand op Dex' schouder legde. 'Je hebt een goed hart, maar ik zou het mezelf nooit hebben vergeven als ik je had laten gaan.'

Dex wreef in zijn ogen. 'Ik had mijn bek moeten houden. We hadden naar die schipper moeten luisteren. We hadden–'

'Luister,' zei Green. 'We kunnen hier nog een uur gaan zitten treuren, maar daar helpen we onszelf niet mee. We hebben het geprobeerd. John heeft het geprobeerd. Hij wilde het zelf. Laten we teruggaan naar de bunker. Dat is een veiligere plek om onze wonden te likken dan hier.'

Buchanan knikte. 'Luther heeft gelijk. Het is niet slim om hier te blijven. Laten we ervoor zorgen dat wanneer we vanavond gaan slapen we nog steeds met zijn zessen zijn.' Hij draaide zich om en liep terug naar het begin van de steiger, waar ze het samoeraizwaard en

Harris' rugzak hadden achtergelaten. De anderen volgden hem.

Buchanan bukte zich en pakte het zwaard op. Vervolgens keek hij op en zei: 'Wacht eens even. Shit...'

'Wat is er?' zei Green.

Buchanan wees naar een grote rots naast het trapje naar de steiger.

Er lag een steen, met daaronder – Carol kreeg het warm – een briefje.

'*Dat is vier...*' zei Dex, nog voordat Carol het briefje onder de rots vandaan had gewurmd en de tekst hardop voorlas.

Riley greep Greens arm. Haar blik schoot angstig alle kanten op: 'O, god. O, god... Hij is hier. Wie het ook is, hij is hier...'

'Snel,' zei Buchanan. 'Vorm een cirkel. Op die manier kan niemand ons ongezien besluipen.'

Ze vormden een cirkel. Carols hart klopte in haar keel terwijl ze afwisselend naar de heuvel en het struikgewas bij de oude uitkijkpost keek.

Na enkele seconden schudde Dex zijn hoofd. 'We zijn Harris net kwijtgeraakt. Volgens mij is inmiddels wel duidelijk dat wie er ook plezier aan beleeft ons een voor een te zien sterven, er zijn gemak van neemt en niet van plan is ons allemaal tegelijk met een uzi overhoop te schieten. Of zie ik iets over het hoofd?'

Carol huiverde. Ze vreesde dat Dex gelijk had en vroeg zich af wat dat betekende. Als het inderdaad zo was, dan hoefden ze niet bang te zijn zolang ze bij elkaar waren. Het betekende ook dat Harris de moordenaar of moordenaars zojuist een handje had geholpen door het ijskoude water in te gaan en zijn eigen dood tegemoet te zwemmen.

Tenzij... Nee, dat was te gek voor woorden.

'Wat is er?' zei Riley. 'Waar denk je aan, Carol?'

Ze schudde haar hoofd. 'Nergens aan,' zei ze. 'Ik bedoel: het slaat nergens op en het is respectloos...'

Nu keken ook de anderen haar aan.

'Oké,' zei ze. 'Ik dacht... en nogmaals: het is onzin... maar ik dacht ineens: wat als Harris niet dood is? Wat als hij dat zakje heeft laten zinken, een paar meter onder water heeft gezwommen en toen...'

Green schudde zijn hoofd. 'Dat is onmogelijk. We zouden hem

weer hebben zien bovenkomen. Hij was niet ver genoeg weg.'

Ondanks de zelfverzekerde toon waarop Green de woorden had uitgesproken, keek iedereen om naar het water. Het was nog altijd kalm en vrijwel rimpelloos.

'Luther heeft gelijk,' zei Dex. 'En laten we eerlijk zijn: hoe had hij dat briefje dan kunnen neerleggen? We waren hier met z'n allen. Iemand moet het hebben gedaan toen we naar Harris keken terwijl hij aan het zwemmen was.'

Buchanan knikte. 'Dat denk ik ook.'

'Laten we hier weggaan en binnen verder praten,' zei Doris. 'Alsjeblieft.'

Dex knikte. 'Ja, laten we gaan. Maar...' Hij aarzelde. 'Zolang we niets weten lijkt het me verstandig om het slapen anders te doen. Drie mensen gaan slapen, drie blijven wakker. Op die manier hoeft niemand zich zorgen te maken. Is iedereen het daarmee eens?'

Er werd geknikt en ze begonnen richting de heuvel te lopen. Carol realiseerde zich dat Dex met zijn voorstel zonder het letterlijk te zeggen iets onder de aandacht had gebracht waar ze liever niet aan wilde denken, namelijk dat de moordenaar zich ook binnen hun zestal kon bevinden.

Onder het lopen taxeerde ze haar medecursisten. Dex en Buchanan liepen voorop. Carol kon zich geen van beiden als moordenaar voorstellen. Doris, die achteraan liep, evenmin. Green? Nee. Ze had aan hem getwijfeld, maar op de een of andere manier kon ze het zich niet langer voorstellen. Bleef over: Riley, die half in shock naast haar liep. Nee, dacht Carol, de moordenaar bevond zich niet in hun uitgedunde groep. Het moest iemand anders zijn. Victor Aster, of anders Miranda X, de naargeestige dame – of heer – over wie Aster het had gehad. Tegelijkertijd: bestond er überhaupt een Miranda X? Het was Asters verhaal. Het kon allemaal een leugen zijn geweest, een manier om hun zand in de ogen te strooien. Als het dat inderdaad was, dan bleef alleen Aster zelf over als mogelijke dader.

'We gaan hier allemaal dood,' zei Riley, half verdoofd.

Carol keek opzij. 'Riley, zo moet je niet praten. We–'

'Jij weet het ook,' zei Riley. 'Hij neemt ons allemaal te grazen. Een voor een. Net zolang totdat er niemand meer over is.'

‘We weten niet of het een “hij” is,’ zei Carol. ‘We weten helemaal niets.’

Riley veegde een laagje snot onder haar neus vandaan. ‘Ik had nooit moeten gaan, stom rund dat ik ben. Ik had gewoon moeten luisteren.’

‘Naar wie?’

‘Mijn moeder.’ Ze stootte een bitter lachje uit. ‘Ze heeft immers altijd gelijk.’

Carol fronste haar wenkbrauwen. ‘Je moeder? Maar zij was toch juist degene die je heeft aangespoord om hierheen te gaan?’

‘Welnee, dat is allemaal gelul. Ik wilde alleen maar indruk op je maken. Jij vertelde dat je voor dat tijdschrift schreef. Ik voelde me een ondergekwalificeerde sukkel en dus verzon ik dat verhaal over mijn moeder die me enorm steunt. Daar ben ik al mijn hele leven supergoed in: me beter voordoen dan ik ben.’

‘Maar heeft je moeder je dan niet...’

‘Aangespoord om hierheen te gaan? O nee. Ik wilde dit zelf. Mijn moeder vond het een dom idee. Zinloos en zonde van je geld. Dat zei ze.’

‘O...’

Riley staarde naar de grond. ‘Mijn moeder heeft me nog nooit een oprecht compliment gegeven. Ze zegt weleens dat ik er mooi uitzie hoor, maar alleen op feestjes, om op te scheppen tegenover haar vriendinnen. Je weet wel, alsof ik een soort verlengstuk van haar ben. Als we alleen zijn heeft ze alleen maar kritiek. Een tijdlang heb ik gedacht dat ze een trut was die alleen maar om zichzelf geeft. Maar ik begin me steeds meer te realiseren dat ze gelijk heeft. Ik bén een prutser die alleen maar stomme dingen doet. Neem deze hele onderneming: ik zei dat ik het moest doen omdat ik schrijver wil worden en niet mijn hele leven achter de kassa wil zitten bij Trader Joe’s. Maar nu zou ik niets liever willen dan daar zitten, veilig tussen de aubergines en de aanbieding van de week.’ De tranen stroomden weer over Rileys wangen. ‘Misschien verdien ik dit wel gewoon. Misschien verdien ik het om hier dood te gaan. Weet je wat ik hoop? Ik hoop dat ik de volgende ben. Laat het maar gewoon lekker voorbij zijn, dat kutleven van mij.’

Een paar meter voor hen keek Dex even om en bracht een vinger naar zijn lippen. Carol kneep in Rileys hand en fluisterde: 'Jij bent niet de volgende. Zo mag je niet praten. We moeten hoop houden. En wat je moeder betreft: je hebt gelijk. Ze klinkt als iemand die alleen maar aan zichzelf denkt. Het getuigt van kracht dat je ondanks al die tegenwind toch bent gegaan. Wat ons op dit moment overkomt? Dat had niemand kunnen voorspellen. Het is botte pech en zéker niet iets wat jij hebt verdiend. Maar we gaan dit overleven, oké? We geven niet op en we zullen een manier vinden om van dit eiland af te komen.'

Riley keek haar aan. 'Geloof je dat echt?'

'Dat geloof ik niet alleen,' zei Carol, terwijl ze haar best deed de wanhoop uit haar stem te weren: 'Ik heb het je beloofd. Weet je nog?'

Twintig minuten later waren ze terug in het huis van Victor Aster. Carol stond op het punt de trap naar de bunker af te lopen toen Buchanan het woord nam.

'Ik vind alles best, maar daar ga ik niet meer heen. Ik stel voor om de matrassen naar boven te verplaatsen en daar een slaapplek te maken.'

'Waarom?' zei Green.

'Vanwege wat er daarnet is gebeurd,' zei Buchanan. 'En vanwege iets wat Harris zei nadat Aster ervandoor was gegaan.'

Doris keek hem niet-begrijpend aan. 'Waar heb je het over? Ik kan me niet herinneren dat John iets zei over een andere slaapplek.'

'Dat heeft hij ook niet gedaan,' zei Buchanan. 'Hij had het over de mogelijkheid dat Aster, als hij degene is die hierachter zit, wellicht ook verborgen camera's heeft geïnstalleerd in de bunker. Wie weet zit hij ergens in de buurt en hoort en ziet hij alles wat we daarbeneden zeggen. Hij is degene die ons hier heeft ondergebracht, weet je nog?'

Riley knikte. 'Dat is waar. Maar die bunker is...'

'Wat?' zei Buchanan.

Riley haalde haar schouders op. 'Veilig?'

'Dat waag ik te betwijfelen,' zei Buchanan. 'Aster heeft een sleutel.'

Doris schudde haar hoofd. 'Dan ga je ervan uit dat Aster de dader is. En dat weten we nog steeds niet zeker.'

'We weten dat hij zomaar weg is gegaan,' zei Green. 'Tenzij een van ons hem heeft vermoord, maar dat kan ik me nauwelijks voorstellen.'

Dex kuchte. 'Toch mogen we ook die mogelijkheid – voor onze eigen veiligheid – niet uitsluiten. Nogmaals: ik ben hier eerder geweest en ik kan me Aster niet als moordenaar voorstellen. Een van jullie net zomin, trouwens, maar–'

'Ik snap je punt,' zei Buchanan. 'We kunnen niet voorzichtig genoeg zijn. Laten we doen wat Dex bij de steiger voorstelde en vannacht in drietallen slapen. Boven – niet meer in die bunker. Als er drie slapen en drie samen wakker blijven, kunnen we niet worden verrast. Niet door iemand van buitenaf, en niet door elkaar.'

Carol dacht weer aan wat ze bij de steiger had gedacht: dat Harris misschien niet echt was verdronken, maar hen wilde doen geloven dat hij dood was. Hoe meer ze erover nadacht, hoe idioter het haar voorkwam. Als hij de dader was, waarom zou hij dan überhaupt het water in zijn gegaan?

'Misschien moeten we Asters werkkamer doorzoeken,' zei Doris. 'Als hij dit heeft gepland, dan zijn daar misschien aanwijzingen te vinden.'

Green knikte. 'Dat is een goed idee. Maar verwacht er niet te veel van. Ik heb er op de eerste avond dat we hier waren al rondgeneusd en ook in zijn computer gekeken. Ik heb niets gevonden.'

'Prima,' zei Buchanan. 'Laten we aan de slag gaan.'

Ze gingen de bunker in en verzamelden hun slaapspullen en rugzakken. Niemand sprak. Had Buchanan gelijk? Waren ze al die tijd bespied en afgeluisterd? Carol wist het niet. Maar de voorzorgsmaatregel om boven te slapen kon geen kwaad en ook het slapen in drietallen klonk als een goed idee.

Omdat Victor Asters werkkamer de grootste kamer op de tweede verdieping was, kozen ze die als basis. Ze legden er drie matrassen neer. De andere drie matrassen legden ze op de overloop, zodat degenen die de wacht hielden goed uitzicht hadden op de trap.

Vervolgens doorzochten ze Asters kamer. Ze vonden oude manuscripten, vergeelde recensies en een heleboel fanmail, maar niets dat erop wees dat Aster achter de dood van zijn assistent en drie – strikt genomen: twee – van hun medecursisten zat.

'En nu?' zei Doris, toen ze zich een halfuur later hadden verzameld op de overloop.

Buchanan tuurde in de richting van het raam in Asters werkkamer. 'Ik vind dat we morgen naar buiten moeten gaan. Ik heb weinig zin om hier tot vrijdag te gaan zitten afwachten.'

'We zíjn naar buiten gegaan,' zei Riley. 'En kijk wat het heeft opgeleverd. We zijn nog maar met zes. Als we naar buiten gaan, dan–'

'Dan wat?' zei Buchanan. 'Ik trek dit niet langer. Ik wil in actie komen. Ik wil wie dit ook doet te grazen nemen voordat ik zelf aan de beurt ben. Als we hier gaan zitten wachten, dan...' Hij schudde zijn hoofd. 'Sorry, maar dat is hoe ik ertegenaan kijk. We zouden erover stemmen, weet je nog? Voordat Harris besloot om, nou ja... je weet wel.'

Er werd aarzelend geknikt, behalve door Riley.

'Oké,' zei Buchanan. 'Wie is ervoor om morgen naar buiten te gaan en Aster – of wie er ook achter al deze ellende zit – te gaan zoeken?'

Buchanan stak zijn hand op. Carol aarzelde, nam toen een beslissing en volgde zijn voorbeeld, wat haar een ongelovige blik van Riley opleverde.

Nu stak ook Dex zijn hand op. 'Jullie hebben gelijk. We moeten iets doen.'

Green zuchtte. 'Oké. Ik ben ook voor.'

'Nee,' zei Riley. Ze stond op. 'Jullie zijn gek. We weten helemaal niets. We kennen het eiland niet. We moeten–'

'We moeten iets doen,' zei Buchanan. 'Iets wat hij – of wie dit ook doet – niet verwacht. We moeten zelf het initiatief nemen.'

Riley schudde haar hoofd. Ze wierp een gepijnigde blik op Carol. 'Ben jij het hier echt mee eens?'

Carol knikte. 'Het is niet zo dat ik er zin in heb. Maar ja: het lijkt me gezien de situatie het beste.'

Doris, die tot dan toe haar mond had gehouden, keek Riley aan en zei: 'Ik heb er ook geen zin in. Maar ik vind alles beter dan hier blijven en afwachten.'

'Maar wat gaan we dan precies doen?' zei Riley.

Buchanan keek op zijn horloge. 'Dat zien we morgen wel. Laten we er eerst voor zorgen dat we een goede nacht slapen. We zijn allemaal moe en in shock.'

Riley keek de anderen een voor een smekend aan, maar niemand reageerde. 'Oké,' fluisterde ze uiteindelijk. 'Oké.'

'Het is acht uur,' zei Buchanan, die de leidersrol van Harris leek te hebben overgenomen. 'Ik stel voor dat Luther, Riley en ik de eerste wacht doen. We blijven hier op de overloop zodat we de trap in de gaten kunnen houden. De rest slaapt in Asters kamer. We houden de deur open zodat we elkaar gemakkelijk kunnen waarschuwen mocht dat nodig zijn. Om twee uur maken we jullie wakker en vervolgens slapen wij tot acht uur. Deal?'

Carol knikte. Zes uur slaap. Het was niet veel, maar het was te doen en gezien de omstandigheden de meest veilige opzet.

Ze wensten elkaar een goede nacht. Carol volgde Dex en Doris Asters werkkamer in. Ze koos het matras het dichtst bij het raam, schuin achter Asters bureau, en besloot haar kleren aan te houden. Ze ging liggen, trok het dekbed over zich heen en keek in het halfdonker om zich heen. Het was een vreemd idee. Hier lag ze dan, in de werkkamer van een van de grootste schrijvers ter wereld; de plek waar Victor Aster Jake Banner aan het werk zette en verhalen verzon waarin zijn beroemde hoofdpersoon de vloer aanveegde met menselijk uitschot van diverse pluimage, zodat de wereld weer voor eventjes een veilige plek was.

Was dit ook de plek waar Aster had bedacht hoe hij zijn negen cursisten deze week een voor een om het leven zou brengen? Of was er iets anders aan de hand?

Vanaf haar matras staarde Carol naar de deuropening en de zwak verlichte overloop erachter, waar Green, Buchanan en Riley de wacht hielden.

Ze dacht weer aan wat Dex had gesuggereerd: Aster kon de dader zijn, maar ze mochten ook niet uitsluiten dat een van hen achter de moorden zat. Het was waar. Ieder van hen had het briefje onder de steen kunnen achterlaten voordat ze met Harris naar het eind van de steiger waren gelopen. Ieder van hen had Mary Jo kunnen vergiftigen en Lawrence Montgomery kunnen verrassen in zijn bungalow...

Jezus, hoe kon ze in hemelsnaam slapen met zoveel onzekerheid?

Het moest, dacht ze. Ze moest slapen.

Was ze veilig? Nee. Er was een moordenaar in de buurt en de zaken zagen er bepaald niet rooskleurig uit. Maar ze leefde nog. Ze waren nog met zijn zessen en ze hadden een goed plan gemaakt om in elk geval deze nacht te overleven. Morgen zouden ze naar buiten gaan en proberen de zaken naar hun hand te zetten.

Met die voorzichtig hoopvolle gedachte sloot ze haar ogen en viel in slaap.

Dag 4

37

Mark

'Ik snap dat het dringend is,' zei Mark. 'Maar ik heb nog geen antwoord van Carol, oké? Zodra ze reageert, laat ik het je weten.'

Rachel zei: 'Wacht even… jullie hebben toch geen problemen?'

Mark zuchtte. Hij keek naar de koud geworden tosti op zijn bord en besloot dat hij maar beter eerlijk kon zijn tegen zijn zus. 'Ik snap dat je dat huis snel wilt reserveren,' zei hij. 'Maar geef me nog even de tijd. Carol en ik hebben geen problemen – integendeel. Carol is naar een schrijfcursus in Canada. Het duurt een week en ze heeft haar mobiel niet bij zich. Ik kan haar alleen bereiken via de mail.'

Aan de andere kant van de lijn bleef Rachel even stil. Toen begon ze te lachen. 'Godallemachtig, sukkel. Zeg dat dan meteen. Ik begon me al zorgen te maken, zo cryptisch als jij bent. Maar waarom helemaal in Canada? Zijn er dichter bij huis geen schrijfcursussen?'

Mark legde het uit.

'Victor Aster,' zei Rachel. 'Persoonlijk ben ik niet zo'n fan van zijn boeken, maar ik weet dat ik een uitzondering ben. En natuurlijk, ik zal het voor me houden en tegen niemand zeggen dat ze die cursus doet. Maar bel me alsjeblieft meteen zodra je van haar hoort. Neill kreeg net bericht van de verhuurder en hij wil graag uiterlijk morgen een antwoord. Het is echt de ideale plek voor opa. De omgeving is… nou ja, je hebt de plaatjes gezien. We willen het gewoon zo snel mogelijk rondmaken.'

Mark zei dat hij het begreep. Hij beloofde zijn zus om zo snel mogelijk terug te bellen, verbrak de verbinding en liep naar de slaapkamer om zijn mail te checken. Er was nog altijd geen reactie van

Lawrence Montgomery. Zijn eerste mailtje, na het avondje stappen met Sebastian, had hij 's avonds laat verstuurd. De volgende ochtend was er antwoord geweest. Had Victor Asters assistent zijn tweede mailtje over het hoofd gezien?

Hij dacht even na. Nam toen een beslissing en typte een nieuw bericht. In het onderwerpvakje zette hij DRINGEND – GRAAG SNEL REAGEREN! Het was misschien een beetje overdreven, maar zijn broer en zus hadden zich duidelijk ingespannen om iets moois voor hun opa te regelen. Negentig jaar. Dat was een mijlpaal. Er was natuurlijk een kans dat die ouwe honderd zou worden, maar eerlijk was eerlijk: honderd jaar werden niet heel veel mensen.

Des te belangrijker om van dit feest iets onvergetelijks te maken.

Hij drukte op verzenden en liep terug naar de woonkamer, zichzelf eraan herinnerend over een uur zijn mail weer te checken om te zien of er antwoord was.

38

Carol

Ze hadden de nacht overleefd. Carol was even gedesoriënteerd geweest toen Riley haar bij de wisseling van de wacht had gewekt, maar verder was alles prima verlopen. Als het nodig was, zouden ze elkaar 's nachts op deze manier kunnen blijven aflossen tot vrijdag.

Het was tien uur en ze hadden zojuist ontbeten in Asters woonkamer. Riley had al een paar keer met een zorgelijke blik naar buiten gekeken, en niet zonder goede reden. Er hing een dikke mist tussen de bomen. Dikker nog dan op de tweede dag, toen Samuel Murphy was verdwenen.

'Jullie willen toch niet naar buiten met deze mist?' zei Riley. 'Er is hooguit een paar meter zicht. We zullen niemand vinden.'

Dex haalde zijn schouders op. 'Misschien niet. Maar het voordeel is dat we zelf ook minder goed zichtbaar zijn, en dus geen makkelijk doelwit.'

Daar was Carol het mee eens. De mist bood een zekere bescherming.

Ze hadden allemaal een rugzak ingepakt met een waterfles, wat te eten en een mes.

'Oké,' zei Buchanan. 'Mijn idee is dat we in twee groepen een rondje om het eiland maken. De ene groep neemt de oostkant en de bungalows voor zijn rekening, de andere groep de westkant en de cursusruimte. Als we alles uitkammen zouden we iets moeten vinden. En als we in tegengestelde richting lopen, komen we elkaar vanzelf weer tegen. Hoe klinkt dat?'

Riley wreef met haar knokkels in haar ogen.

'Dat klinkt als een goed idee,' zei Dex. 'Ik neem de westkant en de cursusruimte wel voor mijn rekening met Carol en Doris. Als Green, Riley en jij via het oosten gaan zouden we elkaar binnen een klein uur ergens halverwege moeten treffen. Maar laten we wel voorzichtig zijn en weer door het bos lopen in plaats van over het pad. De mist is dik, maar het lijkt me nog steeds het beste om zo min mogelijk risico te nemen.'

Green knikte. 'En als we hem vinden en weten te overmeesteren? Aster, Miranda X of welke psychopaat dan ook. Wat doen we dan?'

'Dan nemen we hem mee hiernaartoe,' zei Dex. 'Laten we dat sowieso afspreken: dat we elkaar hier weer zien in het geval dat we elkaar onderweg mislopen. O, en voor degenen die de oostkant voor hun rekening nemen: kijk voor de zekerheid ook in dat huisje met die dichtgetimmerde ramen. Het lijkt me niet echt een fijne plek om je schuil te houden, maar je weet maar nooit.'

Riley tuurde uit het raam. Carol vermoedde dat er weer allerlei horrorscenario's door haar hoofd spookten. Ze probeerde oogcontact te maken, maar Riley leek heel ver weg met haar gedachten.

Tien minuten later vertrokken ze. Ze namen afscheid bij het hek en begonnen te lopen, ieder in de afgesproken richting. Carol liep in het midden, achter Dex en voor Doris. Ze staarde naar het samoeraizwaard, dat Dex handig had weggestoken tussen zijn schouderbladen en de banden van zijn rugzak. Dex had gevraagd of Buchanan het zwaard wilde meenemen, maar die had het hoofd geschud. Carol had hem tegen Dex horen fluisteren dat hij het zwaard mocht hebben omdat hij op pad ging met twee dames, van wie Doris ook nog eens de minst fitte van het hele stel was. Onder andere omstandigheden had Carol vast en zeker ingebroken in het gesprek en Buchanan een seksist genoemd, maar nu had ze haar mond gehouden. Ze was bang en vond het een geruststellende gedachte dat het zwaard met hen meereisde in plaats van met het andere verkenningsgroepje. Het voelde als een betere bescherming dan de messen die ze allemaal bij zich droegen.

De mist was dikker geworden. Carol had hooguit vijf meter zicht en keek vooral naar de grond. Om zo min mogelijk geluid te maken, probeerde ze takjes en losliggende stenen te ontwijken. Achter zich hoorde ze de zware ademhaling van Doris.

Vanwege de mist bleef Dex dichter bij het pad dan ze hadden gedaan toen ze gisteravond naar de steiger waren gelopen. De route die ze nu liepen, naar de cursusruimte, was grilliger dan de weg door het bos naar de bungalows en ze moesten om de haverklap bukken voor uitstekende takken of een kleine omweg maken vanwege plotseling uit de mist opduikende rotsformaties.

Ondanks deze hindernissen kwamen ze goed vooruit en algauw zagen ze het gebouw opdoemen waar ze vrijdag en zaterdag zorgeloos naar binnen waren gestapt. Dex bleef staan en gebaarde dat Carol en Doris hetzelfde moesten doen. Beneden hen zagen ze het pad, met erachter de ingang van het cursusgebouw. Carol keek naar het schuin aflopende dak en probeerde iets te ontdekken dat wees op de aanwezigheid van mensen. Een rokende schoorsteen, beslagen ramen...

Ze zag geen van beide. Het gebouw maakte een verlaten indruk. Ze overlegden kort. Dex bood aan om als eerste het pad over te steken en hen te wenken zodra hij zeker wist dat de kust veilig was.

Carol hield haar adem in toen hij de dekking van de bomen achter zich liet en het pad op stapte. Hij bleef even staan, speurde om zich heen en stak toen razendsnel over. Hij bereikte de deur van het cursusgebouw en probeerde hem. De deur was open. Dex keek om, stak zijn duim op en gebaarde dat Carol en Doris de oversteek konden maken.

Ze gingen het gebouw binnen. Het was er nog stiller dan in het bos. Links was de deur naar de cursusruimte. Hij stond open. Carol herinnerde zich hoe ze hier drie dagen geleden voor het eerst was binnengestapt, vol verwachting en enthousiasme. Hoe anders voelde ze zich op dit moment, terwijl ze de ruimte binnenging en de tafels zag waaraan ze tijdens de cursus hadden gezeten. Ze wierp een blik op Asters bureau, dacht weer aan wat Riley had gezegd over de schrijfopdracht en voelde een koude rilling langs haar rug gaan.

Ze liepen door naar de eetzaal. Ook daar was niemand.

Dex gebaarde naar de keuken. Carol en Doris volgden hem naar binnen.

Carol zag een leeg aanrecht en een zacht druppende kraan. Blijkbaar was iemand vergeten hem goed dicht te draaien. Op een grote tafel in het midden stonden drie blikken minestronesoep en een paar blikken tomatensaus en mais. Achter de tafel bevonden zich twee kasten en een koelkast. Dex keek erin.

Niets.

Ze stapten terug de gang op. De enige plekken waar ze nog niet hadden gekeken, waren de toiletruimten. Ze gingen naar binnen, eerst het vrouwentoilet, toen dat van de mannen. Ze openden alle vier de hokjes, maar ook hier was niemand.

Carol ontspande zich. Ze hadden het hele gebouw doorzocht en wisten nu zeker dat ze alleen waren. Starend naar de tl-buizen aan het systeemplafond op de gang vroeg ze zich af of Buchanan, Green en Riley bij de bungalows wél iemand hadden gevonden.

'En nu?' zei Doris.

Dex haalde zijn schouders op. 'Nu gaan we weer naar buiten en zoeken we daar verder.'

Ze liepen terug naar de ingang. Carol zag het ondoordringbare wit achter de deuren. Een deel van haar wilde niet terug de mist in maar hier blijven, onder het licht van tl-buizen, warm en veilig...

Alleen was het dat natuurlijk niet zolang ze niet wisten wat hen bedreigde.

Eenmaal buiten staken ze het pad weer over en gingen terug het bos in. Om het pad langs de westkant van het eiland te bereiken, moesten ze een klein stukje terug en dan naar links afbuigen. Dex nam weer de leiding, Carol en Doris volgden, in dezelfde volgorde als even daarvoor.

Binnen enkele minuten kwamen ze bij de plek waar het pad zich splitste. Dex boog naar links af. De route die ze nu zouden nemen was volledig nieuw. Ze hoopte vurig dat de mist niet erger zou worden. In dat geval zouden ze nog dichter bij het pad moeten blijven om niet uit koers te raken en dat was een idee dat Carol niet aanstond. Ze voelde zich niet veilig tussen de bomen, maar alles was beter dan open en bloot over of langs het pad te moeten lopen.

Carol had de gedachte nog niet afgemaakt of ze hoorde rechts van haar iets kraken.

Ze verstijfde. Dex had het geluid ook gehoord en was gestopt. Hij bracht een vinger naar zijn lippen en keek om zich heen. Carol volgde zijn voorbeeld, maar ze zag geen hand voor ogen. Achter zich hoorde ze Doris gejaagd ademen.

Dex bleef een minuut lang doodstil staan. Toen keek hij om en fluisterde: 'Waarschijnlijk een dier. Kom...'

Carol haalde diep adem en keek naar Doris, die wit was weggetrokken. Ze bleven nog enkele seconden staan en liepen toen verder.

Onder het lopen staarde Carol naar Dex' rugzak. Ze hadden enkele minuten in stilte gelopen toen ze achter zich Doris haar keel hoorde schrapen.

Carol keek om. 'Wat is er?'

Doris schudde haar hoofd. 'Niets... Het is alleen... Ik hoorde Riley zeggen dat ze ervan overtuigd is dat we allemaal dood zullen gaan op dit eiland. Denken jullie dat ook?'

Carol zei niets. Ze richtte zich weer op Dex' rug.

'Zelf denk ik het niet,' zei Doris. 'En dat zeg ik echt niet alleen om mezelf moed in te praten. Ik bedoel: stel dat het Aster is, die dit doet. Dan heeft hij er nu vier gehad. Drie eigenlijk, want John is zelf verdronken. Maar... nou ja, het kan niet anders dan dat er een moment komt waarop hij denkt: waar ben ik mee bezig? Deze mensen zijn onschuldig. En... nou... als hij dat denkt, dan zal hij er vanzelf mee stoppen. Toch?'

'We weten nog steeds niet of het Aster is,' zei Dex.

'Dat is waar,' zei Doris. 'Maar jullie hebben mijn vraag niet beantwoord. Denken jullie dat we allemaal dood zullen gaan?'

Dex keek om. 'Ik denk dat we het best zo stil mogelijk kunnen zijn.'

'Dat is geen antwoord.'

'Ik weet het,' zei Dex. 'Maar dat is wat ik denk.'

Doris hield haar mond, zodat het enige geluid weer dat van hun voetstappen op de bosgrond was.

Twintig minuten liepen ze zwijgend door. Af en toe ritselde er iets in het bos en stopten ze even, om vervolgens weer door te lopen. De mist was dikker geworden en Dex was nog dichter bij het pad gaan lopen.

'Hopelijk komen we de anderen snel tegen,' zei hij over zijn schouder. 'Volgens mij moeten we bijna bij het meest noordelijke punt van het eiland zijn.'

Carol knikte. 'Dat denk ik ook.'

'Tenzij ze Aster hebben gevonden en direct terug zijn gegaan naar het huis,' zei Dex. 'Dat kan natuurlijk ook.'

Ja, zei een stemmetje in Carols hoofd. *Of ze hebben Aster gevonden en zijn inmiddels alle drie dood.*

Ze drukte de gedachte weg, dacht aan de belofte die ze aan Riley had gedaan en deed haar best om aan iets fijns te denken. Het duurde even, maar het lukte. Ze zag zichzelf weer op het strand in Miami met Christy en de surfers in de ondergaande zon. Als ze haar best deed, kon ze de mist vergeten en voelde ze het warme zand onder haar voeten. Ze glimlachte en voor even was ze daar, zorgeloos en blij.

Toen klonk er niet ver bij hen vandaan een luide explosie en werd ze met bruut geweld teruggeslingerd naar het nu.

39

'Jezus christus,' zei Doris. 'Wat was dat?'

Carol keek om, verstijfd van angst. 'Ik weet het niet.'

'Blijf hier,' zei Dex. 'Verroer je niet.'

In de verte begon iemand te gillen. 'Nick! O, god, Nick!'

'Riley,' zei Carol. 'Dat is Riley. We moeten haar helpen.' Zonder na te denken, schoot ze voorbij Dex en sprong het pad op. Opnieuw klonk er een schreeuw. Weer Riley, maar dit keer gedempter en schijnbaar verder weg. Carol stak het pad over en rende het bos aan de overkant in. Ze zag niets, maar ze had het gevoel dat als ze rechtdoor rende, ze zou uitkomen bij de bron van het geluid. Het zicht was hooguit vijf meter. Als ze niet te hard liep was het voldoende om op tijd uit te wijken voor laaghangende takken.

'Carol!' riep Dex, achter haar vanuit het bos. 'Carol, wat doe je? Blijf hier!'

Ze bleef doorrennen, denkend aan de belofte die ze Riley had gedaan, en vloekte toen ze op pijnlijke wijze in aanraking kwam met een laaghangende tak. Ze rende door, haar handen voor haar uit om de plotseling uit de mist opduikende takken te ontwijken en–

Pijn.

Haar enkel. Ze viel voorover met haar handen op de bosgrond, kreunde en keek om. Ze was gestruikeld over een dikke, glibberige wortel. Ze was dusdanig op de laaghangende takken gericht geweest dat ze totaal niet had opgelet waar ze liep. Haar enkel was dubbelgeklapt en brandde. Ze beet op haar lip.

Ze keek om zich heen. Rileys schreeuw had hard geklonken, maar ook ver weg. Nu was het stil. Ze bracht haar handen tot vlak naast haar mond en riep: 'Riley?'

Geen antwoord.

Ze wilde opnieuw Rileys naam roepen toen ze achter zich voetstappen hoorde en Dex opdook uit de mist.

'Jezus christus, Carol. Wat doe je? Wat… O, shit. Heb je je pijn gedaan?'

'Mijn enkel,' zei Carol. 'Ik lette niet op. We moeten… we moeten Riley helpen. Ik heb het beloofd.'

Dex knikte. 'Natuurlijk,' zei hij. 'Maar waarom rende je zomaar weg? We hadden afgesproken om bij elkaar te blijven. We weten niet waar het gevaar vandaan komt en–'

'Dat was een explosie,' zei Carol. 'En aan Rileys schreeuw te horen…' Ze maakte haar zin niet af.

Dex legde een hand op haar schouder. 'Je hebt gelijk. We moeten Riley helpen. We moeten elkáár helpen. Maar dat doen we niet door elkaar kwijt te raken in de mist.'

Carol keek naar de dichte mist om hen heen. Iets in haar wilde protesteren en tegen Dex zeggen dat ze door moesten gaan, nu meteen, dwars door het bos heen, net zolang tot ze Riley hadden gevonden. Toen realiseerde ze zich dat Dex gelijk had. Wat er ook was gebeurd, het was niet meer terug te draaien en ze hadden de situatie niet onder controle. Misschien was dit precies wat degene die hierachter zat wilde. Dat ze in paniek raakten en domme dingen gingen doen. 'Sorry. Ik… Je hebt gelijk. Ik schrok en dacht niet na.'

'Is je enkel oké? Kun je opstaan?'

Ze knikte. 'Ik heb hem verzwikt. Maar ik denk wel dat ik kan lopen.' Ze stak haar hand uit en Dex trok haar overeind. Haar enkel tintelde, maar ze kon erop staan. Ze deed een paar stappen. 'Ja, het gaat wel.'

'Gelukkig,' zei Dex. 'Kom. Laten we gewoon het pad blijven volgen zoals we hebben afgesproken. Dan komen we vanzelf aan de andere kant en lopen we niet het risico te verdwalen.'

Carol aarzelde. Ze overwoog nog eens Rileys naam te roepen, maar realiseerde zich toen dat dat geen goed idee was.

Voorzichtig zochten ze hun weg terug naar het pad. Doris was hen niet gevolgd, maar Carol was niet heel ver weggerend. Zonder veel moeite wisten ze de plek terug te vinden waar ze het bos uit waren gekomen. Carol keek om zich heen. 'Doris?' zei ze. 'Sorry, dat was niet zo slim van me. We zijn er weer.'

Geen reactie.

'Doris? Als je je hebt verstopt, kom dan maar weer tevoorschijn...'

Stilte.

Carol keek Dex aan. 'Is ze... Heb je haar hier achtergelaten?'

Dex haalde zijn schouders op. 'Ik weet het niet. Ik... ik geloof het wel. Eerlijk gezegd heb ik niet omgekeken. Ik ben achter jou aan gerend omdat ik bang was dat je...' Hij zweeg.

'Doris?' zei Carol nogmaals. 'Waar ben je? Kom op, dit is niet grappig.'

Het bleef stil.

Dex deed een paar stappen het bos in. 'Doris?'

'O, shit,' zei Carol. 'Denk je dat ze... denk je dat iemand haar... o, nee. Dit is allemaal mijn schuld. Als ik niet als een kip zonder kop was weggerend, dan–'

Dex bracht een vinger naar zijn lippen en schudde zijn hoofd.

Carol hield haar mond en luisterde, in de veronderstelling dat Dex iets had gehoord. Maar behalve het zachte ruisen van de wind, drongen er geen geluiden tot haar door. Ze keek Dex niet-begrijpend aan en vormde met haar lippen het woordje 'wat?'.

Dex liep naar haar toe. 'Ik snap wat je denkt,' fluisterde hij. 'Je denkt dat iemand haar te grazen heeft genomen terwijl ze alleen was. Maar dat weten we niet. We weten helemaal niets, oké? Voor hetzelfde geld is Doris die dame over wie Aster het had, die Miranda X, en heeft zij dit allemaal gepland.'

Carol fronste haar wenkbrauwen. 'Maar hoe...'

'Ik weet het niet,' fluisterde Dex. 'Maar het is wel heel toevallig dat ze precies nu verdwijnt, vind je ook niet? Op het moment dat er een paar honderd meter verderop iets explodeert en we haar een ogenblik alleen laten.'

Carol keek angstig om zich heen. Ze dacht aan enkele minuten geleden. Doris, die hun had gevraagd of ze dachten dat ze het zouden overleven. Doris, die zich hardop had afgevraagd of Aster, als hij degene was die achter de moorden zat, misschien op een zeker moment spijt zou krijgen en zou stoppen...

Was dat allemaal toneelspel geweest?

'Ik geloof het niet,' zei Carol. 'Ik kan het niet geloven. Heb je haar gezicht daarnet niet gezien? Zo goed kan niemand toneel spelen.'

'Daar zou je je nog weleens lelijk in kunnen vergissen,' zei Dex. 'Maar goed: we weten het niet. Het enige dat we weten, is dat ze niet reageert, en dat lijkt me sowieso geen goed teken. Daarom kunnen we maar beter stil zijn. Als ze op de een of andere manier te grazen is genomen in de tijd dat ze alleen was, dan kan het niet anders of degene die daarvoor verantwoordelijk is, is nog altijd in de buurt.'

Carol vervloekte zichzelf vanwege het feit dat ze zonder na te denken het bos in was gerend. Toen realiseerde ze zich wat Dex zojuist had gezegd, keek om zich heen en huiverde. 'Je hebt gelijk. We moeten... we moeten hier weg.'

Dex keek naar haar enkel. 'Weet je zeker dat je kunt lopen?'

Ze knikte. 'Ja. Het gaat wel.' Haar enkel brandde, maar ze kon er goed op staan.

'Het kan niet ver meer zijn naar het uiterste punt van het eiland,' zei Dex. 'Het is dus ongeveer even ver terug naar Asters huis, welke kant we ook op gaan.'

Dat was ook Carols eigen inschatting. 'Laten we doorlopen,' zei ze. 'Misschien komen we er op die manier achter wat er met Nick is gebeurd. Ik hoorde Riley zijn naam roepen. Het klonk alsof...' Ze zweeg en was even bang dat ze zou gaan huilen.

'Kom op,' zei Dex, terwijl hij haar een klopje op haar schouder gaf. 'Het heeft geen zin je allerlei scenario's in het hoofd te halen. Daar maak je jezelf allemaal maar gek mee. We zijn er nog steeds. Dat is wat telt.'

Ze liepen door. Dex weer voorop, Carol er vlak achter. De mist leek eindelijk wat minder te worden en toen ze even later het meest noordelijke punt van het eiland hadden bereikt, kon Carol zelfs een stukje zien van de steile rotsformatie die zich daar bevond. Ze dacht aan Riley, die zich tijdens hun wandeling had afgevraagd of er nog iets achter die rotsen zou zijn. Carol kon het zich niet voorstellen. Het bovenste deel van de rotswand leek te steil om overheen te komen.

Ze liepen terug via de oostkant van het eiland. De mist bleef optrekken, iets wat Carol zowel opluchtte als bang maakte.

Ze liepen nog steeds door het bos en Carol lette goed op waar ze haar voeten neerzette. Omdat er iets meer zicht was, was Dex weer wat dieper het bos in gegaan waardoor ze verder van het pad afliepen. Carol was dermate in gedachten verzonken dat ze zich kapotschrok toen ze plotseling tegen Dex opbotste. Ze had totaal niet gemerkt dat hij was gestopt met lopen en zag dat hij keek naar iets wat in de verte midden op het pad lag.

'Wat is dat?' fluisterde ze, terwijl ze zich half onbewust achter Dex' rug verstopte.

Dex schudde zijn hoofd. 'Ik weet het niet.' Hij liep door en Carol volgde hem, net zolang totdat ze op dezelfde hoogte waren als het voorwerp op het pad.

Carol staarde ernaar, nog altijd zonder het te kunnen thuisbrengen. Ze keek naar Dex en zag hoe hij behoedzaam om zich heen keek. Uiteindelijk gebaarde hij haar hem te volgen en liep zo stil mogelijk het pad op. Carol aarzelde even, haalde toen diep adem en volgde hem.

Dex knielde bij het voorwerp en Carol zag nu wat het was.

Een stuk van een rugzak.

Toen ze opkeek, zag ze dat Dex niet langer naar het stuk rugzak staarde, maar naar iets wat aan de andere kant van het pad tussen de bomen lag. Carol volgde zijn blik, maar Dex schudde zijn hoofd en legde zijn hand op haar ogen. 'Niet kijken,' zei hij. 'Dit wil je niet zien.'

Ze duwde zijn hand weg en keek.

40

In eerste instantie kon Carol niet geloven wat ze zag. Natuurlijk, ze hadden een explosie gehoord. Ze had Rileys schreeuw van ontzetting gehoord. Maar niets had haar kunnen voorbereiden op de aanblik van het verminkte lichaam van Nick Buchanan, dat op nog geen vijf meter bij hen vandaan tussen twee sparren op het mos lag.

Hoewel: lichaam… het was nauwelijks meer een lichaam te noemen. Vrijwel de gehele borstkas ontbrak, waarschijnlijk weggeslagen door de kracht van de explosie. Wat er over was van Buchanan zag er zwart en verkoold uit, behalve zijn onderbenen, die nog enigszins intact waren en onder de bloedspetters zaten.

'Godallemachtig,' zei Dex.

Carol kon niets uitbrengen. Ze dacht aan afgelopen vrijdag, haar eerste kennismaking met Buchanan. Na de dood van Harris had hij samen met Dex de leiding genomen. Hij was een goed mens geweest.

En nu was hij dood.

Ze stapten het pad op en liepen naar het lichaam toe. Carol had moeite ernaar te kijken, maar ze dwong zichzelf het te doen, zonder dat ze precies wist waarom.

Achter zich hoorde ze Dex kuchen. Ze draaide zich om en zag hem wijzen naar een briefje dat een meter bij hen vandaan onder een stuk steen lag. Ze hoefde het niet te lezen om te weten wat erop stond, maar ze zag dat Dex het niettemin opraapte.

'Jezus,' zei Dex, starend naar het briefje. 'Welke zieke geest doet zoiets?'

Ineens bedacht Carol zich iets. 'Wat staat erop? Nummer vijf of nummer zes?'

Dex keek haar niet-begrijpend aan. 'Vijf. Hoezo?'

Carol haalde opgelucht adem. 'Heel goed.'

'Ik volg je niet.'

'Dan leeft Doris nog. Als zij was vermoord, dan zou dit nummer zes zijn.'

Dex schudde zijn hoofd. 'Niet waar. Toen we de explosie hoorden, was Doris nog bij ons. Als ze is vermoord terwijl ik achter jou aanrende, dan is zíj nummer zes. En als ze er zelf vandoor is gegaan...' Hij zweeg even, keek haar toen plotseling gealarmeerd aan en zei: 'Verdomme. Doe je rugzak af. Snel!'

'Waarom?'

Dex, die zijn eigen rugzak al had afgedaan, wees op het lichaam van Buchanan. 'Daarom,' zei hij. 'Ik herinnerde me net iets. Het derde boek in de Jake Banner-serie. Daar komt een moordenaar in voor die explosieven verstopt in aktetassen van rijke zakenmensen om ze vervolgens op afstand tot ontploffing te brengen. Het kan zijn dat dat hier ook is gebeurd. Stel dat Doris...' Hij maakte de zin niet af en begon als een razende zijn rugzak te doorzoeken. Carol begreep nu wat hij bedoelde en deed hetzelfde.

Ze vonden niets. Carol ging op de grond zitten en masseerde haar pijnlijke enkel. 'Geen explosieven in mijn rugzak. Dat is het eerste goede nieuws van vandaag...'

Dex ritste zijn rugzak dicht. 'Sorry. Het schoot me ineens te binnen. Maar wat ik daarnet zei over Doris klopt niet. Ik bedenk me net dat ze bij ons was toen we die explosie hoorden en dus onmogelijk dat briefje hier kan hebben neergelegd.'

Tenzij ze met iemand samenwerkt, dacht Carol. En meteen daarna: nee, het was te vergezocht. En Doris was veel te braaf om een moordenaar te kunnen zijn.

'Waar denk je aan?' zei Dex.

Carol schudde haar hoofd. 'Niets.'

Misschien was Doris gewoon weggerend na het horen van de explosie en dook ze vanzelf weer op. Iedereen reageerde anders in zo'n beangstigende situatie. Ze probeerde na te denken. Ze waren met zijn zessen geweest. Nu waren ze nog met zijn vijven. Of vieren. Ze keek naar het lichaam van Buchanan en toen naar Dex. 'We moeten Riley en Green vinden.'

Dex knikte. 'Ik denk dat we het beste kunnen teruggaan naar Asters huis. Het ziet ernaar uit dat ze, nadat...' Hij keek naar Buchanan. '... Eh, dat ze hierna rechtsomkeert hebben gemaakt. Als ze door waren gelopen, dan hadden we ze tegen moeten komen.'

Carol realiseerde zich dat Dex gelijk had. De mist was zo goed als opgetrokken. Het zou moeilijk zijn geweest hen te missen als ze hen onderweg waren gepasseerd. 'Maar... Asters sleutel. Die heb jij.'

Dex keek haar aan. 'Green heeft ook een sleutel.'

Natuurlijk. Carol dacht weer aan hoe ze Green de eerste avond na hun sterrenkijksessie de heuvel op had zien gaan. Hoe hij later had gezegd dat hij werkte voor Asters ex-vrouw. Was dat zo? Of werkte hij op de een of andere manier toch samen met Doris? Kon het zijn dat ze niet zo braaf was als ze eruitzag? Dat zij Miranda X was en Green haar helper? Green had beweerd dat hij Aster had laten vertrekken uit de bunker, waarna niemand hem nog had gezien...

'Carol?'

'Wat? O, sorry. Eh, ja, je hebt gelijk. Laten we teruggaan.'

Carol stond op. Ze wierp een laatste blik op wat er over was van Nick Buchanan en volgde Dex terug het bos in. Er was een vreemde kalmte over haar heen gekomen. Het feit dat de mist zo goed als weg was, maakte haar niet bang. Ze keek naar Dex' rugzak en liep door. Ze wist niet of ze in shock was, maar haar licht catatonische staat voelde niet onprettig aan. Om de paar minuten keek Dex om, waarschijnlijk om zich ervan te vergewissen dat ze er nog was.

Ze bereikten de bungalows en Carol stelde voor ze snel te checken. Dex stemde in.

Ze besloten van rechts naar links te werken.

In de bungalow van Montgomery stonk het een uur in de wind. De verwarming stond nog aan en het lichaam op het bed zag er onsmakelijk uit. Dex checkte snel de badkamer en vervolgens gingen ze de bungalow ernaast binnen, die van Doris.

Ook hier was niemand.

Vijf minuten later bleek dat zich in geen van de bungalows iemand schuilhield en dus haastten ze zich de heuvel op.

Het eerste deel verliep zonder problemen, maar halverwege voelde Carol een gemene steek in haar enkel. Ze kreunde.

'Gaat het?' zei Dex.

Ze beet op haar tanden, knikte en liep door. De pijn was er nog steeds, maar hij vlakte snel af.

Zonder verdere problemen bereikten ze het huis. Zo geruisloos mogelijk gingen ze naar binnen. Dex gebaarde naar Carol dat hij eerst de bunker wilde checken. Daar was – afgezien van het met een laken overdekte lichaam van Mary Jo Turner – niemand. Ook in de rest van het huis was het stil. Geen Riley, geen Green en geen Doris.

Ze gingen naar de woonkamer, waar Carol op de bank ging zitten en haar gympen uittrok. Dex zag haar gezwollen enkel en zei: 'Shit, dat ziet er lelijk uit. Wacht, dan haal ik wat ijs.'

Carol zei dat het niet nodig was, maar Dex was de kamer al uitgelopen. Hij kwam terug met twee blikjes ijsthee, een zak paprikachips en een theedoek met ijs erin. Carol nam een van de blikjes aan, legde haar gezwollen enkel op de bank en keek toe hoe Dex het ijs erop drukte. Ze nam een slok van haar ijsthee en zei: 'Bedankt.'

'Het zal helpen tegen de zwelling,' zei Dex. 'Knap dat je er dat hele stuk op hebt gelopen.'

Carol staarde naar haar enkel. 'Echt, het valt wel mee. Maar je hebt gelijk: dat ijs voelt goed. Hopelijk kan ik over een paar uur weer naar buiten.'

Dex keek haar niet-begrijpend aan. 'Naar buiten? Om wat te doen?'

'Riley zoeken. En de anderen. Ik...' Ze sloot haar ogen en opende ze toen weer. 'Ik heb haar een belofte gedaan. We moeten ze vinden.'

Dex knikte. 'Ik ben het met je eens. We moeten ze inderdaad gaan zoeken. Maar niet meer vandaag. Die enkel heeft rust nodig. Anders ben je straks nog verder van huis. Los daarvan: stel dat we buiten degene tegenkomen die dit op zijn geweten heeft. Het lijkt me niet dat je met die enkel erg hard zult kunnen rennen...'

Dex had gelijk, besefte Carol. Misschien zou alles er na een nachtje slapen beter uitzien. En misschien keerden Riley en de anderen op eigen kracht terug naar het huis.

Ze hoopte het.

Omdat de mist was opgetrokken, hadden ze een goed zicht vanuit het grote raam in Victor Asters werkkamer. De rest van de dag hielden ze om en om het pad naar het huis in de gaten.

Maar er kwam niemand.

Uiteindelijk werd het donker en was er niets meer te zien. Carol was doodmoe en ze was blij dat Dex aanbood iets te eten klaar te maken. Omdat ze niet alleen wilde zijn, ging ze mee naar de keuken. Ze legde haar pijnlijke enkel op een stoel en Dex bond er een nieuwe theedoek met ijs omheen. Ze aten broodjes met tonijnsalade en rauwkost, dronken vruchtensap en koffie, en besloten vroeg naar bed te gaan. Ze zouden om en om slapen, net als de dag ervoor toen ze nog met zijn zessen waren geweest.

Carol nam het aanbod van Dex om als eerste te slapen aan en om acht uur had ze zich geïnstalleerd op haar matras. De zwelling op haar enkel was iets afgenomen. Ze ging op haar zij liggen, sloot haar ogen en probeerde aan iets te denken wat haar rustig zou maken. Iets wat haar zou helpen geloven dat alles goed zou komen, zoals ze Riley had beloofd.

Maar dat was makkelijker gezegd dan gedaan. Nu ze hier lag, alleen met haar gedachten, spookten er allerlei beelden door haar hoofd. Beelden van Victor Aster, die zich ergens in zijn eentje ophield in een geheime basis en hen voortdurend gadesloeg, wachtend op het moment dat hij de volgende cursist te grazen zou nemen. Beelden van Luther Green, die Buchanan opblies en daarna Riley vermoordde. Beelden van Doris Espinosa, die schaterlachend hetzelfde deed...

Ze wilde huilen om alle doden, maar kon het niet. Misschien was het de adrenaline.

Om haar gedachtestroom te stoppen, opende ze haar ogen en keek naar Dex. Hij zat met zijn rug naar haar toe tegen de deurpost geleund, het samoeraizwaard binnen handbereik. Omdat het licht op de gang aan was, zag ze alleen zijn silhouet.

Ze voelde zich weer kalm worden, maar niet voor lang, want nu vroeg ze zich plotseling af of ze hém wel kon vertrouwen. Ze was gefocust geweest op Aster, Green en Doris, maar hoe kon ze zeker weten dat het niet Dex was die achter de moorden zat? Wat als híj het was geweest die de rugzak van Buchanan op afstand had laten ontploffen? Wat als hij, zodra ze straks sliep, haar zou besluipen en haar keel zou doorsnijden?

Ze sloot haar ogen. Ze moest haar hoofd erbij houden en voorkomen dat ze doordraaide.

Ze had Dex in de bus ontmoet. Hij kende Christy en was hier al eens geweest. Hij was aardig tegen haar. Had op de eerste avond zelfs geprobeerd haar te versieren...

Het sloeg nergens op.

Ze zuchtte, wendde haar blik af en verlegde haar aandacht naar Riley.

Leefde ze nog?

Als Green de dader was, was die kans klein. Zo niet, dan was er misschien nog hoop.

En voor haar en Dex?

Ze ademden nog en hadden de dag overleefd.

Ze keek weer naar het silhouet van Dex in de deuropening. Ze voelde zich schuldig over haar gedachten van zo-even. Ze waren de afgelopen acht uur samen geweest. Hij was veel sterker dan zij en had een samoeraizwaard binnen handbereik.

Als hij haar had willen doden, had hij het allang kunnen doen.

Dag 5

41

Mark

Er klopte iets niet, dacht Mark.

Zondag, toen hij niet direct antwoord had gekregen van Lawrence Montgomery, had hij er niet al te lang bij stilgestaan. Het feit dat hij bij zijn eerste mail binnen enkele uren een reactie had ontvangen, betekende niet dat Montgomery nu ook zo snel zou moeten zijn.

Maar ook maandag was er geen antwoord gekomen en nu was het dinsdag. Rachel en Neill wachtten op antwoord en Mark begon zich serieus zorgen te maken. Gisteravond had hij het informatiepakket dat Carol van Lawrence Montgomery had ontvangen doorgenomen. Er stond in dat Victor Asters assistent minimaal één keer per dag zijn mail checkte.

Waarom reageerde hij dan niet?

Het was acht uur 's ochtends en nog vroeg, maar het uitblijven van een reactie zat Mark dermate dwars dat hij zijn telefoon pakte en Christy belde. De telefoon ging vier keer over. Mark had al bijna weer opgehangen toen Carols vriendin opnam. Hij bood zijn verontschuldigingen aan voor zijn vroege telefoontje en legde haar uit wat zijn probleem was.

Na een korte stilte zei Christy: 'Hij reageert niet? Dat is inderdaad vreemd. In mijn clubje van twee jaar geleden zat een jonge vrouw die extreme heimwee had. Ze stuurde iedere dag minstens twee e-mails naar haar moeder. Ik herinner me dat Victors assistent steeds zei dat het geen enkel probleem was omdat hij toch het grootste deel van de dag achter zijn laptop doorbracht.'

Zie je wel, dacht Mark. Er was iets mis.

‘Is er iets wat ik kan doen?’ zei Christy.

‘Nee, dat is er niet. Dank voor de informatie.’

Christy wenste hem succes en zei dat Carol haar beslist moest bellen zodra ze terug was van de cursus. Ze was razend benieuwd en wilde er alles over horen.

‘Ik zal het doorgeven,’ zei Mark. Hij verbrak de verbinding, liep naar het raam en staarde een poosje naar buiten. Op een paar hondenuitlaters na was het stil op straat.

Wat moest hij doen? Naar alle waarschijnlijkheid was het niet-reageren van Montgomery te wijten aan een technisch mankement. Maar hoelang zou het duren voordat dat was verholpen?

Hij sloot zijn ogen. Zou hij…

Ja, misschien moest hij dat maar doen.

Sinds Carol de beslissing had genomen om de cursus te gaan doen, had Mark overwogen haar daarna te verrassen met een weekendje Seattle. Het was een stad waar ze altijd al eens samen heen hadden gewild, maar op de een of andere manier was het er nooit van gekomen. Uiteindelijk had hij zijn plan niet doorgezet. Hij had zichzelf voorgehouden dat hij het te druk had en dat Carol waarschijnlijk na haar cursus gebruik zou willen maken van de flow waarin ze zat om direct door te schrijven aan haar boek.

Maar nu kon hij haar niet bereiken. Rachel en Neill wilden zo snel mogelijk antwoord. Als hij zelf naar de westkust vloog, dan wist hij zeker dat hij Carol zou bereiken, rechtstreeks of alsnog per mail zodra hij daar arriveerde, en konden ze daarna hun weekendje Seattle hebben.

Hij aarzelde, nam toen een beslissing en liep naar de computer. De eerste vlucht naar Vancouver vertrok om vijf voor zes en was nog niet vol. Vijf voor zes. Dat was niet slecht. Hij zou laat aankomen, een hotel nemen en morgenochtend zo vroeg mogelijk vertrekken naar Big Rock Island. Carol zou haar terugvlucht moeten omboeken, maar dat was geen probleem. Hij zou de extra kosten betalen.

Als alles meezat zou hij morgenmiddag aan Rachel en Neill kunnen laten weten of hij en Carol er in november bij zouden zijn in Vermont.

42

Carol

Carol zat in de deuropening van Victor Asters werkkamer en staarde naar de trap waar Aster wel of niet zijn ex-vrouw Patricia had afgeduwd.

Het was stil in huis. Het was de hele nacht stil geweest. Ze had goed geslapen en was om drie uur – een uur later dan afgesproken – wakker gemaakt door Dex om de wacht over te nemen. Ze had gewacht tot Dex sliep en had toen het samoeraizwaard gepakt. Ze had een paar keer met het wapen gezwaaid, zich inbeeldend dat ze werd aangevallen en zich moest verdedigen. Zou ze het kunnen, een ander mens hiermee te lijf gaan? Ze hield zichzelf voor dat ze geen keus had. Niet als ze dit wilde overleven.

Het was inmiddels halftien en ze besloot dat het tijd werd om Dex wakker te maken. Ze liep de kamer in en beroerde zijn schouder. Toen er niets gebeurde, schudde ze hem zachtjes heen en weer. 'Dex?'

In een flits opende hij zijn ogen en greep haar pols.

'Rustig. Rustig maar. Ik ben het.'

Dex knipperde met zijn ogen en liet haar pols los. 'Sorry, ik... ik schrok. Ik dacht even dat...'

'Ik begrijp het,' zei Carol. 'Het is oké.'

Dex geeuwde en wreef in zijn ogen.

'Het is halftien,' zei Carol. 'We hadden niet echt een tijd afgesproken, maar ik dacht... nou ja...'

Dex glimlachte. 'Je hoeft je niet te verontschuldigen. Het is goed dat je me hebt wakker gemaakt. Hoe is het met je enkel?'

'Het ijs heeft geholpen,' zei Carol. 'De zwelling is bijna weg.'

'Mooi,' zei Dex. Hij kwam overeind. 'Ik zal ontbijt maken. Als je wilt douchen, ga je gang. Ik hou de voordeur wel in de gaten.'

Douchen. Ze voelde zich plakkerig en vies en wilde niets liever. Maar de gedachte aan alleen zijn in een kleine ruimte stond haar niet aan en dus schudde ze haar hoofd. 'Nee, dat is oké. Ik help je wel met het ontbijt.'

Twintig minuten later zaten ze in Victor Asters keuken. Carol probeerde te genieten van de gebakken eieren met spek en tomaat die Dex voor haar had gemaakt, maar ze merkte dat haar gedachten bleven afdwalen naar de gebeurtenissen van gisteren; de gil van Riley en het verminkte lichaam van Nick Buchanan. Vervolgens zag ze de steile rotsformatie voor zich op het meest noordelijke puntje van het eiland. Ze dacht weer aan wat Riley had gezegd. Kon het zijn dat zij en Green zich daarachter schuilhielden? Leefden ze überhaupt nog? En waar was Doris?

Ze nam een slok koffie en sloot haar ogen. Het was surrealistisch. Vier dagen geleden was ze hier aangekomen om een schrijfcursus te volgen. Nu waren er vijf mensen dood en kon ze alleen maar bidden dat ze levend van dit eiland zou komen.

Ze huiverde, opende haar ogen en keek Dex aan. 'Praat tegen me. Praat tegen me over iets normaals. Vertel me hoe het voelde.'

'Wat?'

'Hoe voelde het? Toen je het bericht van je uitgever ontving en je een contract kreeg aangeboden?'

Dex glimlachte. 'Het voelde geweldig,' zei hij. 'Het voelde alsof ik de jackpot gewonnen had. Ik zag mezelf al naast Dennis Lehane, Stephen King en Victor zitten tijdens de boekhandelstournee...'

'Dat kan ik me voorstellen. Het moet een ongelofelijke kick zijn geweest.'

Dex haalde zijn schouders op. 'Het went snel, hoor. Natuurlijk, dat eerste gevoel was geweldig. Mijn vriendin was trots op me, mijn vrienden...'

'Wat erg dat je ouders het niet hebben kunnen meemaken. Ze zouden vast trots op je zijn geweest.'

'Dat denk ik ook. Helaas heeft het niet zo mogen zijn.'

'Je zei dat ze waren omgekomen bij een brand. Was het een brand in jullie huis?'

'Ja. De politie vermoedde opzet – mijn vader had gokschulden bij een aantal criminelen in de stad – maar ze konden niets hardmaken. Ik had geluk. Op de avond dat het gebeurde was ik aan het bowlen met mijn vriendinnetje.' Hij nam een slok koffie. 'Volgens mijn opa zijn mijn ouders trots in de hemel, maar ik geloof dat niet. Naar mijn idee houdt alles op als we sterven. Enfin, het doet er niet toe. Zoals ik je al vertelde: het was even leuk, maar mijn boek deed verder niets. De pret was dus snel voorbij. Mildred ging bij me weg. Eigenlijk stortte alles daarna een beetje in.'

'Mildred?'

'Mijn vriendin. Degene met wie ik samen was toen ik mijn boek schreef.'

'Het meisje zonder humor dat je verliet voor de yogaleraar.'

Dex schoot in de lach. 'Precies, die.'

Carol lachte ook en zag Dex naar haar kijken zoals op de eerste avond na het sterrenkijken. Snel zei ze: 'Maar nog even terug naar je boek. Kreeg je slechte recensies?'

'Ik kreeg helemaal geen recensies,' zei Dex. 'Of bijna niet. De assistente van mijn redacteur zei dat dat het allerergst is. In haar woorden: "Ze kunnen je boek beter slecht bespreken dan dat er helemaal geen aandacht aan wordt besteed." En dat laatste is precies wat gebeurde. Ik geloof dat er duizend exemplaren zijn verkocht.'

Carol nam een slok koffie. 'Bij het voorstelrondje met Victor zei je dat iemand die je hoog had zitten al op pagina 25 wist wie de dader was. Was dat iemand in je familie?'

Dex schudde zijn hoofd. 'Nee, de enige in mijn familie die *Alles of niets* heeft gelezen is, is mijn opa. Hij zei dat hij het goed vond. Het is mede dankzij die opmerking dat ik het heb aangedurfd om terug te gaan hiernaartoe. Als hij het ook bagger had gevonden, dan was ik waarschijnlijk thuisgebleven.'

'Hád hij het maar bagger gevonden,' zei Carol. 'Dan was al deze ellende je bespaard gebleven.'

'Is dat wat je zou willen? Dat ik niet was gekomen? Dan had je hier nu in je eentje gezeten.'

'Dat is waar,' zei Carol. 'Oké, je hebt gelijk. Bij nader inzien ben ik je opa dankbaar voor zijn woorden. Ik weet zeker dat ik me tien keer slechter zou voelen als ik hier alleen zou zijn.'

'Dank je wel.'

'Ik meen het.'

'Dat weet ik.' Hij zuchtte. 'We gaan het wel redden, oké? Het is dinsdag. Nog maar drie dagen en dan komt de veerpont.'

Carol knikte. 'Maar intussen moeten we Riley vinden. Ik heb haar beloofd om–'

'Ik weet het,' zei Dex. 'Maar wat wil je doen? Hoe denk je haar te kunnen vinden?'

'Ik dacht aan die rotsen. Die op het meest noordelijke punt van het eiland. Toen we daar zaterdag langsliepen, zei Riley dat ze zich afvroeg of daarachter misschien iets was. Het is niet heel ver bij de plek vandaan waar Buchanan is doodgegaan. Ik dacht: misschien zijn zij en Green daarnaartoe gevlucht. We zouden eroverheen kunnen klimmen om erachter te komen of ze daar zijn.'

'Je bedoelt die rotswand waar we gisteren langskwamen? Die is behoorlijk steil. Ik weet niet of dat een goed idee is met die enkel van jou.'

Carol wilde protesteren, maar Dex had een punt. Haar enkel was er beter aan toe dan gisteren, maar klimmen was iets anders dan lopen. Ze knikte, dacht even na en zei: 'De cursusruimte. Dat is ook een mogelijkheid. Misschien zijn ze daarheen gevlucht na de explosie. Laten we daarheen gaan. Dat is niet ver en het is een mooie test voor mijn enkel. Als over drie dagen die veerpont komt, zal ik er ook op moeten lopen.'

'Oké,' zei Dex. 'Dat doen we.'

Carol werkte haar laatste hap ei naar binnen en stond op. 'Zullen we nu meteen gaan?'

'Nee,' zei Dex. 'Die enkel kan nog best wat rust gebruiken. We gaan vanavond. Als het donker is.'

43

Mark

Sinds hij vanochtend zijn vlucht naar Vancouver had geboekt, had Mark zich vrijwel onafgebroken afgevraagd wat hij zou doen wanneer er alsnog een mailtje van Lawrence Montgomery zou komen. Zou hij zijn vlucht annuleren en in New York blijven? Of zou hij gewoon vertrekken, twee dagen in zijn eentje in Vancouver doorbrengen en dan Carol bij de veerpont opwachten? Waarschijnlijk dat laatste. Hoe meer hij het idee van een knus weekendje samen in Seattle visualiseerde hoe meer zin hij erin kreeg.

Uiteindelijk had hij de keuze niet hoeven maken. Er was geen mailtje gekomen en dus had hij – met een groeiend gevoel van ongerustheid – zijn tas ingepakt en was hij vertrokken richting JFK.

Nu zat hij in de boardingruimte van Delta Airlines. Terwijl hij het moment afwachtte tot de stewardess bij de gate het sein zou geven dat het boarden kon beginnen, checkte hij nog een laatste keer zijn mail. Nog altijd geen reactie van Montgomery. Hij zuchtte, klapte zijn laptop dicht en prentte zichzelf nogmaals in dat het niets hoefde te betekenen. Het moest een technische storing zijn. Dat of iets anders; stormen of andere extreme weersomstandigheden waren er niet geweest aan de westkust. Hij was het nagegaan op meerdere websites...

Tegenover hem in de wachtruimte zat een Canadees gezin met twee kinderen. Een van de twee, een jongetje van een jaar of zes, zat hem vanachter een blikje Dr. Pepper stoïcijns aan te staren. Mark glimlachte. Het jongetje sloeg zijn ogen neer en ging een beetje dichter naast zijn moeder zitten.

Mark verlegde zijn blik naar de gate.
Eindelijk kwam een van de stewardessen in beweging.
Het boarden ging beginnen.

44

Carol

Ze vertrokken om halfzeven. Dex opnieuw met het samoeraizwaard tussen de banden van zijn rugzak geklemd, Carol ditmaal zonder bagage vanwege haar enkel. De zwelling was vrijwel helemaal weggetrokken en ze was eraan toe om in actie te komen. Ze voelde angst voor hetgeen buiten mogelijk op hen loerde, maar was bovenal vastberaden: ze moest en zou Riley vinden.

Ze waren de dag doorgekomen met stilzitten, een beetje bijslapen en televisiekijken. Een uur geleden hadden ze gegeten aan de keukentafel. Dex had kaarsen op tafel gezet en even was Carol ervan overtuigd geweest dat hij een nieuwe toenaderingspoging zou doen, maar ze had zich vergist. Dex had zich gedragen als een gentleman.

Ze liepen dezelfde route naar de cursusruimte die ze eerder hadden genomen. Door het bos, een meter of drie naast het pad. Carol had zich de hele dag zorgen gemaakt, maar Dex had gezegd dat dat niet nodig was. Het was een heldere dag geweest en het maanlicht zou voldoende zijn om te kunnen zien waar ze haar voeten neerzette. Dat was inderdaad zo. Na enkele minuten was ze niet langer bang dat ze opnieuw door haar enkel zou gaan.

Ze liepen snel. Twee keer stopte Dex omdat hij dacht dat hij voor hen iets zag bewegen, maar beide keren bleek het om een dier te gaan. Al snel kregen ze het cursusgebouw in zicht.

Ze gingen naar binnen en checkten de cursusruimte. Alles stond er hetzelfde bij als de laatste keer dat ze hier waren geweest. Ook in de eetzaal was niemand. Ze zochten in de toiletten en ten slotte in de keuken. Beide ruimtes waren verlaten.

'Nou ja,' zei Dex. 'Het was het proberen waard.'

Carol zei: 'Er is hier iemand geweest.'

'Hoe bedoel je? Hier in het gebouw?'

'Hier in de keuken. Die blikken...' Ze wees naar de twee blikken minestronesoep en de blikken tomatensaus en mais op de grote tafel in het midden. 'Toen we hier de vorige keer kwamen stonden er drie blikken soep. Geen twee.'

'Weet je het zeker?'

Carol aarzelde. 'Niet honderd procent. Maar... ja, eigenlijk wel. Ik weet het zeker. Het waren er drie.'

'Oké,' zei Dex. 'Er is hier dus iemand geweest.'

'Het zouden Riley en Green kunnen zijn geweest. Die hebben geen eten bij zich.'

'Doris ook niet,' zei Dex. 'Of Victor Aster. Het kan welbeschouwd iedereen zijn geweest.'

Dex had gelijk.

Carol keek om zich heen en riep: 'Riley?'

'Niet doen,' zei Dex. 'Ben je gek?'

Carol luisterde, maar er kwam geen reactie. Ze keek Dex aan. 'Sorry. Ik dacht... ik moest het proberen.'

Dex schudde zijn hoofd. 'Goed, dat heb je dan nu gedaan. Kunnen we nu teruggaan voordat er straks iemand met een vuurwapen komt binnenstormen en wij de volgende twee kruisjes worden op het scorebord?'

'Ja,' zei Carol. 'We kunnen gaan. Nogmaals: sorry...'

Op de terugweg voelde Carol zich merkwaardig hol. Als in trance liep ze achter Dex aan, terwijl zich onaangekondigd herinneringen uit haar vroegste jeugd opdrongen. Ze zag haar vader, die haar duwde op de schommel in de achtertuin bij haar grootouders. Ze herinnerde zich hoe ze voor het eerst met haar ouders naar de film was geweest – *The Empire Strikes Back* – en daarna dagenlang niet in slaap had kunnen komen omdat ze bang was geweest voor Yoda. Ze zag haar oma voor zich, op haar sterfbed, en daarna zichzelf, uithuilend bij haar moeder tijdens de uitvaartplechtigheid. Vervolgens: haar afstuderen. Haar vader en moeder, trots glimlachend vanaf de vijfde rij.

En Mark. Haar ontmoeting met Mark...

Haar volgende gedachte: was dit het? Zou ze hier doodgaan en kwamen er geen nieuwe herinneringen meer bij?

Ze staarde naar Dex, die in gestaag tempo doorliep, en voelde een traan prikken in haar ooghoek. Ze veegde hem weg en dacht: nee. Ze was er nog steeds. Voorlopig had niemand haar te pakken gekregen en over drie dagen kwam de veerpont.

Om halfacht waren ze terug bij het huis. Ze gingen naar binnen en controleerden voor de zekerheid alle vertrekken. Vervolgens praatten ze nog even, poetsten hun tanden en gingen naar boven.

Carol zou weer als eerste slapen. Ze drukte Dex op het hart haar deze keer wel echt om twee uur wakker te maken. Op die manier kregen ze allebei evenveel slaap en konden ze morgenochtend vroeg vertrekken.

Dex beloofde het haar.

Ze kroop onder haar dekbed en staarde net als de dag ervoor naar Dex' silhouet in de deuropening.

Morgen zouden ze samen verder zoeken naar Riley. Ze zouden bekijken of ze over de rotswand op het meest noordelijke punt van het eiland konden komen. Ze zouden haar vinden en ze zouden dit overleven.

Het moest.

Dag 6

45

Carol

Dex hield zich aan zijn belofte en maakte haar om twee uur wakker.

Terwijl ze de wacht hield dacht ze aan hun bezoek aan het cursusgebouw van gisteravond. Was er werkelijk een blik soep minder geweest? Hoe meer ze erover nadacht, hoe meer ze begon te twijfelen. Misschien was de wens de vader van de gedachte.

Ze telde de uren af tot de ochtend, af en toe geeuwend en drinkend uit de fles cola die naast haar op de overloop stond. Ze hoorde Dex zachtjes snurken en besloot hem wat langer te laten slapen, net zoals hij een dag eerder bij haar had gedaan. Uiteindelijk maakte ze hem om tien uur wakker, waarna ze ontbeten en zich klaarmaakten voor vertrek. Dex bood aan ook Carols eten en drinken te dragen in zijn rugzak, maar Carol zei dat ze haar eigen rugzak weer zou meenemen. Haar enkel leek zo goed als hersteld. Ze wist zeker dat ze de rotswand ermee zou kunnen beklimmen.

'Vandaag is onze geluksdag,' zei ze, toen ze een paar minuten later het hek uitliepen. 'Ik voel het.' Ze keek om zich heen, de omgeving afspeurend naar eventuele belagers, en kreeg een idee. 'Misschien is het een goed plan om eerst nog een keer de bungalows na te lopen. Gezien dat blik soep van gisteren... nou ja, misschien hebben Riley en Green dat weggehaald en hebben ze zich alsnog verstopt in een van de bungalows.'

Dex haalde zijn schouders op. Hij zei dat hij er weinig voor voelde om opnieuw de open plek bij de bungalows te moeten oversteken, maar als Carol het echt wilde, zou hij met haar meegaan.

'Ik snap het risico,' zei Carol. 'Maar het lijkt me de moeite van het proberen waard.'

En dus arriveerden ze even later bij de heuvel. Dex keek om zich heen en ging als eerste naar beneden. Carol volgde hem, starend naar het samoeraizwaard op zijn rug dat zachtjes meetrilde met elke stap die hij zette. Niets wees erop dat ze niet alleen waren.

Onder het lopen schoot haar iets te binnen. 'Dat huisje een eind verderop in het bos... dat met die dichtgetimmerde ramen. Laten we dat ook meteen checken.'

Dex knikte. 'Daar had ik ook al aan gedacht. Goed idee.'

En dus liepen ze de bungalows voorbij en gingen het bos weer in.

Al snel arriveerden ze bij het huisje, met voor de deur de twee van spinnenwebben vergeven stoeltjes.

Carol duwde tegen de deur. Hij kraakte, maar gaf gemakkelijk mee. Binnen was het donker. Het stonk er naar schimmel en oud ijzer. Hier en daar sijpelde daglicht naar binnen via kieren in de houten wanden. Er stonden een paar werkbanken met gereedschap erop en er was een deur naar een tweede vertrek. Warm was het niet, maar de temperatuur was iets beter dan buiten omdat het binnen niet waaide. Carol liep door, met Dex in haar kielzog, struikelde bijna over een losse vloerplank en ging het tweede vertrek binnen. Dit stond vol met oude meubels. Sommige waren bedekt met lakens, alsof ze hadden toebehoord aan iemand die lang geleden was overleden. De lakens, ooit wit, waren grijs van het stof.

Carol zuchtte en keek om naar Dex. 'Helaas.'

'Het was een poging waard,' zei Dex. 'Misschien hebben we meer geluk bij de bungalows.'

Carol knikte, wierp nog een blik achter een grote stoel en volgde Dex toen naar buiten.

Een paar minuten later waren ze terug bij de bungalows. Ze overlegden kort en besloten net als twee dagen geleden bij de bungalow van Lawrence Montgomery te beginnen. De stank was erger geworden. Ditmaal bood Carol aan de badkamer te checken, al verwachtte ze niet dat iemand het vol zou houden om zich hier in deze rottingslucht te verschuilen.

En inderdaad: de badkamer was leeg.

Hetzelfde gold voor de bungalows van Doris, Carol, Mary Jo, Harris en Dex.

Carol gaf niet op. De volgende bungalow was die van Riley. Ze opende de deur en ging naar binnen, met Dex in haar kielzog.

Ze voelde een steek van teleurstelling toen ze Rileys onbeslapen bed zag. Dex liep door naar de badkamer, wierp een blik naar binnen en schudde zijn hoofd.

'Shit,' zei Carol. Ze zuchtte en wilde net naar buiten lopen toen haar oog viel op de bureaustoel. Er hingen een trui en een corduroybroek overheen.

'Ze is hier geweest.'

'Wat?'

'Ze is hier geweest,' zei Carol. Ze wees naar de stoel, een gevoel van hoop vlamde op in haar binnenste. 'Die kleren... Riley had ze aan in de bunker.'

Dex fronste zijn wenkbrauwen. 'Weet je dat zeker?'

'Heel zeker. Ze moet zich hebben verkleed. Zie je wel: misschien is zij ook degene die dat blik soep heeft meegenomen uit de keuken in het cursusgebouw.'

'Misschien wel,' zei Dex. 'Maar waar is ze nú?'

46

Mark

Mark keek zijn ogen uit. Natuurlijk, hij had in zijn leven al veel natuurschoon gezien. De Redwoods, Niagara Falls, de Grand Canyon, het was allemaal ongelofelijk mooi en niet met elkaar te vergelijken. Maar dit... dit was ook prachtig. De ruim vijftig meter hoge douglassparren waren overal. Het leek één grote groene zee, slechts onderbroken door de lange streep asfalt waarover de bus zich voortbewoog richting de veerpont naar Big Rock Island.

Zijn vlucht was goed verlopen. Hij had de avond ervoor zonder problemen zijn hotel in Vancouver gevonden en ondanks het feit dat hij maar drie uur had geslapen, voelde hij zich vanochtend klaarwakker en vol energie. Toegegeven, misschien had dit te maken met het mailtje dat hij gisteravond laat van Sean Griffin had ontvangen. *Beste Mark, Emily en ik zijn in de wolken over je ontwerp. Je hebt jezelf overtroffen...*

Hij had de mail drie keer gelezen, maar het stond er echt. Voor het eerst sinds hij voor hen werkte hadden Sean en Emily een van zijn ontwerpen goedgekeurd. Het had niets te maken met zijn uitstapje van dit moment, maar Mark besloot dat het niet anders kon of het mailtje was een goed voorteken.

Dat er nog altijd geen reactie was van Lawrence Montgomery? Dat was vervelend, maar Mark herhaalde in zijn hoofd wat hij zichzelf de afgelopen uren was blijven vertellen: maak je niet druk. Het moet een technisch mankement zijn. Het enige dat je te doen staat, is iemand bereiken die dat kan bevestigen.

Ja, zo was het. Als het een beetje meezat, hoefde Carol niet eens te weten dat hij er was en zou hij haar gewoon na de cursus kunnen verrassen zodra ze van de veerpont stapte.

Hij was vanochtend om vijf uur opgestaan. Hij had de metro genomen, vervolgens een bus en een pont, en daarna weer een bus – deze bus.

Volgens de website met aankomsttijden zou hij om een uur bij het eindpunt moeten zijn en vandaar vertrok de veerpont naar Big Rock Island. Voor de veerpont naar het eiland had hij geen tijden kunnen vinden, het was geen publieke dienst, maar hij twijfelde er niet aan of hij zou er ter plekke achter komen hoe hij contact kon opnemen met degene die daarover ging.

Terwijl de bus zich een weg baande door het schijnbaar oneindige groen, keek Mark op zijn horloge. Halfeen. Nog een halfuurtje te gaan.

Hij sloot zijn ogen, dommelde bijna in en haalde een blikje cola en een mueslireep uit zijn reistas. De reep smaakte goed en de cola verdreef de loomheid uit zijn lichaam. Toen de bus een halfuur later tot stilstand kwam bij een vervallen gebouwtje aan het water voelde hij zich weer scherp en energiek. Hij bedankte de buschauffeur, stapte uit en wierp een blik op de oude frisdrankautomaat die tegen het gebouwtje stond. Ernaast, aan een gebarsten hanglamp, bungelde een stoffige dromenvanger zachtjes heen en weer.

Links van hem was het water, maar Mark zag nergens een steiger. Of ja, toch, daar was hij, schuin achter het gebouwtje, een lang houten geval met aan het eind ervan de veerpont. Hij was met een dik touw aan een meerpaal bevestigd en zag er oud maar goed onderhouden uit. Mark liep om het gebouwtje heen en kwam uit bij een grote parkeerplaats. Erachter bevonden zich twee picknicktafels. Hoewel er een paar auto's op de parkeerplaats stonden, was het duidelijk dat er niemand aanwezig was. Voor alle zekerheid liep hij naar de deur van het gebouwtje. Zoals hij verwachtte, zat de deur op slot.

Hij dacht even na, liep toen de steiger op en bekeek de veerpont. Hij zocht naar een bedrijfsnaam of telefoonnummer, maar vond geen van beide. Dat was een tegenvaller, maar hij wist wat hem te doen stond. Voor zijn vertrek had hij op de kaart gezien dat er twee kilometer van de veerpont een klein stadje was, Dupree. Meer dan een paar huizen waren het niet, maar het kon niet anders of een local daar wist waar hij de eigenaar van de veerpont zou kunnen vinden.

Hij stak de parkeerplaats over en tuurde naar de weg. Hopelijk klopte de kaart en was het inderdaad slechts twee kilometer naar het stadje.

Hij haalde nog een blikje cola uit zijn tas, zette het aan zijn lippen en begon te lopen.

Twintig minuten later zag hij in de verte een huis opdoemen. Het was een oud houten huis, met een stenen trap die naar een veranda leidde. Hij liep door en zag tot zijn opluchting dat er na het huis een bocht in de weg zat waarachter nog meer huizen lagen, een stuk of twintig in totaal, met in het midden een laag gebouwtje waarin een bakker, een minisupermarkt en een bar waren ondergebracht. De bar heette Mike's Tavern. Mark ging naar binnen en zag een pooltafel, een flipperkast en drie oude mannen die aan de bar zaten en hem even opnamen voordat ze hun blik weer op hun doodgeslagen biertjes richtten.

De barman, een magere jongen met een oorring, knikte hem toe en wenste hem binnensmonds een goedemiddag.

'Goedemiddag,' zei Mark. 'Ik zoek degene die naar Big Rock Island vaart. Ik ben hierheen gelopen vanaf de pont. Ik, eh… Mijn vriendin volgt een cursus op het eiland en ik kan haar al een paar dagen niet bereiken.'

De barman fronste zijn wenkbrauwen, alsof hij Marks vraag niet helemaal had begrepen, maar een van de oude mannen draaide zich om en zei: 'Je bent op zoek naar Roy Geddes? Die woont hier drie huizen verderop. Nummer 9. Maar je bent een beetje vroeg. Hij vaart vrijdag pas weer naar het eiland.'

Mark knikte. 'Dat weet ik. Maar ik hoopte dat hij iemand op het eiland kan bereiken.'

De barman zei: 'Wil je misschien iets drinken?'

'Nee, dank je,' zei Mark. 'Ik denk dat ik maar meteen doorga. Bedankt voor de informatie.'

De oude man die hem had verteld waar Roy Geddes woonde, bracht zijn biertje naar zijn mond en knikte. 'Graag gedaan, makker.

Roy was hier gisteren tot laat en hij had hem behoorlijk zitten, maar met een beetje mazzel is hij wakker.'

Het kostte Mark geen moeite het huis van Roy Geddes te vinden. Een nummer 9 zag hij nergens, maar langs de weg stond een grote postbus met in zwarte plakletters de tekst R. GEDDES erop. De letters zagen er versleten uit, net als het kleine huis erachter en de Ford pick-up die tussen het onkruid in de voortuin stond geparkeerd. Mark liep de veranda op en belde aan.

Achter de deur bleef het stil. Mark wachtte even en belde nog een keer. Nu klonk er gestommel. 'Ja, ja, ik kom al. Rustig aan, verdomme.'

De deur ging open en Mark deed instinctief een stap achteruit. Voor hem stond een boom van een kerel in een versleten legerbroek. Zijn ogen waren bloeddoorlopen, waarschijnlijk het gevolg van zijn bezoek aan Mike's Tavern van gisteravond. Hij had een sigaret tussen zijn lippen en de linkerkant van zijn gezicht werd ontsierd door een groot en lelijk uitziend litteken. Hij keek Mark fronsend aan en zei: 'Ja?'

'Eh, goedemiddag. Mijn naam is Mark Foster. Ik kreeg uw adres van iemand in Mike's Tavern. Mijn vriendin volgt deze week een cursus bij Victor Aster. Ik probeer haar al een paar dagen te bereiken via Asters assistent, maar hij beantwoordt zijn mail niet. Ik moet haar dringend spreken. Daarom ben ik hier.'

Roy Geddes nam een haal van zijn sigaret, blies de lucht langs Mark heen de voortuin in en zei: 'Ik ga vrijdag naar het eiland. Maak je geen zorgen, de mail is... Het komt wel vaker voor dat die het tijdelijk niet doet. Het is hier nu eenmaal niet de grote stad.'

'Dat weet ik,' zei Mark, die zag dat Geddes aanstalten maakte om de deur dicht te doen. 'Maar zoals ik al zei: het is dringend.' Hij aarzelde even, vertelde toen in het kort over de naderende negentigste verjaardag van zijn opa en het plan van Rachel en Neill, en vroeg of Geddes toevallig een telefoonnummer van Victor Aster of Lawrence Montgomery had.

Geddes keek hem fronsend aan, alsof hij zich ervan wilde verzekeren dat Mark werkelijk de vriend van een van Asters cursisten was en niet een of andere gestoorde fan die probeerde via een list contact te krijgen met zijn favoriete auteur. Uiteindelijk zuchtte hij diep en zei: 'Victor heeft geen telefoon, maar als je erop staat: ik kan Lawrence wel even bellen. Kom maar binnen.'

'Bedankt,' zei Mark. 'Dat zou me enorm helpen.'

Mark volgde de schipper het huis in. Het vaalwitte T-shirt dat hij droeg, zag eruit alsof de schipper er al maanden in sliep. Via een smalle gang bereikten ze een keuken annex woonkamer, waarvan de muren volhingen met opgezette dieren. Boven de afzuigkap prijkte de kop van een wild zwijn, boven de televisie hingen enkele vogels en een bever. In de hoek van de kamer, achteloos tussen een speaker en een leren poef in, stonden een kruisboog en een jachtgeweer tegen de muur geleund.

'Jaagt u?' vroeg Mark, terwijl hij zag hoe Geddes een mobiele telefoon naar zijn oor bracht.

De schipper haalde zijn schouders op. 'Zo af en toe. Maar die dieren heb ik niet zelf geschoten hoor. Als ik jaag, doe ik dat op herten hier in de omgeving. Nog één keer: u moet dus weten of uw vriendin in dat weekend geen afspraken heeft in verband met dat verjaardagsfeest?'

Mark knikte. 'Inderdaad. Nogmaals veel dank.'

'Geen probleem,' zei Geddes. Hij wachtte even, fronste toen zijn wenkbrauwen en zei: 'Lawrence? Roy hier. Er is hier een kerel bij me die je al een paar keer heeft gemaild. Waarschijnlijk ligt de verbinding er weer eens uit. Hoe dan ook: hij heeft een dringende vraag voor zijn vriendin, een van de cursisten. Bel me even terug, oké?'

'Voicemail?' zei Mark, toen Geddes de telefoon in de zak van zijn legerbroek liet glijden.

De schipper knikte. 'Ja. Maar maak je geen zorgen. Lawrence is een pietje-precies. Meestal neemt hij meteen op en als hij dat niet doet belt hij binnen een uur terug.'

'Dus dit komt vaker voor,' zei Mark. 'Dat er problemen zijn met de mail?'

Geddes haalde zijn schouders op. 'Niet héél vaak. Het gebeurt af en toe. Zoals ik al zei: het is hier niet de grote stad. Over grote steden gesproken: zei je nou net dat je hiervoor helemaal uit New York komt of begreep ik je verkeerd?'

'Nee, dat klopt,' zei Mark. 'Ik ben van plan mijn vriendin te verrassen met een weekendje Seattle zodra ze vrijdag van die veerpont stapt. Maar het antwoord wat betreft dat weekend dat heb ik eerder nodig. Vandaar dat ik er nu al ben.'

Geddes grijnsde. 'Oké. Ik dacht even dat je helemaal hierheen was gevlogen alleen maar om die vraag te stellen...'

Mark schudde zijn hoofd. Waarom wist hij niet, maar hij had geen zin met deze man te delen dat hij zich wel degelijk zorgen maakte over het feit dat Lawrence Montgomery al dagen niet reageerde. Waarschijnlijk was het gewoon een technische storing, maar Mark wilde het zeker weten, en liefst zo snel mogelijk.

Geddes hoestte. 'Luister, ik ben nogal laat opgestaan en moet nog ontbijten. Kan ik je iets aanbieden terwijl we op Lawrence' telefoontje wachten? Een kop koffie? Een gebakken ei?'

'Graag,' zei Mark. 'Een kop koffie zou er wel in gaan.'

47

Carol

Riley leefde nog. Ze had zich omgekleed – in het gezelschap van Green of in haar eentje – en vervolgens het blik soep weggehaald uit de keuken in het cursusgebouw.

Toch?

Alles wees erop. Bleef over de vraag die Dex had gesteld: waar was ze nu?

'Die rotsformatie,' zei Carol. 'Daarachter moeten ze zijn. Riley maakte die opmerking tijdens de wandeling. Misschien heeft de vorige eigenaar van het eiland daarachter ook zo'n bunker laten bouwen, of iets anders.'

Dex keek naar de fontein. 'Heb je er al bij stilgestaan dat wat Aster ons heeft verteld wellicht allemaal gelogen is? Dat hij die bunker en die camera's zelf heeft laten installeren?'

Nee, dat had Carol niet. Ze dacht er even over na en zei: 'Het zou kunnen. We kunnen er alleen maar achter komen door erheen te gaan en het met eigen ogen te zien.'

Ze stonden voor de bungalow van Samuel Murphy. Het doorzoeken van de laatste drie onderkomens had niets opgeleverd, maar het gevoel van hoop dat in Carol was aangewakkerd na het vinden van Rileys kleren was onverminderd aanwezig.

'Wat als je gelijk hebt,' zei Dex. 'En Aster ons daar opwacht?'

'Denk je dat hij dat zal doen?'

'Waarom niet?'

Carol haalde haar schouders op. 'Wie dit ook doet: tot nu is er niemand vermoord in het bijzijn van getuigen. Het lijkt er dus op dat we oké zijn zolang we bij elkaar blijven.'

'Dat is waar,' zei Dex. 'Maar wie zegt dat de regels de hele tijd hetzelfde zullen blijven?'

Carol keek hem aan. Ze wist dat hij een punt had, maar iets in haar binnenste zei haar dat ze het moesten proberen. 'Ik vind dat we het aan de anderen verplicht zijn. Als je liever hier wilt blijven of terug wilt gaan naar Asters huis... ik zou het je niet kwalijk nemen.' Ze slikte. 'Al zou ik het natuurlijk fijner vinden als je met me meeging.'

Dex glimlachte. 'Als je denkt dat ik je alleen laat, vergeet dat dan maar. Ik geef toe dat ik er niet naar uitzie om daar naar boven te klauteren, maar je hebt gelijk: we moeten doen wat we kunnen om de anderen te vinden.'

En dus gingen ze weer op pad. Dex voorop, Carol vlak achter hem. Het was bewolkt, maar niet heel erg, en af en toe werd het bos om hen heen verlicht door een zwak zonnetje. Carols enkel voelde niet zoals het hoorde, maar ze had geen pijn en zei tegen zichzelf dat het klimmen ook geen probleem zou zijn.

Door het goede zicht kwamen ze snel vooruit. Rechts van hen, tussen de bomen door, zag Carol het pad, dat af en toe steeg en dan weer daalde. Na een tijdje vlakte het af en Carol wist dat ze de plek naderden waar ze twee dagen eerder waren opgeschrikt door de explosie.

'Hoe gaat het met je enkel?' vroeg Dex.

'Goed genoeg.'

'Denk je dat je ermee kunt klimmen?'

'Ja. Geen probleem.' De laatste paar minuten was haar enkel weer gaan irriteren, maar ze had geen zin om Dex onzeker te maken. Als het niet ging, zou ze het vanzelf merken. Ze wilde net iets zeggen om van onderwerp te veranderen toen ze tussen de bomen door iets zag. Er bevond zich iets aan de rand van het pad. Nee, niet iets.

Iemand.

Carol kreeg een merkwaardig gevoel in haar onderbuik. De persoon was nog ver weg, maar ze meende lang zwart haar te zien, zoals dat van Doris Espinosa. Wie het ook was, hij of zij zat roerloos langs de kant van het pad tegen een boom geleund.

'Dex...'

'Wat?'

'Zie je dat?'

Hij keek om. Aan zijn vragende blik te zien, had hij de persoon langs de kant van het pad nog niet opgemerkt.

'Daar,' zei Carol, al wijzend. 'Daar in de verte op het pad. Ik...Is dat... is dat Doris?'

Dex keek. Even zweeg hij. Toen zei hij: 'Ik denk... verdomme... ik denk dat je gelijk hebt.'

Carol kreeg het warm. Ze wilde net aan Dex vragen of hij dacht dat Doris dood was toen ze haar gezicht zag bewegen. Ze haalde opgelucht adem. Gelukkig. Ze waren op tijd om haar te helpen.

Doris' gezicht bewoog opnieuw. Haar zwarte *haar* bewoog, maar op een vreemde, onnatuurlijke manier, en nu realiseerde Carol zich dat het helemaal niet Doris zelf was die had bewogen, maar dat er een kraai op haar schouder zat die zich tegoed deed aan–

'O, shit,' zei Dex, terwijl hij begon te rennen. 'Dat beest is bezig om...'

Carol kokhalsde. Ze zag Dex de laatste twintig meter naar Doris' lichaam in sneltreinvaart afleggen en de kraai wegjagen, die luid krassend opvloog en tussen de bomen verdween.

Carol voelde hoe haar maag zich omkeerde. Ze dwong zichzelf kalm te blijven en liep door, net zolang totdat ze naast Dex stond.

Doris zat met haar rug tegen een boom geleund, alsof ze even was gaan zitten om uit te rusten. Alleen was ze niet aan het uitrusten. Ze was dood. Op de plek waar haar rechteroog had gezeten, gaapte een naargeestig glinsterend gat, het resultaat van het werk van de kraai die Dex zojuist had weggejaagd. Zo'n vijf centimeter daarboven in haar voorhoofd zaten twee keurig ronde kogelgaten.

'Jezus,' zei Dex. 'Jezus christus...'

Carols blik ging een paar centimeter omhoog. Daar, vastgespijkerd aan de stam van de spar waartegen Doris leunde, hing een briefje met daarop de tekst: DAT IS ZES.

Carol deed een paar stappen het bos in en gaf over.

Ze voelde Dex' hand op haar rug en hoorde hem vragen of het ging. Ze knikte, braakte opnieuw en dronk een paar slokken water.

Vervolgens keek ze om zich heen. Heel even voelde ze angst opkomen, maar toen besefte ze dat degene die dit had gedaan waarschijnlijk allang niet meer in de buurt was. Aan het lichaam van Doris te zien was ze al een tijdje dood. Haar gezicht had een grijze kleur en het bloed dat uit de twee wonden in haar hoofd was gestroomd was volledig opgedroogd.

Carol dacht aan twee dagen geleden, toen zij en Dex waren teruggelopen naar de plek waar Doris was achtergebleven en ze haar hadden geroepen. Had Doris op dat moment al hier gezeten? Was ze vermoord op het moment dat Dex achter Carol was aangerend? Dat zou betekenen dat iemand hen al die tijd had gevolgd. Had die iemand ook voor de explosie gezorgd? Nee, dat was niet mogelijk. Er had een briefje naast het lichaam van Buchanan gelegen en dat kon onmogelijk zijn neergelegd door iemand die zich aan de andere kant van het eiland bevond. Het kon dus niet anders of er waren minimaal twee mensen verantwoordelijk voor wat er gebeurde. Victor Aster? En zo ja: samen met wie? Green? Kon het zijn dat de twee samenwerkten? Was dat de reden dat Green Aster had laten vertrekken met de revolver?

Ze huiverde. Als Green ermee te maken had dan was de kans dat Riley nog leefde vrijwel nihil.

Ze keek naar Doris Espinosa's lege oogkas en dacht aan Victor Asters verhaal over Miranda X. Was het mogelijk dat er meerdere mensen op het eiland waren die jacht op hen maakten? Een klein leger van gestoorde sadisten, gerekruteerd door háár, die genummerde briefjes achterlieten bij de doden? Buchanan was vermoord met explosieven. Montgomery gescalpeerd. Mary Jo vergiftigd...

Maar nee: dat was in de bunker gebeurd. Op een moment dat er niemand van buiten bij hen kon. Toch?

Nee, dat was niet helemaal waar. Het eten was opgehaald uit de keuken in het cursusgebouw door Green, Dex, Harris en Buchanan. Het kon ook vooraf zijn vergiftigd, op ieder willekeurig moment.

Plotseling dacht ze aan Roy Geddes, de schipper met zijn criminele verleden en zijn lugubere litteken. Híj bracht het eten naar het eiland. Hij kon het eiland te allen tijde bereiken, en met de veerpont ook weer vertrekken wanneer hij maar wilde.

Ze keek Dex aan. 'Die schipper. Geddes. Wat als hij er iets mee te maken heeft? Hij kent het eiland waarschijnlijk op zijn duimpje. Hij kent Aster. Misschien weet hij dingen over hem en wil hij–'

'Wil hij wat?' zei Dex. 'Al zijn cursisten en Aster zelf vermoorden? Waarom zou hij?'

Carol dacht er een paar seconden over na en schudde toen haar hoofd. 'Nee, dat slaat nergens op. Tenzij hij op de een of andere manier in Asters testament staat en dat weet.' Ze zweeg. 'Godallemachtig, wat een verschrikking. Was ik hier maar nooit naartoe gekomen.'

Dex keek om zich heen. Kennelijk had de gedachte dat het mogelijk was dat ze waren of werden gevolgd zich ook in zijn hoofd vastgezet. Hij zei: 'Luister, ik vind het vreselijk wat er gebeurt, en dat we Doris ook kwijt zijn, maar als je het niet erg vindt zou ik het liefst doorlopen. Tenzij je liever terug wilt gaan naar het huis en die hele klimpartij wilt vergeten. Dat vind ik ook goed. Ik betwijfel dat we iets zullen vinden.'

Het klonk verleidelijk. Teruggaan naar het huis en zich daar verschansen. Maar opnieuw dacht Carol aan Riley en de belofte die ze had gedaan. 'Nee, we gaan door. Als er in of achter die rotsen iets is, dan wil ik het weten.'

Dex keek haar even aan, knikte toen en zei: 'Oké, zoals je wilt. Dan gaan we door.'

Carol haalde diep adem en wierp een laatste blik op het toegetakelde gezicht van Doris Espinosa. Toen draaide ze zich om, stak het pad over en liep het bos weer in. Dex kwam achter haar aan en haalde haar in. Voor de zoveelste keer dankte Carol de voorzienigheid dat ze dit niet alleen hoefde te doen.

Ze liepen door, in hoog tempo, en al snel doemde in de verte de rotsen op. Carol had gedacht dat het hoogste punt zo'n dertig meter was, maar nu ze dichterbij kwamen, constateerde ze dat veertig een meer nauwkeurige schatting was. Ze probeerde zo veel mogelijk naar de grond te kijken terwijl ze doorliep om niet al bij voorbaat ontmoedigd te raken.

Terwijl ze liep, bleef ze zonder dat ze het wilde zoeken naar een logische verklaring voor alles wat er was gebeurd. Ze had Aster, de eventuele Miranda X, Roy Geddes en Green gehad. Allemaal konden ze te maken hebben met de verschrikkingen die zich hadden voltrokken. Waren er nog andere mogelijkheden? Ze dacht aan Riley. Probeerde de sympathie die ze voor haar had opzij te zetten en objectief naar haar te kijken. Maar nee. Hoe ze ook haar best deed: ze kon zich eenvoudigweg niet voorstellen dat Riley iets met de moorden te maken had. Daarvoor was haar reactie op de dood van Lawrence Montgomery en Mary Jo Turner te heftig geweest. Bleven over: zijzelf en Dex, en Dex kon het ook niet zijn. Hij was de hele tijd bij haar geweest. Hij had–

Wacht eens even...

Wat als Dex Doris had neergeschoten nadat zij op de explosie en de daaropvolgende schreeuw van Riley was afgerend? Hij was achter haar aangekomen – jazeker – maar niet meteen. Het had even geduurd voordat hij bij haar was geweest. Toch? En zo ja: was het lang genoeg geweest om Doris te vermoorden, haar naar de boom te slepen en het briefje aan de boom te spijkeren?

Ze keek naar het samoeraizwaard op Dex' rug en schrok zich kapot toen hij plotseling omkeek en zei: 'Hou op.'

'W-wat?'

'Hou op met piekeren. Ik hoor je hier denken, maar wat er ook is gebeurd, we komen er toch niet achter. Hou op met malen en geef jezelf wat rust.' Hij gebaarde naar de rotsen voor hen, die inmiddels akelig dichtbij waren. 'Je zult al je energie nodig hebben als we straks moeten klimmen.'

Even was Carol bang dat ze iets had gezegd in plaats van alleen maar had gedacht. Maar toen glimlachte Dex en keek hij weer voor zich.

Carol keek naar het kippenvel op haar polsen en zei: 'Je, eh... je hebt gelijk. Ik kan me beter concentreren op wat komen gaat.'

Vervolgens dacht ze wat ze al eerder had gedacht: Dex had niets op zijn kerfstok. Als dat wel zo was, had hij haar niet geholpen met haar enkel, maar haar een kopje kleiner gemaakt met het samoeraizwaard.

Ze keek op. Hoe ver was het nog naar de voet van de rotsformatie? Vijftig meter? Zestig? Waar ze eerder had geprobeerd er zo min mogelijk naar te kijken, deed Carol nu het omgekeerde: ze bleef haar blik op de rotsen houden, net zolang tot ze de laatste meters hadden overbrugd en er vlak onder stonden, omhoog starend naar de top.

Het was zoals ze eerder had ingeschat. De eerste vijf meter waren niet al te lastig. Daarna was er een klein plateau en volgden er zo'n dertig behoorlijk steile meters naar de top. Een geheime ingang naar een tweede bunker was nergens te bekennen en dus restte hun niets anders dan omhooggaan en erachter komen of Riley en Green zich aan de andere kant schuilhielden.

'Zeg het maar,' zei Carol. 'Ga jij eerst of ik?'

Dex wierp een sceptische blik op haar enkel.

Ze schudde haar hoofd. 'Maak je geen zorgen. Het gaat wel.'

Dex bleef sceptisch kijken. Uiteindelijk zei hij: 'Oké dan, zoals je wilt. Ga jij maar eerst. Op die manier kan ik je opvangen als je enkel het toch niet houdt.' Hij trok het samoeraizwaard onder de band van zijn rugzak vandaan en legde het op de grond, gevolgd door zijn rugzak.

Carol keek hem niet-begrijpend aan. 'Neem je dat niet mee?'

Dex keek om naar het bos achter hen. 'Ik denk niet dat dat zwaard veel zal helpen als er tijdens de klim iemand op ons begint te schieten. We kunnen het onszelf dus maar beter makkelijk maken en alle onnodige ballast hier laten.'

Dex had gelijk. Eenmaal hoog op de rotsen zouden ze ten opzichte van een pistool nog minder aan een steekwapen hebben dan op de grond. Ze konden alleen maar hopen dat ze alleen waren en niemand hen van een afstandje in het vizier hield, het briefje met nummer zeven erop in de aanslag.

Met dat laatste in haar achterhoofd, keek Carol nog eenmaal om. Toen deed ze haar rugzak af, zette zich schrap en begon te klimmen.

48

‘Shit,’ zei Carol. ‘Dit valt tegen.’

Dex knikte. ‘Ik weet het. Het is een pittige klim.’

Carol tuurde omhoog. De eerste vijf meter waren zoals ze had ingeschat niet al te lastig geweest, maar het stuk waar ze nu aan moesten beginnen was andere koek. Het was eerder vijfendertig dan dertig meter en het was vele malen steiler dan het er vanaf de grond had uitgezien. Ze voelde Dex’ blik op haar gericht. Snel zei ze: ‘Maar het is te doen. Dat weet ik zeker.’

Was het dat? Ze vroeg het zich af. Gedurende de eerste meters was ze al twee keer bijna weggegleden. Tegelijkertijd: echt gevaarlijk was het nog niet geweest. Op de lastige stukjes was de maximale val naar beneden steeds hooguit een meter. De rest van de klim was anders. Vanaf het smalle plateau waar ze zich nu bevonden tot boven was het gedaan met de vangnetten en plekken om even uit te rusten. Het was alleen nog maar steil.

Terwijl ze naar boven staarde moest Carol denken aan een film die ze enkele jaren geleden had gezien – *Free Solo* – waarin een klimmer, Alex Honnold, zonder hulpmiddelen een of andere monsterklif in Yosemite National Park had beklommen. De klif was bijna een kilometer hoog geweest en liep zo’n beetje kaarsrecht omhoog, maar Honnold had het gehaald.

De steile rots die voor hen lag was bij lange na niet zo hoog als de rotswand in Yosemite. Hij liep ook niet kaarsrecht omhoog. Maar hij was steil genoeg en Carol was geen getrainde klimmer zoals Honnold. Ze was bang en ze was moe, en hoewel haar enkel redelijk aanvoelde, had ze hem tijdens de eerste meters van de klim wel voelen branden. Ze had er niets over tegen Dex gezegd.

Een stemmetje in haar achterhoofd zei: *Ga terug. Er is hier niets.*

'Carol?'

Dex praatte tegen haar.

'O, sorry. Ja?'

'Zelfde recept? Jij eerst en daarna ik?'

Ze tuurde naar de steile muur voor hen, knikte en vond een uitstekend stukje om haar voet op te zetten. Vervolgens tastte ze met haar hand naar een richel een paar centimeter boven haar hoofd en trok zich op. Ze herhaalde dezelfde handelingen nog eens en nu was ze een meter boven de grond. Misschien was het toch niet zo lastig als gedacht. Ze wierp een blik naar beneden en zag dat Dex haar volgde.

Ze klom verder, denkend aan Riley. Zou het kunnen dat zij deze muur ook had bedwongen en zich ergens hierachter schuilhield? Het leek niet erg waarschijnlijk. Aan de andere kant: Riley had van dichtbij gezien wat er met Nick Buchanan was gebeurd en doodsangst deed rare dingen met mensen.

De tweede keer dat Carol omkeek, schrok ze. Heel hoog was ze nog niet, maar het smalle plateau bevond zich nu zeker vijf meter onder haar. Een val vanaf hier was niet dodelijk, maar prettig zou het niet zijn en ze nam zich voor alleen nog maar omhoog te kijken.

Het goede nieuws: haar enkel hield zich prima. Het brandende gevoel was zelfs een beetje minder geworden. Of ze wende eraan. Het hinderde haar niet bij het klimmen.

Ondanks het feit dat het klimmen haar goed afging, zorgde ze ervoor dat ze haar tijd bleef nemen. Steeds woog ze zorgvuldig af wat de geschiktste plek was om haar voeten neer te zetten of zich aan op te trekken met haar handen. Dex volgde op korte afstand. Ze hoorde zijn ademhaling en het geschraap van zijn gympen tegen de rots.

Hoe hoger ze kwam, hoe beter ze zich voelde. Rechts van haar zag ze de toppen van de douglassparren, zachtjes ruisend in de wind. Hoe ver was het nog naar boven?

Tien meter?

Hooguit.

Ze klom verder, iets trager nu omdat haar vingertoppen een beetje pijn begonnen te doen, en schrok toen omdat ze Dex hoorde kuchen. Ze keek naar beneden, iets waar ze onmiddellijk spijt van had.

Het smalle plateau leek inmiddels oneindig ver weg. Nog verder in de diepte zag ze hun rugzakken en het samoeraizwaard, schitterend in het fletse zonlicht. Hoe hoog ze zich precies boven de grond bevond, wist ze niet, maar het was zeker vijfentwintig meter. Als ze nu zou vallen, zou ze honderd procent zeker–

Niet aan denken. Klim verder. Je doet het prima.

'Gaat het?' zei Dex.

'Ja, het gaat. Ik keek naar beneden. Dat had ik beter niet kunnen doen.'

'Ik snap het,' zei Dex. 'Ik maakte net dezelfde fout. Maar geen paniek, oké? Je doet het geweldig en we zijn er bijna.'

'Ik weet het.'

Ze zuchtte, haalde diep adem en zette haar voet op de volgende richel. Meter voor meter naderde ze de top. Ze was nu zo dichtbij dat ze zich in moest houden om niet te snel te gaan.

Hoe ver was het nog? Hooguit twee meter. Haar hand gleed even weg, maar haar voeten stonden stevig en ze leunde tegen de rots aan zodat ze niet viel. Ze vond een betere plek voor haar hand en schoof weer een stukje omhoog.

En toen was ze er. Ze trok zich op, zwaaide haar been over de rand en ging languit liggen. Enkele seconden later kwam ook Dex boven. Hij veegde een laagje zweet van zijn voorhoofd en ging naast haar zitten op het rotsplateau, zwaar ademend van de inspanning.

Nadat ze een minuutje hadden uitgeblazen, stond Carol op, liep naar de andere kant van het plateau en tuurde naar beneden.

Onmiddellijk zonk de moed haar in de schoenen. Waar ze op had gehoopt wist ze niet precies, maar achter de enorme rotswand bevond zich helemaal niets. Dat wil zeggen: niets behalve een klein kiezelstrand, zo'n dertig meter in de diepte. Het was ondenkbaar dat iemand zich hier had verstopt. De hele onderneming was voor niets geweest.

Dex kwam naast haar staan. 'Niets, hè?'

Ze schudde haar hoofd.

Dex zuchtte en klopte haar op de schouder. 'Nou ja, we hebben het in ieder geval geprobeerd.'

‘Ik begrijp het niet,’ zei Carol, terwijl ze naar het verlaten strandje beneden hen staarde. ‘Ze kunnen toch niet zomaar verdwijnen?’

Dex haalde zijn schouders op. ‘Ik weet het niet. Dit eiland is groter dan je denkt. Als je niet gevonden wilt worden...’

Was dat wat er aan de hand was? Wilde Riley niet gevonden worden? Of was ze allang dood? Lag ze ergens in het bos met een genummerd briefje naast haar hoofd zonder dat iemand haar had ontdekt?

Carol probeerde er niet aan te denken. Ze draaide zich om en keek naar het eiland. Vanaf hier was vrijwel alles te overzien. Victor Asters huis op de rotsen in het midden, het cursusgebouw in het dal eronder, en links daarvan, helemaal in de verte, de steiger waar de veerpont zes dagen geleden had aangelegd. Onder andere omstandigheden had ze waarschijnlijk van het uitzicht genoten. Nu was het enige dat ze deed speuren naar een teken van leven.

‘We kunnen maar beter teruggaan,’ zei Dex. ‘Mocht het weer omslaan, dan wil je niet ergens halverwege die rotswand zitten.’

Daar was Carol het mee eens.

‘Onderschat het niet,’ zei Dex, toen ze terugliepen in de richting van de rand. ‘Ik heb ooit eerder iets soortgelijks gedaan in de Rocky Mountains en naar beneden gaan is lastiger dan naar boven.’

Carol knikte. Ze was net als op de weg naar boven van plan stapje voor stapje haar weg te vinden en zich niet te haasten. Dex bood aan om weer eerst te gaan, maar Carol schudde haar hoofd. ‘Mijn enkel voelt goed. Hij tintelt een beetje, maar ik heb er geen last van bij het klimmen.’

‘Oké. Zoals je wilt.’

Ze waren nu bij de rand aangekomen. Carol ging op haar buik liggen. Stukje bij beetje schoof ze haar benen over de rand en tastte met haar voeten naar uitstekende stukjes rots om op te balanceren. Daarbij kon ze niet anders dan naar beneden kijken.

De diepte onder haar bezorgde haar een hol gevoel in haar buik. Maar ze vermande zich, vond een plek voor haar rechtervoet en vervolgens een voor haar linker. Nu haar handen. Dat ging makkelijker. Ze keek om en glimlachte naar Dex, die gehurkt op de rand op zijn beurt zat te wachten.

Dex glimlachte terug en op datzelfde moment gebeurde het. Haar rechtervoet gleed weg.

Ze gilde en probeerde zich vast te grijpen, maar was te laat.

Ze viel.

49

Dit is het, dacht Carol. *Ik ben er geweest.*

In paniek had ze haar ogen gesloten, maar nu merkte ze dat er iets vreemds aan de hand was. Ze viel. Ze móést vallen, want haar voet was weggegleden. Maar ze viel niet. Er was geen suizen van de wind in haar oren en er kwam ook geen klap.

In plaats daarvan hing ze stil en voelde een schroeiende pijn in haar rechterpols. Ze opende haar ogen en zag Dex een halve meter boven haar met doodsangst in zijn ogen naar haar staren. Zijn vuist had zich als een bankschroef om haar pols gesloten.

'Zoek houvast,' zei hij. 'Snel. Ik hou het niet veel langer.' Een zweetdruppel rolde van zijn voorhoofd en landde op Carols schouder.

Heel even was Carol bang dat ze zich niet zou kunnen bewegen. Dat ze zo erg was geschrokken dat haar lichaam op de een of andere manier tijdelijk verlamd was geraakt en ze niets anders zou kunnen doen dan hulpeloos opkijken naar Dex, net zolang totdat zijn krachten het begaven en hij geen andere keus zou hebben dan haar los te laten.

Maar toen voelde ze hoe ze weer tot leven kwam. Hijgend zocht ze met haar voeten de rotswand af naar uitstekende stukjes waarop ze zou kunnen staan. Het duurde even maar het lukte en na enkele seconden zei ze: 'H-het is oké. Je kunt me loslaten.' Ze slaakte een zucht van opluchting. 'Dank je. Je hebt mijn leven gered.'

Dex liet haar pols los en veegde het zweet van zijn voorhoofd. 'Je leven gered? Ik heb je bijna vermoord. Ik stelde voor om eerst naar beneden te gaan, weet je nog?'

'In dat geval was ik boven op je gevallen en waren we allebei dood geweest,' zei ze. 'Maar oké: ik snap je punt.' Ze wierp een schuine blik naar beneden. 'Je hebt gelijk: dit is inderdaad een stuk lastiger dan naar boven. Het is moeilijk om te zien waar je je voeten moet neerzetten.'

Dex knikte en keek langs haar heen naar beneden. 'Misschien moeten we tegelijk naar beneden gaan – op gelijke hoogte, bedoel ik. Wanneer je van opzij kijkt, zie je het waarschijnlijk beter dan van bovenaf.'

'Goed. Maar laat me heel even op adem komen. Ik ben me kapotgeschrokken.' Ze sloot haar ogen en probeerde haar ademhaling wat te vertragen. Toen ze zeker wist dat ze weer helemaal kalm was, keek ze omhoog en knikte naar Dex. 'Het gaat wel weer. Geloof ik. Laten we er maar aan beginnen.'

Dex ging net als zij eerder had gedaan op zijn buik liggen, schoof langzaam met zijn benen over de rand en tastte vervolgens met zijn voeten naar houvast.

'Een beetje naar rechts met je linkervoet,' zei Carol. 'Daar steekt een stukje uit.'

'Dank je. *Got it.*'

Toen ook Dex' rechtervoet een betrouwbare plek had gevonden, keken ze elkaar aan.

'Het lijkt erop dat dit een goed idee is,' zei Carol. 'Laten we voorzichtig zijn en geen haast maken. En laten we hopen dat er niet beneden in het bos iemand op ons ligt te wachten.'

'Niet doen,' zei Dex. 'Denken aan een sluipmoordenaar die beneden op de loer ligt, is het ideale recept om nog een keer te vallen.'

'Je hebt gelijk. Sorry...'

Ze daalden langzaam verder en gaven elkaar waar nodig aanwijzingen. Terwijl ze dichter en dichter bij de grond kwamen dacht Carol met schaamte terug aan een uur geleden toen ze na het vinden van Doris Espinosa's lichaam opnieuw aan de mogelijkheid had gedacht dat Dex achter de moorden zou kunnen zitten. Natuurlijk, ze was bang geweest en in de war, maar jezus christus, ze waren al twee dagen samen...

Haar hand gleed weg en ze riep zichzelf tot de orde: *Concentreer je op je taak. Spijt van slechte gedachten kun je voor later bewaren.* Bovendien: het waren maar gedachten. Ze had ook dingen gedacht over Buchanan, vlak voordat ze de veerpont op was gegaan. Ze had dingen gedacht over Green. Over Victor Aster, over Doris...

Hoe dichter ze bij het smalle plateau vijf meter boven de grond kwamen, hoe minder moeite Carol had om af en toe naar beneden te kijken en hoe soepeler het dalen leek te gaan.

Ze bereikten het plateau, wisselden een blik van verstandhouding en daalden verder, het laatste minder steile stuk naar beneden. Dex ging voorop, Carol volgde schuin boven hem, starend naar de gespannen spieren in zijn schouders. Daarnet was ze vooral opgelucht geweest dat hij net op tijd haar pols had gegrepen. Nu ze bijna beneden was en niet langer bang dat ze alsnog te pletter zou vallen, werd ze overspoeld door een gevoel van intense dankbaarheid. Hij had haar leven gered. Als hij er niet was geweest, dan had ze nu hier ergens beneden op de rotsen gelegen, haar lichaam nog erger verwoest dan dat van Lawrence Montgomery en Nick Buchanan...

Haar voet raakte de grond.

Ze waren beneden. Naast haar sloeg Dex het stof van zijn kleren. Carol deed hetzelfde. Toen ze klaar was, keek ze hem aan. Ze deed een stap in zijn richting en zei: 'Dank je. Nogmaals. Dat was...' Ze kon de juiste woorden niet vinden, slikte een brok in haar keel weg en omhelsde hem.

'Graag gedaan,' zei hij. 'Ik ben blij dat ik je kon helpen.'

Ze voelde een aarzelende hand op haar rug, herinnerde zich de ongemakkelijke eerste avond in zijn bungalow en trok zich haastig terug.

'Sorry,' zei ze. 'Ik... ik wilde niet–'

Dex schudde zijn hoofd. 'Dat voelde fijn. Sterker nog: het is de eerste keer in de afgelopen vijf dagen dat ik een paar seconden achter elkaar niet denk aan hoe het zou voelen om te worden vermoord. Verontschuldig je dus alsjeblieft niet.'

50

Mark

Hoe langer Mark in het huis van Roy Geddes vertoefde, hoe ongemakkelijker hij zich begon te voelen. Hij geloofde best dat mensen hier veel jaagden, maar de kruisboog en het jachtgeweer bezorgden hem een unheimisch gevoel, net als de kop van het wilde zwijn boven de afzuigkap.

De koffie die Geddes voor hem had gezet, was bitter en het kostte hem moeite zijn gezicht in de plooi te houden wanneer hij een slok nam. Geddes had in recordtijd een paar gebakken eieren met spek naar binnen gewerkt en deed zich nu tegoed aan een kom vruchtenyoghurt. Mark keek naar het litteken op het gezicht van de man. Hij vroeg zich af wie of wat het had veroorzaakt.

'De gevangenis,' zei Geddes, tussen twee happen yoghurt door.

'Wat?'

'Dat litteken,' zei Geddes. 'Je vraagt je af hoe ik eraan kom. Toch?'

De man mocht dan de indruk wekken volledig op zijn eten te zijn gericht, hij was er wel degelijk bij met zijn hoofd.

'Eh, ja, dat klopt. Ik vroeg het me inderdaad af. Het ziet er pijnlijk uit.'

Geddes grijnsde. 'Pijn? Toen ze me te grazen namen, al die jaren geleden. Tóén deed het pijn. Nu niet meer. Het is gewoon dode huid. Victor heeft aangeboden een plastisch chirurg te betalen – ze kunnen veel tegenwoordig – maar ik heb ervoor bedankt. Ik heb een paar domme dingen gedaan in mijn leven en dat litteken herinnert me daaraan. Zolang ik het iedere ochtend in de spiegel zie, hoef ik niet bang te zijn in de verleiding te komen en opnieuw in de fout te gaan.'

Mark nam een volgende slok van zijn koffie. 'Waarvoor heb je gezeten?'

'Zoals ik al zei: domme dingen.'

Oké. Blijkbaar had de man geen zin om over zijn verleden te praten. Mark zei tegen zichzelf dat het vast lichte vergrijpen waren geweest waarvoor hij de gevangenis was in gegaan. Een succesvol schrijver als Victor Aster zou nooit een zware crimineel in dienst nemen.

Of wel?

Zonder dat hij het wilde dacht hij terug aan zijn stapavondje met Sebastian en zijn daaropvolgende googlesessie. Nee, een succesvol schrijver als Victor Aster zou nooit een zware crimineel in dienst nemen. Ténzij hij zelf ook niet deugde...

Mark staarde naar de kruisboog.

'Je bent toch niet bang voor me, hè?'

'Wat?'

'Je hoorde me wel.' Geddes schudde zijn hoofd. 'Het waren drugs, oké? Ik was jong en dom. Ik heb er een zware prijs voor betaald, en zal er voor de rest van mijn leven uitzien zoals ik eruitzie. Maar dat is het verleden. Je kunt dus ophouden met angstig naar die boog staren. Ik ben al jaren op het rechte pad en zelfs al zou ik je een enorme klootzak vinden – wat niet zo is – dan nog zou ik je geen haar krenken. Daarvoor ben ik te gehecht aan mijn vrijheid en mijn huidige leven.'

Mark wendde zijn blik af van de kruisboog. 'Ik... eh... oké. Maar ik was niet bang dat je me iets wilde aandoen, hoor. Ik keek gewoon naar die boog uit interesse. Weet je trouwens hoe laat het is? Ik vroeg me af of het al tijd is om meneer Montgomery terug te bellen.'

'Zeker, zeker. Even mijn yoghurt naar binnen werken en dan probeer ik het nog een keer.'

Mark beet op zijn tong. Hij wilde dat de man een beetje opschoot, maar Geddes was overduidelijk van plan alles in zijn eigen tempo te doen.

Vijf minuten later schoof hij eindelijk de kom yoghurt van zich af. Hij stak een sigaret op en pakte zijn telefoon. 'Hmmm. Een uur en een kwartier. Dat is lang. Meestal is Lawrence er sneller bij.' Hij haalde zijn schouders op. 'Nou ja, kan gebeuren. Misschien heeft hij dringende bezigheden.'

Mark keek toe terwijl Geddes opnieuw belde. Hij hoopte vurig dat Asters assistent ditmaal wel op zou nemen, maar na enkele seconden stopte de schipper zijn telefoon weg en schudde zijn hoofd.

'Weer voicemail. Ik snap er niets van. Weet je, misschien is het een goed idee als je even een ommetje maakt. Je kunt hierachter heerlijk wandelen in de bossen. Ik weet wel een rondje van ongeveer een uur, en–'

'Sorry,' zei Mark. 'Maar zou je er niet even heen kunnen varen? Dit is toch niet normaal?'

Geddes trok zijn wenkbrauwen op en sloeg zijn armen over elkaar. 'Erheen varen? Ik weet het niet, man. Dat is een beetje veel gedoe voor één simpele vraag, vind je ook niet? Maar maak je geen zorgen, ik ken Lawrence. Hij is echt heel stipt. Ik durf te wedden dat het niet lang meer duurt voor hij terugbelt.'

Mark dacht even na en nam toen een beslissing. Roy Geddes mocht er dan angstaanjagend uitzien, hij zou niet over zich heen laten lopen. 'Moet je horen,' zei hij. 'Als er een technische storing is, dan is dat heel vervelend. Ik begrijp dat jij er niets aan kunt doen en dat het zéker niet jouw verantwoordelijkheid is. Maar in de brief die mijn vriendin kreeg met betrekking tot de cursus stond onomwonden dat het thuisfront te allen tijde per mail contact kan hebben met de cursisten en dat er altijd binnen vierentwintig uur wordt gereageerd. Ik krijg al *drie dagen* geen reactie. Denk je niet dat je werkgever in deze situatie zou willen dat je er alles aan doet om het zijn gasten én hun familie naar de zin te maken?'

Geddes keek hem aan. Even wist Mark zeker dat de schipper zijn hoofd zou schudden en iets zou zeggen in de trant van: 'Jij bent haar familie niet, maat. Je bent haar *vriend*.' Of: 'Vergeet het maar. We kunnen nog best een uurtje wachten.'

Maar dat deed hij niet. In plaats daarvan haalde hij zijn schouders op en zei: 'Oké, man, misschien heb je gelijk. Weet je wat, we rijden wel even naar de pont. Maar ik wil er tien dollar om verwedden dat Lawrence me terugbelt voor we daar zijn.'

'Deal,' zei Mark. 'Ik betaal je sowieso graag voor de extra moeite.'

Ze liepen naar buiten en stapten in Geddes' oude Ford-pick-up. De schipper gebaarde halfslachtig naar de lege blikjes en sandwichverpakkingen op het matje voor de passagiersstoel en zei: 'Sorry voor de rommel. Ik rij meestal alleen in deze auto en ruim niet heel vaak op.'

'Geen probleem,' zei Mark. Hij was allang blij dat de man meewerkte.

Ze draaiden de weg op, passeerden Mike's Tavern en het handjevol andere huizen aan de noordkant van Dupree en reden het bos in. Mark had er niet lang over gedaan om van de veerpont naar het stadje te lopen, met de auto ging het nog sneller. Hoe langzaam Geddes ook reed – waarschijnlijk in de hoop dat Montgomery zou terugbellen voordat ze bij de pont arriveerden – binnen enkele minuten reden ze de parkeerplaats op.

Geddes parkeerde zo dicht mogelijk bij de steiger, zette de motor af en zuchtte. Na een laatste blik op zijn telefoon schudde hij zijn hoofd, haalde tien dollar uit zijn portefeuille en zei: 'Oké, man. Jij wint. Kom maar mee. Het is een klein halfuurtje naar de overkant.'

'Dat is echt niet nodig,' zei Mark. 'Zoals ik al zei: ik besef dat jij hier niets aan kunt doen en ben je allang dankbaar dat je me uit de brand helpt. Maar meevaren doe ik liever niet. Ik neem aan dat je gelijk hebt en dat het om een storing gaat. Het enige dat ik nodig heb, is de bevestiging dat Carol het tweede weekend van november beschikbaar is. Ze hoeft niet te weten dat ik hier ben. Dat weekend in Seattle waar ik het zo-even over had, daar wil ik haar liever mee verrassen zodra ze hier aanstaande vrijdag van de veerpont stapt en helemaal klaar is met de cursus. Op die manier leid ik haar niet onnodig af van haar werk.'

Geddes grijnsde. 'Een echte romanticus, hè? Prima, je kunt hier in mijn auto wachten.'

'Bedankt,' zei Mark. 'Wil je me wel zo snel mogelijk bellen zodra je haar hebt gesproken?'

Geddes stapte uit. Hij keek om, knikte en zei: 'Komt voor elkaar, man. Ik bel je zodra ik haar zie.'

51

Victor Aster

Victor Aster keek naar de revolver in zijn hand. Hij had het wapen nog nooit zo vaak vastgehad als in de afgelopen dagen en het koude metaal voelde inmiddels vertrouwd. Hoeveel mensen had hij intussen vermoord?

Hij wist het niet. Ergens onderweg was hij de tel kwijtgeraakt.

Had hij er iets bij gevoeld?

Nee.

Oké, dat was niet helemaal waar. In sommige gevallen had het hem plezier bezorgd, en dat was niet iets waarvoor hij zich schaamde. Het was zijn werk – hij werd er vorstelijk voor betaald – en het was bepaald niet makkelijk om met ieder boek nieuwe manieren te bedenken om mensen om zeep te helpen.

Maar zou hij het in het écht kunnen, iemand vermoorden?

Hij keek weer naar de revolver.

Nee.

Hij wist bijna zeker van niet. Maar als hij besloot om naar buiten te gaan...

Lafaard.

Daar was het stemmetje in zijn achterhoofd weer. Het stemmetje dat hem maar niet met rust wilde laten.

Lafaard, lafaard, lafaard...

Vier dagen en drie nachten. Zo lang had hij hier nu gezeten. Of beter: gelegen. Verstopt.

Terwijl iemand bezig is je gasten te vermoorden. Je had toch beloofd dat je ze zou beschermen? Mooie gastheer ben je.

Victor legde de revolver naast zich neer en kneep zijn ogen stijf dicht. Hij wilde dat het stemmetje ophield. Het móést ophouden. Het was niet eerlijk.

Er kraakte iets en hij spitste zijn oren. Was er iemand beneden? Nee, er was niemand. Het moest een van de binten zijn geweest. Een dag eerder waren er wel mensen geweest, en de dag daarvoor ook. De eerste dag waren ze stil geweest, maar gisteren had hij in de keuken een vrouw de naam van Riley horen roepen. Mary Jo Turner was dood. Het moest dus Carol Arrington of Doris Espinosa zijn geweest. Hij had ook een andere stem gehoord. Die van een man. Buchanan? Carson? Wie het ook waren geweest, uiteindelijk waren ze weggegaan en was hij weer alleen geweest.

Hij bevond zich in de kruipzolder boven de keuken in het cursusgebouw. Hij was hier sinds zondagochtend, nadat hij met een smoes was weggevlucht uit de bunker.

Wat gebeurde er in godsnaam allemaal?

Voor de zoveelste keer in de afgelopen vier dagen en drie nachten waarin hij hier in het halfdonker zat, gingen zijn gedachten terug naar zaterdag, de dag waarop de cursisten met de schrijfopdracht waren begonnen. Er was een goede energie geweest. Iedereen was enthousiast, behalve misschien Luther Green, die niets op papier had gekregen. Vervolgens: de cursisten bij zijn huis, met het nieuws van de dood van zowel Samuel Murphy als Lawrence Montgomery. Denkend aan de laatste kreeg hij opnieuw een brok in zijn keel, maar hij duwde de gedachte aan zijn trouwe assistent weg. Dat was voor later.

Hij had gedaan wat hij moest doen. De cursisten mee naar binnen nemen en ze een veilig onderkomen bieden in de bunker. Totdat was gebleken dat de bunker geen veilige plek wás.

Hij was zondag als eerste op geweest en naar de keuken gelopen om een glas water te halen. Toen hij Mary Jo dood in haar stoel had aangetroffen, was de conclusie snel getrokken: iemand was bezig een ziek spel te spelen. Iemand in de bunker of iemand die de bunker op de een of andere manier midden in de nacht was binnengekomen. Dat betekende dat hij zelf ook gevaar liep.

Halsoverkop had hij zijn slaapzak van het bed gegrist. Met een smoesje had hij Luther Green de revolver ontfutseld en was richting het cursusgebouw gevlucht door net buiten het beeld van de camera's een vuilcontainer tegen het hek te zetten en eroverheen te klimmen.

Eenmaal hier, in deze donkere, muffe ruimte, had hij eerst nog serieus overwogen dat dit alles misschien niet werkelijk gebeurde. Dat het allemaal deel was van een nare droom en hij spoedig wakker zou worden om te ontdekken dat het een doodnormale dag was.

Maar hij was niet wakker geworden. Hij blééf wakker, bijna die hele eerste nacht. Vrezend voor zijn leven had hij urenlang met de revolver in zijn hand naar het luik boven de tweede cabine in de herentoiletten liggen staren, de enige ingang tot de plek waar hij zich bevond, zich afvragend wat hij zou doen wanneer iemand het luik ontdekte en naar boven kwam.

Maar er kwam niemand.

Langzaam maar zeker was hij gekalmeerd. Hij vertelde zichzelf dat hij er goed aan had gedaan hier te komen en dat hij hier het beste tot vrijdag kon blijven. Beneden in de keuken stond nog meer dan voldoende eten en drinken. Het luik was onzichtbaar gemaakt door het systeemplafond en wanneer je het gebouw van buiten bekeek, kon je je niet voorstellen dat er ruimte was voor een kruipzolder. Hij was veilig. Ze zouden hem niet vinden.

Hoewel het lot van zijn cursisten hem hoofdpijn bezorgde, bleef hij tegen zichzelf zeggen dat dit de enige juiste beslissing was. Maar zijn hoofdpijn was alleen maar erger geworden en toen, na vierentwintig uur in zijn eentje in het halfdonker, was daar plotseling het stemmetje geweest. Eerst vaag en nauwelijks hoorbaar, toen luider en steeds meer opdringerig.

Lafaard, lafaard, lafaard.

Hij probeerde het stemmetje het zwijgen op te leggen, maar het bleef hardnekkig aanwezig en liggend op zijn slaapzak begon hij beelden te zien van de overlevende cursisten. Ze bewogen zich paniekerig voort over het eiland, zonder te weten wie of wat hen bedreigde. 'Waar is Victor?' hoorde hij hen in gedachten zeggen. 'Heeft hij ons in de steek gelaten?' 'Nee, natuurlijk niet. Dat zou hij nooit doen.' En, later: 'Of wel?'

Verdomme, had hij gedacht: hij was dit jaar niet eens van plan geweest de cursus te laten doorgaan. Waarom was dat eigenlijk alsnog gebeurd? Door Lawrence' eindeloze peptalks tijdens wat hij de afgelopen maanden zijn post-Patriciale depressie was gaan noemen?

Nee.

Hij had Lawrence' aanmoedigingen wel gehoord, maar ze waren niet echt binnengekomen. Hij was te zeer verteerd geweest door zijn verdriet over het bedrog van zijn vrouw. Vreemdgaan? Dat was tot daaraan toe. Maar de leugens over haar val van de trap?

Natuurlijk, ze hadden die avond ruzie gehad. Maar het was Patricia die hém had willen aanvliegen, en niet andersom. Het enige dat hij had gedaan was haar uit zelfbescherming van zich afduwen. Patricia was blijven gillen. Uiteindelijk was hij verstandig geweest en had zich opgesloten in zijn werkkamer terwijl zij hem vanaf de overloop was blijven uitkafferen. Hij maakte zich weinig zorgen. Het was wel vaker gebeurd tijdens hun huwelijk en doorgaans werd ze na een tijdje weer rustig. Zo ook ditmaal. Alleen werd het deze keer wel erg stil. Pas na een halfuur had hij haar horen kreunen en kwam hij tot de ontdekking dat ze ergens halverwege haar tirade van de trap was gevallen. Even had hij niet geweten wat hij moest doen, maar toen had hij zijn woede en frustratie opzijgezet, was naar beneden gegaan en had haar getroost. Hij had niet kunnen vermoeden dat ze een paar maanden later met haar krankzinnige beschuldigingen zou komen.

Maar hij dwaalde af. De cursus en de reden waarom hij deze week alsnog negen cursisten op het eiland had verwelkomd.

Lawrence' peptalks waren het niet geweest. Maar wat dan wel? Wat had hem bezield?

Ineens wist hij het weer.

De droom.

De droom met het engelenkind.

Doorgaans kon hij zich zijn dromen wanneer hij wakker werd niet goed herinneren. Maar deze droom was anders geweest. Levensecht. Alsof het geen droom was, maar werkelijkheid, alleen dan een met extra felle kleuren.

In de droom had hij op een hoge heuvel gestaan en uitgekeken over eindeloze bergen en groene velden. Uit een veld met de meest prachtige bloemen was een kind aan hem verschenen, een jongetje van een jaar of acht dat was gekleed in een wit gewaad. Het jongetje was mager, maar zag er niet ongezond uit. Zijn ogen waren een doorzichtig blauw en straalden een grote levenslust uit. Het jongetje glimlachte naar hem.

Had hij tegen hem gesproken? Victor dacht van niet. Het leek er meer op dat het jongetje gedachten in zijn hoofd had geduwd. Vredige, geruststellende gedachten...

Je bent bevoorrecht.

Je bent kracht.

Je bent *liefde*.

Denk aan je lezers. Koester ze...

Eenmaal wakker huilde Victor van opluchting.

Was het jongetje in de droom een engel geweest? Hij wist het niet. Maar al zijn zware gevoelens van de voorgaande maanden waren in één klap verdwenen. En alsof dat nog niet genoeg was: diezelfde ochtend kreeg hij twee ideeën voor nieuwe Jake Banner-boeken, waarvan hij voor de eerste in een uur tijd een complete synopsis neerpende. Hoe simpel kon het zijn? Hij zou zich niet langer richten op het slechte, maar op het goede. Op zijn kwaliteiten en de kracht van zijn ware zelf. Hij zou het bedrog van zijn vrouw naast zich neerleggen en de beslommeringen die haar idiote aanklacht met zich meebracht overlaten aan zijn advocaat. Hij zou zich weer op zijn werk richten. Op het plezieren van zijn even trouwe als omvangrijke schare fans.

Direct nadat hij uit zijn droom was ontwaakt, had hij Lawrence ontboden om hem het goede nieuws mee te delen. Hij had hem opgedragen de uitnodiging voor de cursus weer op de website te zetten, want ook daarover had hij heldere inzichten gekregen. Hij zou het format van de afgelopen jaren behouden, maar het tegelijkertijd verfrissen. Hij zou dit jaar extra zijn best doen en er een speciale editie van maken.

Een speciale editie, dacht hij, starend naar de lege blikken mais en minestronesoep om hem heen. *Dat was het inderdaad geworden.*

Een van zijn cursisten was een moordenaar. Tenzij iemand van buiten zich ongezien toegang had verschaft tot de bunker en Mary Jo Turner had vergiftigd. Zou dat kunnen? Het leek onwaarschijnlijk.

Waarom tartte het lot hem? Eerst het verraad van zijn vrouw en nu dit. Waar had hij dit alles aan verdiend?

Vlak naast zijn hoofd bevond zich een bint met spinnenwebben eraan. Tijdens zijn eerste nacht had hij er tot twee keer toe zijn hoofd tegen gestoten, gelukkig zonder serieuze gevolgen. Achter de bint zaten wat kleine kieren in het houtwerk, waardoor het niet pikkedonker was om hem heen en hij net voldoende kon zien: blikken met eten, flessen vruchtensap. De emmer met de rol toiletpapier ernaast, helemaal aan de andere kant van de ruimte. Hij rilde. Door de kou viel de stank gelukkig mee, maar toch begon hij zich hoe langer hoe meer te voelen als een beest terwijl hij hier lag te verkrampen op deze oude slaapzak. De eerste twee dagen had hij om de zoveel tijd rekoefeningen gedaan, maar daarna had hij de motivatie niet meer kunnen opbrengen. Gelukkig had hij geen last van claustrofobie, zoals Kyle van Houten, het kickboksende neefje van Jake Banner, die Jake af en toe bijsprong en in twintig boeken drie – nee, vier keer – Jakes leven had gered voordat hij zelf het loodje legde halverwege *Rode maandag*, iets waarvan Jake twee boeken lang van slag was geweest, net als Victors trouwe lezers.

Verdomme, waarom overkwam hem dit? De droom had een heus wonder geleken en sindsdien was alles van een leien dakje gegaan.

Wat gebeurde er? Was een van de cursisten Miranda X? Riley Weeks misschien? Doris Espinosa? Carol Arrington? Was het een van de mannen?

Of had Patricia er op de een of andere manier mee te maken? Zij was de enige van wie hij het zich kon voorstellen dat ze een sleutel van de bunker had. In een surrealistisch moment zag hij zijn ex-vrouw voor zich, gekleed in gevechtsuitrusting en met een verwrongen gezicht bezig al zijn cursisten om te leggen. Maar nee, dat was ondenkbaar. Patricia mocht dan een leugenaar zijn die op zijn geld uit was, een moordenaar was ze niet.

Lafaard.

Was het waar? Was hij een lafaard? Nee, dat was hij niet. Hij had het enige gedaan dat hij kón doen. Zijn nieuwe boek was bijna af. Het was misschien wel de beste Jake Banner sinds zijn debuut. Kortom: hij móést hier wel blijven. Als hij dat niet deed en doodging, dan zou hij zijn boek niet kunnen afmaken en daarmee miljoenen lezers wereldwijd teleurstellen.

Zijn keuze om zich hier te verstoppen kwam niet voort uit lafheid, maar diende een hoger doel.

Geloof je het zelf?

Ja.

Hmmm. En als ze straks allemaal dood zijn? Kun je dan nog met jezelf leven?

Oké, dacht hij. Whatever. Het is waar. Ik ben een lafaard. Ik heb mijn gasten in de steek gelaten. Maar wat had ik kunnen doen?

Jake.

Wat?

Jake Banner. Je alter ego. Wat zou Jake doen?

Hij schoot in de lach, meer uit paniek dan iets anders. Wat zou Jake Banner op dit moment doen? Had hij dat werkelijk gedacht?

Hij wás Jake Banner niet. Hij was Victor Aster. Jake was een verzinsel, een soort ideale, onverschrokken versie van zichzelf die hij nooit van zijn leven zou worden.

Kom op.

Goed. Wat als hij deed alsof? Wat als hij deed alsof hij Jake was en niet dood kón omdat er ergens een onzichtbare hand was die hem beschermde? Die ervoor zorgde dat er net op tijd een uitweg verscheen of hulp kwam. Wat als hij deed alsof er ook in het echte leven altijd gerechtigheid bestond?

Hij keek weer naar de revolver en vroeg zich opnieuw af of hij, als het erop aankwam, in staat zou zijn om te schieten.

Misschien wel. Misschien zou hij het kunnen als hij niet Victor Aster was, maar Jake Banner.

Ja, zo zou hij het doen.

Het moest.

Hij pakte een van de flessen vruchtensap en zette hem aan zijn mond. Dronk net zolang totdat hij niet meer kon, greep de revolver en kroop naar het luik boven de herentoiletten. Daar aangekomen bleef hij enkele minuten doodstil liggen, alert op vreemde of onregelmatige geluiden.

Toen hij zeker wist dat hij alleen was, opende hij het luik en klom naar beneden. Met de revolver in de aanslag liep hij naar de deur.

Was dit een goed idee? Waarschijnlijk niet.

Kon hij veel anders als hij zichzelf de rest van zijn leven nog recht zou willen kunnen aankijken in de spiegel?

Nee.

Hij haalde diep adem en stapte naar buiten.

52

Carol

'Dus hij wil het wel, maar jij weet het nog niet zeker,' zei Dex. 'Of formuleer ik het nu verkeerd?'

Carol schudde haar hoofd. 'Ik weet het wel. Denk ik. Ik wil het óók. Baby's zijn geweldig, maar–'

'Je bent niet zeker over hém. Je vriend.'

'Jawel...' Carol zuchtte, zocht naar de juiste woorden en sloeg zichzelf voor de zoveelste keer in gedachten voor de kop vanwege het feit dat ze er een halfuur geleden niet in was geslaagd zich te beheersen en Dex vlak na haar bijna-doodervaring had omhelsd. De omhelzing was puur en alleen een uiting van haar dankbaarheid geweest, maar Dex had het gebaar duidelijk als meer dan dat geïnterpreteerd. Sinds ze hun tocht hadden voortgezet door het bos langs de oostkant van het eiland had hij haar onafgebroken persoonlijke vragen gesteld. Ze had ze zo vriendelijk mogelijk beantwoord, zichzelf in gedachten vervloekend om haar naïeve actie. Tot overmaat van ramp speelde haar enkel weer op. Om de zoveel stappen voelde ze een gemene steek vlak onder het bot. Blijkbaar had het klimmen toch zijn tol geëist.

'Je klinkt niet echt overtuigd,' zei Dex met een ironisch glimlachje. 'Of mis ik iets?'

'We hebben al namen. Maisy of Lynn voor een meisje. Wat jongensnamen betreft zijn we er nog niet uit. Mark stelde Max voor.' Zo. Hopelijk had ze nu laten zien dat het wel goed zat tussen haar en Mark en hield Dex op met zijn kruisverhoor.

'Mark en Max. Is dat niet lastig uit elkaar te houden?'

Carol zuchtte. Enkele minuten geleden waren ze het verminkte lichaam van Nick Buchanan gepasseerd. De aanblik ervan had Carol herinnerd aan hoe zij er zelf uit had kunnen zien als Dex haar niet net op tijd had vastgegrepen. Ja, hij had haar leven gered, en het was mede daarom dat ze zo beleefd mogelijk al zijn vragen had beantwoord. Maar nu werd het tijd de conversatie op een zachtaardige manier een andere kant op te sturen. Ze zei: 'Mijn enkel doet pijn… Ik… ik red het wel tot Asters huis, maar ik denk dat ik hem toch een beetje heb geforceerd daarnet.'

Dex keek om. 'Wil je even stoppen? Ik vind het prima hoor. Als ik eerlijk ben, weet ik sowieso niet waar we nog kunnen zoeken.'

Carol schudde haar hoofd. 'Zo erg is het ook weer niet. We kunnen nog een keer de bungalows checken. Daar komen we toch langs op weg naar Asters huis. Je weet maar nooit.'

'Dat is waar,' zei Dex. 'Al begin ik me af te vragen of we überhaupt nog iemand gaan vinden.'

Dat vroeg Carol zich ook af. Als ze Riley, Green en Aster nu nog niet hadden gevonden, waarom zou dat dan in de komende uren wél gebeuren?

Ze liepen verder. Even was Carol bang dat Dex weer terug zou schakelen naar zijn vragen met betrekking tot haar privéleven, maar dat deed hij niet. In plaats daarvan liep hij door, iets langzamer dan voorheen, waarschijnlijk vanwege de opmerking die ze had gemaakt over haar enkel.

Ze waren nu op de plek waar het bos even ophield en je links de aanvaarroute naar het eiland kon zien. In de verte zag Carol de klif waarvanaf Samuel Murphy zijn dood tegemoet was gevallen.

'We kunnen morgen gewoon nog een rondje doen,' zei Dex. 'Misschien blijven ze in beweging, net als wij. Dat zou verklaren dat we ze blijven mislopen.'

'Als mijn enkel er niet al te slecht aan toe is, lijkt me dat een goed idee,' zei Carol. 'Misschien moeten we proberen om–' Ze hield abrupt haar mond omdat haar aandacht werd getrokken door iets op het water, heel in de verte. Ze hield een hand boven haar ogen om het zwakke zonnetje te blokken en beter te kunnen zien. 'Wacht eens even. Volgens mij komt daar iets aan. V-volgens mij is het een boot.'

'Holy shit,' zei Dex. 'Je hebt gelijk. En volgens mij is het niet zomaar een boot. Het is de veerpont. En hij... hij komt deze kant op!'

Carol voelde haar hart kloppen in haar keel van opwinding. Het was waar. Het was de veerpont. Hij was nog ver weg, maar hij voer onmiskenbaar richting het eiland. Ze slaakte een kreet van blijdschap en rende zwaaiend met haar armen in de richting van de rand van de klif. Haar enkel deed pijn met iedere stap, maar ze bleef rennen. 'Hier! Hier zijn we! Kom ons alsjeblieft halen!'

Op een paar meter van de rand bleef ze staan. Ze riep nog een keer en Dex, die achter haar aan was gerend en nu naast haar kwam staan, deed met haar mee. Maar de veerpont was nog te ver weg. Ze zag een vage groene stip die heel goed Roy Geddes kon zijn, maar voor hetzelfde geld iemand anders. Carol bleef roepen, totdat Dex een hand op haar schouder legde en zei: 'Het is al goed. Hij is op weg hiernaartoe. Misschien kunnen we ons beter stilhouden en zo snel mogelijk naar de steiger gaan. Wie er ook bezig is om mensen te vermoorden, door te blijven roepen trekken we misschien zijn aandacht. Laten we ervoor zorgen dat we niet onze enige kans op redding verspelen.'

Carol realiseerde zich dat Dex gelijk had. Onmiddellijk wierp ze een bezorgde blik over haar schouder, maar aan beide kanten van het bos was niemand te zien. 'Iemand moet hem hebben gebeld,' zei ze, starend naar de veerpont. 'Hij hoort pas vrijdag te komen. Iemand moet een telefoon hebben gevonden. Dit is geweldig. Kom, laten we gaan. Het moet lukken om er te zijn voordat hij aanlegt.' Ze draaide zich om en begon te rennen, maar stopte onmiddellijk omdat ze opnieuw een pijnlijke steek voelde in haar enkel. 'Au. Verdomme...'

'Het is oké,' zei Dex. 'Als we stevig doorlopen in plaats van te rennen, halen we het ook wel. Zo ver is het niet meer. Denk je dat dat gaat?'

Ze beet op haar tong en knikte. 'Ja...'

Ze begonnen te lopen, niet langer door het bos, maar recht over het pad nu. Carol besefte dat ze daarmee meer risico namen, maar haar opwinding over de naderende veerpont was te groot en ze moest er niet aan denken om met haar steeds pijnlijker wordende enkel nog langer over de onregelmatige bosgrond te lopen.

Hoe dichter ze bij het pad naar de veerpont kwamen, hoe dunner de vegetatie links van hen werd. Zo af en toe kon Carol tussen de bomen en struiken door het water zien. Uiteindelijk zag ze in de verte de T-splitsing. Linksaf was het pad dat de heuvel af voerde naar de steiger, rechtsaf was het pad naar de bungalows. Carol negeerde de pijn in haar enkel en versnelde net haar pas toen Dex zei: 'Wacht.'

'Wat?'

Dex keek haar fronsend aan. Wees toen naar het struikgewas links van hen en zei: 'Kom mee.' Zonder iets te zeggen stapte hij de struiken in.

'Wat doe je?' zei Carol. 'Waarom gaan we niet gewoon rechtdoor?'

Dex antwoordde niet. Hij duwde takken opzij en bleef doorlopen totdat hij de plek bereikte waar het struikgewas ophield. Daar ging hij op zijn hurken zitten. Hij keek naar de veerpont, die nog zo'n driehonderd meter van het eiland was verwijderd.

Carol hurkte naast hem neer, wat haar op een nieuwe steek in haar enkel kwam te staan. 'Wat doe je?' vroeg ze nogmaals. 'Vertrouw je het niet?' Ze keek naar beneden. In tegenstelling tot de heuvel bij de steiger was de heuvel direct onder hen volledig begroeid met hoog struikgewas van het soort waarin ze zich bevonden.

'Ik weet het niet,' zei Dex. 'Ik probeer erachter te komen of de kust veilig is. Het kan gevaarlijk zijn om via het pad naar beneden te gaan. Je hebt er geen dekking.'

Carol fronste haar wenkbrauwen. Langzaam voelde ze haar opwinding omslaan in angst. Dex had gelijk. Wat als de moordenaar hen had gehoord? Wat als hij óók hier ergens in het struikgewas verscholen zat?

Haar volgende gedachte was nog beangstigender: wat als behalve zijzelf helemaal niemand in het struikgewas verscholen zat? Wat als Geddes zélf de moordenaar was? Ze dacht aan de theorie die eerder door haar hoofd was geschoten.

Geddes had de veerpont. Hij kon komen en gaan wanneer hij wilde en zonder dat iemand het hoefde te merken. Lichamen kon hij overboord gooien als voer voor de orka's. Carol dacht aan Riley en huiverde.

'Dex?'

'Ja.'

'Ik snap wat je zegt. De moordenaar kan natuurlijk in de buurt zijn. Maar...'

'Maar wat?'

'Wat als Geddes door niemand is gebeld? Wat als hij hierheen komt omdat hij zelf de moordenaar is?'

Dex dacht er even over na, schudde toen zijn hoofd en zei: 'Het lijkt me sterk, maar oké: het zou kunnen. Ik weet het goed gemaakt. Ik ga niet via het pad, maar ik ga hier naar beneden. Pal hierbeneden bevindt zich die oude uitkijkpost. Daar kan ik me achter verschuilen. Ik wacht tot Geddes van boord is en ik zeker weet dat hij geen wapen bij zich heeft. Pas dan kom ik tevoorschijn en maak contact met hem. Hoe klinkt dat?'

'Wacht even. Bedoel je dat ik hier moet blijven? Alléén?'

'Voor even maar,' zei Dex. 'Hier afdalen door de struiken zal niet makkelijk zijn. Het is veel steiler dan verderop bij het pad. Met jouw enkel lijkt me dat geen goed plan. Bovendien: hier zit je veilig en ik ben hooguit dertig meter beneden je. Als er dingen niet goed gaan, ben ik zo weer bij je terug.'

Carol aarzelde. 'Maar... hoe kun je zeker weten of hij geen pistool heeft wanneer hij van de pont afkomt? Hij kan het hebben verstopt in zijn jas.'

'Natuurlijk, dat kan. Maar aan de manier waarop hij van boord stapt, is ook het een en ander af te leiden. Doet hij alles zo snel mogelijk omdat hij niet wil worden gezien? Of is hij relaxed? Er kan uiteraard van alles mis zijn met die kerel, maar laten we er vooral van uitgaan dat hij oké is en dat we zo dadelijk eindelijk de politie kunnen waarschuwen.'

Carol staarde naar de veerpont, die nu snel naderde. Ze kon de schipper inmiddels duidelijk zien. Het was zonder twijfel Roy Geddes. Hij stond rechtop in het midden van de pont en droeg dezelfde oude legerjas en -broek als vijf dagen geleden.

Tijd om lang te aarzelen was er niet. Carol dacht aan haar enkel. Keek naar Dex en vervolgens naar het struikgewas op de heuvel onder hen. Het zag er bepaald niet uitnodigend uit. 'Oké,' zei ze. 'Ik blijf hier. Maar beloof me dat je voorzichtig bent. Als je twijfelt over zijn houding, dan laat je je niet zien en kom je terug naar mij. We kunnen hem altijd volgen als hij het eiland op gaat.' Ze zweeg. 'O ja. En als je wel contact maakt: laat hem dan meteen de politie bellen.

Of nee: vraag hem om zijn telefoon en doe het zelf.'

'Dat had ik ook al bedacht,' zei Dex. Hij trok het samoeraizwaard onder zijn rugzak vandaan en legde het naast Carol op de bosgrond. 'Hier. Voor het geval dat.'

Carol wierp een blik op het zwaard en huiverde.

De veerpont was nu bijna bij de steiger. Dex zuchtte. 'Oké, duim voor me.'

'Dat zal ik doen,' zei Carol. 'Wees voorzichtig.'

Dex knikte en haalde diep adem. Het volgende moment sprong hij het struikgewas beneden hen in en was verdwenen.

53

Terwijl Carol met bonkend hart toekeek hoe de veerpont de laatste meters naar de steiger overbrugde, raceten de gedachten door haar hoofd. Kon Geddes de dader zijn?

Nee, dacht ze. Het kon niet. Het móCht niet zo zijn. Geddes was hier gekomen om hen te redden. Iemand had een telefoon gevonden en hem gebeld. Dat betekende dat er nog meer cursisten in leven waren. Ze dacht aan Riley en deed een schietgebedje.

Er streek een windvlaag langs haar gezicht. Voor het eerst die dag voelde ze de kou. Natuurlijk: ze waren vrijwel voortdurend in beweging geweest en nu zat ze stil. Ze trok de kraag van haar jas op, ging verzitten en tuurde naar de plek waar de oude uitkijkpost zich bevond. Hij was zo goed als volledig overgroeid door het struikgewas, maar helemaal rechts stak een klein wit hoekje uit zodat ze toch wist waar Dex zich ongeveer ophield. Was hij er al? Of was hij nog onderweg naar beneden?

Vanaf de uitkijkpost was het zo'n vijftig meter naar de steiger, waarvan de laatste dertig ongedekt. Ze dacht aan hoe Dex die zou moeten afleggen om bij Geddes te komen en bad opnieuw dat de schipper met goede bedoelingen kwam. Vervolgens stelde ze zich voor dat ze op de veerpont zat en op weg terug was naar het vasteland. Stelde zich voor hoe ze Mark belde en zijn stem hoorde...

Ze schrok op van een geluid rechts van haar, een meter of dertig verderop, op dezelfde hoogte als waar zij zat. Zag ze het struikgewas daar bewegen? Ja, maar er was niets te zien. Misschien was het een dier geweest.

Ze keek weer naar het hoekje van de oude uitkijkpost dat uit het struikgewas omhoogstak. Was Dex er al? Het moest haast wel. Ja, nu zag ze hem. Hij kwam even tevoorschijn, zwaaide kort naar haar en verdween toen weer in het groen.

Intussen had de veerpont de steiger bereikt. Carol zag hoe Geddes wachtte tot de pont op zijn plek lag en vervolgens met het meertouw in zijn hand van boord stapte. Hij bevestigde het touw, kwam overeind en hoestte een paar keer luidruchtig. Carol vatte het op als een goed teken. Als Geddes een slecht geweten had, zou hij wel beter zijn best doen zijn aankomst stil te houden. Toch?

Nu stak de schipper een sigaret op en liep de steiger af. Carol keek toe. Ze hoopte dat Dex zo verstandig was nog even te wachten. Geddes bleef doorlopen, totdat hij zich halverwege de steiger nogal abrupt bukte. Kennelijk had hij iets laten vallen. Zijn sigaret misschien?

De schipper steunde nu met zijn hand op de steiger, maar wacht: er klopte iets niet. Hij kwam niet overeind. En hij keek niet naar de steiger, maar naar opzij. Naar de heuvel...

Het volgende moment maakte zijn hoofd een onnatuurlijk snelle draai naar links, en–

Bloed.

O shit. Er stroomde bloed uit de zijkant van zijn hoofd. Carol sloeg een hand voor haar mond. Ze zag hoe Geddes in een uiterste krachtsinspanning overeind wist te komen. Vervolgens stond hij enkele seconden te wankelen op de steiger en viel toen met een nauwelijks hoorbare plons in het water.

Carol wilde gillen, maar ze wist zich te beheersen. Ze mocht niet gillen. Ze mocht haar positie niet verraden. Haar volgende gedachte: waar was Dex?

Ze keek naar beneden en zag – o god – dat hij tevoorschijn was gekomen uit het struikgewas, zich er kennelijk niet van bewust dat Geddes was neergeschoten. Zijn blik was gericht op de afdaling voor hem en niet op de steiger. Nu kon ze niet anders meer.

'Dex!' gilde ze, zo hard als ze kon. 'Dex! Niet doen!'

Ze zag hem opkijken, eerst naar haar en toen in de richting van de veerpont. Geddes dreef een moment lang in het water naast de steiger en verdween toen onder het oppervlak.

'Hij is neergeschoten,' riep Carol. 'Kijk dan, hij is...' Ze hield haar mond toen ze uit haar ooghoek een beweging waarnam ter hoogte van de plek waar ze eerder het struikgewas had zien bewegen. Met een ruk draaide ze haar hoofd in die richting.

Daar, een meter of dertig bij haar vandaan en half verscholen in het struikgewas, stond Green. Hij keek naar haar – duidelijk geschrokken – en richtte zich vervolgens op Dex. Even leek hij te aarzelen en niet te weten wat hij moest doen. Toen draaide hij zich om en rende het struikgewas in, terug het eiland op.

'Green!' riep Carol. 'Het was Green. Daar gaat hij!'

Ze zag Dex naar de heuvel kijken en vervolgens naar de veerpont. Toen draaide hij zich om en kwam zonder iets te zeggen haar kant op rennen. Ze zag hem weer verdwijnen in het struikgewas en riep: 'Wat doe je? Wat ben je van plan?'

'Rennen,' hoorde ze Dex roepen vanuit de struiken. 'Ren achter hem aan en verlies hem niet uit het oog.'

'Ja, maar–'

'Doe wat ik zeg, oké? Vertrouw me.'

Carol aarzelde. Ze hoorde Dex al naderen en keek naar het samoeraizwaard. Uiteindelijk bukte ze zich, pakte het zwaard en begon in de richting van het pad te rennen. Haar enkel begon onmiddellijk te protesteren, maar ze rende door. Binnen enkele seconden bereikte ze de T-splitsing en sloeg rechts af.

Daar was Green, zo'n vijftig meter voor haar uit, rennend over het pad, zijn armen zwaaiend langs zijn lichaam.

Intussen hoorde ze Dex naderen. Zijn gehijg kwam razendsnel dichterbij en toen haalde hij haar in.

'Goed gedaan,' zei hij. 'Goed gedaan... Heb jij weleens gevaren?'

Carol schudde haar hoofd. 'Ik heb geen idee hoe je zo'n motor start...'

Dex vloekte. 'Dat vreesde ik al. Ik ook niet.'

Carol zag hoe Dex in rap tempo afstand van haar nam. Zijn rugzak zwiepte van links naar rechts op zijn rug. 'Dex, wacht... niet doen... hij... hij heeft die schipper neergeschoten. Hij is gewapend.'

Dex vertraagde zijn pas, keek om en schudde hijgend zijn hoofd. 'Ik kan zijn handen zien. Van die afstand... Hij moet het met een scherpschuttersgeweer hebben gedaan. Dan heeft hij het daar achtergelaten in de struiken. Kijk maar: hij heeft niets bij zich.'

Carol keek naar Green. Hij had inderdaad geen geweer bij zich. Maar wat als Dex zich vergiste en hij wel een gewoon pistool bij zich had? Ze was bang, heel bang, maar ze snapte ook wat Dex deed. Als ze Green lieten ontkomen, waren ze weer helemaal terug bij af. Dat hij wegrende, was een goed teken. Misschien was hij inderdaad ongewapend. En Dex was jonger, sneller en sterker. Dat wist ze zeker.

Wat ze ook zeker wist, was dat ze hem straks uit het oog zou verliezen. Dex had de afstand met Green tot zo'n veertig meter weten te verkleinen, maar Carol liep al zeker dertig meter achter Dex. Haar enkel deed vreselijk veel pijn. Haar rugzak woog nauwelijks iets, maar het samoeraizwaard dat ze voor zich uit hield maakte snel vooruitkomen zo goed als onmogelijk.

In de verte zag ze hoe Green het vervallen huisje in het bos passeerde. Dex was er nu ook. Hij wierp een blik over zijn schouder, blijkbaar besefte hij dat ze hem niet kon bijhouden. Hij wees naar het huisje en riep: 'Wacht daarbinnen op me. Hou dat zwaard bij je en laat niemand binnen!'

Carol schudde haar hoofd. Ze wilde doorrennen. Maar Dex versnelde opnieuw en ze begreep dat het geen zin had. Als ze hem kwijtraakte, zou ze veiliger zijn in het huisje.

Ze vertraagde haar pas, veegde een traan weg vanwege de pijn in haar enkel en bleef toen stilstaan.

'Zodra ik hem te pakken heb, kom ik daarnaartoe,' schreeuwde Dex.

Carol keek hem na. 'Wees voorzichtig,' riep ze, en ze stapte dodelijk vermoeid van het pad af. Ze had het gevoel alsof haar enkel in brand stond. Bijtend op haar tanden wierp ze een laatste blik op de twee rennende mannen. Green was al verdwenen in een bocht in de verte. Dex naderde de bocht nu ook en een ogenblik later was Carol alleen.

Nog altijd geschokt door het neerschieten van de schipper baande ze zich een weg tussen de bomen door in de richting van het huisje. Ze probeerde er niet aan te denken wat er zou gebeuren als Dex zou worden doodgeschoten en ze er alleen voor zou staan. In plaats daarvan dacht ze alleen maar aan de bosgrond voor zich. Ze concentreerde zich op waar ze haar voeten het best kon neerzetten, net zolang totdat ze het huisje had bereikt.

Toen ze het spinrag aan de dakgoten zag, de dichtgetimmerde ramen en de half verrotte houten deur, overwoog ze even Dex' advies in de wind te slaan en alsnog achter hem aan te rennen. Ze wilde hier niet weer naar binnen. Maar ze besefte dat ze geen keus had: de pijn in haar enkel was te hevig.

Ze overbrugde de laatste meters naar de ingang van het huisje en bracht haar hand naar de deur.

Ze duwde hem open en probeerde de muffe geur te negeren. Binnen leek het iets minder donker dan een paar uur geleden, maar misschien had ze het zich niet goed herinnerd. Voorzichtig liep ze langs de werkbanken met gereedschap in de richting van het tweede vertrek. Daar waren de oude meubels weer. De lakens die eroverheen waren gelegd kwamen haar nu ze alleen was een stuk meer morbide voor dan eerder die dag.

Ze legde het samoeraizwaard en de rugzak op de grond, trok een paar lakens weg en ging zitten in een beige schommelstoel die er redelijk comfortabel uitzag. Ze voelde de druk op haar enkel wegvallen, slaakte een zucht van verlichting en sloot haar ogen. Heel even was ze bang dat ze onbedaarlijk zou gaan huilen, maar ze wist zich te vermannen.

Na enkele seconden stond ze op, ritste haar rugzak open en haalde haar waterfles eruit. Ze zette de fles aan haar lippen.

Achter haar kraakte een vloerplank.

Ze bleef drinken, aannemend dat het de wind was.

'C... Carol?'

Ze schrok zo erg dat ze de waterfles uit haar handen liet vallen. Vliegensvlug draaide ze zich om en deed een stap naar achteren.

Voor haar, gekleed in een te grote wollen trui en met dikke wallen onder haar ogen, stond Riley. Haar onderlip trilde en ze had een roestige bijl in haar handen.

54

'Riley?'

Carol deed nog een stap naar achteren. Ze kon het nauwelijks geloven. 'Niet doen. Ik...'

Riley fronste haar wenkbrauwen. Keek toen naar de bijl in haar handen en zei: 'O, god. Sorry. Je denkt dat ik...' Ze bracht de bijl omlaag. 'Nee, natuurlijk niet. Ik... ik heb geen idee wat er allemaal aan de hand is, maar ik weet één ding zeker: jij hebt er niets mee te maken. Ik heb dit ding alleen maar om me te verdedigen. Ik wist niet wie er binnenkwam en... nou ja, je begrijpt wel.'

Carol slaakte een zucht van opluchting. Zonder erbij na te denken, liep ze op Riley af en omhelsde haar. 'Jezus christus, je liet me schrikken. Ik dacht even dat...' Ze schudde haar hoofd. 'We hebben je overal gezocht.'

'We?'

Carol liet Riley los en deed een stap naar achteren. 'Dex en ik. We waren zo'n beetje ten einde raad. Ik begon steeds banger te worden dat je dood was.'

Riley schudde haar hoofd. 'Ik ben de hele tijd bij Luther geweest. We... Hij heeft zijn visserstent uit de bungalow gehaald en die hebben we midden in het bos opgezet, zo ver mogelijk bij alle paden vandaan. We hebben hem gecamoufleerd met takken en bladeren zodat we niet zichtbaar zouden zijn. Dat heeft gewerkt. Maar Nick... hij is dood. Hij...'

'Ik weet het,' zei Carol. 'We hoorden de explosie en hebben hem gevonden.'

Riley sloeg haar ogen neer. Na enkele seconden keek ze weer op en zei: 'Doris?'

Carol schudde haar hoofd. 'We raakten haar kwijt in de mist en vonden haar pas later. Tweemaal van dichtbij in haar hoofd geschoten. Maar wacht even: je zei dat je de hele tijd bij Green bent geweest?'

Riley knikte. 'Ja. Vanaf het moment dat Nick voor onze ogen stierf, zijn we met zijn tweeën geweest. Ik... ik wilde jou gaan zoeken, Carol. Dat zweer ik. Maar Luther vond het te gevaarlijk. Hij stond erop dat we ons gedeisd hielden tot vrijdag, wanneer de veerpont zou terugkomen. Dat wil zeggen, tot ongeveer een halfuur geleden, toen we ineens gegil hoorden. Of tenminste: Luther hoorde het. Ikzelf lag half te slapen. Luther dacht... hij dacht dat hij jouw stem herkende en dat het erop leek alsof je om hulp riep.'

'Dat klopt,' zei Carol. 'Ik heb inderdaad geroepen. En Dex ook. We zagen de veerpont naderen.'

Riley liet de bijl vallen en er verschenen tranen in haar ogen. 'O, mijn god. Echt waar? Is de veerpont er? Betekent dat dat we zijn gered?'

Carol wendde haar blik af.

'Zijn we gered?' vroeg Riley weer. 'Kom op, zeg iets. Kunnen we naar huis?'

Carol schudde haar hoofd. Ze wist niet hoe ze het subtiel zou kunnen brengen, dus besloot ze het maar ronduit te zeggen.

'Nee, Riley. We zijn niet gered. Green heeft de schipper doodgeschoten. Dex en ik zagen hem niet op tijd. We konden het niet voorkomen.'

'Wát?' Rileys ogen werden groot van ongeloof.

'Hij deed het van grote afstand. Ik kon Dex net op tijd waarschuwen, anders was hij ook de pineut geweest. Hij was naar beneden gegaan om te kijken of de kust veilig was en bevond zich pal in de vuurlinie. Green schoot vanaf de heuvel, hij stond ongeveer op dezelfde hoogte als ik. Hij kreeg ons in de gaten en ging ervandoor.'

Riley schudde driftig haar hoofd. 'Dat geloof ik niet. Het kan niet waar zijn. Luther is de hele tijd bij me geweest. Hij heeft voor me gezorgd. Hij wilde naar die steiger gaan om...'

'Om wat?'

Riley schudde opnieuw haar hoofd. 'Carol… hij… Heb je het gezíén? Heb je Luther zien schieten?'

'Nee,' zei Carol. 'Maar ik weet het zeker. Hij rende weg. Waarom zou hij wegrennen als hij niets heeft gedaan?'

'Waarom?' Riley schudde haar hoofd. 'Dat lijkt me nogal logisch. Je zei dat hij jullie ook had gezien. Waarschijnlijk dacht hij dat een van jullie had geschoten. Of iemand anders. Waarschijnlijk rende hij weg omdat hij besefte dat de kans op redding was verkeken. Waar is hij nu?'

'Wie? Luther?'

'Ja. Waar rende hij naartoe?'

'Hij rende in de richting van de bungalows. Dex en ik zijn achter hem aan gerend, maar ik kon niet volgen vanwege mijn enkel. Ik verzwikte hem na de explosie waarbij Nick om het leven kwam. Hoe dan ook: volgens Dex kan hij die schipper van zo'n afstand alleen hebben geraakt wanneer hij de beschikking had over een scherpschuttersgeweer. Hij moet het in de struiken hebben achtergelaten. Dex probeert hem in te halen en hem te overmeesteren.'

'Een scherpschuttersgeweer?' Rileys ogen werden groot. 'Waar heb je het over? Hoorde je niet wat ik daarnet zei? Luther beschérmt me al twee dagen. Hij héëft geen scherpschuttersgeweer. Als hij de dader zou zijn, dan zou hij me toch allang hebben vermoord?'

Riley had een punt. Ze hadden Green gezien, maar ze hadden hem niet zien schieten. Ze hadden eenvoudigweg aangenomen dat hij het had gedaan, zeker toen hij ervandoor ging. Maar misschien was Green inderdaad alleen maar bang geweest. Bang voor hén.

'Hallo?' zei Riley. 'Hoorde je wat ik zei? Luther heeft niets gedaan. Ik weet het zeker. Hoe weet je dat Dex het niet was? Je zei dat hij naar beneden is gegaan, toch? Kon je hem de hele tijd zien?'

'Nee,' zei Carol. 'Hij verschool zich in de struiken bij die oude uitkijkpost. Maar ik kan voor Dex instaan. We zijn al een paar dagen samen. Hij heeft mijn leven gered. Het…' Ze zweeg en dacht even na. 'Als het Green niet is, dan moet het Aster zijn. Tenzij er nog iemand op het eiland is, iemand die we tot nu toe geen van allen hebben gezien.'

Riley sloot haar ogen. 'Maar wie dan, in godsnaam? De mysterieuze Miranda X? Hoe weten we zeker dat er überhaupt een Miranda X bestáát? Waarschijnlijk was dat gewoon een of ander verzinsel van Aster en heeft hij ons allemaal in de maling genomen. Ik zeg het je nogmaals, Carol. Het is die schrijfopdracht van hem. Hij voert hem uit. Alleen ditmaal niet op papier, maar in het echt.'

'Ik weet het niet. Misschien...'

'Het móét Aster wel zijn,' zei Riley. 'Als hij dood was geweest, dan hadden we hem inmiddels wel gevonden, denk je ook niet?'

Carols enkel begon weer te kloppen. Ze liep terug naar de schommelstoel, ging zitten en schudde haar hoofd. 'Nogmaals: ik weet het niet. Ik... Laten we gewoon afwachten, oké? We kunnen weinig anders doen.'

Riley zei: 'O, shit...'

'Wat?'

'Luther... Als Dex achter hem aan zit en ervan overtuigd is dat hij die schipper heeft doodgeschoten, dan... dan doet hij hem misschien wel iets aan. Luther is de jongste niet meer en Dex is veel sterker.'

Carol schudde haar hoofd. 'Maak je geen zorgen. Ik weet zeker dat Dex geen onnodig geweld zal gebruiken zodra hij merkt dat Luther niet gewapend is.'

'Heel zeker?'

'Ja,' zei Carol. 'En hij weet dat ik hier ben. Mocht hij Luther niet geloven, dan kunnen we hem alles vertellen zodra ze hier zijn.'

'Tenzij Aster hen in de tussentijd te grazen neemt.'

Carol schudde haar hoofd, probeerde zo zelfverzekerd mogelijk te kijken en zei: 'Dat gebeurt niet.'

55

Dex

Dex rende zo hard als hij kon. Een meter of vijfentwintig voor hem uit deed Green hetzelfde, maar Dex bleef op hem inlopen. Hij was jonger en fitter. Carol had gelukkig naar hem geluisterd. Ze was gestopt met rennen en hij had haar het bos in zien lopen. Ze zou op hem wachten in het vervallen huisje.

Hoewel hij wist dat hij zich moest focussen op Green, merkte Dex dat hij nog altijd vooral aan Carol dacht. Hij had gezworen dat het na Mildred voorbij zou zijn. Dat hij zichzelf nooit meer gevoelens voor een andere vrouw zou toestaan. Leugenaars waren het. Bedriegers. Allemaal. Maar nu was er Carol. Zij was anders. Ze vond hem aantrekkelijk, dat voelde hij, maar tegelijkertijd had ze de boot afgehouden omdat ze vastzat aan haar vriend Mark, die een kind van haar wilde.

Haar loyaliteit sierde haar. Het betekende dat ze eerlijk was en geen type dat bij de eerste de beste gelegenheid met een ander het bed in dook. En zolang dat kind er niet was…

Terwijl hij verder inliep op Green dacht hij aan dinsdagochtend, hun gesprek in de keuken. *Praat tegen me*, had ze gezegd. *Praat tegen me over iets normaals. Vertel me hoe het voelde*. Met die intense blik in haar ogen. Die blik waarvan hij de afgelopen dagen was gaan houden. Vervolgens was er het moment geweest onder aan de rotswand. Haar omhelzing, als dank voor het feit dat hij haar leven had gered. De manier waarop ze zich aan hem had vastgeklampt, sprak boekdelen.

Ja, misschien was er toch nog hoop voor hem. Misschien was dit zijn kans op ware liefde. Hij moest het proberen.

Maar eerst Green.

Godallemachtig, de man mocht dan zo'n twintig jaar ouder zijn dan hij, met zijn conditie was niets mis. Dex liep slechts mondjesmaat op hem in, al kwam dat ook door het gewicht van de rugzak. Green had geen ballast bij zich.

Hij zette nog eens aan en zag de voorsprong van Green weer een beetje slinken. Hoeveel was het nog? Vijftien meter? Hooguit. Green keek nu steeds vaker om. Een goed teken. Hij begon moe te worden.

In de verte zag Dex de bungalows opdoemen. Green zag het ook en leek te twijfelen. Rechtsaf het bos in of linksaf in de richting van de heuvel achter de fontein. Hij koos voor de heuvel, maar Dex versnelde nog eens. Hij was er nu bijna. Green leek het te beseffen. Hij passeerde de fontein, rende een paar meter de heuvel op en draaide zich toen happend naar adem om. Met zijn armen in een afwerend gebaar voor zijn lichaam zei hij: 'Niet doen. Alsjeblieft, man. Ik wil niet dood.'

Dex bleef staan en fronste zijn wenkbrauwen.

'Alsjeblieft,' zei Green weer. Hij zette een stap naar achteren, verder de heuvel op. 'Laat me met rust...'

Dex schudde zijn hoofd. 'Dat zou die arme schipper vast ook hebben gezegd als hij er daarnet erg in had gehad dat je op het punt stond hem dood te schieten.'

Greens ogen werden groot. 'Wát?'

'Geef het maar toe, vriend. Waarom ging je er anders zo snel vandoor toen we je in de gaten kregen?'

Dat bracht Green uit balans. 'Bedoel je dat jullie niet...' Hij knipperde met zijn ogen. 'Ik... ik dacht dat jij en Carol het hadden gedaan. Ik dacht dat jullie hem hadden doodgeschoten. Ik zag hem in elkaar zakken en in het water vallen. Carol had ik al gezien, en toen zag ik jou daarbeneden in de richting van die steiger lopen...'

'Met een wapen?'

'Nee,' zei Green, nog altijd op zijn hoede. 'Nee, dat niet.'

Dex schudde zijn hoofd en deed een stap in Greens richting. 'Als je het mij vraagt lul je uit je nek, vriend. Eerst dat verhaal over je zogenaamde werk voor die ex van Aster, en nu dit. Vertel op, waar heb je dat scherpschuttersgeweer verstopt? Waarom heb je al die onschuldige mensen vermoord?'

Green deinsde terug. 'Scherpschuttersgeweer? Waar heb je het in godsnaam over? Ik heb niemand vermoord. Ik ben ongewapend.'

'Nu wel,' zei Dex, terwijl hij opnieuw een stap in Greens richting deed. 'Maar daarnet niet. Meegesmokkeld in die visserstas zeker en achtergelaten in de buurt van de veerpont voor het geval iemand zou proberen het eiland te betreden terwijl je je zieke plannetje aan het uitvoeren was? Heel slim.'

'Ik heb niets gedaan. Blijf bij me vandaan. Ik... ik vertrouw je niet.'

Dex bleef staan, fronste en zei: 'Je hebt niets gedaan? Waarom zou ik dat geloven?'

'Waarom?' De blik in Greens ogen veranderde van angstig in wanhopig. 'Ik...' Hij aarzelde en leek toen een beslissing te nemen. 'Vraag het Riley. Ik was de hele tijd bij haar. We houden ons al twee dagen schuil in een tentje in het bos.'

'En Buchanan?'

'Die is dood,' zei Green. 'Hij... Zijn rugzak ontplofte. Ik... ik zweer je dat het de waarheid is.'

'Ik weet het,' zei Dex. 'Carol en ik hebben hem gevonden. Wat er van hem over is, althans. Ik wilde alleen even controleren of je niet uit je nek kletste.'

'Dat doe ik niet,' zei Green. 'Maar hoe weet ik dat ik jóú kan vertrouwen?'

Dex haalde zijn schouders op. 'Dat weet je niet. Je kunt dus kiezen: of we rennen nog een stukje door, net zolang totdat ik je heb ingehaald, of we praten erover. Je gaat me sowieso vertellen waar Riley is. Als zij je verhaal bevestigt, ben ik misschien bereid je te geloven. Tenzij Carol er anders over denkt. Ik kan niet voor haar spreken.'

'Waar is Doris?'

'Dood.'

'Hoe?'

'We raakten haar kwijt in de mist na de explosie die Buchanan doodde. We vonden haar uiteindelijk met twee kogels in haar voorhoofd.'

Green deed weer een stap naar achteren. 'Hoe weet ik dat jullie haar niet hebben vermoord?'

'Dat weet je niet,' zei Dex met een zucht. 'Net zomin als wij weten of Riley en jij Buchanan niet hebben vermoord. Ik weet net zo weinig van wat jij de afgelopen dagen hebt uitgevoerd als jij van mij. Maar Carol heb je gezien. Je weet dat ze nog leeft. Hou dus alsjeblieft op met zaniken en vertel me waar Riley is. Dan gaan we naar haar toe en haal ik daarna Carol op. Als je de waarheid spreekt, kunnen we maar beter de krachten bundelen. Weet je toevallig hoe je een veerpont aan de praat krijgt?'

Green aarzelde. 'Ik heb weleens gevaren. Ik zou het kunnen proberen...'

'Kijk,' zei Dex. 'Het eerste goede nieuws van deze dag. Waar is Riley?'

'Je zweert dat je de waarheid spreekt?'

'Ik zweer het. Carol en ik zijn al twee dagen met gevaar voor eigen leven naar jullie op zoek. Je kunt het haar zo dadelijk zelf vragen.'

Voor het eerst deed Green een stap in Dex' richting. Hij keek om zich heen, leek toen een beslissing te nemen en liep de heuvel af. 'Oké,' zei hij. 'Oké, je hebt gelijk. Je zou me sowieso inhalen. En ik geloof je. Het spijt me, ik was gewoon bang. Riley is... Ze is in dat huisje. We zijn er daarnet zo'n beetje langs gerend. Je weet wel, dat vervallen ding in het bos.'

'Meen je dat serieus?'

'Ja,' zei Green. 'Ik... ik hoorde iemand gillen. Ik ben poolshoogte gaan nemen bij de steiger en heb Riley gezegd daar op me te wachten.'

Dex glimlachte. 'Nou, dat scheelt alvast een stuk lopen.'

'Hoe bedoel je?'

'Ik bedoel het zoals ik het zeg. Carol kon me niet bijhouden. Ze heeft haar enkel verzwikt. Ik heb haar ook gevraagd in dat huisje op me te wachten.'

Nu lachte Green ook. 'Dat komt goed uit. Dan kunnen we vandaar meteen door naar de veerpont.'

'Precies,' zei Dex. 'Maar wel met een omweg. Ik weet niet of Victor Aster Geddes heeft doodgeschoten of iemand anders, maar wie het ook heeft gedaan: hij of zij zal niet willen dat we die veerpont bereiken en ligt waarschijnlijk nog op de loer. Wat dat laatste betreft: we staan hier niet echt handig.'

Green knikte. 'Je hebt gelijk. Laten we snel het bos ingaan.' Hij passeerde Dex en begon in de richting van de bungalows te lopen, ondertussen om zich heen kijkend op zoek naar mogelijk gevaar. Dex volgde hem. Ze liepen tussen de vierde en vijfde bungalow door en gingen het bos in.

'Heb jij nog wat drinken in die rugzak?' zei Green.

'Een klein beetje,' zei Dex. 'Ik heb een van mijn waterflessen bij de uitkijkpost laten staan.' Hij deed zijn rugzak af, haalde de overgebleven waterfles eruit en gaf hem aan Green. 'Drink niet alles op. Ik heb ook dorst gekregen van dat rennen. Je bent aardig fit voor een kerel van...'

'Zesenveertig. Dank je. En ik weet het. Ik jog iedere ochtend vijf kilometer. Sorry dat ik je zo moe heb gemaakt. Ik was ervan overtuigd dat... nou ja, dat heb je inmiddels begrepen.'

'Geen probleem,' zei Dex, starend naar Greens bezwete nek. 'Ik ben allang blij dat je niet ook nog die heuvel op rende.'

Green dronk een paar slokken, terwijl Dex om zich heen keek om zich ervan te vergewissen dat ze nog steeds alleen waren.

Dat was het geval.

Dex bleef naar de zweetdruppels in Greens nek kijken terwijl hij al lopend de dubbele bodem uit de rugzak verwijderde. Vervolgens haalde hij zijn Beretta .9mm tevoorschijn, schroefde de geluiddemper erop en schoot Green tweemaal in zijn achterhoofd.

56

Dex

Dertien maanden eerder

'Ik weet het niet,' zei Claire LaRue. 'Het klinkt allemaal heel goed zoals u het uitlegt, maar... nou ja, het is moeilijk te zeggen hoe ik er over vijf jaar voor sta. Ik wil natuurlijk niet in de problemen komen.'

Dex Carson schudde zijn hoofd. 'Dat begrijp ik, mevrouw La-Rue. Geld lenen is altijd een dingetje. Maar u ziet eruit als een slimme vrouw. Iemand die weet wat ze doet. Ik zou me dus niet al te veel zorgen maken.'

Claire LaRue keek naar de folder voor haar neus en knikte weifelend. Vervolgens praatte ze verder over de risico's voor haar bedrijf. Dex glimlachte naar haar, maar merkte dat zijn gedachten afdwaalden. Sinds hij twee jaar geleden bij deze bank was begonnen voerde hij iedere week minimaal tien van dit soort gesprekken. Hij voelde inmiddels moeiteloos aan of iemand uiteindelijk zou toehappen of naar huis zou gaan met de belofte 'snel van zich te laten horen'. Claire LaRue zat overduidelijk in de tweede categorie.

Terwijl de vrouw verder praatte, zag Dex zijn collega Richard Erskin naar de kluis lopen en opnieuw vroeg Dex zich af of hij het zou durven: de zaak op een dag beroven en naar een betere plek ergens in Zuid-Amerika verkassen. Een plek waar niemand hem ooit zou vinden en waar hij er de rest van zijn leven zijn gemak van kon nemen.

Tenzij ze hem pakten, natuurlijk. In dat geval verdween hij voor onbepaalde tijd achter slot en grendel, een heel wat minder rooskleurig vooruitzicht. Los daarvan: zelfs als hij het zou durven, de kluis plunderen, en hij ermee wegkwam, dan nog vroeg hij zich af het leuk zou zijn: ergens in zijn eentje in Zuid-Amerika op het strand zitten.

Natuurlijk, het zou prettig zijn om veel geld te hebben en alles te kunnen kopen wat hij maar wilde, maar het zou nóg leuker zijn als daarnaast ook iedereen hem kende en bewonderde.

Ja, misschien moest hij toch nog maar even geduld hebben. Het was nu precies twee maanden en zes dagen geleden dat hij *Alles of niets* had uitgestuurd. Het boek dat hij had geschreven na zijn cursus bij Victor Aster op Big Rock Island, bekostigd van een deel van de erfenis die hem na de dood van zijn ouders ten deel was gevallen. Het eerste hoofdstuk, geschreven tijdens de cursus, was door Aster 'veelbelovend' genoemd. Eenmaal terug in Los Angeles had Dex zijn manuscript afgemaakt.

Misschien had Mildred gelijk en zou er na de vele afwijzingen die hij al had ontvangen alsnog een positieve reactie komen. Op die manier zou hij op een legale manier rijk worden. En was schrijver worden niet wat hij altijd het allerliefste had gewild? Ja, dat was het. Toegegeven, het was niet echt zijn ding om urenlang stil te zitten achter een computer, maar het was hem toch maar mooi gelukt driehonderd pagina's op papier te krijgen en nu was het tijd om te cashen. Hij wist dat hij het verdiende om een ster te zijn en te worden aanbeden.

Erskin kwam de kluis weer uit, schonk hem een meewarige blik omdat hij zag wat voor vlees Dex in de kuip had met Claire LaRue, en verdween toen in zijn kantoor.

Dex wreef met zijn vingertoppen langs zijn slapen. Zijn hoofdpijn – een overblijfsel van zijn ruzie met Mildred van gisteren, de zoveelste in de afgelopen maanden – was nog altijd niet verdwenen en het getreuzel van Claire LaRue maakte het er bepaald niet beter op.

Mildred.

Soms hield hij van haar, soms kon hij haar wel schieten. Letterlijk. Gisteravond was zo'n avond geweest. Hij had gezegd dat hij erover dacht zijn baan op te zeggen en ze was helemaal gaan flippen. 'Wat doe je nou raar?' had hij gezegd. 'Je bent er toch zo van overtuigd dat er een positieve reactie op mijn boek zal komen? Waar heb ik die baan dan nog voor nodig?' Het was de waarheid. Met het restant van de erfenis van zijn ouders kon hij nog ruim anderhalf jaar vooruit. Maar Mildred was onvermurwbaar geweest. Ze was een type dat zwoer bij 'zekerheid', wat dat ook mocht zijn. 'Je moet de dingen wel in de juiste volgorde doen, Dex,' had ze gezegd, op dat alwetende toontje van haar. 'Eerst dat boekcontract en dan eventueel je baan. Als ze genoeg voor je boek betalen natuurlijk. Niet iedereen krijgt een miljoen voor zijn debuut.'

Typisch Mildred. Het ene moment gaf ze hem het gevoel dat hij de hele wereld aankon en vervolgens ging ze ineens weer totaal bekrompen doen, alsof ze zijn moeder was in plaats van zijn vriendin.

Om kalm te blijven had Dex de afgelopen weken veel research gedaan. Hij wist dat het niets zei dat hij nog geen positieve reactie op zijn manuscript had gehad. Stephen King was talloze keren afgewezen. Voor John Grisham gold hetzelfde. En kijk waar ze nu waren.

Zijn blik ging weer naar de kluis. Hoeveel zou erin zitten? Drie miljoen? Vier? Hij zou naar Venezuela kunnen gaan. Peru... Ja, maar hoe legde hij het aan Mildred uit? Mildred, die altijd alles volgens de regeltjes deed en hem ooit trots had verteld dat ze in haar jeugd zelfs nooit iets uit de snoeppot had gestolen.

Kom, lieverd, pak je spullen. Ik heb de kluis leeggehaald. We gaan op reis.

'Eh, meneer Carson?'

Claire LaRue keek hem vragend aan. Normaal gesproken kon hij het heel goed, op de automatische piloot luisteren en begrijpend knikken terwijl hij in werkelijkheid aan iets heel anders dacht, maar vandaag liet zijn aangeboren talent hem in de steek. Hij had geen flauw idee wat de cliënte tegenover hem zojuist had gezegd.

'Pardon, mevrouw LaRue, ik was er even niet bij met mijn gedachten. Het spijt me.'

'Ik vroeg of ik een eventuele lening niet beter over tien jaar zou kunnen spreiden dan over zes. Dat geeft me wat meer ruimte. Toch?'

'Natuurlijk. De rente wordt dan iets lager. Als u zich daar beter bij voelt, dan doen we dat. Geen enkel probleem.'

Claire LaRue bestudeerde haar vingernagels en wierp een vluchtige blik op haar horloge. Het was net een invuloefening. Voor de vorm zou ze nog even aarzelen en daarna zou ze hem hartelijk bedanken voor alle informatie en zeggen dat ze naar huis ging om na te denken, om hem vervolgens morgen of overmorgen terug te bellen, wat ze uiteraard niet zou doen. De meeste mensen waren nu eenmaal dromers die nooit van hun leven tot daden over zouden gaan.

'En, mevrouw LaRue?' zei Dex. 'Wat denkt u ervan?'

Ze glimlachte. 'Tja, meneer Carson. Laat ik u ten eerste zeggen dat u het allemaal fantastisch hebt uitgelegd. Niet iedere bankmedewerker is daar even goed in. Maar wat een beslissing betreft: ik vind het echt heel moeilijk kiezen en daarom heb ik besloten om nog even te wachten voordat ik...'

In de bus op weg naar huis dacht Dex aan *Falling Down*. Hij hield van die film. Michael Douglas speelde een hardwerkende man die het op een dag helemaal gehad heeft en random mensen gaat doodschieten wier gedrag hem niet aanstaat. Niet dat hij Claire LaRue van het leven had willen beroven. Zeker niet. Ze kon er niets aan doen dat ze een uur van zijn tijd en van haar eigen leven had verspild met haar getreuzel: ze wist eenvoudigweg niet beter. Nee, het was meer een algemeen gevoel dat hij de laatste tijd had. Alsof de wereld op de een of andere manier tegen hem was, hoe hij ook zijn best deed er iets van te maken.

Ga maar na: hij had twintigduizend dollar neergeteld voor een cursus en vervolgens een boek geschreven, maar alleen maar afwijzingen gehad. Mildred werkte hem steeds vaker op de zenuwen met haar gezanik. Zijn werk, waar hij tijdens het schrijven van zijn boek in gedachten al afscheid van had genomen, begon hem almaar meer tegen te staan.

Nu hij erover nadacht: zei het eigenlijk wel iets dat Mildred zijn boek goed had gevonden? Het enige dat ze las was *The National Enquirer* en af en toe een kasteelromannetje uit de supermarkt.

Hij dacht weer aan gisteravond en haar gezeik over het eventueel opzeggen van zijn baan. Hoe haalde ze het in haar hoofd zich met die beslissing te bemoeien? Het appartement in Maywood was misschien een goedkoop shithol, maar het was van hem. Hij had er cash voor betaald met een deel van zijn ouders' erfenis. Als ze wat minder vaak dure kleren kocht, dan konden ze het waarschijnlijk zelfs twee jaar uitzingen met de rest van het geld.

De bus stopte en Dex stapte uit. Met de pest in zijn lijf liep hij het appartementencomplex in en ging op weg naar de derde verdieping.

Zoals verwacht was het daar bloedheet. Het complex telde maar drie verdiepingen en vanwege het platte dak werd je er zelfs in november zowat geroosterd. Snel liep hij door de benauwend warme gang naar de voordeur. In het appartement zelf was het gelukkig iets beter door de extra airco die hij vorige week had laten installeren.

Hij verwachtte Mildred met een fles wijn en een zak Cheetos voor de televisie aan te treffen, maar zowaar: het was stil in huis en de woonkamer zag er opgeruimd uit. Heel even was Dex blij verrast. Zijn volgende gedachte: verdomme, die slet is ervandoor. Daarom was ze de laatste tijd zo prikkelbaar. Ze rotzooide achter zijn rug met een ander. Hetzelfde verhaal als zijn vorige vriendinnetjes.

Maar toen hoorde hij een geluid, gevolgd door haar stem, die zei: 'Lieverd? Ben je daar?'

Hij zuchtte. 'Ja, ik ben er, schat. Waar ben jíj? In de keuken?'

Hij hoorde haar lopen. In de keuken, hij wist het nu zeker. 'Ja, ik ben hier. Doe je ogen dicht en kom binnen.'

Hij schudde zijn hoofd. Waarschijnlijk had ze Chinees gehaald. Voor de vorm deed hij zijn ogen dicht. Hij liep de keuken in. 'En? Mag ik al kijken?'

'Ja. Kijk maar.'

Hij keek en zag dat er op tafel geen bakjes Chinees eten stonden, maar een fles champagne en twee glazen. Naast de fles lag een kaart van een labradorpuppy in een zwembadje met erboven de tekst: GEFELICITEERD, KANJER!

Dex fronste zijn wenkbrauwen. 'Dank je wel voor de ontvangst, schat. Maar mijn verjaardag is pas volgende week.'

'Dat weet ik, suffie. Hou je mond en ga zitten.'

'Heb je promotie gekregen bij de beautysalon?'

Mildred schudde haar hoofd. Ze liep naar het aanrecht, pakte de vaste telefoon en legde hem tussen hen in. 'Druk op "berichten afluisteren".'

Dex zuchtte en deed wat ze vroeg.

Er klonk wat gekraak. Toen zei een jeugdige vrouwenstem: 'Meneer Carson, u spreekt met Wendy Moreno van Lake & Reese uitgevers in New York. We hebben uw manuscript gelezen en zijn erg enthousiast. We denken dat er hier en daar nog wel wat aan moet verbeteren, maar zien vooral de potentie. Om kort te gaan: we hopen dat u nog nergens anders heeft getekend en willen u graag een contract aanbieden.'

Dex wierp een argwanende blik op Mildred. 'Is dit een grap?'

Mildred, die bezig was de champagne te ontkurken, zei: 'Stil. Ze is nog niet klaar met praten. Het wordt nog beter.'

'Zoals u misschien weet, zijn wij een kleine uitgeverij,' zei de stem op de voicemail. 'We kunnen geen groot voorschot betalen, maar als we ergens voor gaan, dan gaan we er ook echt voor. Nogmaals, mijn naam is Wendy Moreno. U kunt mij bereiken op 212-414-3702. O, en wat geweldig dat u een schrijfcursus heeft gedaan bij Victor Aster. Wat de suggestie in uw brief betreft: ja, we denken zeker dat we zijn positieve feedback op uw eerste hoofdstuk kunnen gebruiken voor marketingdoeleinden. Nog beter zou natuurlijk zijn als meneer Aster het hele manuscript zou lezen voor een quote, maar goed: alles op zijn tijd. Laten we eerst maar kijken of we er samen uitkomen en u bij ons wilt tekenen. Fijne dag en hopelijk tot spoedig.'

Het was geen grap. Het was echt. Het duizelde hem. 'Holy shit. Dit is...'

Mildred slaakte een gilletje en de kurk van de champagnefles raakte het plafond. 'Het is fantastisch! Jíj bent fantastisch. Het is je gelukt. En? Denk je dat hij het zal doen?'

'Wat?'

'Victor Aster? Denk je dat hij het hele manuscript zal willen lezen en je een quote zal geven?'

'Natuurlijk,' zei Dex. 'Ik weet zeker dat hij trots op me zal zijn.'

57

Mark

'Rustig aan, meneer. We nemen uw zorgen echt wel serieus. Er is een wagen naar u onderweg met twee collega's. Ze hebben een speedboot bij zich. Het gebeurt wel vaker dat er iemand vast komt te zitten op een van de eilanden. Boten zijn even wispelturig als auto's.'

Mark had het niet meer. 'Volgens mij luistert u niet. Er is níéts met die veerpont aan de hand. Er is iets niet in de haak op dat éíland. Ik probeer al dagen Victor Asters assistent te bereiken. Nu gaat er iemand een kijkje nemen en kan ik diegene ook niet meer bereiken. Hij zou me binnen een halfuur bellen en is al anderhalf uur weg.'

'Geloof me, meneer, wij vinden dit net zo vervelend als u. We sturen niet voor niets een boot.'

'U stuurt twee man,' zei Mark. 'Twee. Nogmaals, het gaat hier niet om een veerpont met een kapotte motor. In dat geval had ik dat allang gehoord van die schipper. Wat als die schrijver volledig is doorgedraaid? Denkt u dan dat twee man genoeg is?'

'Sorry, meneer, maar speculeren heeft weinig zin. We moeten eerst met eigen ogen zien wat er aan de hand is. Maar maakt u zich geen zorgen. Agent Brown en agent Trambley zijn gewapend en dragen hun vest. Dat gezegd hebbende: ik wil nogmaals benadrukken dat meneer Aster in de omgeving bekendstaat als uiterst vriendelijk en hoffelijk. Wat niet wil zeggen dat we u niet hebben gehoord... Voor nu: nog heel even geduld. Ik verwacht dat mijn mannen er binnen een kwartier zijn.'

De Canadese politie. Waar moesten ze in godsnaam helemaal vandaan komen? Mark wilde vragen of het niet sneller kon, realiseerde zich dat het niet zou helpen en zei: 'Oké. Bedankt voor uw hulp. Ik stel het zeer op prijs en zie uw collega's wel verschijnen.' Hij verbrak de verbinding, probeerde voor de vijfde keer Roy Geddes te bereiken en kreeg opnieuw zijn voicemail.

Het was gekmakend. Hier was hij, nog geen drie kilometer verwijderd van het eiland waarop Carol zich bevond. Hij begon steeds meer het gevoel te krijgen dat ze weleens serieus in de problemen zou kunnen zitten en het enige dat hij kon doen, was wachten.

58

Victor Aster

Victor Aster had net besloten dat hij maar beter terug kon gaan naar het cursusgebouw. Hij had een dappere poging gewaagd iets aan de afschuwelijke situatie te doen, maar na twee uur speuren was het nu wel duidelijk: het was vergeefse moeite. Doen alsof hij Jake Banner was? Dat was tot daaraan toe. Maar daarmee had hij de cursisten nog niet gevonden. Het was hopeloos, dacht hij. Misschien waren ze allemaal allang dood. Het beste wat hij kon doen was zich schuilhouden tot vrijdag, zich laten ophalen door Roy Geddes en de rest door de politie laten afhandelen.

Dat was wat hij had wíllen doen.

Maar toen was plotseling Luther Green opgedoken uit het bos, met een paniekerige uitdrukking op zijn gezicht rennend in de richting van de heuvel.

Victor, die net alle bungalows had doorzocht, had zich razendsnel achter een van de grote plantenbakken verscholen. En dat was maar goed ook, want vervolgens was er een tweede cursist in beeld gekomen: Dex Carson. Het was duidelijk dat Carson Green op de hielen zat. Hij kwam snel dichterbij en Green keek steeds vaker om. Maar wat was er aan de hand? Waarom was Green op de vlucht? Geen van beide mannen had een wapen. Althans, zo leek het. Was Green de moordenaar en had Carson hem betrapt?

Victor had naar de revolver in zijn hand gekeken en zich afgevraagd wat hij moest doen. Tevoorschijn komen, beide mannen onder schot nemen en hun om uitleg vragen? Of blijven waar hij was en de kat uit de boom kijken? Uiteindelijk koos hij voor het laatste en daarvoor was hij zichzelf op dit moment meer dan dankbaar.

Green was de heuvel opgerend en had zich plotseling omgedraaid, zijn hand in een afwerend gebaar voor zijn lichaam. Blijkbaar was hij ervan overtuigd dat Carson hem iets wilde aandoen. Vervolgens waren de twee mannen verwikkeld geraakt in een verhit gesprek, dat langzaam maar zeker kalmer van toon werd, net zolang totdat er blijkbaar een soort overeenstemming was bereikt. Victor had geen idee waarover. Hij was te ver weg om iets te kunnen verstaan.

Uiteindelijk waren de mannen samen het bos ingelopen. Bijna had Victor alsnog besloten tevoorschijn te komen. Iets in hem wilde geloven dat de mannen onschuldig waren en drie konden meer dan twee.

Godzijdank had hij besloten zich nog even stil te houden. Hij was de twee mannen op gepaste afstand gevolgd en toen – in een flits – was het gebeurd. Hij had het wapen niet eens gezien. Carson had het razendsnel tevoorschijn gehaald en bovendien keek Victor het tweetal van grote afstand op de rug.

Er hadden twee nauwelijks hoorbare plopgeluiden geklonken, waarna Green voorover was gevallen. Zwaar ademend van schrik had Victor zich tegen de stam van een dikke spar gedrukt, in gedachten smekend dat Carson hem niet had gezien.

Toen hij enkele seconden later weer durfde te kijken, stond Carson over Greens lichaam heen gebogen terwijl hij twee vingers in zijn nek legde. Victor kon zich niet voorstellen dat Green nog leefde en was zich vervolgens kapot geschrokken toen Carson plotseling zijn kant op had gekeken. Razendsnel had hij zich weer tegen de spar gedrukt. Zijn angst dat hij te laat was geweest, bleek gelukkig ongegrond, want toen hij na enkele seconden weer durfde te kijken, kwam Carson niet met getrokken pistool op hem af. In plaats daarvan had hij Greens lichaam onder de oksels gepakt en sleepte hij het terug in de richting van de bungalows.

En daar was hij nu nog steeds mee bezig.

Dus Carson was degene die verantwoordelijk was voor deze nachtmerrie, dacht Victor, terwijl hij niet aan de gaten in het achterhoofd van de arme Luther Green probeerde te denken.

Maar waarom? Carson was hier voor de tweede keer. Had het de eerste keer goed naar zijn zin gehad en was erin geslaagd een boek te publiceren. Wat kon er in twee jaar tijd met hem zijn gebeurd dat hem ertoe had bewogen terug te keren naar het eiland en random cursisten te vermoorden?

Victor dacht aan een paar maanden geleden, toen Lawrence hem was komen vertellen dat Carson zich opnieuw had ingeschreven voor de cursus. Heel even was hij bezorgd geweest vanwege het verhaal met de aanbeveling. Carson was toch niet boos? Nee, dat kon het onmogelijk zijn. Victor had het destijds keurig afgehandeld.

Bovendien: Carson vermoordde *cursisten*. Hij had Lawrence vermoord. Als hij om de een of andere manier boos op Victor was geweest, dan was hij wel recht op zijn doel afgegaan. Toch?

Nee, er moest een andere verklaring zijn. Of niet natuurlijk. Misschien was er geen verklaring en was Carson gewoon gek geworden. Je hoorde genoeg verhalen over mensen die van de ene op de andere dag hun verstand verloren en plotseling de meest gestoorde dingen deden.

Victor riep zichzelf tot de orde. Of er nu een verklaring was of niet, hij moest focussen op wat hem te doen stond. Waren er nog cursisten in leven? En zo ja: waar bevonden ze zich? En, belangrijker: hoe kon hij Carson tegenhouden? De man had zijn pistool teruggestopt in zijn rugzak omdat hij zijn beide handen nodig had om Greens lichaam te verslepen. Misschien kon hij dus maar beter niet te lang wachten en handelen nu Carson kwetsbaar was.

De vraag was: wat wilde hij precies doen? Stel, hij richtte zijn revolver op Carson en Carson viel hem aan. Zou hij dan durven schieten? Zou hij het kunnen? Carson wel, dat had hij van dichtbij gezien.

Hij dacht aan Jake Banner. Die had er geen probleem mee slechteriken te vermoorden. Maar Jake was Jake. Hij was Victor Aster, een schrijver die misschien over dappere mensen schreef, maar zelf bij het eerste echte gevaar in zijn leven was gevlucht naar een kruipzolder. Zou hij, als het erop aankwam, rücksichtslos kunnen handelen?

Hij wist het niet.

Wat hij wel wist, was dat hij over een belangrijk voordeel beschikte. Hij had Carson in het vizier en Carson was zich niet bewust van zijn aanwezigheid.

Carson was nu bijna bij de bungalows. Af en toe stopte hij even om op adem te komen en het zweet van zijn voorhoofd te vegen.

Victor keek naar de revolver in zijn hand. Het was woensdag. Roy Geddes kwam pas op vrijdag met de veerpont naar het eiland. Hij moest Carson dus niet alleen overmeesteren. Hij zou hem tot die tijd ook ergens moeten opsluiten.

De bunker?

Dat leek het beste idee.

Carson naderde nu de eerste bungalow, die van Lawrence en Doris Espinosa. Zweetdruppels parelden op zijn voorhoofd. Victor volgde op zo'n veertig meter. Hij wilde zijn dekking niet opgeven – nog niet – en dus maakte hij een omtrekkende beweging, waardoor hij het bos nog niet hoefde te verlaten. Hij zag hoe Carson het lichaam van Green naar de deur van Lawrence' bungalow sleepte en het vervolgens losliet. Carson opende de deur van de bungalow, boog zich voorover en sleepte Greens lichaam naar binnen.

Victor aarzelde. Woog de revolver in zijn hand en besloot dat dit het moment was. Carson kon hem niet zien. De zijkant van de bungalow had geen ramen, hij zou hem dus ongezien kunnen naderen. Het enige dat hij hoefde te doen was de deur te openen en de revolver op hem te richten. Carson zou niet de tijd hebben naar zijn rugzak te grijpen.

Hij haalde diep adem, stapte het bos uit en sloop in de richting van de bungalow, zichzelf inprentend dat hij niet moest aarzelen en meteen moest schieten als Carson hem aanviel. Het zou geen moord zijn, maar zelfverdediging.

Hij naderde de deur van de bungalow. Om hem heen was het stil. Het was precies die stilte waarom hij jaren geleden had besloten de hectiek van de stad achter zich te laten en hier te gaan wonen. Maar vandaag had de stilte iets onheilspellends.

Victor bracht zijn oor tot vlak bij de deur en luisterde. Binnen was het stil. Waar was Carson mee bezig? Was hij even gaan liggen? Was hij naar de badkamer om wat te drinken?

Hou op met treuzelen en ga naar binnen.

Victor bracht zijn hand naar de deurknop. Telde in gedachten tot drie, opende toen in een snelle beweging de deur en stapte met de revolver voor zich uit naar binnen.

Op het bed zag hij het lichaam van Green en dat van Lawrence Montgomery. De aanblik en de geur van de verwijderde scalp van zijn assistent deed hem bijna kokhalzen. Maar waar was Carson?

Op het moment dat hij dit dacht, zag hij vanuit zijn ooghoek iets bewegen achter de deur. Hij wilde zich razendsnel omdraaien, maar wist dat hij te laat was en het volgende ogenblik voelde hij iets kouds en ronds tegen zijn slaap drukken.

'Godallemachtig, Victor,' zei de stem van Carson. 'Je mag dan een succesvolle schrijver zijn, maar de praktijk is toch even wat anders, hè? Dacht je nu werkelijk dat ik je niet had gezien daarnet in het bos? Shit, je begon zo'n beetje te hyperventileren nadat ik Green naar de andere wereld had geholpen.'

Victor voelde in één klap alle energie uit zijn lichaam wegvloeien. Hij had gefaald. Hij had gefaald en nu was hij de klos.

'Laat die revolver vallen,' zei Carson, terwijl hij met zijn vrije hand de deur dichtduwde. 'Laat hem vallen en ga op het bed zitten.'

Victor deed wat hem was gevraagd. Hij ging zo ver mogelijk bij de lichamen van de twee dode mannen vandaan zitten, probeerde de angstaanjagend lange geluiddemper op het pistool te negeren en keek Carson aan. 'W-waarom doe je dit?'

Carson fronste zijn wenkbrauwen en hield zijn hoofd een beetje scheef. 'Ah, de waaromvraag. Weet je het zeker, Victor? Is dit niet precies waar jij zo'n hekel aan hebt in al die boeken over speurders en privédetectives? De grote held bevindt zich in een uitzichtloze situatie en dreigt te gaan sterven, maar overleeft het uiteindelijk toch omdat hij de slechterik ervan weet te overtuigen alles te gaan uitleggen, net zolang tot hij door een wonder alsnog wordt gered?'

Victor balde zijn vuisten. 'Dit is geen boek, jij gestoorde klootzak. Als je me gaat doodschieten, kun je me op zijn minst vertellen waarom je dat doet. En waarom je al die andere mensen hebt vermoord.'

Carson ging op de rand van het bureau zitten en richtte het pistool op Victors voorhoofd. Hij glimlachte en zei: 'Wat denk je zelf, Victor? Jij bent toch zo'n meesterlijke plotter? Waarom denk jíj dat ik het heb gedaan?'

59

Dex

Acht maanden eerder

'Hou op,' zei Dex. 'Hou op met aan mijn hoofd zeiken. "Eerst dat boekcontract en dan je baan." Het waren je eigen woorden.'

Mildred schudde haar hoofd. Ze prikte met haar vinger in zijn borstkas, zoals altijd wanneer ze ergens gepikeerd over was, en zei: "Eerst dat boekcontract en dan *eventueel* je baan." Dat heb ik gezegd. En ook: "Als ze genoeg voor je boek betalen natuurlijk, want niet iedereen krijg een miljoen voor zijn debuut." Je hebt geen voorschot van een miljoen gekregen, Dex. Je voorschot is tienduizend dollar en je hebt het al bijna opgemaakt. De eerste druk van je boek is tweeduizend exemplaren. Dat is heel weinig, je hebt het zelf gezegd. Heb je er al over nagedacht waar we straks van moeten leven? Ik verdien niet genoeg in mijn eentje.'

Ze stonden in de keuken. Dex leunde met een biertje in zijn hand tegen het aanrecht. Mildred stond vlak voor hem. Haar neusvleugels trilden. Achter haar in de vensterbank, half verkreukeld, lag de GEFELICITEERD, KANJER!-kaart met de puppy in het zwembad erop. Mildred had er twee weken geleden in een boze bui een prop van gemaakt en die naar zijn hoofd gegooid.

'Ik heb de erfenis nog,' zei Dex. 'Maar heb nou vertrouwen: er gebeurt wel iets. Eén goede recensie in een grote krant kan alles veranderen.'

'Word wakker, Dex. De voortekenen zijn duidelijk, en allemaal slecht.'

Dex nam een slok van zijn bier. 'Over voortekenen gesproken: neuk je achter mijn rug met je yogaleraar?'

'Wát?'

'Je hoorde me wel.'

'Dex, waar héb je het over? Je–'

'Hij heeft je de afgelopen drie weken vijf keer thuis gebeld.'

'Om te zeggen dat de les niet doorging. Wat is daar zo vreemd aan?'

'Vijf keer in drie weken. Dat is een beetje vaak, vind je ook niet?'

'Hij was langdurig ziek, Dex. Jezus christus, ga nu niet net doen alsof ík hier de boosdoener ben.'

'Dat doe ik niet. Ik stelde je alleen maar een vraag.'

'Klootzak.' Ze keek hem een paar tellen met een uitdrukkingsloos gezicht aan, schudde toen haar hoofd en verdween stampvoetend naar de slaapkamer.

'Ja hoor, loop maar weg. Lekker makkelijk.'

Ze keek om, trakteerde hem op een laatste woedende blik en sloeg de slaapkamerdeur met een luide klap achter zich dicht.

Dex dronk zijn biertje op en pakte een nieuwe uit de koelkast. Hij liep ermee naar de woonkamer en ging op de bank zitten. Hij staarde naar Mildreds rode pumps, die op de grond naast de televisie stonden. Kutwijf. De meeste mensen waren dromers die nooit tot daden zouden overgaan. Hij was anders. Hij had zijn droom gevolgd en de baan die hij haatte opgezegd. En wat was zijn beloning?

Vierentwintig uur per dag gezeik aan zijn hoofd.

Word wakker, Dex. De voortekenen zijn duidelijk, en allemaal slecht.

Wat had je aan zo'n instelling?

Natuurlijk, het had bepaald niet meegezeten de afgelopen tijd. Maar was het niet die beroemde bokser die had gezegd dat het aantal klappen dat je kreeg er niet toe deed zolang je maar direct weer opstond?

Terwijl hij van zijn bier dronk, zag hij het gezicht van zijn baas voor zich, zes weken geleden. 'Als je nu weggaat, Carson, kom dan nooit, maar dan ook nooit van je leven om een goede referentie vragen. Want ik zweer het je: ik zal iedere toekomstige potentiële werkgever vertellen wat een egoïstisch en zelfingenomen stuk vreten je bent.'

Hij had geglimlacht en tegen zijn baas gezegd dat niemand hem ging bellen omdat hij de nieuwe Victor Aster zou worden en nooit van zijn leven meer een dag voor een baas zou werken.

Drie maanden daarvoor had hij zijn manuscript naar Lawrence

Montgomery gestuurd, met het verheugende bericht dat zijn boek zou worden uitgegeven door Lake & Reese, en de vraag of Victor na zijn mooie woorden over het eerste hoofdstuk wellicht het geheel zou willen lezen en hem een aanbeveling zou willen geven. Hij had nog niets teruggehoord, maar dat wilde niets zeggen. Victor Aster was een drukbezet man. Hij kon niet verwachten dat hij onmiddellijk alles uit zijn handen liet vallen om het manuscript van een oud-cursist te lezen, zelfs niet als het ging om iemand met zoveel talent als Dex. Hij zou gewoon nog even moeten wachten en vervolgens zou alles goed komen. Dacht hij.

Maar toen was de reactie gekomen. Niet van Victor Aster zelf, maar van zijn assistent. Het was een korte reactie per mail geweest waarin Lawrence Montgomery zich verontschuldigde en liet weten dat Victor momenteel in een erg zware periode zat vanwege zijn scheiding en een of andere vage aanklacht van zijn ex-vrouw. Om die reden nam Victor even zo min mogelijk hooi op zijn vork. Hij hoopte op Dex' begrip en wenste hem alvast veel succes met zijn boek.

Dex had onmiddellijk teruggemaild. Hij schreef dat hij ook weleens op een nare manier was gedumpt door een vriendin en dat Victor, als hij erover wilde praten, altijd kon bellen.

Er kwam geen reactie.

Wendy Moreno was teleurgesteld toen ze hoorde dat Victor Aster het manuscript van *Alles of niets* niet zou lezen. Ze zei dat een quote van hem echt enorm zou helpen. Dex zei: 'Dat snap ik. Maar die hebben we toch ook? Hij noemde het eerste hoofdstuk tijdens de cursus "veelbelovend".' Wendy Moreno zei dat dat inderdaad fijn was en dat ze in de redactievergadering zou bespreken wat ze ermee zouden doen.

Een week later belde Wendy Moreno opnieuw. Ze zei: 'Even voor de goede orde: je hebt die quote over dat eerste hoofdstuk op de mail staan? Zwart-op-wit?' Dex legde uit dat dit niet het geval was. Zoals hij al eerder had aangegeven: Victor had zijn hoofdstuk gelezen tijdens de cursus en zijn compliment destijds op Big Rock Island aan hem gegeven.

Wendy Moreno zei: 'Aha. Mondeling dus.'

'Ja,' zei Dex. Iets in haar toontje beviel hem niet en hij kon het niet nalaten haar te vragen of ze hem soms niet geloofde. Ze haastte zich te zeggen dat ze dat natuurlijk wel deed, maar dat de uitgeverij een paar jaar geleden in de problemen was gekomen na het gebruiken van een quote die volgens een van hun auteurs mondeling was gegeven, maar waarvan de verstrekker van de quote na verschijning van het betreffende boek had gezegd dat hij het compliment nooit had gegeven. Dat had een nogal pijnlijke situatie opgeleverd.

Dex zei dat ze zich geen zorgen hoefde te maken. Victor Aster had werkelijk gezegd dat hij het eerste hoofdstuk van *Alles of niets* veelbelovend vond. Hij zwoer het op het graf van zijn ouders, Lake & Reese kon de quote gewoon gebruiken.

Maar Wendy Moreno was nog niet klaar. Ze zei dat ze – als ze het helemaal zuiver wilden doen – op het boek zouden moeten zetten dat de quote slechts betrekking had op het eerste hoofdstuk. 'En dat staat nogal stuntelig, snap je? Lezers zouden kunnen denken dat het eerste hoofdstuk de moeite waard is, maar de rest totale bagger.'

Dex zei: 'Ik begrijp het. Wacht maar even. Ik vraag Lawrence Montgomery of Victor het goedvindt als jullie er gewoon "Veelbelovend" op zetten. Alsof het over het hele boek gaat. Akkoord?'

'Dat zou geweldig zijn,' zei Wendy Moreno. 'Op die manier hebben we én een prachtige quote voor op het boek én de officiële bevestiging dat meneer Aster het ook werkelijk heeft gezegd.'

'Nogmaals,' zei Dex. 'Dat heeft hij.'

Hij stuurde opnieuw een mail naar Lawrence Montgomery. Ditmaal kreeg hij binnen twee dagen antwoord.

Beste Dex,

Om te beginnen wil ik benadrukken dat Victor enorm blij voor je is. Het is echt geweldig dat je boek straks in de winkel ligt en zowel Victor als ikzelf zal zeker een exemplaar aanschaffen. Wat de quote betreft: het spijt me, maar dat hebben we liever niet. Zoals gezegd: Victor zit in een erg zware periode en heeft momenteel geen energie om te lezen. Als Lake & Reed de quote gebruikt, suggereert dit dat Victor het hele boek heeft gelezen en dat heeft hij natuurlijk niet. Het spijt me dat we van deze kant even niets voor je kunnen betekenen. Hoe dan ook: je kunt trots zijn. Geniet van de verschijning van je boek.

Met vriendelijke groet,

Lawrence Montgomery

Lake & Reed?

Het was Lake & *Reese*. Had Lawrence Montgomery zijn mail wel goed gelezen? Oké, het was misschien niet de grootste uitgeverij ter wereld, verre van zelfs, maar toch. Dex voelde irritatie opkomen. Hij las de mail opnieuw en stond op het punt een antwoord te sturen en Montgomery te smeken of hij het niet nog een keertje aan Victor zou willen vragen. Maar toen dacht hij: *fuck it*. Blijkbaar hadden ze het te druk op Big Rock Island. Hij zou het gewoon aan Wendy Moreno uitleggen en haar vertellen dat zijn boek het ook wel op eigen kracht zou redden.

Maar zou het dat?

Toen Dex enkele weken voor publicatie informeerde naar de oplage van de eerste druk, kreeg hij in plaats van Wendy Moreno haar assistente Lucy aan de telefoon. Lucy zei dat Wendy erg druk was met een auteursbezoek. Misschien kon Dex zijn vraag aan haar stellen? Dat deed hij. Lucy zei dat ze de oplage nog niet wist, maar snel bij hem terug zou komen. Een week later belde Dex opnieuw. Ditmaal was Wendy Moreno in vergadering. Lucy zei: 'Het precieze aantal weten we nog niet, Dex. Ik kom snel bij je terug.' En: 'Het wordt een heel mooi aantal. Maar hoeveel precies, hangt af van een aantal bestellingen die nog moeten binnenkomen.'

De volgende drie keer dat Dex belde was Wendy opnieuw in vergadering. Het leek wel alsof ze de laatste tijd niets anders meer deed. Vanaf het moment dat Dex haar had laten weten dat Victor Aster er niet mee instemde dat er 'veelbelovend' op *Alles of niets* kwam te staan, was Wendy schier onbereikbaar geworden. Hij had haar sindsdien nog maar één keer – heel kort – gesproken. Ze had gezegd: 'Ik zal er niet omheen draaien, Dex. Het feit dat er geen quote van Victor Aster komt, is niet goed voor je boek.'

Dex had haar geantwoord dat ze zich geen zorgen moest maken.

Zijn boek was zijn boek, wat wie dan ook er wel of niet over zei. Het zou zijn weg wel vinden naar de lezer.

Maar naarmate de publicatiedatum naderde en hij nog altijd niet wist wat de oplage van de eerste druk zou worden, begon hij te twijfelen. En boos te worden. Dat ook. Boos op Mildred, die aan zijn kop bleef zeiken over het feit dat hij zijn baan had opgezegd. Op Wendy, die hem niet meer te woord stond. Op Lucy, die maar om de hete brij heen bleef draaien en, vooral, op Victor Aster, die botweg had geweigerd hem te helpen. Shit, je relatie naar de hel zien gaan was niet leuk – natuurlijk niet – maar om meteen ook maar al je vrienden en oud-cursisten te laten zitten?

Wanneer hij 's avonds in bed lag en Mildred weer eens te laat terug was van haar yogales, zag hij Aster voor zich, die glimlachend opkeek van het eerste hoofdstuk van *Alles of niets*. 'Dit is veelbelovend, Dex. Ga zo door...'

Was het überhaupt de waarheid geweest? Of kreeg iederéén die twintigduizend dollar neertelde voor een weekje eilandpret een vriendelijke, maar niet-gemeende aanmoediging cadeau?

Twee weken voor de verschijning van zijn boek – zes dagen geleden nu – had hij een telefoontje gekregen van Lucy. Ze deelde hem mee dat er tweeduizend exemplaren van *Alles of niets* zouden worden gedrukt.

'Tweeduizend?' zei Dex. 'Maar dat is...'

'Dat is ronduit teleurstellend,' zei Lucy, normaal de vriendelijkheid zelve, maar nu kortaf. 'Zoals Wendy je al vertelde: met een quote van Victor Aster was alles vast en zeker anders geweest. Maar die hebben we niet.'

Dex voelde een vreemde druk op zijn borst. Hij zei: 'Whatever. We hebben die quote niet nodig. Het komt wel goed.'

Lucy mompelde iets bevestigends, wenste hem een fijne dag en hing op.

Toen Mildred de hoogte van de oplage hoorde, werd ze nog chagrijniger dan ze de afgelopen maanden was geweest. Ze zeurde hem om elk wissewasje aan zijn kop en liet hem nauwelijks meer met rust, zelfs niet toen hij haar vroeg dat alsjeblieft wel te doen omdat hij in de tussentijd aan een tweede boek was begonnen.

'Een tweede boek?' zei Mildred. 'Ben je wel goed bij je hoofd? Er zijn tweeduizend exemplaren van *Alles of niets* gedrukt. Amerika heeft meer dan driehonderdachtentwintig miljoen inwoners. Je redacteur komt niet eens meer zelf aan de telefoon. Ze laat haar assistente het afhandelen. Je denkt toch niet werkelijk dat ze een tweede boek van je gaan uitgeven?' Ze schudde haar hoofd. 'Als ik jou was zou ik zo snel mogelijk je oude baas bellen en hem op je knieën smeken of je alsjeblieft mag terugkomen.'

'Ik ga nog liever dood,' zei Dex, en hij meende het.

De dagen daarna spraken Mildred en hij niet met elkaar. Ze cirkelden om elkaar heen en aten zwijgend hun avondeten. Dex klampte zich vast aan de gedachte dat er nog steeds van alles mogelijk was. Oprah Winfrey zou zijn boek in handen kunnen krijgen om er vervolgens verliefd op te worden. Er waren mensen met invloedrijke podcasts. Grote kranten met alom gerespecteerde recensenten. Er kon altijd iets gebeuren waardoor de oplage zou exploderen. John Grishams debuut was nauwelijks verkocht. Maar daarna had hij *Advocaat van de duivel* geschreven...

En toen, drie dagen geleden, was daar de e-mail van Lawrence Montgomery geweest. O, shit, had Dex gedacht. Hij heeft het gelezen. Victor heeft het gelezen en geeft me alsnog een quote. *Yes.*

Hij opende de mail en las:

Beste Dex,

Victor vroeg me je deze mail te sturen. Het gaat iets beter met hem en hij heeft je ms in vogelvlucht gelezen. Het heeft zeker potentie, maar het is Victors advies er nog eens grondig doorheen te gaan. Victor vermoedde al op pagina 25 dat Shawn Walker de dader is. Dat heeft alles te maken met de blauwe regenjas die hij draagt. Victor raadt je aan Shawn pas in hoofdstuk 4 op te voeren en hem dan in ieder geval iets anders te laten dragen. Nogmaals gefeliciteerd met je boekcontract en succes met alles.

Met vriendelijke groet,

Lawrence Montgomery

Dex staarde naar het computerscherm. In al zijn contacten met Wendy had ze helemaal niets gezegd over Shawn Walkers blauwe regenjas. Het enige dat ze almaar had gevraagd, was of hij Victor Asters quote al binnen had. Of nee: wacht. Ze had er wel iets over gezegd. Tijdens hun eerste gesprek nadat ze het had gelezen. Ze had gevraagd of het niet te duidelijk zou zijn als Shawn in hoofdstuk 3 rondliep in die blauwe jas. Dex had gezegd dat het niet uitmaakte omdat er zoveel mensen waren met blauwe regenjassen. Daarna was niemand er meer op teruggekomen.

Shit.

Alles of niets was al naar de drukker. Het zou over een week verschijnen. Zelfs als Dex het wilde: er was geen mogelijkheid meer om iets te veranderen.

Shit, shit, shit.

Waarom had Aster zijn manuscript niet eerder gelezen?

Misschien kon hij maar beter een duik nemen van de eerste de beste wolkenkrabber die hij tegenkwam. Op die manier waren al zijn problemen in één klap opgelost.

Maar wacht eens even...

Nee, zo makkelijk waren ze niet van hem af. Zowel Wendy Moreno als Victor Aster had de opmerking over de blauwe regenjas pas gemaakt nadat ze het hele boek hadden gelezen. *Ze kenden het einde en wisten dus al dat Shawn de dader was.* Hoe makkelijk was het om achteraf een beetje wijsneuzerig te gaan doen over dat je al vanaf pagina 25 had begrepen hoe de vork in de steel zat?

Nee, hij zou zich niet gek laten maken door een beetje kritiek. Hij glimlachte, stuurde Lawrence Montgomery een beleefde mail terug waarin hij Victor bedankte voor zijn tijd en moeite en liep vervolgens naar Wong's Place om een dubbele portie kip met broccoli te halen.

Etend van zijn favoriete Chinese gerecht bleef hij zichzelf voorhouden dat hij het bij het rechte eind had wat betreft het belang van Shawns blauwe regenjas. Niemand zou er iets van zeggen. Net zoals niemand iets had gezegd toen de lichamen van zijn ouders half verkoold waren gevonden in zijn ouderlijk huis. Ze hadden hem allemaal getroost en zelfs een psychiater voor hem geregeld. Niemand had hem als verdachte gezien. Niemand had hem gevraagd of hij misschien een slechte relatie had met zijn ouders en daarom weleens op het idee was gekomen om ze allebei te vergiftigen en vervolgens de hele boel in de fik te steken.

Nee, wanneer het op plotten aankwam, had hij zijn kwaliteit al ruimschoots bewezen. Ter plekke besloot hij om met niemand over Asters mail te spreken, maar hem wel zorgvuldig te bewaren. Op die manier zou hij een lange neus kunnen maken naar iedereen die niet in hem geloofde op het moment dat zijn boek straks *The New York Times*-bestsellerlijst aanvoerde en alle records brak.

Ja, dacht hij nu, drinkend van zijn biertje en starend naar Mildreds rode pumps. Zo zou het gaan. Hij zou ze allemaal in hun gezicht uitlachen.

En tot die tijd?

Hij keek om zich heen in het appartement. Tot die tijd zou hij alvast beginnen te wennen aan zijn nieuwe leven. Een goed leven, zonder negatieve invloeden. Hij keek naar de dichte slaapkamerdeur en vroeg zich ineens af of Mildred daar nog wel in paste. Diep vanbinnen betwijfelde hij het, maar je wist maar nooit. Misschien moest hij het haar gewoon vragen.

'Mildred?'

Stilte.

'Lieverd?'

'Val dood, Dex. Val dood en laat me met rust. Ik wil niet met je praten.'

Val dood? Hij fronste zijn wenkbrauwen, nam een paar grote slokken bier en zette zijn blikje op de salontafel. Vervolgens stond hij op en pakte een van Mildreds rode pumps. Hij woog hem even in zijn hand en dacht toen: nee, dit schoot niet op.

Met de pump in zijn hand liep hij naar de slaapkamer en opende de deur. Binnen was het donker. De gordijnen waren dicht, zoals altijd wanneer ze een van haar zielige buien had.

'Ga weg, Dex. Ik wil je niet zien.'

Hij liep naar het bed. Mildred lag op haar zij, met haar rug naar hem toe.

'Heb je me niet gehoord? Rot op. Ik wil dat je pas terugkomt als je volwassen bent.' Ze draaide zich op haar rug en keek hem aan. 'Wat doe je godverdomme met mijn schoen? Zet die onmiddellijk terug.'

Dex klom op het bed, ging schrijlings op haar zitten en ramde met alle kracht die hij in zich had de naaldhak in haar keel.

Heel even was haar gezicht volkomen uitdrukkingsloos. Toen maakte ze een rochelend geluid en bracht met doodsangst in haar ogen haar handen naar haar keel. Te laat. Dex had de hak er al uitgetrokken en ramde hem er nogmaals in, een paar centimeter naar rechts.

Hij verwachtte min of meer dat er een heel gevecht zou volgen, zoals je altijd in films zag, maar dat kwam er niet. In plaats daarvan voelde hij Mildreds lichaam onder hem een paar keer schokken, waarna haar ogen wegdraaiden en ze doodstil bleef liggen. Dex trok de hak uit haar keel en keek enkele seconden toe hoe het bloed de lakens onder haar hoofd rood deed kleuren.

Hij voelde zich onmiddellijk opgelucht, net als na de dood van zijn ouders. Hij zou wachten tot het donker was, de woestijn in rijden en het lichaam daar begraven, samen met de pumps en de bebloede lakens. Morgen zou hij de politie bellen en op gepast bezorgde toon melden dat zijn vriendin een dag eerder niet was thuisgekomen. Het zou vast een heel gedoe worden met allerlei ondervragingen, maar dat vond hij niet erg. Hij zou nergens over klagen en het braaf doorstaan, want van nu af aan was er geen plaats meer voor zorgen en negativiteit.

Alles zou goed komen.

Eén goede recensie. Eén *lucky break* en het balletje zou vanzelf gaan rollen. En nu hij erover nadacht: zonder hulp van Victor Aster zou het nog beter voelen. Op die manier zou het voor de volle honderd procent zijn eigen succes zijn.

Zijn eigen succes en van niemand anders.

60

Carol

Carol keek naar Riley, die in het halfdonker bleef ijsberen tussen een van de stoelen en de plek waar het samoeraizwaard op de grond lag, ondertussen onafgebroken en nerveus doorpratend. 'Het was zo koud in dat bos, Carol. Zo koud. We hebben het dekbed uit de bungalow van Harris meegenomen, zonder het hoeslaken zodat het niet zou opvallen, maar 's nachts... godallemachtig, het was verschrikkelijk. Maar als het moet, ga ik terug. En jij moet meegaan. Als ze niet terugkomen, gaan we er samen heen, oké? Stel dat Victor Aster Luther en Dex door het bos heeft zien rennen en ze heeft vermoord? Dan zijn wij nog de enigen die in leven zijn. Dan zullen we het samen moeten doen.'

'Ik weet het,' zei Carol. 'Maar zover is het nog niet.' Ze aarzelde. 'Probeer even te gaan zitten. We weten nog steeds niet zeker of het Aster is. Het heeft weinig zin om te speculeren.'

Riley schudde haar hoofd. 'Dat kan ik niet. Gaan zitten. Maar je hebt gelijk. Ik moet ophouden met scenario's bedenken. Anders word ik gek.'

Carol raapte de fles op die ze eerder van schrik had laten vallen. 'Wil je wat water? Er zit nog een klein beetje in.'

Riley leek haar niet te horen. Ze bleef heen en weer lopen, sloeg haar armen over elkaar en zei: 'Ik heb trouwens gelogen daarnet. Ik zei dat ik tegen Luther had gezegd dat ik jullie wilde zoeken, maar dat is niet waar. Ik bedoel: het is wel waar, ik heb dat inderdaad gezegd, maar toen Luther zei dat hij het te gevaarlijk vond, heb ik totaal niet aangedrongen. Ik wilde het namelijk ook niet echt. Ik vond dat ik het ter sprake moest brengen omdat jij me had beloofd dat we hier levend vandaan zouden komen en... nou ja, ik vond dus dat ik het op de een of andere manier aan je verplicht was. Maar diep vanbinnen was ik alleen maar doodsbang. Dus toen Luther ertegen was, ben ik teruggekropen onder dat dekbed en heb ik mijn laffe bek niet meer opengedaan.' Ze veegde een traan weg. 'Terwijl jij mij aan het zoeken was, verstopte ik me. Mijn moeder heeft gelijk. Ik ben een totale loser.'

Carol zuchtte. 'Je bent geen loser, Riley. Je bent een mens. Wat je gedaan hebt, is niet meer dan begrijpelijk. Ik ben alleen maar blij dat je nog leeft.' Ze stond op, negeerde de pijn in haar enkel en pakte Riley bij haar schouders. 'Hoor je me? Je hebt het goed gedaan. Ik was ook bang. En niet zo'n klein beetje ook.'

Riley keek haar met een getormenteerde blik aan en even was Carol er zeker van dat ze zichzelf opnieuw de put in zou praten door te zeggen dat Carol in tegenstelling tot zijzelf wél de moed had gehad naar andere overlevenden te gaan zoeken, maar dat deed ze niet. In plaats daarvan sloot ze haar ogen, opende ze toen direct weer en zei: 'Het klopt niet. Het klopt niet, Carol.'

Carol liet Rileys schouders los, vloekte vanwege een volgende steek in haar enkel en ging weer zitten. 'Wat klopt niet?'

'Alles. Dit. Het duurt veel te lang. Hij heeft hem vermoord. Je zei dat hij Luther al bijna had ingehaald toen jij stopte met rennen, toch?'

Carol knikte. 'Ja, dat is waar. Maar–'

'Nou dan. Dex is veel groter en sterker. Wat als hij hem niet de kans heeft gegeven zijn verhaal te doen? Wat als–'

'Geloof me,' zei Carol. 'Hij heeft hem niet vermoord. Maar je hebt wel gelijk: ze hadden al terug moeten zijn.'

Riley keek haar aan. 'Als Dex hem niet heeft vermoord, dan heeft Aster het gedaan. Of die Miranda X. Het duurt te lang, Carol. Ik voel het in mijn buik.'

'Riley, je zei net–'

'Ik weet het. Ik moet ophouden met scenario's bedenken. Sorry, ik kan het niet helpen.'

Carol wendde haar blik af. Kon Riley gelijk hebben? Kon het zijn dat iemand – de moordenaar – Green en Dex had gezien en hen beiden had vermoord?

Dat is zeven. Dat is acht.

Ze huiverde.

Blijf nadenken, bracht ze zichzelf in herinnering. Blijf rustig. In gedachten liet ze alles nog eens de revue passeren. Vanaf de aanblik van Samuel Murphy onder aan de klif tot het moment dat ze zojuist hier naar binnen was gestapt en de doodsbange Riley had aangetroffen.

Het hielp niet. Hoe hard ze ook nadacht, er was niets dat–

Wacht eens even. Of wel?

Shit, maar als dat zo was, dan…

Ze voelde haar keel droog worden en keek Riley aan. 'De rugzak van Nick Buchanan? Was die van hemzelf? Ja, toch?'

Riley keek haar niet-begrijpend aan. 'Ja. Hoezo?'

Verdomme, waarom had ze hier niet eerder aan gedacht? 'Hij was niet van Aster?'

'Nee, het was Nicks eigen rugzak. Dat weet ik zeker.'

'Precies,' zei Carol. 'Maar… om die rugzak te laten ontploffen moet iemand er explosieven hebben ingestopt nádat Nick hem had ingepakt voor onze zoektocht.' Ze dacht even na en knikte. 'Op het moment dat we onze rugzakken inpakten om het eiland te verkennen waren we nog maar met zijn zessen. Victor Aster was toen al…'

'Weg…' zei Riley. 'Shit, je hebt gelijk. Maar dat betekent…'

Carol knikte. 'Dat betekent dat hij onmogelijk degene kan zijn die hierachter zit. Althans: niet in zijn eentje. Net zomin als een eventuele Miranda X.'

Riley zuchtte. 'Maar de enigen die op dat moment in de bunker waren en die nog leven zijn Luther, Dex, jij en ik. Luther en Dex hebben het niet gedaan. Ik ook niet. En jij…' Ze keek Carol enkele seconden weifelend aan en schudde toen haar hoofd. 'En jij ook niet. Daar twijfel ik niet aan.'

Carol zei niets. Ze dacht terug aan het moment waarop Roy Geddes was neergeschoten. Een schutter had ze niet gezien. Wat had Dex ook alweer gezegd over Green?

Ik kan zijn handen zien. Van die afstand… hij moet het met een scherpschuttersgeweer hebben gedaan. Dan heeft hij het daar achtergelaten in de struiken. Kijk maar: hij heeft niets bij zich.

Dat was de sleutel.

Ze stond op, verbeet de vlammende pijn in haar enkel en keek naar Riley. 'Je weet zeker dat Green niet gewapend is?'

'Heel zeker,' zei Riley. 'Echt: hij heeft dit niet gedaan.'

'We zullen zien. Kom mee.'

Riley keek haar niet-begrijpend aan.

'Vertrouw me,' zei Carol. 'Ik heb een idee.'

61

Victor Aster

Victor Aster kon het nauwelijks geloven. 'Een quote? Heb je al die onschuldige mensen vermoord *omdat ik je geen quote gaf voor je boek*? Godallemachtig, je bent compleet gestoord.'

'Alle schrijvers zijn een beetje gestoord,' zei Dex. 'Dat heb je zelf gezegd, drie jaar geleden om precies te zijn, in een interview met de *New York Post*. Maar wat je vraag betreft: ja, dat is inderdaad de reden dat ik het heb gedaan.'

'Maar ik heb je gehólpen. Ik heb je eerlijk gezegd dat ik vond dat er nogal wat aan schortte en je aangeraden een en ander te herschrijven.'

'Ja, ik weet het. Maar dat was een beetje te laat. Het boek lag al bij de drukker. Jezus, Victor. Het enige dat je had hoeven doen was zeggen: "Natuurlijk, Dex. Zet maar 'Veelbelovend' op het omslag. Ik gun je het allerbeste." Volgens mijn redacteur had een quote van jou het verschil gemaakt. Maar nee, dat was te veel gevraagd, hè? Wat was het probleem, Victor? Was je jaloers? Voelde je je bedreigd?'

'Ik heb je gehólpen. Ondanks de zware tijd waarin ik zat, heb ik de tijd genomen je manuscript te lezen en van commentaar te voorzien, jij zieke idioot.'

'Ik weet het,' zei Dex. 'En alles wat je erover te zeggen had, ging over Shawns blauwe regenjas. Eén stom detail.'

Victor wreef in zijn ogen. Waar was hij mee bezig? Hij had gezien hoe Carson Green in koelen bloede had geëxecuteerd. Het had geen zin om met hem in gesprek te gaan. Wat hij beter kon doen was zich richten op een manier om zich uit zijn benarde situatie te bevrijden. Hij keek om zich heen, op zoek naar iets wat als wapen zou kunnen fungeren, maar hij vond niets. Dex had de revolver die hij had laten vallen niet opgeraapt, maar die lag ruim drie meter bij hem vandaan.

'Waar ben je eigenlijk naartoe gevlucht, Victor, nadat je Mary Jo had gevonden in de bunker?' zei Dex nu. 'Want dat is toch wat er is gebeurd? Je vond haar en deed het bijkans in je broek. En toen heb je je verstopt.'

Victor aarzelde even, knikte toen en zei: 'Dat klopt. Ik ben een lafaard geweest. Ik heb iedereen in de steek gelaten.'

'Inderdaad,' zei Dex. 'Eerst heb je mij niet geholpen met mijn boek en nu heb je je gedragen als een lafaard. Ik zou zeggen dat je het dubbel en dwars verdient om vandaag te sterven, vind je zelf ook niet?'

Victor keek naar het wapen in Dex' hand. Aardig. Hij moest aardig voor hem zijn. Misschien kon hij zich er op die manier uit redden. 'Rustig aan. Rustig aan, Dex. Alsjeblieft. Het spijt me dat ik niet wat meegaander ben geweest. Zoals ik al zei: ik zat in een erg zware tijd. Ik was depressief. Hé, wat denk je ervan als ik het nog een keer lees – met mijn volle aandacht dit keer – en je alsnog een mooie quote geef? Dat zou ik graag doen. Echt waar.'

'Daarvoor is het een beetje laat,' zei Dex. 'Zoals je weet, is mijn boek al verschenen en volledig geflopt. Maar als je toch in een gulle bui bent: je zou me híérvoor een quote kunnen geven.'

Victor fronste. 'Waarvoor?'

'Hiervoor,' zei Dex, knikkend naar de lichamen van Lawrence Montgomery en Luther Green. 'Voor de prestatie die ik deze week op dit eiland heb geleverd. Dat was namelijk het andere dat ik kwam doen, Victor. Je moet weten: ik ben behoorlijk streng voor mezelf. Ik was erg boos op je vanwege het uitblijven van die quote, maar ik dacht ook: ho-ho, misschien – heel misschien – heeft Victor wel gelijk. Misschien ben ik inderdaad niet in staat een fatsoenlijke whodunit te componeren. En dus besloot ik de proef op de som te nemen. Ik dacht: ik ga terug naar dat eiland en ik voer Victors schrijfopdracht uit – letterlijk. Ik vermoord ze allemaal. Een voor een. Als Victor of een van de cursisten in de gaten heeft dat ik het ben, dan neem ik mijn verlies en accepteer ik dat ik niet in staat ben een spannend verhaal te schrijven. Maar als het me wél lukt, dan kan ik mezelf met terugwerkende kracht een schouderklopje geven. Dan kan ik zeggen dat jij, mijn redacteur en al die mensen die hebben nagelaten *Alles of niets* te kopen misschien een tikkeltje te kritisch zijn geweest. En dat het dus meer dan terecht is dat ik behoorlijk ontstemd ben over hoe ik ben behandeld. Shit, Victor, ik heb het je makkelijk gemaakt. Ik heb nota bene een blauwe regenjas aangetrokken. Speciaal als knipoog naar jou. Maar je zag het niet, want bij de eerste de beste tegenslag dook je onder.'

Krankzinnig, dacht Victor. Hij is volslagen krankzinnig. Maar wat had hij gezegd? O ja. Een quote. Hij wilde een quote. 'Eh, eens even kijken,' zei hij. 'Tja, ik moet toegeven dat ik het niet in de gaten had. Wat je van plan was, bedoel ik. Toen je je inschreef dacht ik wel even: hij zal toch geen verhaal komen halen? Maar toen we vrijdag begonnen, merkte ik niets aan je. Je hebt...' Hij keek weer naar het pistool in Dex' hand. 'Je hebt je intenties dus goed verbloemd.'

Dex schoot in de lach. 'Victor, Victor... je bent echt pathetisch, weet je dat? Dacht je werkelijk dat je je hieruit kon redden door een potje te gaan zitten slijmen? Ik maakte maar een grapje.'

Victor keek om zich heen. Zijn revolver pakken kon hij vergeten. Er was niets in zijn buurt wat hij zou kunnen gebruiken om Dex te verrassen. Of... wacht even. Jawel. Het was een onsmakelijke gedachte, maar de scalp van Lawrence Montgomery lag binnen handbereik. Hij zei: 'Dus dat is je plan? Iedereen vermoorden om te bewijzen dat ik het bij het verkeerde eind had?'

'Dat was inderdaad mijn plan,' zei Dex. 'Iedereen vermoorden en jou ervoor laten opdraaien door een brief achter te laten. Een brief van jou, waarin je schrijft dat je woedend bent op wat de wereld en vooral je ex-vrouw je heeft aangedaan en waarin je toegeeft alle cursisten te hebben vermoord om vervolgens de hand aan jezelf te slaan. Een brief op je favoriete printpapier en geschreven in jouw favoriete lettertype. Maar mijn plan is veranderd, Victor. Er is namelijk iets bijzonders gebeurd.'

Victor keek weer naar de scalp. Zou hij die kunnen pakken en hem naar Dex' hoofd slingeren zodat hij een kans zou hebben hem het pistool te ontfutselen? 'Wat is er gebeurd?'

'Onvoorziene plotwending,' zei Dex. 'Ik ben verliefd geworden.'

Victor ging verzitten en schoof een paar centimeter naar de scalp toe. Een morbide gedachte nestelde zich in zijn hoofd: *Lawrence. Mijn beste, trouwe Lawrence. Help me. Nog één keer.* 'Je bent verlíéfd geworden?'

'Ja, Victor,' zei Dex. 'Dat ben ik inderdaad. En daar heb jij het toch altijd over? Dat je een plan moet maken, maar dat je ook open moet staan voor spontane ingevingen? Nou, dat heb ik gedaan. Ik stond open. En al op dag één gebeurde het. Ik ontmoette Carol. Eerst dacht ik: kom op, hou je aan je plan, maar ja, het bloed kruipt waar het niet gaan kan. En geef toe: Carol is echt heel bijzonder. Een heel wat socialer type dan mijn ex. Haar heb ik maanden geleden helaas los moeten laten. Hoe dan ook: het kostte me enig denkwerk en aanpassingsvermogen, maar ik geloof dat ik er wel uit ben.' Hij tikte met het uiteinde van de geluiddemper tegen zijn dijbeen. 'Weet je, eerst was ik van plan mezelf ook van kant te maken. Nadat ik jou had vermoord, uiteraard, alsof ik ook een van de slachtoffers was. Ik was – hoe zal ik het zeggen – een beetje moe. Heel veel zin in de rest van mijn leven had ik niet. Maar dankzij Carol...' Hij glimlachte. 'Man, ze is echt heel speciaal. Ze heeft een vriend – Mark – dat is nog even een kleine complicatie. Maar ik merk aan alles dat ze steeds meer naar me toe groeit. En haar gevoelens voor mij zullen alleen maar sterker worden wanneer ze zo dadelijk hoort dat ik het monster dat ons al dagen op de hielen zit heb uitgeschakeld. De brief waarin je bekent, die zullen ze op je computer vinden. Ik heb hem twee nachten geleden geschreven terwijl Carol sliep. Je moet weten dat we tijdelijk gebruik hebben gemaakt van je werkkamer als uitvalsbasis – ik hoop niet dat je dat erg vindt...'

'Mij vermoorden en aan de wereld verkopen dat ik dit allemaal heb gedaan? Is dat wat je wilt doen?'

'Precies,' zei Dex. 'Het is waterdicht. Vind je ook niet?'

62

Dex

Dex keek naar Aster. Hij wachtte op het moment dat de schrijver zijn hoofd zou buigen en zou zeggen: 'Je hebt gelijk. Dat is inderdaad een waterdicht plan.' Maar dat deed hij niet. In plaats daarvan staarde hij opnieuw met een moeilijk gezicht naar de scalp van Lawrence Montgomery. Dex deed zijn best niet geïrriteerd te raken en herinnerde zich Asters emotionele reactie bij het hek een paar avonden geleden, toen hij hem had geconfronteerd met het overlijden van zijn assistent en Samuel Murphy. Hoe had Aster Montgomery ook alweer genoemd? Zijn beste vriend? Een broer? Dex had het opgevat als overtrokken gedoe, maar blijkbaar was er werkelijk een speciale band tussen de twee geweest en was de schrijver er nog altijd niet overheen. Nu – eindelijk – keek hij op en zei: 'Nee, dat is het niet.'

Dex knipperde met zijn ogen. 'Wat?'

'Je vroeg me of je plan waterdicht is, en mijn antwoord op die vraag is "nee". Dat is het allerminst. Lawrence mag dan dood zijn, maar Roy zal je niet geloven. Hij kent me en weet dat ik dit nooit zou doen. Hij zal de politie vragen een onderzoek in te stellen.'

'Roy?'

Aster knikte. 'Roy Geddes. Hij komt vrijdag de cursisten ophalen en je zult hem moeilijk ook kunnen vermoorden in het bijzijn van Carol en Riley.'

'O, je vriendje de schipper. Sorry, dat was ik helemaal vergeten. Hij zal niemand meer vragen een onderzoek in te stellen, Victor. Hij kwam daarnet onverwachts langs en ik heb hem vermoord. Net als die goeie ouwe Lawrence hier.'

Aster schudde zijn hoofd. 'Je liegt. Hij komt nooit zomaar langs. Hij komt alleen op vrijdag.'

'Dat zou best kunnen, Victor. Maar deze keer kwam hij wel.'

'Ik geloof je niet.'

'Dat mag. Geloof wat je zelf wilt. Maar het is de waarheid. Ik heb hem doodgeschoten met een scherpschuttersgeweer vanaf die oude overgroeide uitkijkpost. Vandaar die reuze onhandige telescooptas. Ik wilde ervoor zorgen dat ik tijdens mijn kleine project hier niet zou worden verrast door iemand die onverwacht een bezoek aan het eiland wilde brengen en verstopte dat geweer daar maandag al. Je schipper is dood, Victor. Echt waar. Carol denkt dat Green het heeft gedaan. Die was daar ook toen ik de trekker overhaalde.'

Aster snoof. 'Als ze denkt dat Green het heeft gedaan, hoe ga je dan aan haar uitleggen dat ik alles op mijn geweten heb?'

Dex haalde zijn schouders op. 'Heel simpel. Ik rende achter Green aan. Toen ik hem bijna te pakken had, dook jij plotseling op. Je nam ons onder schot en bracht ons naar deze bungalow. Omdat Green en ik allebei beseften dat we sowieso zouden sterven als we niets zouden doen, vielen we je aan. Je weet wel, net zo'n heldhaftige actie als van die passagiers in United 93. Daarop schoot jij Green dood, waarna ik jou neerschoot. Natuurlijk niet in koelen bloede, maar na een hevige worsteling. Misschien schiet ik mezelf daarna wel in mijn been om het geloofwaardiger te laten lijken. Wat denk je? Zou dat nodig zijn of is het een tikkeltje overdreven?'

'Ik denk dat je totaal gestoord bent.'

'Dat heb je al gezegd, Victor. Herhaling. Foei. Alweer een van je eigen regels gebroken.'

Aster keek weer naar de scalp. Blijkbaar had hij zich verzoend met zijn lot. Op de een of andere manier maakte het Dex razend. Hij wilde dat Aster iets zéí. Dat hij toegaf dat hij fout was geweest. Hij zei: 'Weet je, Victor? Normaal gesproken neemt de boekverkoop exponentieel toe wanneer een schrijver doodgaat. Maar bij jou zal dat niet het geval zijn. Iedereen zal je uitkotsen. Weet je nog wat er met Kevin Spacey gebeurde na al die pijnlijke onthullingen? Harvey Weinstein? Eens waren ze gevierd. Maar dit is Amerika, Victor. Niets is hier zo vergankelijk als roem. En bij jou? Bij jou zal het erger zijn. Je boeken zullen uit alle boekhandels worden verwijderd. Uit bibliotheken. Ze zullen worden *verbrand*. En je had het allemaal kunnen voorkomen. Je had het kunnen voorkomen door één stomme quote te geven.'

Aster bleef zwijgen. Keek nog altijd met een wezenloze blik naar de scalp.

Dex stond op en ging harder praten. 'Je had het fout, Victor. Ik kan het wel, iedereen op het verkeerde been zetten. Ik heb het bewézen. Mijn persoonlijke favoriet? Dat was Harris. Ik speelde in op zijn leiderssyndroom en zei dat ik wilde proberen te zwemmen. Een deel van me geloofde niet echt dat hij zou happen, maar dat deed hij wel. Je had erbij moeten zijn, Victor. Hij vond een potje vaseline en dacht dat het hem zou helpen...'

Victor wierp hem een vluchtige blik toe en even dacht Dex dat hij iets zou zeggen. *Oké, Dex. Je had gelijk. Ik zat fout.*

Maar hij zei niets. In plaats daarvan pakte hij – gadverdamme – Montgomery's scalp op en schudde zijn hoofd. 'Je bent er echt trots op, hè? Op het vermoorden van al die onschuldige mensen? Nou, je zult ervoor boeten. De politie zal ontdekken wat je hebt gedaan en je zult voor de rest van je leven achter de tralies verdwijnen.'

Dex beet op zijn tong. 'Ik ga er een eind aan breien, Victor. Mijn vriendin wacht op me. Heb je nog laatste woorden?'

'Ja,' zei Aster, en hij gooide – Dex kon het niet geloven – de scalp in zijn richting.

In een reflex bracht Dex zijn beide handen voor zijn gezicht om in dezelfde fractie van een seconde te denken: fout. Dit is wat hij wil. En inderdaad, op het moment dat de scalp de hand met de Beretta raakte, sprong Aster naar voren en stortte zich op hem.

Dex probeerde de Beretta opnieuw te richten, maar hij was te laat. Aster sloeg het wapen uit zijn hand en het volgende ogenblik rolden ze samen over de vloer. Dex kwam onderop terecht en Aster ramde een vuist in zijn gezicht. 'Klootzak. Jij smerige, gewetenloze klootzak...'

Jezus christus, dacht Dex, terwijl zijn kaak gloeide van de pijn en Aster hem opnieuw in het gezicht raakte: dit zal me toch niet gebeuren? Door al die uitleg toch nog worden verrast, zoals in al die clichéromannetjes? Nee, dat mocht niet. Carol wachtte op hem...

Aster wilde weer uithalen, maar Dex blokte de vuistslag. In een uiterste krachtsinspanning wist hij Aster van zich af te duwen en nu waren de rollen omgedraaid en was Dex de bovenliggende partij. Met zijn linkerhand hield hij Aster tegen de grond gedrukt terwijl hij met zijn rechter zijn gezicht bewerkte. Aster kreunde en proestte, greep Dex' vuist en beet erin. De man was niet alleen een lafaard, hij vocht bovendien als een meisje. Dex negeerde de brandende pijn in zijn hand en zocht de vloer af naar de Beretta. Genoeg, dacht hij. Het was genoeg geweest. Maar verdomme, de Beretta was onvindbaar. Hij moest onder het bed terecht zijn gekomen. Dex schudde zijn hoofd en had net besloten dat hij het werk dan maar met zijn vuisten moest afmaken toen hij een meter links van hem de revolver van Aster zag liggen. Hij grijnsde. Zijn eigen revolver. Het zou wat meer herrie maken, maar voor zijn verhaal naar Carol en Riley was het des te beter. Nog één keer ramde hij zijn vuist zo hard mogelijk in Asters gezicht. Toen kwam hij razendsnel overeind, greep de revolver en richtte hem op Asters hoofd.

De schrijver staarde hem met een wezenloze blik aan, zijn gezicht één bloederige bedoening. 'J-je komt hier niet mee weg...'

'Ik vind het jammer dat je nog steeds niet trots op me bent,' zei Dex. Hij zuchtte en haalde tweemaal de trekker over. 'Maar dat geeft verder niet. Ik heb je bevestiging niet langer nodig.'

63

Mark

'Jezus christus,' zei Mark. 'Hoorden jullie dat? Volgens mij was dat een schot. Alsjeblieft, schiet een beetje op...'

Agent Brown keek naar hem op. 'Weet u het zeker, meneer Foster? Ik hoorde niets.'

Nee, dat kon kloppen. De twee agenten stonden vlak naast de ratelende kraan die bezig was de speedboot vanaf de truck neer te laten in het water.

'Ik kan me vergissen,' zei Mark. 'Maar ik weet het bijna zeker. Het kwam vanuit de richting van het eiland. Weet u zeker dat het niet beter is om versterking te vragen?'

Agent Brown zei: 'Wat?'

Mark keek naar de ratelende kraan en schudde zijn hoofd.

Tien minuten geleden waren ze eindelijk gearriveerd. Ze waren vriendelijk, maar leken net als de man die hij even daarvoor telefonisch had gesproken te denken dat er niet iets heel ernstigs aan de hand was.

Nu wierp de tweede agent – agent Trambley – een blik in zijn richting. 'Maakt u zich geen zorgen, meneer Foster. Er wordt veel gejaagd in dit gebied. Misschien hebt u inderdaad een schot gehoord, maar dat wil niet zeggen dat er dingen mis zijn op het eiland. Bovendien: de akoestiek hier speelt soms een raar spelletje met je. Het kan heel goed dat het schot uit een andere richting kwam. Nogmaals: we hebben nog nooit overlast gehad op Big Rock. Noch van de heer Aster, noch van zijn assistent of de schipper die voor hem werkt.'

'Dat zei uw collega aan de telefoon ook al,' zei Mark. 'Maar als er niets aan de hand is, dan zou ik die schipper toch moeten kunnen bereiken? Zoals ik al zei: ik heb hem in het afgelopen uur tien keer gebeld en hij neemt niet op.'

'Misschien is zijn telefoon leeg,' zei Trambley, terwijl de speedboot het water raakte. 'U had uw bezoek aan hem niet aangekondigd, toch?'

'Nee, dat had ik niet. Maar–'

'Meneer Foster,' zei Brown. 'We zijn er en we hebben onze wapens bij ons. Laten we alstublieft niet op de zaken vooruitlopen. Daar heeft niemand iets aan.'

Mark telde in gedachten tot tien en schudde zijn hoofd. Ze waren er en daar ging het om. Het wachten had schijnbaar eindeloos geduurd, maar nu lag de speedboot in het water. Trambley, de grootste van de twee, duwde de zware ketting waarmee de boot was neergelaten terug in de laadbak van de truck. Hij zei: 'Oké, meneer Foster. We gaan. We zullen u direct bellen zodra we uw vriendin hebben gesproken.'

Mark schudde zijn hoofd. 'Ik ga mee.'

Brown wisselde een blik met Trambley. 'Dat lijkt me geen goed idee, meneer. Mocht er werkelijk iets aan de hand zijn, dan is het verstandiger dat u gewoon hier blijft.'

'Misschien wel,' zei Mark. 'Maar ik sta erop. Mijn vriendin is daar en ik maak me grote zorgen.'

Brown zuchtte, knikte toen nauwelijks merkbaar naar Trambley en zei: 'Oké, vooruit dan maar. U mag mee. Zolang u maar precies doet wat wij zeggen. Afgesproken?'

'Natuurlijk,' zei Mark. 'Ik ken mijn plaats en jullie zijn degenen met de wapens.'

64

Dex

In eerste instantie was Dex boos op zichzelf geweest. Hij voelde zich een idioot omdat hij zich bijna had laten verrassen door Aster. Maar terwijl hij op weg was naar Carol en Riley realiseerde hij zich dat zijn bijna-slippertje niet slecht uitkwam. Zijn kaak was opgezwollen en zijn hand deed pijn op de plek waar Aster hem had gebeten. Het zou niet moeilijk zijn Carol en Riley ervan te overtuigen dat er een worsteling had plaatsgevonden en dat hij uit noodweer had gehandeld.

Toch voelde hij zich nu Aster dood was niet zo goed als hij vooraf had gedacht. Was het omdat hij niet iedereéén had gedood en zich dus niet aan zijn plan had gehouden? Nee, want dat was zijn eigen keuze. Hij was continu de baas geweest, de regisseur van alles wat er de afgelopen dagen was gebeurd.

Had zijn lichte gevoel van onvrede met Carol te maken? Nee, want zij wilde hem diep vanbinnen ook. Toch?

Ineens dacht hij aan hoe ze hem had omhelsd, maar zich vervolgens weer had teruggetrokken. Hij kreeg het warm. Wat als ze uit lafheid bij haar vriendje zou blijven? Net zoals Aster zich uit lafheid had verstopt. De meeste mensen waren zo: laf. Ze wisten wel wat het juiste was, maar deden uit angst het tegenovergestelde. Wat als…

Met een misselijk gevoel herinnerde hij zich zijn vreugde over het telefoontje van Lake & Reese. Heel even had hij gedacht dat hij de jackpot had gewonnen – eindelijk. Maar vervolgens was de quote van Victor Aster er niet gekomen en was alles alsnog misgegaan. Mildred? Hetzelfde verhaal. Toen hij haar leerde kennen, leek ze een lot uit de loterij, maar dat was ze niet geweest. Het was een wreed soort rode draad in zijn leven. Wanneer iets bijna lukte, gebeurde er altijd iets naars en onverwachts dat alles bedierf.

Hij vloekte binnensmonds toen hij met zijn gehavende hand langs de stam van een boom schuurde.

Hou op, zei hij tegen zichzelf. Carol was geen Mildred. Er zou niets misgaan. Hij probeerde zich haar gezicht voor te stellen wanneer hij haar zo dadelijk terug zou zien. Zou ze zich huilend in zijn armen storten? Zou ze haar vriendje onmiddellijk vergeten zodra ze besefte dat de nachtmerrie voorbij was en hij zijn leven op het spel had gezet om haar veiligheid te waarborgen? Ja, hij dacht van wel.

Zo niet, dan had hij nog altijd minimaal twee dagen om wat hun relatie betreft de puntjes op de i te zetten. Tenzij het iemand eerder zou opvallen dat Geddes niet was teruggekeerd, maar dat leek hem sterk. De man kwam hem voor als een loner die naar alle waarschijnlijkheid een teruggetrokken bestaan leidde in een of ander nabijgelegen slaapstadje. Het was dus meer dan aannemelijk dat ze nog even met zijn drietjes op het eiland zouden zitten.

Hij was er bijna. Kon het huisje nu zien tussen de bomen. Was er nog iets dat hij niet moest vergeten? Ja. Het scherpschuttersgeweer. Ergens op een onbewaakt ogenblik moest hij ertussenuit knijpen en het in zee gooien. Zijn vingerafdrukken stonden erop. De Beretta had hij schoongeveegd. Op de revolver van Aster zouden Dex' eigen vingerafdrukken worden teruggevonden, maar die waren nodig om zijn verhaal te ondersteunen.

Hij stapte van het pad af, duwde een paar takken opzij en legde slalommend tussen de bomen door de laatste meters naar het huisje af. Terwijl hij dichterbij kwam, spitste hij zijn oren. Hij hoorde niets. Natuurlijk niet: Carol en Riley hielden zich waarschijnlijk stil. Hij was nu bij de deur en maakte zich klaar om gepast bescheiden zijn heldenontvangst te ondergaan.

'Carol?'

Het bleef stil.

'Carol? Ben je daar?'

'Dex?'

Het geluid van haar stem bezorgde hem een prettige tinteling in zijn onderbuik. Hij opende de deur en stapte naar binnen. Zijn ogen moesten even wennen aan het halfdonker. Links van hem zag hij de werkbank met het gereedschap. Recht voor hem was de deuropening naar het tweede vertrek met de overdekte meubelen. Hij fronste zijn wenkbrauwen, zocht verder en glimlachte toen. Daar, rechts van hem en half ineengedoken tussen twee kasten, zat Carol, het samoeraizwaard en de waterfles aan haar voeten. Even meende hij een vreemde uitdrukking op haar gezicht te zien, een *angstige* uitdrukking, maar toen glimlachte ze zwakjes en zei: 'Dex... W-wat is er gebeurd? Waar is Green?'

Hij keek haar aan. Waarom vroeg ze niets over de zwelling op zijn gezicht? Was ze niet geschrokken? Nee, wacht. Hij stond nog half in de deuropening, waarschijnlijk zag ze alleen zijn silhouet. Hij deed een stap in haar richting, boog het hoofd en deed op sobere toon zijn verhaal. Hij zuchtte diep en besloot met: 'Green heeft zich opgeofferd, Carol. Het is dankzij hem dat ik nog leef. We zaten er helemaal naast. Het was toch Aster. Maar nu is hij dood. Het is voorbij.'

Carol bleef waar ze was, ineengedoken tussen de kasten. Waarom reageerde ze niet? Waarom kwam ze niet overeind?

'Carol? Gaat het?'

Ze keek hem aan. 'Het kan niet, Dex.'

'Hoe bedoel je?' Hij fronste zijn wenkbrauwen. 'Wat kan niet?'

'Aster,' zei Carol. Ze kwam nu overeind en keek hem aan, maar kwam niet dichterbij. 'Hij kan de dader niet zijn.'

'Jawel, dat is hij wel. Je hebt me toch gehoord? Hij heeft het zelf toegegeven.'

'O ja? Vertel me dan eens: hoe heeft hij explosieven in Buchanans rugzak gestopt terwijl hij zelf niet meer in de bunker was? Daarvoor zou hij op zijn minst een helper moeten hebben gehad. Iemand van ons.'

Shit, ze had nagedacht terwijl ze op adem kwam. Daar had hij niet op gerekend. 'Dat is... Ik weet het niet. Hij beweerde dat hij alles alleen had gedaan. Die explosieven... hij moet het gedaan hebben voordat hij verdween. Ik heb er geen andere verklaring voor.'

'Nee, dat heeft hij niet.'

Dex deed een stap achteruit. Die toon. Er klopte iets niet. Hij voelde het. Had hij een fout gemaakt? Had hij moeten zeggen dat het

Green was geweest? Nee, want die had onmogelijk Doris Espinosa kunnen vermoorden terwijl hij bij Riley was geweest. Waar was Riley trouwens? Green had gezegd dat ze ook hier zou zijn. Had Green gelogen? Nee, dat had hij niet. Dex wist het zeker. 'Ik begrijp je niet. Dus Aster heeft níét die explosieven in Buchanans rugzak gedaan? Is dat wat je zegt?'

'Dat zeg ik inderdaad. En jij weet het ook.'

Hij kreeg het warm en keek om zich heen. 'Waar is Riley? Green zei dat ze ook hier zou zijn. Heeft zij je hiervan overtuigd? En wat bedoel je met "En jij weet het ook"? Ik weet helemaal niets.' Hij schudde zijn hoofd. 'Heb je mijn kaak gezien? Die idioot heeft me bijna vermoord.'

'Oké. Dus Aster heeft Roy Geddes neerschoten, en níét Green?'

Eindelijk, ze draaide bij. Hij haalde opgelucht adem, voelde zijn zelfvertrouwen terugkeren en zei: 'Hij heeft niet alleen Geddes neergeschoten, Carol. Hij heeft ze allemáál vermoord. Het is precies zoals Riley een paar dagen geleden zei: hij heeft zijn eigen schrijfopdracht ten uitvoer gebracht.'

'Niet allemáál,' zei Carol.

'Wát?'

'Hij heeft ze niet allemaal vermoord,' zei Carol. 'Harris is gaan zwemmen.'

'Natuurlijk, dat is waar. Maar–'

'Nadat jij had voorgesteld om het te doen,' zei Carol, met een kille blik in haar ogen. 'Omdat je donders goed wist dat Harris met al zijn zwemervaring jou nooit zou laten gaan en zich verplicht zou voelen het zelf te doen. Heel slim van je. En dom van ons dat we het niet zagen.'

Het droge gevoel in zijn keel was weer terug. 'Carol. Ik weet echt niet–'

'Heb je een scherpschuttersgeweer gevonden bij Aster?'

'Nee. Hoezo?'

'Vanwege Geddes. We hebben niemand zien schieten en jij beweerde dat het van grote afstand moest zijn gedaan, door iemand met een scherpschuttersgeweer.'

'Inderdaad. Dat is wat ik denk.'

'Maar jij hebt het niet gedaan?'

'Ik? Carol, waar heb je het over? Ik ben net zo goed slachtoffer als jij. Godallemachtig, ik dacht dat je opgelucht zou zijn. Niet dat je me zou onderwerpen aan een kruisverhoor.'

'Was je alleen bij de uitkijkpost?'

'Wat?'

'Toen Geddes aankwam. Was je toen alleen bij die uitkijkpost?'

Hij zuchtte. Had het gevoel dat hij iets over het hoofd zag, maar kon niet bedenken wat. 'Ja,' zei hij. 'Ik was alleen. Waarom vraag je dat?'

'Omdat ik zeker wil weten dat als we er straks heen gaan, we daar geen geweer zullen vinden. En dat zullen we dus niet. Want jij had er geen. Toch?'

Dex voelde hoofdpijn opkomen. Dit was niet de Carol die hij had verwacht aan te treffen. Hij wilde een Carol die aardig deed. Een Carol die zich aan hem vastklampte en zei: 'Je hebt mijn leven gered.'

'Nou?'

Hij schudde zijn hoofd. 'Carol, ik weet niet wat je ineens bezielt, maar ik heb echt liever dat je me gewoon gelooft. Je enkel heeft verzorging nodig. Moeten we daar echt naartoe?'

Een stem links van hem zei: 'Nee hoor, we hoeven er niet naartoe. We kunnen gewoon hier blijven. We wilden alleen maar even zeker weten dat we het bij het rechte eind hadden en dat lijkt me inmiddels wel duidelijk.'

Hij keek om. Daar, in de deuropening naar het tweede vertrek, stond Riley Weeks. Ze had zijn scherpschuttersgeweer in haar handen en hield de loop op zijn borstkas gericht.

Nu spuugde ze op de grond en zei: 'Verroer je niet, jij geschifte psychopaat. Want ik zweer je: als je dat wel doet, dan vermoord ik je.'

65

Dex keek naar het geweer. Het was zwaar en trilde in Rileys handen, maar de uitdrukking op haar gezicht was vastbesloten. Ze waren dus naar de uitkijkpost gegaan. Maar wisten ze het zeker? Nee. Ze hadden immers geen mogelijkheid gehad vingerafdrukken te laten checken. Wat hem te doen stond, was ze overtuigen dat iemand anders het wapen daar had neergelegd. Hij wreef met zijn vingertoppen langs zijn slapen, wendde verbazing voor en zei: 'Riley? Wat doe je? Richt dat wapen alsjeblieft ergens anders op voordat er ongelukken gebeuren.'

Riley schudde haar hoofd. 'Vergeet het maar. Blijf waar je bent en doe je handen omhoog.'

'Maar waarom? Hoe kom je er in hemelsnaam bij dat dat geweer van mij is?'

'Dat snap je zelf ook wel. Omdat we zijn gaan zoeken natuurlijk. Eerst op de plek waar Carol Luther had gezien. En vervolgens op de plek waar jij zat toen de veerpont aankwam. En daar lag het, weggemoffeld in het struikgewas.'

Dex keek naar Carol. 'Godallemachtig, ben je helemaal teruggegaan naar die heuvel? Maar je enkel. Die–'

'Die deed heel veel pijn,' zei Carol. 'Maar het leek me belangrijk genoeg, aangezien mijn leven op het spel staat.'

Dex deed zijn best om casual te glimlachen. 'Ik bewonder je moed. En ik zeg je eerlijk: ik ben blij dat je bent gegaan. Want jij bent de enige die weet dat ik geen geweer bij me had. Iemand moet het daar hebben neergelegd nadat we achter Green zijn aan gegaan.'

'O ja?' zei Riley. 'En wie dan wel? Victor Aster, die dit volgens jou allemaal op zijn geweten heeft? Maar ik dacht dat die jou en Green onderschepte toen je achter Green aanrende op weg naar de bungalows? Was hij misschien op twee plaatsen tegelijk? Ik denk het niet.'

Dex deed zijn best onbegrip uit te stralen en richtte zich op Carol. 'Alsjeblieft, vertel haar dat ze het mis heeft. Jij weet dat ik geen moordenaar ben. Jij kent me. Ik heb je leven gered.'

Carol knikte, maar haar ogen stonden dof. 'Je hebt mijn leven gered. Dat klopt...'

'Bullshit,' zei Riley, terwijl ze een stap in zijn richting deed met het geweer. 'Je hebt haar leven niet gered. Als jij er niet was geweest, was ze nooit aan die levensgevaarlijke klauterpartij begonnen. Dan had ze nu samen met mij en de andere cursisten naar Victor Aster zitten luisteren. Ze was aan het schrijven geweest aan haar boek.'

'Als ík er niet was geweest?' Dex knipperde met zijn ogen. 'Ik weet niet waar je je informatie vandaan haalt, dame, maar Carol en ik zijn al twee dagen samen. Ik heb haar beschérmd. Als ik haar had willen vermoorden, dan had ik het allang gedaan.'

Riley schudde haar hoofd. 'Nee, want je vindt haar leuk. Ik heb geen flauw idee waarom je hebt gedaan wat je hebt gedaan, maar je hebt Carol gespaard omdat je haar leuk vindt. Ze heeft me verteld wat er op de eerste avond is gebeurd, nadat we met je telescoop de heuvel op waren gegaan. Waarschijnlijk denk je hier op de een of andere manier mee weg te komen en dan samen met haar... ik weet het niet... God mag weten wat je beweegredenen zijn. Ik had het vanaf het begin bij het rechte eind: iemand voerde onze schrijfopdracht uit: jij. Jij was – behalve Aster – de enige die wist wat de schrijfopdracht zou zijn. Je zei het ons op de eerste avond: twee jaar geleden was de opdracht ongeveer hetzelfde, alleen met een andere setting.'

Dex keek weer naar Carol, maar ze wendde haar blik af en ineens voelde hij behalve hoofdpijn ook een beklemmende druk op zijn borstkas. Het gebeurde wéér. Zo dichtbij en vervolgens stortte alles in. Maar nee: het was nog niet voorbij. Hij mocht niet opgeven. Riley was een eersteklas bitch maar Carol zou bijdraaien. Ze zou bijdraaien en zijn kant kiezen. 'Carol? Alsjeblieft. Dit slaat echt alles. Je vriendin hier is duidelijk in shock. Green zei al dat ze niet stabiel is.

Help me alsjeblieft en vertel haar hoe ik écht ben...'

Carol keek hem zwijgend aan. Ze zag er ontdaan uit, met ogen vol verwijt en ongeloof. Het deed hem denken aan de manier waarop Mildred hem had aangekeken nadat hij haar had verteld dat hij zijn baan had opgezegd.

Voor het eerst voelde hij woede opkomen. Misschien had hij het verkeerd gezien. Misschien was Carol helemaal niet bijzonder. Misschien verdiende ze hem niet. Hij zuchtte en zei: 'Jullie zijn echt niet op andere gedachten te brengen? Oké dan. En nu?'

Riley gebaarde naar de deur. 'Nu ga je ons vertellen waar de telefoon van Lawrence Montgomery is en vervolgens gaan we ervoor zorgen dat de politie hier zo snel mogelijk naartoe komt. Als het eenmaal zover is, gaan wij naar huis en jij naar de gevangenis. Eind goed, al goed.'

O nee, dat ging niet gebeuren. Zijn kleine plotwending met Carol mocht dan een totale mislukking zijn gebleken, maar hij kon nog altijd terugschakelen naar zijn oorspronkelijke plan. Afmaken wat hij was begonnen en doen waarvoor hij oorspronkelijk was gekomen: ze allemaal vermoorden. Ja, dat zou hij doen.

Een ijzige kalmte nam bezit van hem. Hij deed een stap in Rileys richting en zei: 'De gevangenis? Kom op, dames. Dat menen jullie toch niet echt? Nogmaals, jullie zitten er echt compleet naast. Ik heb niets gedaan en heb geen flauw idee waar die telefoon is. Kunnen we er niet nog even rustig over praten? Ik weet zeker dat we er samen achter kunnen komen wat er werkelijk aan de hand is...'

66

Carol

Carol kon het nog altijd niet geloven. Dat wil zeggen: ze geloofde het wel, *ze wist het zeker*, maar ze kon het nog maar nauwelijks bevatten. Twee dagen. Twee dagen lang had ze nietsvermoedend doorgebracht in het gezelschap van een koelbloedige moordenaar. Daarnet, toen ze samen met Riley het geweer had gevonden bij de uitkijkpost, had ze minutenlang naar adem staan happen. Het kon niet, dacht ze. Het kon niet waar zijn. Was ze zó blind geweest? Nee, dat was ze niet. De mogelijkheid dat Dex achter de moorden zou kunnen zitten was door haar hoofd geschoten – twee keer, minimaal – maar ze had die evenzoveel keer weer verworpen. Sterker nog: ze had zich ervoor geschaamd dat ze er überhaupt aan had gedacht, zeker nadat hij haar leven had gered.

En toen waren de herinneringen gekomen. Dex, die aan Victor Aster vroeg of hij geen surfplank had, of een kano, iets waarmee ze het vasteland zouden kunnen bereiken. Dex, die nadat ze Samuel Murphy hadden gevonden had gevraagd of er niet iemand was die stiekem tóch een telefoon bij zich had, zodat ze de hulpdiensten konden bellen. Dex, die aan Aster had gevraagd of er nog meer camera's waren op het eiland…

Het had erop geleken dat hij die vragen stelde omdat hij van het eiland af wilde en hun veiligheid wilde waarborgen, maar niets was minder waar. De reden waarom Dex zijn vragen had gesteld, was om zich ervan te verzekeren dat hij niet werd verrast en op zijn gemak zijn barbaarse werk zou kunnen afmaken.

Ten slotte was er nog het briefje onder de steen bij het lichaam van

Buchanan. Volgens Riley was dat er niet geweest toen zij en Green getuigen waren van de explosie. Ze hadden ernaar gezocht, maar niets gevonden. Carol herinnerde zich dat ze, toen zij en Dex Buchanan even later hadden gevonden, in eerste instantie ook geen briefje had gezien. Ze had naar Buchanan staan kijken toen Dex, die achter haar stond, het briefje onder de steen had opgemerkt. Ze begreep nu hoe het daar plotseling terecht was gekomen. Dex had het er neergelegd. Net zoals hij het briefje bij de steiger moest hebben neergelegd, voorafgaand aan de zwempoging van Harris.

Toen ze zich realiseerde dat zij dus indirect verantwoordelijk was voor de dood van Doris Espinosa, had ze grote moeite gehad niet ter plekke in te storten. Arme Doris... als ze haar niet had achtergelaten bij Dex, dan had ze misschien nog geleefd. Onzin, had Riley haar op het hart gedrukt. Als ze niet was weggerend, dan had Dex ongetwijfeld een andere manier gevonden om Doris op een later tijdstip aan zijn lijst toe te voegen.

Riley. Carol keek naar haar terwijl ze Dex onder schot hield. Er leek iets in haar veranderd. De onzekere, licht neurotische vrouw die ze vijf dagen geleden op de parkeerplaats had ontmoet, was ineens sterk, zelfverzekerd en vastbesloten te overleven. 'Ik zat te denken,' had ze onderweg terug van de uitkijkpost gezegd. 'Misschien ben ik toch wel in staat om een goed boek te schrijven. Het is me gelukt dít te analyseren en begrijpen, dus wie weet is er toch nog hoop en kan ik straks een lange neus maken naar mijn moeder.' Carol had gezegd dat ze er alle vertrouwen in had. Dat wil zeggen: als ze dit overleefden.

'Nou?' zei Dex. 'Gaan we nog praten of niet?'

Carol schrok op uit haar overpeinzingen. Ze zag hoe Dex opnieuw een stap in Rileys richting deed.

Riley verstevigde haar greep om het geweer en schudde haar hoofd. 'Praten doe je straks maar, als de politie er is. Waar is die telefoon?'

Weer deed Dex een stap in Rileys richting. Hij was nog hooguit twee meter van haar verwijderd. 'Ik weet niet waar je het over hebt. Nogmaals: ik héb geen telefoon.'

Carol keek naar zijn ogen, koud en gevoelloos. Ze besefte dat hij zich klaarmaakte om aan te vallen.

Riley besefte het ook, want ze deed een stap naar achteren en zei: 'Nog één stap en ik schiet.'

Dex bleef staan. Pakte een ijzeren tang van de werkbank rechts van hem en keek ernaar. 'Weet je, ik zou het echt fijn vinden als jullie wat aardiger deden...'

Carol zette zich schrap. Ze keek naar het samoeraizwaard aan haar voeten en vervolgens naar Riley, die naar de tang in Dex' hand staarde en zei: 'Leg terug.'

Dex glimlachte. Hij deed een volgende stap in Rileys richting en zei: 'Oké, vooruit dan maar. Ik heb het wel gedaan. En nu ga ik jullie ook vermoorden. Precies zoals ik vooraf van plan was.'

'Niet doen,' zei Riley. 'Blijf waar je bent.'

Dex glimlachte. 'Denk je dat ik bang ben voor dat geweer? Je kunt het net zo goed wegleggen, schat. Het is waar, ik heb er inderdaad die schipper mee vermoord, maar ik heb het niet opnieuw geladen. Je hebt er dus helemaal niets aan.'

Carols adem stokte in haar keel. Ze zag een ongelovige uitdrukking op Rileys gezicht verschijnen en vervolgens eentje van angst omdat Dex de tang omhoogbracht.

'Riley, pas op!'

Maar het was te laat, Dex had de laatste meter die hem van Riley scheidde overbrugd en haalde uit.

Even dacht Carol dat Riley snel genoeg was en het stuk gereedschap kon ontwijken, maar het volgende ogenblik hoorde ze een afschuwelijk geluid en zag ze hoe het geweer uit Rileys handen viel. Een straaltje bloed liep langs haar slaap naar beneden.

Heel even bleef Riley staan, geschrokken om zich heen kijkend terwijl het bloed uit de wond in haar hoofd stroomde. Toen zakte ze in elkaar en bleef doodstil liggen op de houten vloer.

Was ze dood? Intuïtief deed Carol een stap in haar richting. Ze zag hoe Dex zich over haar heen boog, zich waarschijnlijk hetzelfde afvragend. Vervolgens keek hij over zijn schouder, een verwrongen grijns op zijn gezicht. 'Sorry, Carol. Help me even. Ik geloof dat ik de tel kwijt ben.'

Carol schudde haar hoofd: nee, dacht ze. Alsjeblieft niet. Dit kon niet waar zijn. Het ene moment hadden ze de controle gehad. Nu was alles verloren.

Ze keek om naar het samoeraizwaard, dat ze bij de twee kasten had laten liggen. Ze zou kunnen proberen het te pakken, maar ze betwijfelde of ze er sneller zou zijn dan Dex. Links van haar was de deur naar buiten. Als ze zou proberen het zwaard te pakken, zou Dex haar zeker de weg versperren en zat ze hierbinnen gevangen. Even aarzelde ze en toen nam ze een beslissing. Dood ging ze waarschijnlijk toch wel. Maar dan liever buiten dan hier in dit donkere hol.

Ze draaide zich om, duwde de deur open en rende naar buiten.

67

Ze rende zo hard als ze kon. Takken sloegen in haar gezicht en haar enkel brandde hevig van de pijn. Het tochtje naar de uitkijkpost was een hele beproeving geweest en daarna had ze alleen nog maar gezeten, ineengedoken tussen de twee kasten, haar enkel totaal in de kreukels. Maar ze vocht voor haar leven, en dus verdroeg ze de pijn en rende door terwijl ze achter zich Dex haar naam hoorde roepen.

Ze rende niet in de richting van het pad, maar dieper het bos in, zonder te weten waarheen. Dex kwam snel dichterbij, ze kon zijn voetstappen achter haar horen en ze wist dat het een kwestie van tijd was voordat hij haar had ingehaald.

Ze keek om en zag hem tussen de bomen. Haar voorsprong was niet groot, maar hij had haar nog niet te pakken. Misschien kon ze–

Ze zwikte door haar pijnlijke enkel en gilde. Ze probeerde haar evenwicht te bewaren, dacht daar even in te slagen, maar viel toen toch. Ze hapte naar adem, en probeerde zo snel mogelijk overeind te komen, maar haar enkel werkte niet mee. Ze probeerde het nog een keer, keek ondertussen om, en voelde alle kracht uit haar lichaam wegvloeien, want daar stond Dex, op nog geen twee meter bij haar vandaan. Hij glimlachte naar haar, maar zijn ogen deden niet mee. 'Kijk ons nou toch, Carol. Dit was toch nergens voor nodig geweest?'

Ze schoof een stukje naar achteren over het mos. Tranen prikten in haar ooghoeken. 'Dex... Alsjeblieft...'

Hij keek op haar neer en schudde zijn hoofd. 'Ik vind dit echt heel spijtig. Ik... ik dacht dat wij iets bijzonders hadden. Ik heb je laten léven.'

'Dat weet ik,' zei ze. 'Dat weet ik. Dank je wel...'

Hij knikte. 'Ik dacht echt dat je speciaal was, Carol. Echt waar. Maar dat ben je niet. Je bent net als de rest. Waarom, Carol? Waarom moest je zo nodig voor detective gaan spelen bij die uitkijkpost? Waarom moest je alles verpesten?'

Hij ging het doen, dacht ze. Hij ging het echt doen. Hij ging haar vermoorden.

De woorden drongen zich meedogenloos aan haar op. Hij ging haar vermoorden, net zoals alle anderen. O, jezus. Hij was een totale psychopaat. Zijn ogen, die eerder zo vriendelijk en meelevend waren geweest, waren nu leeg en afstandelijk.

Maar wacht: hij had geen wapen bij zich. Misschien was hij het vergeten. Misschien was hij bang geweest haar kwijt te raken in het bos als hij niet meteen de achtervolging inzette.

Geen wapen. Misschien was er nog hoop. Misschien had ze een kans. Aardig doen. Ze moest aardig doen. Hem ervan overtuigen dat ze hem begreep. Zich verplaatsen in zíjn realiteit. Ze moest hem laten weten dat ze niet boos op hem was. Als ze overtuigend genoeg toneel speelde, zou ze hem misschien kunnen bereiken.

Ze onderdrukte een rilling, keek naar hem op en zei: 'Niet alles is verpest, Dex. Waarom zeg je dat? Ik ben natuurlijk geschrokken, maar ik... ik vind jou ook speciaal.'

'Als dat zo is, waarom wil je me dan uitleveren aan de politie?'

'Dat... dat wilde ik niet.'

'O, misschien heb ik het verkeerd begrepen. Zeiden jullie daarnet niet: "Nu ga je ons vertellen waar de telefoon van Lawrence Montgomery is en vervolgens gaan we ervoor zorgen dat de politie hier zo snel mogelijk naartoe komt. Als het eenmaal zover is, gaan wij naar huis en jij naar de gevangenis."?'

Carol keek naar de grond. Ze dacht aan Riley en hoe ze even daarvoor doodstil op de houten vloer had gelegen. Ze wilde eerlijk zijn, maar als ze een kans wilde maken moest ze liegen. Ze haalde diep adem en schudde haar hoofd. 'Dat was ik niet. Dat zei Riley. Het was haar idee. Ik... ik weet dat ik daarnet ook dingen heb gezegd, onaardige dingen, maar dat was omdat zij ze in mijn hoofd had gestopt. Daardoor... daardoor vergat ik het allerbelangrijkste. Je hebt het zelf gezegd, Dex: ik wéét het. Ik weet wat jij hebt gedaan. Jij hebt mij beschermd. De hele tijd. Je hebt mij beschermd vanwege onze speciale band.'

Hij keek haar aan. Kwam naar haar toe en ging naast haar zitten. Ze voelde de warmte van zijn lichaam en moest haar best doen om niet een paar centimeter bij hem vandaan te schuiven. Een paar minuten lang zat hij zwijgend naast haar, starend naar de doorzichtige wolkjes van hun adem die zich met elkaar vermengden en vervolgens langzaam opstegen en vervaagden in de koude lucht. Uiteindelijk zei hij: 'Onze speciale band, hè?'

Ze moest alle zeilen bijzetten om niet te gaan trillen. 'J-ja.'

'Oké. Bewijs het maar.'

'Wat?'

'Zoen me.'

Ze keek hem aan. Als ze nu haar afkeer liet blijken, was ze er geweest. Dat stond vast. En dus onderdrukte ze haar walging, boog zich naar hem toe en drukte haar lippen op de zijne. Ze voelde hoe zijn tong zich bij haar naar binnen wurmde – haar maag keerde zich om – en vroeg zich vertwijfeld af wat er zou gebeuren als ze hem eraf zou bijten. Bloedde iemand die zijn tong verloor onmiddellijk dood? Ze durfde het risico niet te nemen en balde achter haar rug haar vuisten terwijl zijn tong tergend langzaam rondjes begon te draaien om de hare. Het leek eindeloos te duren, maar dankzij een uiterst staaltje van mentale wilskracht slaagde ze erin het te doorstaan, net zolang totdat hij zich uiteindelijk terugtrok.

'Hmm. Dat was niet slecht, Carol.'

Ze deed haar best om oprecht te glimlachen en zei: 'Nee.'

'Hou je van me?'

Ze aarzelde. De zoen was afschuwelijk geweest, maar de vraag die hij haar nu had gesteld was zo mogelijk nog erger.

Hij keek haar aan met een gepijnigde blik in zijn ogen en zei: 'Als het echt zo is, dan zou ik het graag van je willen horen. Dat lijkt me fijn na alles wat we samen hebben doorgemaakt.'

Ze moest het doen. Ze moest het zeggen. Als ze het niet deed, zou ze degene van wie ze werkelijk hield nooit terugzien. Ze sloot haar ogen, beeldde zich in dat ze tegen Mark praatte en zei: 'Ja, Dex. Ik... ik hou van je.'

Hij keek haar aan, zonder enige uitdrukking, en gedurende enkele seconden wist ze zeker dat ze het had verpest. Maar toen glimlachte hij en kneep haar zachtjes in haar hand. 'Bedankt, Carol. Dat was... helend.'

Ze glimlachte terug, huiverend onder zijn aanraking.

'Je bent moe, hè?'

Ze knikte. 'Heel erg. Mijn enkel...' Ze wilde huilen, maar beet op haar tanden, want ze wist niet hoe hij erop zou reageren. 'Mijn enkel doet pijn.'

'Dat verbaast me niet. Weet je: ga hier maar even liggen. Dat geren van zo-even heeft vast niet geholpen.'

Ze fronste haar wenkbrauwen. 'Hier?'

'Natuurlijk. Waarom niet?'

'Oké.' Ze liet zich onderuitzakken, net zolang totdat haar achterhoofd de mosgrond raakte. Terwijl ze naar de toppen van de sparren boven haar keek, probeerde ze uit alle macht rustig te blijven ademhalen.

Dex verscheen in haar blikveld. Hij keek haar enkele seconden peinzend aan en ging toen schrijlings op haar zitten. Hij glimlachte weer, maar anders dan daarnet. Er school een duistere glinstering in zijn blik. Ging hij haar hier...

O, god, nee. Alsjeblieft niet.

Dex bracht een hand naar haar gezicht en streelde haar met zijn vingertoppen. 'Je bent lief, Carol.'

Ze slikte. Kon zich er niet toe zetten iets terug te zeggen.

'Maar het spijt me: je bent geen erg goede leugenaar.'

Ze keek hem aan, zag hoe hij langzaam zijn hoofd schudde en nu ook zijn andere hand naar haar gezicht bracht. Hij streelde haar haren. Haar kaaklijn.

'Hoe bedoel je? Ik–'

Zijn handen sloten zich om haar keel en ze begon te hoesten.

Het duurde even voordat ze begreep wat er gebeurde. Een paar seconden geleden was ze ervan overtuigd geweest dat hij op het punt stond zich aan haar op te dringen. Waarschijnlijk was ze onbewust al begonnen zich geestelijk los te maken van haar lichaam om het te kunnen verdragen. Maar hij ging zich niet aan haar opdringen. Ze voelde de druk van zijn handen toenemen en het volgende ogenblik merkte ze dat ze geen adem meer kon halen.

Ze was niet overtuigend genoeg geweest. Ze was niet overtuigend genoeg geweest en nu was alles verloren.

Heel even had ze het gevoel dat ze totaal verlamd was. Verlamd van angst en niet in staat zich te bewegen. Maar toen nam de druk op haar keel nog verder toe en schrok ze wakker uit haar trance. Ze bracht haar handen omhoog, pakte Dex' polsen vast en trok eraan zo hard ze kon.

Gedurende een kort ogenblik verminderde de druk op haar luchtpijp, maar toen zag ze Dex naar haar grijnzen en voelde ze hoe hij nog harder begon te knijpen. Paniekerig rukte ze opnieuw aan zijn polsen. En nog eens. Ze weken niet van hun plaats.

Haar longen schreeuwden inmiddels om zuurstof. Ze liet Dex' polsen los en krabde hem in zijn nek. Hij schreeuwde, sloeg haar met een vuist in het gezicht en vouwde toen zijn handen weer om haar keel, maar niet voordat ze een snelle hap lucht had kunnen nemen.

Ze probeerde hem nog eens te krabben, maar ditmaal was hij erop voorbereid. Hij was meer rechtop gaan zitten zodat haar handen niet verder kwamen dan de kraag van zijn regenjas. Ze richtte zich weer op zijn polsen. Rukte eraan en krabde ze open, maar zijn handen weken niet van hun plaats. Achter Dex begonnen de bomen langzaam te draaien. Ze bleef aan zijn polsen trekken terwijl ze ernaar keek, eerst angstig en vervolgens gefascineerd. De bomen werden wazig, zoals in een droom. Ja, eigenlijk was het best een mooi gezicht.

Een vogel vloog krassend op uit een van de bomen en ze kwam weer tot zichzelf. Ze realiseerde zich dat ze bezig was haar bewustzijn te verliezen. Dat mocht ze niet laten gebeuren. Ze moest vechten. Tot de laatste snik.

Maar met welke kracht?

Ze hád geen kracht meer. Ze vocht wel door, maar het haalde niets uit. Ze was op. Terwijl de bomen opnieuw begonnen te draaien, dacht ze aan Mark. Aan het huis op het platteland dat ze nooit zou hebben. Het boek dat ze nooit zou schrijven en het kind dat ze nooit zou baren.

O, lieve Mark...

De bomen draaiden nu sneller. De figuur van Dex boven op haar was niet meer dan een vlek. Ze voelde zijn handen niet eens meer. Was dit het? Was ze al dood?

Nee, want nu hoorde ze Dex een soort strijdkreet slaken. Hij schreeuwde iets in haar gezicht en...

Lucht.

Ze kreeg lucht.

De druk op haar keel viel weg en haar longen vulden zich met zuurstof.

Haar blik werd weer helder en ze zag Dex boven op haar zitten, zijn handen nog altijd om haar keel, maar zonder kracht te zetten. Hij zat daar maar en schreeuwde nog altijd. Of nee: het was niet Dex die schreeuwde. Hij had zijn mond wel opengesperd, maar de schreeuw was die van een vrouw.

Nu zag ze dat Dex naar beneden keek. Niet naar haar, maar naar iets dat uit zijn middenrif stak. Iets glimmends. De punt van iets scherps. De blik op Dex' gezicht hield het midden tussen verbazing en ongeloof. Nu fronste hij en verlegde zijn blik naar haar. Hij schudde zijn hoofd en leek iets te willen zeggen, maar zakte in plaats daarvan als in slow motion van haar af.

Achter hem stond Riley.

Ze trok het samoeraizwaard terug en schreeuwde nog altijd.

68

Mark

Roy Geddes had het eiland bereikt, zoveel was zeker. Mark zag de veerpont liggen vanuit de verte. Trambley stuurde de speedboot naar links en even later lag hij parallel aan de pont, aan de andere kant van de steiger.

Mark sprong op de steiger en staarde naar het eiland. Er was een klein stukje strand, gevolgd door een heuvel, die links en rechts was begroeid met struikgewas. Boven aan de heuvel groeiden de sparren die hem tijdens de busrit naar de pont vrijwel voortdurend hadden geflankeerd. Midden tussen het struikgewas bevond zich een beter begaanbare strook van zo'n vijf meter breed, met aan het eind ervan iets wat leek op een pad.

Mark begon de steiger af te lopen. Achter hem hoorde hij Brown roepen dat hij nog even moest wachten tot Trambley de speedboot had vastgelegd.

Mark zuchtte, dacht aan wat hij had beloofd en bleef staan. Op datzelfde moment zag hij een meter of vijf voor zich uit op de steiger een donkere vlek. Nee, *twee* donkere vlekken, waarvan er een onheilspellend glinsterde. Hij voelde een knoop in zijn maag ontstaan en liep verder.

Terwijl Brown opnieuw riep dat hij op hem en zijn collega moest wachten, hurkte Mark neer bij de vlek. 'O nee,' zei hij. 'Schiet alsjeblieft op. Dit is bloed...'

Er klonk het geluid van rennende voetstappen. Trambley en Brown hurkten naast hem neer.

'Verdomme,' zei Trambley. 'Het ziet ernaar uit dat u gelijk hebt, meneer Foster. Wat er aan de hand is, weet ik niet, maar we kunnen maar beter versterking laten komen voor we poolshoogte gaan nemen.' Hij pakte zijn telefoon en drukte een paar toetsen in, maar Mark schudde zijn hoofd.

'Doe wat jullie moeten doen, maar ik ga het eiland op. Mijn vriendin is daar ergens.' Zonder op een reactie te wachten, kwam hij overeind en begon in de richting van de heuvel te rennen.

'Blijf hier,' hoorde hij Brown roepen. 'We weten niet wat er aan de hand is. Het kan gevaarlijk zijn!'

Mark realiseerde zich dat de agent gelijk had, maar het kon hem niet schelen. Iedere seconde kon belangrijk zijn. De heuvel was steil, maar voortgedreven door zijn angst bereikte hij snel de top. Er was inderdaad een pad. Hij keek om en zag dat Trambley en Brown hem aarzelend volgden, hun wapens in de aanslag. Zou hij wachten tot ze bij hem waren?

'Meneer Foster!' riep Trambley opnieuw. 'Wacht!'

Mark keek naar het pad. Het was niet te missen, ze zouden hem wel vinden. En dus rende hij door, het bos in. Hij dacht aan het bloed op de steiger en bad in gedachten dat Carol niets was overkomen.

Hij wist niet hoelang hij had gerend – twee minuten? vijf? – toen hij heel in de verte een beweging waarnam ergens rechts tussen de bomen. Instinctief dook hij het bos in en verstopte zich achter de stam van een dikke spar. Ja, hij had het goed gezien. Er kwam een gestalte uit het bos. Nee, twee gestaltes. Ze leken elkaar te ondersteunen. Mark kneep zijn oogleden samen en zag nu dat het twee vrouwen waren. De ene sleepte met haar been en de ander had een donkere vlek op de ene kant van haar gezicht. Geen van beiden was gewapend en geen van beiden was Carol.

Of wacht eens even… godallemachtig, *jawel.*

De vreemde sleep van haar rechterbeen had hem op het verkeerde been gezet, maar nu ze dichterbij kwamen, zag hij haar gezicht. En het gezicht van de andere vrouw. De donkere vlek aan de ene kant van haar gezicht was bloed.

Hij huiverde, kwam achter de boom vandaan en sprong terug het pad op.

'Carol!' riep hij. 'Carol!'

Links van hem zag hij Trambley en Brown naderen. 'Het is oké,' zei hij. 'Dat is... dat is mijn vriendin.'

Carol had hem inmiddels gezien. Of tenminste: daar leek het op. Ze had zich losgemaakt van de vrouw met het bebloede gezicht en strompelde nu in zijn richting.

Hij begon te rennen. 'Carol... o, jezus. Carol...'

Binnen enkele seconden was hij bij haar. Hij zag haar naar hem opkijken met een ongelovige, verwilderde blik.

'Jezus,' zei hij. 'Wat is er gebeurd? Wat is er in hemelsnaam gebeurd?'

Ze bleef hem aankijken, terwijl Trambley en Brown hun voorbijsnelden en zich ontfermden over de andere vrouw.

Er verschenen nu tranen in Carols ogen. Ze leek naar adem te happen en liet zich met een luide snik in zijn armen vallen. 'Max,' zei ze. 'Max...'

'Wat?'

'Max is een goede naam.'

Dankwoord

Voor het cursusmateriaal in *De cursus* heb ik dankbaar gebruikgemaakt van een aantal citaten uit Stephen Kings *Over leven en schrijven*. Het is een heel goed en ook grappig boek, dat ik iedereen met schrijfambities aanraad, net als het eveneens genoemde *Story* van Robert McKee.

Verder ben ik dank verschuldigd aan: Bas Gerretsen, Carlos Brown Gorsira, Tanja Hendriks, Henk van Holstein, Maartje de Jong, Yvonne Keuls, Frank Klein, Annemieke van Plateringen, Isabel, Gwendolyn, Carlijn, Jacques en Lies Post, Wim Rijntalder, Tony Rusinovic, Frank Serraarens, Niek en Tineke Smith, Suzanne Snel, Robert Timmer, Roald Triebels, Linda Visser, Edith Vroon, Stef van Zimmeren, Kanta van Zonneveld en Bas Zuiderent. Speciale dank aan Liesbeth Vries, die me hielp zo veel mogelijk overbodige woorden te schrappen. De cursus in dit boek duurt niet lang genoeg voor Victor Aster om de waarde van een scherpe redacteur te benadrukken, maar die is niet te onderschatten. Goed gedaan, Lies. Mochten er toch nog foutjes of inconsistenties in dit boek staan, dan zijn die geheel voor mijn rekening.

